Alexander Seibold

Katholische Filmarbeit in der DDR

Literatur – Medien – Religion

herausgegeben von

Prof. Dr. Georg Langenhorst
(Nürnberg)

Band 9

LIT

Alexander Seibold

Katholische Filmarbeit in der DDR

„Wir haben eine gewisse Pfiffigkeit uns angenommen"

LIT

Meinen Eltern Josef & Agnes

Umschlagbild: Filmtheater Studio Camera, Berlin
                (Filmtheater des Staatlichen Filmarchivs der DDR)
                Quelle: Bundesarchiv-Filmarchiv

Gefördert u. a. mit Mitteln der DEFA-Stiftung

Bibliografische Information Der Deutschen Bibliothek
Die Deutsche Bibliothek verzeichnet diese Publikation in der Deutschen Nationalbibliografie; detaillierte bibliografische Daten sind im Internet über http://dnb.ddb.de abrufbar.

Zugl.: Gießen, Univ., Diss., 2002

ISBN 3-8258-7012-x

©LIT VERLAG Münster 2003
   Grevener Str./Fresnostr. 2 48159 Münster
   Tel. 0251–23 50 91   Fax 0251–23 19 72
   e-Mail: lit@lit-verlag.de   http://www.lit-verlag.de

Vorwort

Die Kirche und die Theologie haben die theologische Bedeutsamkeit des Mediums Film zu bedenken. Zu diesem Zweck wurden Filmkommissionen eingesetzt. In diesem Zusammenhang stand auch die katholische Filmarbeit in der DDR. Alexander Seibolds Arbeit steht allerdings nicht nur im Kontext der Diskussion über die politische und geschichtliche Dimension von katholischer Filmarbeit, sondern auch im Zusammenhang der Theologie der Befreiung.
Die Befreiungstheologie hat ihren Ursprung in Lateinamerika und ist von dort aus weltweit zu einer wichtigen Inspiration theologischen Denkens geworden. In einer ersten Phase der Rezeption dieser Theologie in Europa wurde nicht selten sehr emphatisch darauf hingewiesen, dass Theologie befreiend auch im Politischen wirken müsse. Exemplarisch das Befreiende am christlichen Glauben konkret zu erörtern, war damals für viele - wenn überhaupt - nur im Bezug auf die Dritte Welt möglich. Spätere Strömungen, wie beispielsweise die feministische Theologie, haben solche Bezüge zum Menschen der Ersten und Zweiten Welt hergestellt.
Manchmal war die Befreiungstheologie aufgrund der zum Teil marxistischen oder sozialistischen Herkunft der Befreiungstheologen darüber hinaus auf dem ‚linken Auge blind'. Auch deshalb konnte sich im Hinblick auf den Ostblock nicht so einfach ein ebenso breit rezipiertes befreiungstheologisches Interesse entwickeln.
Seibold weist auf unaufdringliche Weise auf diesen blinden Fleck hin. Auch für den Ostblock gilt es, die Erfahrungen der dort lebenden Menschen durch die Erinnerung an die Zeiten der Unterdrückung Israels in Ägypten und die Erlösung in Jesus Christus zum Sprechen zu bringen und Erinnerungsarbeit zu leisten.
Seibold schreibt: „Im Sinne einer Pädagogik der Unterdrückten haben die Aktiven katholischer Filmarbeit in der DDR frei von staatlicher Propaganda und Indoktrination reflektiert, in dem Mut und der Freiheit derer, die Christus nachfolgen".
So wie die Hofpropheten Davids und Salomos die Herrschaft des Königs in den Denkmustern der vorderorientalischen Königstheologie legitimierten, so gab es Filmemacher und Filmkritiker, die das Loblied des damals real existierenden Sozialismus und seiner Filme sangen. Und wie damals der König als Repräsentant Gottes auf Erden und Sohn Gottes betrachtet wurde, so besangen die sozialistischen Filmkritiker nur die Filme, in denen die roten Herren und die durch sie geschaffenen Zustände als Inkarnation des ideellen Gesamtsozialisten erscheinen. Bemerkenswert ist dabei die geistige Enge, in der sich das staatlich geförderte geistige Milieu bewegte. Nicht nur Filmkritiken zu ‚brisanten' Filmen wurden beargwöhnt. Schon unzensierte Rezensionen zu Filmen mit ‚Allerweltsthemen' verursachten Bauchschmerzen.

Und so wie die radikalen, das Königtum kritisierenden Propheten des 8. Jahrhunderts sozial eher isoliert waren, so erging es auch den katholischen Filmkritikern in der DDR.

Sehr anschaulich beschreibt Seibold die dauernde Ungesichertheit dieser Menschen in der DDR. „Wir haben eine gewisse Pfiffigkeit uns angenommen" - wie es einer der in der kirchlichen Medienarbeit engagierten Katholiken ausdrückte. Aus Karrieregründen waren die Mitarbeiter des Staatssicherheitsdienstes auf der Suche nach ‚Staatsfeinden'. Offiziere, die gefährliche ‚Staatsfeinde' ‚entlarvten', durften mit einem Karrieresprung rechnen. Nicht selten kam es auch zu Anklagen aufgrund falscher Aussagen.

Diesen Repressalien sahen sich auch die engagierten Katholiken in der DDR gegenüber. Es kam zur Bildung einer hoch angreifbaren Subgesellschaft innerhalb eines kommunistisch-sozialistischen Milieus und zu geheimen Sprachregelungen in der katholischen Filmarbeit.

Hans Donat, Helmut Morsbach, Günter Särchen, Hans-Joachim Schink oder die evangelische Christin Silke Ronneburg versuchten in düsteren Zeiten ein Stückchen freien Geist zu wahren. Dabei war ihnen die institutionelle Struktur der katholischen Kirche eine Stütze.

Alexander Seibold hat ein Stück Basiserinnerungsarbeit geleistet, um diese unspektakuläre Arbeit der katholischen Filmkritik und Medienarbeit in der DDR ans Licht zu fördern.

Befragt nach dem politischen Nutzen dieser katholischen Filmarbeit könnte man sagen, dass dem DDR-Regime von vielen Seiten her, u.a. auch von seiten der engagierten Christen, viele Nadelstiche versetzt wurden, die das Regime zum Schluss kippbar machten. Was vor dem Forum der Weltgeschichte als kleiner Nadelstich erscheint, ist vor dem Auge dessen, der die Menschen hinter der Geschichte in ihrem Engagement zu sehen versucht, etwas anderes.

Gießen, im Frühling 2003   *Linus Hauser*

Inhaltsverzeichnis

Vorwort   5

1. Einleitung   10

2. Zur Beziehung zwischen Kirche, Film und Theologie   14

3. Leben in der SBZ/DDR   18

    3.1 Die politische Situation in der SBZ/DDR   18
    3.2 Die katholische Kirche in der DDR   23
        3.2.1 Die territoriale Struktur der katholischen Bistümer   23
        3.2.2 Statistische Daten   26
        3.2.3 Vermeintliche Sicherheit   28
        3.2.4 Das Überlebensprogramm der Kirche   30
        3.2.5 Die Kommunikation zwischen kirchenleitender Ebene und staatlichen Organen   32
        3.2.6 Katholische Presse-, Verlags- und Rundfunkarbeit   38
        3.2.7 Kontakte der christlichen Konfessionen   41
        3.2.8 Geheime Sprachregelungen in der katholischen Filmarbeit   44
    3.3 Die Filmlandschaft in der DDR   44

4. Die Ergänzung der schriftlichen Quellen durch Interviews   48

    4.1 Die Wahl der Methode   48
    4.2 Die Interviewtechnik   49
    4.3 Die Auswertung der Interviews   51

5. Vorstellung der Hauptakteure katholischer Filmarbeit in der DDR   51

    5.1 Hans Donat   51
    5.2 Helmut Morsbach   52
    5.3 Günter Särchen   54
    5.4 Hans-Joachim Schink   54

6. Aufgaben und Bereiche der katholischen Filmarbeit in der DDR   55

    6.1 Die Chronologie der institutionellen Medienarbeit   55
    6.2 Die Bedingungen im sozialistischen Staat   62
        6.2.1 Die fingierte Genehmigungsnummer   62

		6.2.2 Die Deklaration von Druckerzeugnissen	64
	6.3	Die Filmrezensionen	65
		6.3.1 Die Erstellung in der Praxis	65
		6.3.2 Die Organisation der Verbreitung	69
		6.3.3 Die Probleme bei der Veröffentlichung	74
		6.3.4 Die christliche Filmbeurteilung	80
		6.3.5 Die kirchliche Legitimation	91
		6.3.6 Die Reaktionen der Leser	93
		6.3.7 Das Ende der Filmrezension	94
	6.4	Die seelsorgerische Arbeit mit Filmen	96
		6.4.1 Filmproduktion und –verleih	96
		6.4.2 Filmvorführung	101
		6.4.3 Filmdiskussion	106
7.	Filmarbeit als Chance zur Ökumene		108
	7.1	Die Filmmission der evangelischen Kirche	108
	7.2	Interkonfessionelle Filmvorführungen	110
	7.3	Ökumenische Brückenschläge	111
8.	Gesamtdeutsche Initiativen katholischer Filmarbeit		112
	8.1	Publikationen in der *FILM-Korrespondenz*	113
	8.2	Die Lexika *Filme in der DDR 1945-86* und *Filme in der DDR 1987-90*	115
	8.3	Die *Katholische Filmkommission im Bereich der Berliner Bischofskonferenz*	118
9.	Wirkungen der katholischen Filmarbeit in der DDR		121
10.	Schlussbetrachtung		122
Nachwort			126

Anhang

Zeittafel	128

Wesentliche Aussagen der Zeitzeugen:

 Günter Särchen   131

 Hans Donat   143

 Helmut Morsbach   166

 Hans-Joachim Schink   197

 Elisabeth Uhländer   202

Verzeichnis der Archivbestände   206

Literaturverzeichnis   207

Abkürzungsverzeichnis   218

Verzeichnis der Filmbesprechungen   220

Verzeichnis der Dokumente   221

Personenregister   222

1. Einleitung

Die vorliegende Dissertation befasst sich mit der Filmarbeit der katholischen Kirche in der DDR. Es wurden vor allem zwei Ziele erreicht.

I.) Es sind die bislang nicht schriftlich fixierten Erinnerungen der wichtigsten Zeitzeugen audiovisuell aufgezeichnet und wörtlich transkribiert. Eine Auswahl aus der Transkription ist im Anhang ediert.

II.) Die katholische Filmarbeit in der DDR im Zusammenhang mit der Rezension, der Vorführung und dem Verleih von Filmen, sowie der Filmherstellung wurde untersucht und dargestellt. Tangiert wurden außerdem folgende Bereiche katholischer Medienarbeit: die Verbreitung von Neuigkeiten aus der Weltkirche und aus der katholischen Kirche in der DDR mittels Dias und Tonmaterialien, die Arbeit mit Bildern und Texten in der Katechese, in der Pastoral und im Laienspieltheater. Tangiert wurden auch die Bemühungen um die Verständigung und Versöhnung zwischen Polen und Deutschen.

Hierzu fanden zunächst Befragungen der maßgeblichen Zeitzeugen, dann Recherchen in den im Verzeichnis der Archivbestände genannten Archive statt. Wenige weitere Hinweise konnten aus der angeführten Literatur gewonnen werden.

Bei der Darstellung der Ergebnisse mussten bei Nebenschauplätzen wie zum Beispiel der Herstellung von kirchlichen Filmen Lücken in Kauf genommen werden, da die betreffenden Zeitzeugen bereits verstorben waren und/oder keine Aufzeichnungen vorlagen. Nach Amateurfilmen über besondere Ereignisse innerhalb des kirchlichen Lebens der Pfarrgemeinden in der DDR wurde 1992 in den Kirchenzeitungen *Tag des Herrn* und *St. Hedwigs-Blatt* durch Helmut Morsbach vom Bundesarchiv-Filmarchiv gesucht.[1] Diese Umfragen führten lediglich zu zwölf Zuschriften zumeist älterer Geistlicher, die Fotos und Filmmaterial anboten. Dabei handelte es sich hauptsächlich um Schmalfilme über lokale Ereignisse, die nicht für eine Vorführung in der Verkündigung oder der Pastoral in Pfarrgemeinden gedacht waren.[2] Dies will aber für die Zukunft nicht ausschließen, dass - möglicherweise über Nachlässe - Filme zum kirchlichen Leben in der DDR oder andere Dokumente über Initiativen einzelner Geistlicher im Bereich Film an Archive gelangen. Die Erstellung eines Verzeichnisses kirchlicher Filmproduktionen in der DDR schien auf Grund dieses Befundes nicht sinnvoll.

Angeregt wurde die vorliegende Arbeit durch die Fachtagung „Katholische Filmarbeit in Deutschland seit den Anfängen des Films - Probleme der Forschung und Geschichtsschreibung" der *Katholischen Akademie Schwerte* in

---

[1] Vgl. *St. Hedwigs-Blatt* vom 23.2.1992, und: *Tag des Herrn* 5/1992.
[2] Vgl. Morsbach, Erfahrungsbericht, 100; unter *Pastoral* (von mlat. pastor „Seelenhirt") wird in dieser Arbeit die von Geistlichen oder Laien durchgeführte seelsorgerische Arbeit in oder für Pfarrgemeinden verstanden.

Verbindung mit der *Zentralstelle Medien der Deutschen Bischofskonferenz* und dem *Bildungswerk der Erzdiözese Köln, Medienwerkstatt,* vom 19. - 20. Juni 1996 im Kardinal-Jaeger-Haus der *Katholischen Akademie Schwerte.* Das Ziel der Fachtagung war eine Bestandsaufnahme der Probleme der Forschung und der Geschichtsschreibung im Hinblick auf die Sicherung und Erschließung von Film- und Schriftgut. Die Funktionsträger aus den unterschiedlichen Bereichen der katholischen Medienarbeit und die Vertreter evangelischer und katholischer Kirchenarchive mussten feststellen, dass eine fundierte wissenschaftliche Darstellung der katholischen Filmarbeit bisher noch nicht geleistet worden ist.[3]
Einen Baustein zur Geschichte der katholischen Filmarbeit im Westen Deutschlands stellt für die Zeit nach dem Zweiten Weltkrieg vor allem der Band „50 Jahre film-dienst" von Thomas Schatten aus dem Jahr 1997 dar. Er untersucht das Verhältnis von Kirche und Kultur in der Bundesrepublik Deutschland am Beispiel der Kölner Filmzeitschrift *film-dienst.*[4] Für die DDR fand das Engagement der katholischen Kirche im Medienbereich bisher lediglich in wenigen Fachzeitschriften und in Forschungsbeiträgen zu dem Themenbereich Kirche und DDR beiläufige Erwähnung[5]. Die vorliegende Dissertation leistet durch die Darstellung der katholischen Filmarbeit in der DDR vom Ende des Zweiten Weltkriegs bis zur Wiedervereinigung einen grundlegenden Beitrag zur fundierten Aufarbeitung der Medienarbeit der katholischen Kirche.

Die vorliegende Arbeit ist ein Pilotprojekt. Das Material ist zum überwiegenden Teil neu erhoben worden und somit erstmalig zugänglich. Der Quellenbestand umfasst zwei Bereiche:

I.) Die audiovisuelle Aufzeichnung der Gespräche mit den fünf wichtigsten Zeitzeugen katholischer Filmarbeit, die an den Wohn-, bzw. Arbeitsorten angefertigt wurden.

II.) Schriftgut, das recherchiert und auf seine Relevanz hin untersucht werden musste, da kein Forschungsprojekt vorlag, auf das in diesem Zusammenhang hätte zurückgegriffen werden können. Die Sichtung von Materialien in kirchlichen und staatlichen Archiven, sowie die vorausgehende Recherche der Archive selbst, war mit erheblichem Aufwand an Reisezeiten und Reisekosten verbunden. Genehmigungsverfahren für die Akteneinsicht verlangten, u.a. wegen Sperrfristen, eine frühzeitige Planung und umfangreichen Schriftverkehr.

---

[3] Vgl. Liedhegener, Stand der Diskussion, 131f.
[4] Vgl. Schatten, 50 Jahre film-dienst.
[5] Vgl. Braun, Schriftgutüberlieferung zur katholischen Filmarbeit in den Diözesanarchiven, 93ff; und: Donat, „Entfaltung eines frohen Jugendlebens!", 18ff; und: Morsbach, Deutsch-deutsche Begegnungen, 23f; und: ders., Kirche und Film, 23; und: ders., Kirchliche Filmarbeit in der DDR, 20; und: Schäfer, Staat und katholische Kirche in der DDR, 362, 399f; und: Schatten, 50 Jahre film-dienst, 155f, 165.

Die Recherchen fanden im Einzelnen statt:
Im *Bistumsarchiv Erfurt*, Herrmannsplatz 9, 16. - 20.3.1998,
im *Bundesarchiv*, Finckensteinallee 63 in Berlin-Lichterfelde, 24. - 26.6.1997,
im *Thüringischen Hauptstaatsarchiv*, Marstallstraße 2 in Weimar, 3. - 6.11.1997,
und durch Mitarbeiter des *Bundesbeauftragten für die Unterlagen des Staatssicherheitsdienstes der ehemaligen Deutschen Demokratischen Republik* in der *Außenstelle Erfurt*, Petersberg Haus 19,
außerdem in den privaten Unterlagen von Helmut Morsbach, Berlin, Hans Donat, Erfurt, und Günter Särchen, Wittichenau. Der Autor bedankt sich an dieser Stelle für die Gelegenheit zur Einsichtnahme.

Einen besonderen Glücksfall stellt der umfangreiche Bestand relevanter Unterlagen im *Bistumsarchiv Erfurt* dar, der aus mehreren laufenden Metern Aktenmappen, Ordnern und weiteren Archivalien besteht. Diese stammen in der Hauptsache von Hans Donat, dem ehemaligen Leiter der *Arbeitsstelle für Pastorale Medien*. In den Beiträgen zum Archivwesen der katholischen Kirche in Deutschland findet dieser Bestand folgende Erwähnung. „Donats Bericht verdient noch aus einem weiteren Grund eine besondere Würdigung. Er hat nicht nur sein Lebenswerk zu Papier gebracht, er hat auch sein dienstliches Schriftgut aus vier Jahrzehnten geordnet an das Bistumsarchiv Erfurt übergeben. Ein einmaliger Vorgang, wie wir Archivare seit heute wissen, und der deshalb zur Nachahmung dringend zu empfehlen ist. Kein anderer Bereich in der katholischen Kirche der DDR ist damit so transparent, wie der der kirchlichen Medienarbeit."[6]
Im Einzelnen betrafen folgende Bestände des *Bistumsarchivs Erfurt* die Filmarbeit der katholischen Kirche. Der Bestand *Arbeitsstelle für Pastorale Handreichungen/Arbeitsstelle für Pastorale Medien*, weiterhin der Bestand *Vorsitzender bzw. Sekretariat der Berliner Ordinarienkonferenz/Berliner Bischofskonferenz*, außerdem der Bestand *Arbeitsstelle für Pastorale Medien, Filmrezensionen*, sowie der Bestand *Bischöfliches Generalvikariat Erfurt/Bischöfliches Amt Erfurt-Meiningen*.
Im Bundesarchiv wurde der Bestand DO 4 *Staatssekretär für Kirchenfragen, Abteilung III Katholische Kirche* und *Abteilung V Rechts- und Grundsatzfragen* unter Verwendung relevanter Suchbegriffe gezielt gesichtet, ebenso der Bestand DY 30 *Sozialistische Einheitspartei Deutschlands, Arbeitsgruppe Kirchenfragen*.
Im Thüringischen Hauptstaatsarchiv Weimar wurden 52 Aktenbündel aus dem Bestand *Bezirkstag - Rat des Bezirkes Erfurt, Sektor Kirchenfragen* komplett durchgesehen, ebenso sechzehn weitere Aktenbündel aus dem Bestand *Bezirksparteiarchiv der SED Erfurt, Abteilung Kirchenfragen*.
Die Sichtung der Unterlagen des Staatssicherheitsdienstes durfte nicht vom Autor ausgeführt werden. Diese wurde von Mitarbeitern der Behörde des

---

[6] Morsbach, Erfahrungsbericht, 99.

Bundesbeauftragten für die Unterlagen des Staatssicherheitsdienstes der ehemaligen Deutschen Demokratischen Republik (BStU) in der Außenstelle Erfurt vorgenommen. Nach der zweijährigen Recherche in Sachakten und personenbezogenen Unterlagen der Staatssicherheit zur katholischen Filmarbeit, die sich auf die Bestände aus allen ehemaligen Bezirksverwaltungen bezog, traten keine direkten Hinweise auf die Herstellung, Verwendung und Besprechung von Filmen innerhalb des Wirkens der katholischen Kirche in der DDR zu Tage. Indirekte Hinweise auf eine christlich motivierte Filmarbeit entdeckten dagegen Günter Särchen und Hans Donat im Rahmen eigener Akteneinsicht. Diese konnten in die Darstellungen der vorliegenden Arbeit einbezogen werden.

Die Ergebnisse aus den Archivrecherchen halten sich in quantitativer Hinsicht etwa die Waage mit den Informationen aus Interviews, die mit den Aktiven der katholischen Filmarbeit in der DDR an ihren Wohn-, bzw. Arbeitsorten geführt wurden. Außerdem konnte eine Mitarbeiterin der kirchlichen Filmarbeit im Westen Deutschlands für ein Gespräch über ihre Zusammenarbeit mit den Kollegen in der DDR gewonnen werden. Alle Interviews wurden mittels einer digitalen Kamera der Marke *Sony* aufgezeichnet und auf digitale MAZ im Beta-Format überspielt, das lange Haltbarkeit gewährleistet. Die Aufzeichnungen mit einer Gesamtlänge von 12 Stunden befinden sich jetzt im *Archiv des Bayerischen Fernsehens, Bestand Freimann,* Florianmühlstraße 60 in München.[7]

Bei den Zeitzeugen handelt es sich um:
Hans Donat - die Transkription der Gespräche mit ihm, vom 16. bis 20.3.1998 in Erfurt, ergab 72 Schreibmaschinenseiten DIN-A 4, Zeilenabstand: 1,5,
Helmut Morsbach, 14. bis 16.4.1998, Berlin, 55 Seiten Transkription,
Günter Särchen, 4.9.1998, Wittichenau, 24 Seiten Transkription,
Hans-Joachim Schink, 18.3.1998, Erfurt, 9 Seiten Transkription.
Elisabeth Uhländer zählte zu den bundesdeutschen Kollegen bei der Kölner Redaktion *filmdienst* - die Transkription des Gesprächs mit ihr vom 17.4.1998 in Köln ergab 6 Seiten.[8]
Die Transkription aller aufgezeichneten Gespräche umfasst 166 Schreibmaschinenseiten, die den beim *Bayerischen Rundfunk* archivierten Aufzeichnungsbändern beigegeben wurden. Ausgewählte Aussagen der Zeitzeugen sind im Anhang dieser Arbeit gekürzt wiedergegeben. Eine für das Fernsehen aufbereitete Zusammenfassung der Zeitzeugeninterviews wurde vom Autor im Jahr 2000 im Auftrag von Michael Zehetmair, dem Leiter der Redaktion *Hochschulen und Weiterbildung* des *Bayerischen Rundfunks*, erstellt. Es entstand ein Dokumentarbericht für die Reihe „Alpha Campus" unter dem Titel ALPHA CAMPUS EXTRA - DIE FILMARBEIT DER KATHOLISCHEN KIRCHE IN DER DDR[9] mit einer Länge von 29min 10sec[10].
Die Sendung wurde ausgestrahlt im Bildungskanal BR ALPHA des *Bayerischen Fernsehens*

---

[7] BFS-Archiv, 0436085/02 bis 0436085/09.
[8] Mit Frau Silke Ronneburg, die erst 1988 bei der Gruppe der Filmrezensenten mitarbeitete, wurde kein eigenes Interview geführt, da die relativ kurze Zeitspanne ihrer Mitarbeit bis zur Einstellung der Rezensionen 1990 durch Aussagen von Helmut Morsbach und Hans Donat abgedeckt war.
[9] BFS-Archiv, 0436085/01.
[10] Sendedatum: 5.10.2000, 18.00 Uhr, Wiederholung am 6.10.2000, 10.00 Uhr, Produktionsnummer: 0000436085.

europaweit über den Satelliten Astra 1 B[11] und weltweit auf dem Internet[12]. In manchen Regionen war die Sendung auch über Kabel zu empfangen.

Das folgende Kapitel versteht sich als ersten Einstieg in die Frage nach dem grundsätzlichen Interesse der Kirche am Film. Genauer wird auf den theologischen Hintergrund eines kirchlichen Medien-Engagements in einem kirchenfeindlichen Umfeld in dem Kapitel über die kirchliche Legitimation für die Filmarbeit in der DDR einzugehen sein.

2. Zur Beziehung zwischen Kirche, Film und Theologie

Wer nach Bezügen zwischen der Kirche und dem Kino sucht, wird schon bei Äußerlichkeiten schnell fündig. Zunächst fällt auf, dass die Besucher des Gotteshauses/Filmtheaters in die gleiche Richtung schauen, nämlich nach vorne. Nach Beginn der Messe/Filmvorführung herrscht andächtiges Schweigen. Licht und Dunkel spielen jetzt eine wichtige Rolle. Der Besuch eines Gottesdienstes/Kinos unterbricht den gewöhnlichen Zeitablauf der Woche. Beide Veranstaltungen vermögen den Alltag in einer Weise zu durchbrechen, dass die Besucher zu Tränen gerührt sein können. In der Eucharistiefeier wird die reale Aufhebung der radikalen Endlichkeit des Menschen durch das Kreuzesgeschehen erinnert. Auch durch die Identifikation mit dem Leinwandgeschehen, etwa mit der Heldenrolle, erfährt der Zuschauer eine partielle Aufhebung seiner Endlichkeit.

Martin Scorsese, der zuletzt durch seinen Dalai Lama-Film KUNDUN internationale Anerkennung geerntet hatte, schrieb 1996: „Als ich ein wenig jünger war ... wollte ich Priester werden. Wie auch immer, ich bemerkte bald, dass meine wirkliche Begabung, meine wirkliche Berufung, der Film war. Ich sehe tatsächlich keinen Konflikt zwischen Kirche und Film, zwischen dem Heiligen und dem Profanen. Offensichtlich gibt es große Unterschiede. Aber ich kann genauso große Ähnlichkeiten zwischen einer Kirche und einem Kino sehen. Beides sind Orte, wo Leute zusammenkommen und eine gemeinsame Erfahrung teilen."[13]

Freilich sollte man sich vor Augen halten, dass die ersten Filmvorführungen im ausgehenden 19. Jahrhundert in erster Linie Jahrmarktsattraktionen waren. Wohl niemand wollte damit ein religiöses Erlebnis evozieren. Dennoch gab es schon sehr bald Filme über das Leben Jesu. Dazu zählt eine der frühesten Produktionen der Gebrüder Lumière: Der Stummfilm DAS LEBEN UND DIE

---

[11] Analog: Satellitenposition 19,2 Grad Ost, Transponder 32, Downlink 11.685 GHz vertikale Polarisation, Receivereinstellung 1685,5/1935,5 Megahertz; digital: Transponder 111, Frequenz 12.603.75 GHz, horizontale Polarisation.
[12] Adresse: http://www.br-online.de/alpha/alphalive.html.
[13] Marsh/Ortiz, Explorations in Theology and Film, p. ii, Zitat aus dem Englischen übersetzt von A. S.

PASSION JESU CHRISTI aus dem Jahr 1897. Das Passionsspiel erzählt in 13 Szenen die Lebensgeschichte Jesu von der Anbetung der Könige bis zur Auferstehung. Allein in der Stummfilmzeit folgten bis 1927 ein halbes Dutzend weitere ähnliche Darstellungen, sowie Interpretationen wie beispielsweise BEN HUR[14], die mit der kirchlichen Sicht des Wirkens Jesu noch streng übereinstimmten. Spätestens die modernen filmischen Adaptionen haben dann aber gezeigt, dass die Kirche kein Patent auf die Interpretation biblischer Inhalte besitzt. Es kam zu Produktionen, die den heftigen Widerspruch des Klerus und der Gläubigen hervorriefen. Manche Regisseure wurden der Blasphemie bezichtigt, weil sie Filme produzierten, die sich für die Katechese nicht mehr gebrauchen ließen. Die Ablehnung eines Films durch die Kirche kann aber für die Theologie kein Alibi dafür sein, sich nicht mehr für ihn zu interessieren. Denn auch bei einer entstellenden Deutung der biblischen Texte findet Verkündigung statt. Selbst wenn nämlich dort die Bedeutung der Offenbarung missverstanden wird, behauptet jede Interpretation immer noch diese Bedeutung. Die Aufgabe der Theologie wäre nun, die Interpretation auf ihren wahren Kern zurückzuführen. Schwierig wird dies bei fiktionalen Nachdichtungen biblischer Geschichten oder bei Übertragungen auf andere Orte und Kulturen. In diesen Fällen könnte das Bemühen der Theologie darin bestehen, unter den fiktiven Figuren im Film Christus-Gestalten aufzuspüren und einer Analyse zu unterziehen.

Peter Malone fordert in seiner Untersuchung „EDWARD SCISSORHANDS: Christology from a Suburban Fairy-tale"[15] die Interpretation identifizierter Christus-Gestalten anhand biblischer Kriterien. Sind sie Erlöser, Retter oder Befreier? Der Erlöser, der die Leiden auf sich nimmt und für andere stirbt, wird im Alten Testament beim Propheten Jesaja beschrieben: „Doch er wurde durchbohrt wegen unserer Verbrechen, wegen unserer Sünden zermalmt. Zu unserem Heil lag die Strafe auf ihm, durch seine Wunden sind wir geheilt."[16] Der Retter, der Menschen aus ihren Verstrickungen heraus in ein neues Leben führen kann, ist Jesus Christus, wie er vor allem im Neuen Testament begegnet. Über Jesus als Befreier von unterdrückender Gewalt, der auch politische Gerechtigkeit bringt, wird vor allem in Lateinamerika und den Philippinen von Theologen reflektiert, die von der Befreiungstheologie beeinflusst sind. Malone kommt zu dem Schluss, dass Christus-Gestalten in Filmen uns helfen könnten, zu einem tieferen Verständnis des Jesus von Nazareth zu gelangen. Dies gelte unabhängig davon, ob sie im Film als Frauen oder Männer oder vielleicht sogar als Phantasie-Wesen begegnen. Sie blieben Analogien und Bilder von Jesus, und dies sei sogar dann der Fall, wenn Filmemacher, die selbst Nicht-Glaubende sind, sich gar nicht auf den Jesus des Glaubens der Christen, den

---

[14] Vgl. Hasenberg, Jesus im Film, 39ff.
[15] Vgl. Malone, Peter, EDWARD SCISSORHANDS: Christology from a Suburban Fairy-tale, in: Marsh/Ortiz, Explorations in Theology and Film (im Folgenden: Malone), 73-86.
[16] Jesaja, 53,5, zit. nach: Neue Jerusalemer Bibel, 1096.

Messias, beziehen wollten. Selbst wenn sie lediglich eine Art Christus-Gestalt einsetzten, wie sie als Symbol oder Metapher in viele Sprachen und Kulturen Einzug gehalten habe oder nur für einen bestimmten Wert stehe, den der Filmemacher ausdrücken wolle, böte sich damit für den Betrachter dennoch die Möglichkeit zu einem größeren und tieferen Verständnis der Wahrheit des Mysteriums.[17]

Ein Beispiel dafür ist die sowjetische Produktion STALKER nach den Ideen der russischen Science-Fiction-Autoren Arkadi und Boris Strugazki. Neben dem grundsätzlichen philosophischen Gehalt des Films stellen die Filmrezensenten der katholischen Filmarbeit in der DDR in ihrer Filmbesprechung über STALKER die Vielschichtigkeit des Werkes heraus. Dieses bleibe nicht filmisches Abbild, sondern werde selbst zu einem eigenständigen Sinnbild menschlichen Daseins. Trotz offener Fragen klinge in der Schluss-Szene Hoffnung an, wenn geistige Kraft sich manifestiere.
Die Regie bei STALKER führte Andrej Tarkowskij, die Fertigstellung erfolgte 1979. Die Filme von Tarkowskij zeichnen sich durch ihre Gleichnishaftigkeit und hohe künstlerische Qualität aus und lohnen eine eingehendere Auseinandersetzung. In dem Band „Spuren des Religiösen im Film" wird die Bildsprache des Regisseurs so beschrieben: „Um seine apokalyptischen Wahrnehmungen und seine Wahrheitssuche dem Zuschauer zu vermitteln, hat Tarkowskij eine ihm eigene, unverwechselbare Filmsprache entwickelt, die sich als meditativ, assoziativ, innovativ und kontemplativ charakterisieren läßt. (...) Diesen kontemplativen Bildkompositionen liegt eine Bildphilosophie zugrunde, deren Wurzeln in der (neu-) platonischen Urbild-Abbild-Theorie zu suchen sind, wie sie z.B. in der orthodoxen Ikonenkunst noch heute weiterlebt. Diese basiert auf der Annahme, daß endliche Bilder ins Unendliche streben und zum Absoluten führen."[18] Kultur im Allgemeinen und Film im Besonderen können profunde Quellen sein, die eine Erfahrung Gottes provozieren. Hierbei wird davon ausgegangen, dass alles, was letzte Realität ausdrückt, damit immer auch Gott ausdrückt, ob es beabsichtigt ist oder nicht.

Gegenwärtig wird die Beobachtung religiöser Darstellung im Film vor allem von den Filmkommissionen der christlichen Kirchen wahrgenommen, in Deutschland besonders von der katholischen Kirche. In diesem Zusammenhang haben zwei Projekte seit Mitte der achtziger Jahre wesentlich zur Intensivierung der Forschungsbemühungen beigetragen.[19] Das eine ist das schon in den Vorbemerkungen erwähnte internationale universitäre Forschungsprojekt „Film und Theologie", eingerichtet von EUROCIC. Bei dem anderen Projekt handelt es sich um die langjährige Arbeit der deutschen Gruppe *Religion im Film*, die unter anderem die deutsche Filmgeschichte nach religiösen Formen und Themen durchgearbeitet und ihre Ergebnisse in einem Lexikon und auf CD-ROM veröffentlicht hat.[20] In der oben bereits angeführten Publikation, „Spuren

---

[17] Vgl. Malone, 77f.
[18] Hasenberg/Luley/Martig, Spuren des Religiösen im Film, 208; vgl. auch: Hahn/Jansen, Lexikon des Science Fiction Films, Bd. 2, 836f.
[19] Vgl. Morsbach, Spuren des Religiösen im DEFA-Spielfilm, 152.
[20] Vgl. Religion im Film.

Filmbesprechungen

STALKER

Sowjetunion 1979. B: Arkadi und Boris Strugazki (nach "Picknick am Wegesrand"). R: Andrej Tarkowski. D: Alexander Kaidanowski, Nikolai Grinko, Anatoli Solonizyn, Alicija Freindlich. Farbe. 167 Min.

Drei Männer - ein Wissenschaftler, ein Schriftsteller und ihr Führer (der Stalker) - dringen in ein von der Polizei abgesperrtes Gebiet ein, um unter Gefahren zu einem "Zimmer" zu gelangen, in dem sie Erkenntnis und die Erfüllungen aller Wünsche erhalten werden. - Gleichnishafte und vielschichtige Auseinandersetzung mit existenziellen Fragen des menschlichen Daseins in faszinierender künstlerischer Gestaltung. Ab 16 Jahre. Sehenswert.

—.—.—.—.—.—.—.—.—.—

Es gibt wenig Filme, die man als ein Kunstwerk von hohem Rang bezeichnen kann. Andrej Tarkowskijs "Stalker" gehört zu diesen Ausnahmen. Mit diesem gewiß nicht leicht zugänglichen, aber nachhaltig wirksamen Film ist der Anspruch, den man an ein künstlerisches Werk von Bedeutung stellen darf, erfüllt: daß es nicht Abbild bleibt, sondern zu einem Sinnbild menschlichen Daseins wird. Ein solch vielschichtiges Werk aber wie dieser Film, entzieht sich letztlich einer verbalen Interpretation, und jeder rational bestimmte Erklärungsversuch wird an der Peripherie bleiben. Entscheidend ist die eigene erlebnisintensive Begegnung. Aber wenn auch vieles rätselhaft bleibt und wohl nur durch eine jeweilige persönliche Sicht entziffert werden kann, so wird sich der grundsätzliche philosophische Gehalt dem nachdenkenden Betrachter erschließen. - Drei Männer brechen auf aus einer trostlosen, zerfallenden und hoffnungslosen Welt in eine streng abgeriegelte, gefahrdrohende "Zone", um dort in einem geheimnisvollen Zimmer Wahrheit und Glück zu finden. Stalker (annähernd wohl zu übersetzen mit "Fährtensucher") führt sie, aber nimmt ihnen keine Entscheidung ab. Er selbst ist besessen von der Suche nach Erkenntnis und Sinnerhellung, die anderen aber werden geleitet vor allem von egozentrischen Motiven. Ihr Weg ins Ungewisse, gezeichnet von Hoffnung und von Angst, ist der Weg in das eigene Innere, das sich in Ansätzen offenbart in gedrängten Dialogen, in zweifelnd gestellten Fragen von existenzieller Bedeutung. Doch am "Zimmer" angelangt, wagen weder der Schriftsteller noch der Wissenschaftler, die Schwelle zur Erkenntnis zu überschreiten. Ist es die Angst vor der schonungslosen Erkenntnis des eigenen Ichs? Die Angst, die Wahrheit zu erfahren, die sie ändern müßte? Oder ist es die Furcht, einer höheren Macht zu begegnen? Sie kehren in ihre sinnlose Welt zurück. Stalker, der seine Suche als Berufung ansieht und deshalb als Ausgestoßener gilt, spricht verzweifelt von den "leeren Augen" der Menschen, von ihrer Unfähigkeit, zu glauben. In der eindringlichen Schlußszene aber klingt Hoffnung an: Stalkers kleine, körperlich behinderte Tochter vermag durch ihre geistige Kraft (durch ihren Glauben auch?) ohne Berührung tote Objekte zu bewegen, und es wird, wenn auch übertönt vom Geräusch eines fahrenden Zuges, Beethovens "Hymne an die Freude" vernehmbar. - Tarkowskijs Mythos von der Suche gibt keine direkte Antwort auf die gestellten Fragen. Die Vielschichtigkeit seines Films läßt dem Betrachter die Möglichkeit, eigene Deutungen vorzunehmen, eigene Erfahrungen, Gedanken und Gefühle einzubringen. Die Eindringlichkeit der Fragen wird erreicht durch eine überragende künstlerische Gestaltung, die kein Detail bedeutungslos läßt, die durch Farbe, Bildkompositionen die Gleichnishaftigkeit unterstützt und von faszinierender Wirkung ist.

17/1011/81835/382

- Nur für innerkirchl. Dienstgebrauch -

des Religiösen im Film", wurden 88 Filme in Einzelbeiträgen als Meilensteine des religiösen Films vorgestellt.[21]
Die Beobachtung christlicher Inhalte im Film hat eine vergleichsweise lange Tradition. Diese gab es, weitgehend unbeachtet von der politischen Öffentlichkeit, auch in der DDR, einem Staat, der ausschließlich auf eine materialistisch begründete, sozialistische Weltanschauung baute. Dort engagierten sich Christen sowohl im Verborgenen, wie auch ganz offen in einer kirchlichen Filmarbeit, die sich parallel zu ihrem Pendant im Westen Deutschlands auf folgende vier Ebenen bezog: Die Filmkritik, die Filmvorführung mit anschließender Diskussion, den Filmverleih, sowie seltener die Produktion von Filmen. Ihren Dienst leisteten diese Christen innerhalb eines Staates, der Religion und Kirche als zu bekämpfende Relikte einer überholten Weltanschauung betrachtete. Die Handlungen der Aktiven der katholischen Filmarbeit, die Organisation und die praktische Durchführung ihrer Engagements erschließen sich leichter nach einem Blick auf das vom Staat bis in die kleinsten Verästelungen des Alltags hinein beeinflusste Leben der Bürger der DDR. Hierfür mögen ein Blick auf die von der Staatsmacht gepflegten Denkweisen aus der Zeit des Stalinismus, sowie einige Beispiele dienen, die das Verhalten und die Terminologie der Staatsorgane veranschaulichen.

3. Leben in der SBZ/DDR

3.1 Die politische Situation in der SBZ/DDR

Als Folge der Hitlerdiktatur und des für Deutschland verlorenen Zweiten Weltkrieges entstanden nach der deutschen Kapitulation zwei konträre Gesellschaftssysteme, die Deutschland spalteten. In der *Deutschen Demokratischen Republik* (DDR) lag die Führung des Staates in den Händen der marxistisch-leninistischen Partei, der *Sozialistischen Einheitspartei Deutschlands* (SED). Deren Spitze waren das Politbüro und das Sekretariat des Zentralkomitees der SED. Die Macht ging nicht vom Volke oder von der Parteibasis aus, sondern vom Ersten Sekretär des Politbüros. Bis 1971 hatte Walter Ulbricht diese Position inne, von 1971 bis 1989 Erich Honecker. Der Erste Sekretär entschied alle wichtigen Fragen, gegen seinen Willen fiel im Politbüro oder im Zentralkomitee keine wesentliche Entscheidung. Die SED war streng hierarchisch gegliedert und hatte, dem Vorbild der sowjetischen KPdSU entsprechend, ihre höchsten Organe nicht in den Vollversammlungen

---

[21] Vgl. Hasenberg/Luley/Martig, Spuren des Religiösen im Film.

ihrer verschiedenen Ebenen, sondern in den jeweiligen Leitungen und deren Repräsentanten.[22]

„'Die Partei' bestimmte alles, und die SED war überall. (...) Die Partei war über die Mitglieder in der DDR überall vertreten (...). In den wichtigen Bereichen saßen auf den leitenden Positionen Genossen. Genossen zogen die Fäden, über Genossen liefen die Fäden, an den Fäden hingen Genossen. (...) Viele waren gleichzeitig Opfer und Täter. Sie erhielten Befehle und wurden zu 'Einsicht' oder Parteidisziplin genötigt. Viele ließen sich dazu nötigen. Viele mußten nicht genötigt werden."[23]

Mittels hilfreicher Kontakte zur SED oder durch Besetzung einer prominenten öffentlichen Position gab es einen gewissen Schutz vor staatlichen Übergriffen. Für gewöhnlich riskierte derjenige, der sich den Vorgaben leitender Genossen widersetzte, die eigenen Privilegien oder seine Existenz. Durch die *Disziplinierung* von so genannten Unzufriedenen oder Querulanten wurden abschreckende Exempel statuiert. Ein als *feindlich-negativ* geltender katholischer Lehrer aus Sachsen wurde 1958 wegen seiner Funktion in der katholischen Jugendarbeit aus dem Dienst gedrängt. Über seine zwölf Jahre im Schuldienst berichtet er: „Wir erlebten die Blütezeit des Stalinismus mit Bespitzelung, Überwachung und erpresserischer Nötigung. Jeder versuchte auf die ihm eigene Weise seine Haut zu retten. Einige traten die Flucht nach vorne an, erklärten dem verbrecherischen System ihre Loyalität und Vasallentreue, verkauften sich und lieferten ihre Kollegen ans Messer."[24] Die gesellschaftlichen Folgen des direkten und indirekten Drucks, der durch die Staatsmacht ausgeübt wurde, gipfelten in allgegenwärtiger Angst und Aggression.

Manfred Krug, der bis 1977 als Schauspieler und Sänger in der DDR lebte, beschrieb das folgendermaßen: „Wir schlucken unsere Widerspruchslust herunter, kommen immer mehr unter Dampf, den wir dann zu Hause gegen Frau und Kinder ablassen. Es heißt, vor allem die Frauen sorgen für die hohe Scheidungsquote in der DDR. Ich bezweifle die Behauptung, sie sei ein gutes Zeichen für den Emanzipationsgrad und die wirtschaftliche Unabhängigkeit der Frau gegenüber dem Mann. Unsere hohe Scheidungsrate ist ein Zeichen für den allgegenwärtigen Staatsdruck, der zu Hause in der Familie sublimiert wird. Es wäre ebenso falsch, den hohen Schnapsverbrauch in sozialistischen Ländern auf die gute Wodkaqualität zurückzuführen."[25]

Das von der totalitären Einparteidiktatur anvisierte Ziel war die Errichtung einer sozialistischen Gesellschaftsordnung. Unmittelbar nach dem Krieg ging es dabei zunächst um die Sammlung aller *antifaschistisch-demokratischen* Kräfte,

---

[22] Vgl. Geiss, Repression und Freiheit, 192f.
[23] A.a.O., 191ff. (Die Abkürzungen „A.a.O." und „a.a.O." verweisen auf den Quelltext, auf welchen in der numerisch vorausgehenden Anmerkung Bezug genommen wird, betreffen aber eine andere Seite).
[24] Heretsch, Gegen den Strom, 176.
[25] Krug, Abgehauen, 159; vgl. auch: Koch/Knöbel, Familienpolitik der DDR im Spannungsfeld zwischen Familie und Berufstätigkeit von Frauen.

einschließlich von Christen und Kirchen.[26] In der weiteren Entwicklung wurde durch Gleichschaltung gesellschaftlich relevanter Gruppen die eigene Macht stabilisiert. Dabei initierte die SED die Etablierung einer Ordnung, in welcher die Kirchen als *unerwünschte Gruppierungen* und *absterbende Institutionen einer überholten Gesellschaftsformation* als historisch determiniert angesehen wurden.[27] „Der Marxismus bzw. Marxismus-Leninismus hat die 'Gesetze', nach denen Geschichte abläuft, 'entdeckt'. Die kommunistische Partei als 'der fortschrittlichste Teil der Arbeiterklasse' ist alleine in der Lage, Geschichte 'richtig', d. h. in Einklang mit der von ihr verwalteten Wahrheit, 'allseitig', nämlich für alle Lebensbereiche verbindlich, zu gestalten. Die Partei ist im Besitz der Kenntnis der historischen Entwicklung und realisiert diese. (...) Gegenüber der Totalität dieses Anspruchs muß Religion einen wesentlichen Faktor von Unsicherheit darstellen, den man mit allen Mitteln zu eliminieren versucht. Wo trotzdem lebendiger Glaube zu finden ist, muß eben Schikane ersetzen, was von 'historischer Dialektik' offenbar noch nicht realisiert wurde."[28]

Für kirchenfeindliche Propaganda und Gleichschaltungsmaßnahmen diente der SED das *Ministerium für Staatssicherheit* (MfS). Nach offizieller Sprachregelung der DDR war das MfS nur ein Ministerium unter anderen Ministerien und damit im Rahmen der Diktatur des Generalsekretärs auf den ersten Blick ein relativ unbedeutendes staatliches Organ. In Wirklichkeit war das MfS neben dem Parteiapparat der SED das wichtigste Herrschaftsinstrument des Politbüros und des Zentralkomitees.[29] Erich Mielke, Minister für Staatssicherheit von 1957 bis 1989, war ab 1971 auch Mitglied des Politbüros. Ein Umstand, der für sich schon auf enge Verflechtungen zwischen Parteiapparat und Staatssicherheitsdienst hinweist. Das MfS, 1950 mit dem Auftrag gegründet, alle Versuche im Keim zu ersticken, die den Sieg des Sozialismus aufzuhalten beabsichtigten, wurde bald zum *Schild und Schwert* der Partei. Dazu gehörte neben der Sicherung der Grenze und der Überwachung ausländischer Besucher in der DDR, auch Spionage und Spionageabwehr und vor allem die Überwachung der eigenen Bevölkerung. Neben den hauptamtlichen Mitarbeitern gab es eine in die Millionen geschätzte Zahl *Inoffizieller Mitarbeiter*, die flächendeckend dazu beitrugen, den totalen Überwachungsstaat zu realisieren.[30] Dabei ging es darum, *präventiv* zu handeln,

---

[26] Vgl. Dolata, Werner, Neubeginn und Entwicklung der konfessionellen Jugendarbeit in der SBZ am Beispiel der katholischen Pfarrjugend in der Stadt Brandenburg, in: Dähn/Gotschlich, „Und führe uns nicht in Versuchung...", 249.

[27] Vgl. Herbst/Ranke/Winkler, So funktionierte die DDR, Bd. 2, 692; vgl. auch: Heise, Joachim, „„...die Arbeit auf dem Gebiet des Atheismus intensivieren und qualifizieren". Zum Wandel in der atheistischen Propaganda und Lehre in der DDR von den Anfängen bis Ende der siebziger Jahre, in: Dähn/Gotschlich, „Und führe uns nicht in Versuchung...", 150-167.

[28] Pirkl, Fritz, in: Mechtenberg, Die Lage der Kirchen in der DDR, 10.

[29] Vgl. Geiss, Repression und Freiheit, 194.

[30] Schäfer nennt für das Jahr 1989 ca. 174.000 registrierte inoffizielle Mitarbeiter und ca. 90.000 hauptamtliche Mitarbeiter des Apparats des MfS, vgl. Schäfer, Staat und katholische Kirche in der DDR, 23; vgl. auch: Herbst/Ranke/Winkler, So funktionierte die DDR, Bd. 2, 684.

was bedeutete, innere Feinde ausfindig zu machen, sie *aufzudecken*, noch bevor sich diese zu erkennen gegeben hatten. Die *bearbeiteten* Personen wurden *observiert* und *diszipliniert*, was sich in der Regel in Schikanen und Behinderungen am Arbeitsplatz ausdrückte. „Nur in seltenen Fällen waren die Opfer tatsächlich Staatsfeinde (...). Die meisten 'feindlich-negativen Elemente' waren Unzufriedene, die mit ihrer Meinung nicht hinter dem Berg hielten und Reformen verlangten. Wer den Sozialismus aufgegeben hatte, der versuchte meist, in den Westen zu kommen, und nur wenige arbeiteten wirklich subversiv gegen das System. Die Ausrede, daß der verschärfte internationale Klassenkampf im kalten Krieg ein hartes Vorgehen erzwang, ist unzutreffend. Die Machthaber waren das Opfer der selbsterzeugten Klassenkampfhysterie."[31] Die in der SED-Führung verbreitete Paranoia und der vom MfS geschürte Sicherheitswahn bedingten entsprechende Arbeitsweisen und Methoden der Überwachung. Bevorzugt benutzte Formen des Vorgehens des MfS waren die *Operative Personenkontrolle*, der *Operative Vorgang* und das *strafrechtliche Ermittlungsverfahren*.[32]

Der *Operative Vorgang* im Zusammenhang mit einem evangelischen Pfarrer, der vom MfS zum Informanten gepresst wurde, wirft ein krasses Licht auf die Methoden der Staatssicherheit. „Mein Strafkatalog für illegale Medikamentenbeschaffung, Jazzvorträge, verbotene Bücher, z.B. Orwell, Ortega (...) zu haben und großzügig zu leihen, führten schließlich zu einem Stasiverhör am 17.3.1963 und zu meiner Verhaftung am 28.4.1963. Ich saß in der Bautzener Straße in einer Zelle ein. Das heißt, ich stand im Keller in einer 15 cm tiefen Wasserlache. Die Zelle war im Grundriß sehr klein. 1 m mal 1 m, aber fast 4 m hoch. Wenn ich einschlief und ins Wasser fiel, wurde ich herausgeholt und erhielt neue schmutzige trockene Kleidung - und das nächste Verhör. War ich in der Zelle, so lief ständig oben an der Decke eine Rundumleuchte aus - an, aus - an. In etwa 2,50 m Höhe eine Beobachtungskamera und ein Lautsprecher, der mir in einem Tonband ständig meine Schuld (...) und die sozialistische Zwangsadoption meiner drei Kinder 'in positiven Familien' nannte. (...) Da ich vorher schon völlig mit den Nerven fertig war, gab ich am 9. Tage auf und erklärte meine Mitarbeit als IM" (=*Inoffizieller Mitarbeiter* des MfS, A.S.).[33]
Bei *strafrechtlichen Ermittlungsverfahren* wurden von Offizieren der Staatssicherheit die gesetzlich garantierten Rechte willkürlich außer Kraft gesetzt. Dies beschreibt in beklemmender Weise auch Günter Fritzsch, Physiker aus Leipzig, der ebenfalls zu einer Informantentätigkeit für die Staatssicherheit gezwungen werden sollte. Zu diesem Zweck wurde nach langjähriger *Operativer Personenkontrolle* eine Verhaftung inszeniert und eine Untersuchung eingeleitet, deren Ergebnis bereits zu Beginn schriftlich fixiert worden war: Fritzsch habe auf Grund seiner staatsfeindlichen Einstellung strafbare Handlungen begangen, die durch die Vernehmungen im Rahmen des Ermittlungsverfahrens herauszuarbeiten seien.[34]
Diese fingierte Beschuldigung mündete in eine explizite Anklage wegen *staatsfeindlicher Hetze und Menschenhandels als Leiter einer staatsfeindlichen Gruppe*. Er wurde zu sechs Jahren strengem Strafvollzug im Zuchthaus verurteilt, weil er sich trotz massiver Drohungen und Psychoterrors nicht bereit erklärte, mit dem MfS zu kooperieren. Während des

---

[31] Reich, Jens, in: Fritzsch, Gesicht zur Wand, 4.
[32] Vgl. Herbst/Ranke/Winkler, So funktionierte die DDR, Bd. 2, 682-698.
[33] Zit. nach: Heretsch, Gegen den Strom, 210f.
[34] Vgl. Fritzsch, Gesicht zur Wand, 50.

Kreuzverhörs in einer Untersuchungshaftanstalt des MfS fielen folgende Sätze eines anonym gebliebenen Vernehmers: „Sie täuschen sich, hier drinnen herrscht keine Demokratie, bei uns herrscht Diktatur, die Diktatur des Proletariats. Das ist unversöhnlicher Klassenkampf. Sie sind unser Klassengegner. Mit ihnen verhandeln wir nicht über Recht oder Demokratie. Welche Rechte sie haben, bestimmen wir."[35]
Demzufolge wurden ihm während der Ermittlungen sowohl ein Rechtsbeistand, als auch jede Einsichtnahme in die Strafprozessordnung oder das Strafgesetzbuch verweigert. Die an den bis dahin unbescholtenen Physiker herangetragenen Unterstellungen bezüglich *staatsfeindlicher Aktionen* stellten sich als Anklagen wie in einem Hochverratsprozess dar. Das Verhör durch drei Offiziere lief nach dem Bericht von Fritzsch in einstudierter Dramaturgie ab und diente dazu, den Beschuldigten einzuschüchtern und mittels Angst um die eigene berufliche Existenz oder die Familie gefügig zu machen. Das Kreuzverhör erlebte er folgendermaßen: „Die Fragen wurden strenger und lauter, je näher sie mir auf den Leib rückten, sie sprangen mich fast an, umzingelten mich so eng, daß es dunkel um mich wurde und ihre Speicheltropfen auf meine Wangen spritzten. In dieser bedrängten Stellung brüllten sie ihre Fragen wie Pistolenschüsse heraus, mitunter alle drei gleichzeitig, und zwangen mich, auf peinlich genau vorbereitete, verfängliche Fragen zu antworten."[36]

In bis an die Grenzen des Erträglichen gesteigerten Zwangssituationen presste das MfS Geständnisse ab, manipulierte Vernehmungsprotokolle und erzwang deren Unterschrift. Den Vernehmern ging es dabei in der Regel nicht um höhere sozialistische oder andere Werte, sondern um persönliche Vorteile, vor allem um das Erreichen von Beförderungen und Privilegien.[37] Derjenige Offizier, der gefährliche Staatsfeinde entlarven konnte, durfte mit einem Karrieresprung rechnen. Da es aber nur eine begrenzte Anzahl staatsfeindlicher Verbrecher in der DDR gab, wurden zahllose unbescholtene Bürger verdächtigt, inhaftiert und aufgrund gefälschter Aussageprotokolle verurteilt. Ein solches Opfer war Günter Fritzsch. Bereits seit seiner Zeit als Vertrauensstudent in der *Evangelischen Studentengemeinde Leipzig* stand er unter Beobachtung durch das MfS. Auslöser war eine böswillige Bemerkung im Rahmen einer Beurteilung, die Fritzsch als Jugendlicher vom Direktor seiner Oberschule erhalten hatte. Fritzsch gibt diese nach eigener Akteneinsicht wieder: „(...) ich hätte eine staatsfeindliche Einstellung, (...) ich verstünde, diese feindliche Einstellung so zu tarnen, daß mir das keiner anmerkt."[38] Diese verleumderischen Aussagen über einen kritischen Schüler genügten, um den späteren Studenten der permanenten Beobachtung durch die Staatssicherheit auszusetzen und ihn schließlich als Staatsfeind auf die Anklagebank zu bringen. 1991 rehabilitierte das *Bezirksgericht Leipzig* Günter Fritzsch unter Bezugnahme auf die Grundrechte der Meinungsfreiheit und der Vereins- und Koalitionsfreiheit, die in der DDR-Verfassung vom 6. April 1968 in Artikel 27 und 28 festgeschrieben waren.[39]

---

[35] A.a.O., 13.
[36] A.a.O., 13f.
[37] Vgl. a.a.O., 15.
[38] A.a.O., 65.
[39] Vgl. a.a.O., 156; vgl. auch: Die DDR-Verfassungen, 151.

Staatsfeindliche Gesinnung wurde nicht nur Einzelpersonen, sondern auch Institutionen wie der katholischen Kirche unterstellt. Dabei kam es zur Anwendung einer so genannten *Differenzierungsstrategie*, was im Kern bedeutete, *positive* Kräfte zu belohnen und *negative* zu bestrafen.[40] Die Entwicklung der kirchlichen Mitgliederstatistiken spiegeln die schwierigen Zeiten in der Diaspora in einem kommunistischen Staat mit Verfolgung, Schikane und *Zersetzungsbestrebungen* durch ein antikirchliches Umfeld wieder. Dem soll im Folgenden nach einem Blick auf die kirchenrechtliche Struktur der katholischen Kirche auf dem Gebiet der Sowjetischen Besatzungszone (SBZ) nachgegangen werden.

3.2 Die katholische Kirche in der DDR

3.2.1 Die territoriale Struktur der katholischen Bistümer

Nach der Kapitulation des Hitler-Nachfolgers Großadmiral Karl Dönitz im Mai 1945 übernahmen mit der Berliner Viermächteerklärung die militärischen Oberbefehlshaber der vier Siegermächte die Gewalt in Deutschland. Es kam zur Teilung des Landes in Besatzungszonen und zu Abtrennungen. Die westliche Demarkationslinie der Sowjetischen Besatzungszone (SBZ) trennte Gebiete ab, die zum Bistum Osnabrück, zum Erzbistum Paderborn, sowie zu den Bistümern Fulda und Würzburg gehörten. Betroffen waren der Thüringer Raum, Mecklenburg und der Raum Magdeburg-Halle. Im Osten hingegen lagen Teile des Bistums Berlin jenseits der Oder-Neiße-Linie, während das Gebiet um Görlitz als westlicher Teil des schlesischen Erzbistums Breslau, dem jetzt polnischen Wroclaw, abgetrennt war. Nur das Bistum Meißen lag geschlossen innerhalb des Territoriums der SBZ. Folglich konnten die Bischöfe von Würzburg, Fulda, Osnabrück, Paderborn und Wroclaw ihre Leitungsgewalt über diejenigen Diözesangebiete, die jetzt in der SBZ lagen, nicht ungehindert ausüben. Dort wurden Bischöfliche Kommissare eingesetzt, die den in der Bundesrepublik Deutschland und der Volksrepublik Polen residierenden Diözesanbischöfen unterstellt blieben. Zusammen mit den Diözesen Meißen und Berlin ergab sich eine Neuordnung mit sieben Jurisdiktionsbezirken, deren Ordinarien Papst Pius XII. im Juli 1950 zur *Berliner Ordinarienkonferenz* zusammenfasste. Dieser Zusammenschluss erleichterte die Organisation der kirchlichen Verwaltung und der seelsorgerischen Arbeit in der DDR.
Dem in den siebziger Jahren verstärkten staatlichen Druck, die Staatsgrenzen auch kirchenrechtlich als verbindlich zu akzeptieren nach dem Grundsatz "Staatsgrenzen sind Kirchengrenzen"[41], begegneten die katholischen Bischöfe

---
[40] Vgl. Schmid, Kirchen, Staat und Politik in Dresden zwischen 1975 und 1989, 81.
[41] Vgl. Herbst/Ranke/Winkler, So funktionierte die DDR, Bd. 2, 853.

der DDR mit dem Verweis auf die prinzipielle Zuständigkeit der römischen Kirchenleitung. Papst Paul VI. behandelte diese Forderung mit diplomatischem Geschick. Er ernannte die Bischöflichen Kommissare zu Apostolischen Administratoren, die - unmittelbar dem Papst unterstellt - mit Vollmachten versehen waren, die sie in den Stand versetzten, ohne formelle Loslösung von ihren Mutterbistümern alle notwendigen pastoralen und kirchenrechtlichen Entscheidungen zu treffen. An der Zugehörigkeit ihrer Amtsbezirke zu den Bistümern außerhalb der DDR änderte sich also nichts. Die kirchenrechtliche Zuständigkeit ihrer Oberhirten wurde lediglich suspendiert. Nach der Verleihung des Status einer auctoritas territorialis[42] für die *Berliner Ordinarienkonferenz* im September 1976 wurde sie im Gefolge der internationalen Anerkennung der DDR und der vatikanischen Ostpolitik in den Rang einer eigenständigen Bischofskonferenz erhoben und bezeichnete sich als *Berliner Bischofskonferenz*.

Die Vorsitzenden der *Berliner Ordinarienkonferenz* waren: Konrad Kardinal Graf von Preysing-Lichtenegg-Moos, Berlin, 1950, Bischof Wilhelm Weskamm, Berlin, 1951-1956, Julius Kardinal Döpfner, Berlin, 1957-1961, Alfred Kardinal Bengsch, Berlin, 1961-1976.
Die Vorsitzenden der *Berliner Bischofskonferenz* waren: Alfred Kardinal Bengsch, Berlin, 1976-1979, Bischof Gerhard Schaffran, Meißen, 1980-1982, Joachim Kardinal Meisner, Berlin, 1982-1989, Bischof Joachim Wanke, Erfurt-Meiningen, 1989 kommissarisch, Georg Kardinal Sterzinsky, Berlin, 1989 bis zur Überführung der *Berliner Bischofskonferenz* in die *Arbeitsgemeinschaft der Bischöfe der Deutschen Bischofskonferenz - Region Ost* am 24.11.1990.

Zur *Berliner Bischofskonferenz* gehörten neben den Bistümern Berlin und Meißen (ab 1980 Dresden-Meißen) nun auch die Administratur Görlitz (der westliche Teil des Erzbistums Wroclaw) und die Bischöflichen Ämter Schwerin (der östliche Teil des Bistums Osnabrück), Magdeburg (der östliche Teil des Erzbistums Paderborn) und Erfurt-Meiningen (der östliche Teil des Bistums Fulda und der nördliche Teil des Bistums Würzburg). Die Leitung dieser - nach der Zusammenlegung von Meiningen mit Erfurt - sechs Jurisdiktionsbezirke wurde von Bischöfen als Apostolische Administratoren wahrgenommen, denen jeweils - außer in Görlitz - ein Weihbischof zur Seite stand.[43] Obwohl die Forderung der DDR-Regierung nach einer Aufgabe der Abhängigkeit von den westdeutschen Mutterbistümern immer wieder erhoben wurde, blieb es bei der Regelung einer Administration mit nicht endgültigem Status. Die sich geschickt über Jahre erstreckende, sehr behutsame Verhandlungspolitik hatte für die katholische Kirche in der DDR den Konflikt um die Formel „Staatsgrenzen sind Kirchengrenzen" weitgehend neutralisiert.[44]

---

[42] Vgl. Ruf, Das Recht der katholischen Kirche nach dem neuen Codex Juris Canonici, 131.
[43] Vgl. Herbst/Ranke/Winkler, So funktionierte die DDR, Bd. 2, 852ff.
[44] Vgl. Mechtenberg, Die Lage der Kirchen in der DDR, 18.

Nach der Wiedervereinigung erfolgte zum 24. November 1990 die Aufhebung der *Berliner Bischofskonferenz*. Ihre Mitglieder bilden seitdem als Vollmitglieder der *Deutschen Bischofskonferenz* innerhalb dieser die *Arbeitsgemeinschaft der Bischöfe der Deutschen Bischofskonferenz - Region Ost*. Diese Arbeitsgemeinschaft befasst sich mit den pastoralen Fragen und Problemen, die sich aufgrund der besonderen Situation der fünf neuen Bundesländer stellen. Am 23. September 1992 entschieden die Bischöfe in Fulda über die Neuordnung der Bistümer: Die Bischöflichen Ämter Erfurt-Meiningen und Magdeburg sowie die Apostolische Administratur Görlitz wurden mit Wirkung vom 8. Juli 1994 eigenständige Diözesen, während das Bistum Berlin zum Erzbistum erhoben und mit den Bistümern Dresden-Meißen und Görlitz zur Kirchenprovinz Berlin zusammengeschlossen wurde.[45]

Mit dem Austausch der Ratifikationsurkunden über die Errichtung neuer Bistümer zwischen dem Heiligen Stuhl und den Ländern Brandenburg, Sachsen-Anhalt, dem Freistaat Sachsen und dem Freistaat Thüringen erhielt die Neuerrichtung der Bistümer am 8. Juli 1994 Rechtskraft.
Am 4. November 1994 erfolgte in der Apostolischen Nuntiatur in Bonn der Austausch der Ratifikationsurkunden des Vertrages zwischen dem Heiligen Stuhl und den Ländern Hamburg, Schleswig-Holstein und Mecklenburg-Vorpommern über die Errichtung der Erzdiözese Hamburg. Zu dieser neuen Diözese gehört mit dem mecklenburgischen Teil von Mecklenburg-Vorpommern nun das Territorium des Bischöflichen Amtes Schwerin. Die bischöfliche Verwaltung in Schwerin bleibt als regionales Büro bestehen und dient auch weiterhin als Sitz des Weihbischofs. Die Kirchenprovinz Hamburg umfasst das Erzbistum Hamburg und die Bistümer Osnabrück und Hildesheim[46].

Damit gibt es auf dem Gebiet der neuen und alten Länder der Bundesrepublik Deutschland insgesamt 21 Erzbistümer und Bistümer, die zu folgenden sieben Kirchenprovinzen zusammengeschlossen sind: Bamberg, Berlin, Freiburg, Hamburg, Köln, München/Freising, Paderborn.

3.2.2 Statistische Daten

Die DDR war das einzige Industrieland der Welt, das - nach der Zuwanderungswelle Heimatvertriebener nach dem Zweiten Weltkrieg - durchgängig Bevölkerungsverluste hinnehmen musste: 18,4 Millionen Bürgern im Jahr 1949/50 standen 16,4 im Jahr 1989 gegenüber. Die etwa drei Millionen in den Westen Geflohenen wurden teilweise durch die Rückkehr der Kriegsgefangenen und einen anfänglichen Geburtenüberschuss kompensiert.[47]
Vor dem Zweiten Weltkrieg machte der Anteil der in der späteren SBZ lebenden Katholiken rund 6 Prozent der Bevölkerung aus. Der Anstieg auf 11,9

---
[45] Vgl. Herbst/Ranke/Winkler, So funktionierte die DDR, Bd. 2, 858.
[46] Vgl. Pressemitteilung der Deutschen Bischofskonferenz.
[47] Vgl. Schroeder, Der Preis der Einheit, 76.

Prozent bei der Erhebung zur Volkszählung von 1946 erklärt sich aus dem Zustrom der Vertriebenen aus den deutschen Ostgebieten. 1949 lebten in der SBZ/DDR zirka 2,7 Millionen Katholiken.[48] Bis zur Volkszählung des Jahres 1964, der letzten mit Konfessionsangabe, sank der Anteil der Katholiken um etwa 4, bis 1983 um einen weiteren Prozentpunkt auf etwa 7 Prozent Anteil an der Gesamtbevölkerung.[49] Nach der zum Lutherjahr 1983 von der Auslandspresseagentur *Panorama DDR* herausgegebenen Broschüre „Christen und Kirchen", die auf sehr optimistischen konfessionsstatistischen Daten der kirchlichen Gemeinschaften beruhte, sank der Anteil der evangelischen Christen im gleichen Zeitraum um über 35 Prozent.[50] Ende der achtziger Jahre bekannten sich nach Angaben der Berliner Bischofskonferenz von den rund 16 Millionen DDR-Bürgern etwa 7 Millionen zur evangelischen und etwa 1 Million zur katholischen Kirche, von denen etwa 20 Prozent regelmäßig am kirchlichen Leben teilnahmen. Die Zahl der Christen in Freikirchen und anderen Religionsgemeinschaften betrug rund 200.000, die praktizierender Juden etwa 600. Das Nachrichtenmagazin „Der Spiegel" bezifferte 1993 die Zahl der evangelischen Christen auf etwa 4 Millionen und die der Katholiken auf 920.000.[51]

Der erhebliche Rückgang der Kirchenmitgliedschaften seit dem Ende des Zweiten Weltkrieges ist auf die atheistische und antichristliche Propaganda in der DDR zurückzuführen. Im Rahmen der Stabilisierung der Macht der SED wurde der Öffentlichkeit ein Bild der Kirchen vermittelt, das sie als überflüssige Anachronismen erscheinen ließ. Der Kirchenaustritt wurde staatlicherseits propagiert. Freireligiöse und sozialistische Riten wie Kinder-, Jugend-, Ehe- und Grabweihe dienten der DDR als Ersatz für die christlichen Sakramente, Sakramentalien und Kasualien.[52] Überzeugte Christen wurden als *nicht staatstragend* eingestuft und aus öffentlichen Ämtern gedrängt. Die SED installierte ein einheitliches, sozialistisches Bildungs- und Erziehungssystem ohne schulischen Religionsunterricht. Damit einher ging eine Indoktrination mit dem Ziel der Veränderung des Wertebewusstseins. Ideologische Vorgaben des Zentralkomitees der SED wurden nach sowjetischem Muster in staatliche Maßnahmen umgesetzt, die von Ost-Berlin aus bis ins letzte Dorf *durchgestellt* wurden.

---

[48] Vgl. Schmid, Kirchen, Staat und Politik in Dresden zwischen 1975 und 1989, 56.
[49] 1964 bezeichneten sich, bei einer Gesamtbevölkerung von etwa 17 Millionen, etwa 12 Millionen DDR-Bürger als Christen - alle christlichen Konfessionen zusammengerechnet; vgl. Schmid, Kirchen, Staat und Politik in Dresden zwischen 1975 und 1989, 31.
[50] Vgl. Mechtenberg, Die Lage der Kirchen in der DDR, 13.
[51] Der Spiegel, Nr. 14/1993, p. 80; zit. nach: Schmid, Kirchen, Staat und Politik in Dresden zwischen 1975 und 1989, 31; vgl. auch die Ergebnisse von Umfragen unter Schülern, Lehrlingen, jungen Berufstätigen und Studenten zu ihren weltanschaulichen Positionen in dem Aufsatz von Friedrich, Walter, Jugend und Religion - In der DDR und nach der Wende in Ostdeutschland, in: Dähn/Gotschlich, „Und führe uns nicht in Versuchung...", 221-243.
[52] Vgl. Raabe, Thomas Nikolaus, Die Jugendweihe als Instrument im Kampf zwischen Kirche und Staat in den 50er Jahren, in: Dähn/Gotschlich, „Und führe uns nicht in Versuchung...", 46-59.

„Ein Dorfkindergarten z. B. war der letzte Ausläufer des von Frau Honecker geleiteten Ministeriums für Volksbildung. Da die ganze Gesellschaft von der Partei durchformt war, war der in den westlichen Demokratien übliche und notwendige Unterschied zwischen Staat und Gesellschaft nicht mehr zu erkennen. Alles war Staat, und zwar von der SED gelenkter und kontrollierter Staat. Der ideologische Einfluß reichte durch die Schule und durch die Betriebe, in denen die Eltern arbeiteten, bis hinein in die Familien, die sich aber, so gut sie konnten, ein gewisses Eigenleben bewahrten, sie retteten sich sozusagen in eine Nische."[53]

Die katholischen Pfarreien in der DDR können als eine Nische gelten, und zwar insofern als dort keiner etwas sagen musste, was er nicht sagen wollte. Überhaupt bewahrte das katholische Leben im totalitären Umfeld der DDR vielerorts Räume menschlicher Freiheit, die von Personen innerhalb und außerhalb der Kirchen als Ersatzöffentlichkeit genutzt wurden, um das Leben in der monotonen sozialistischen Gesellschaft zu bewältigen.[54] In den folgenden Kapiteln soll genauer auf das konkrete Dasein der katholischen Kirche in einem kirchenfeindlichen Staat eingegangen werden. Die katholische Filmarbeit wird hinsichtlich ihrer Bedeutung nur vor dem Hintergrund einer solchen Darstellung verständlich.

3.2.3 Vermeintliche Sicherheit

Pfarrgemeinden waren im sozialistischen Staat eine Stätte des freien Wortes, da man sich bei Zusammenkünften vor Spitzeln relativ sicher glaubte.[55] Dies führte man auf die deutliche Abgeschlossenheit der katholischen Kirche zurück, die im Vergleich zur größeren evangelischen Kirche in einem Getto lebte. Doch diese Sicherheit erwies sich als trügerisch. Leitende Geistliche der *Berliner Ordinarienkonferenz* (BOK), ab 1976 *Berliner Bischofskonferenz* (BBK), waren zahlreichen Überwachungsmaßnahmen durch das *Ministerium für Staatssicherheit* (MfS) ausgesetzt. Nachgewiesen werden konnten beispielsweise Abhöranlagen in den Arbeitszimmern der Bischöfe Alfred Bengsch in Ost-Berlin und Otto Spülbeck in Bautzen, in der Wohnung des Ostberliner Prälaten und späteren Generalvikars Theodor Schmitz, im Bischöflichen Ordinariat im Westteil Berlins und im Bischöflichen Kommissariat in Magdeburg. Aufzeichnungen von Sitzungen mittels Richtmikrofonen und systematisches Abhören von kirchenamtlichen Telefongesprächen innerhalb des Westteils Berlins, sowie nach dem Bundesgebiet waren an der Tagesordnung.[56] 1990, als die Akten des MfS zugänglich wurden, zeigte sich eine Unterwanderung beider Kirchen, die in diesem Ausmaß kaum erwartet worden war. Der katholische Katechet und

---

[53] Friemel, Diasporaprobleme, 482.
[54] Vgl. Schäfer, Staat und katholische Kirche in der DDR, 460.
[55] Vgl. Friemel, Diasporaprobleme, 482.
[56] Vgl. Grande/Schäfer, Kirche im Visier, 45ff; vgl. auch: Heretsch, Gegen den Strom, 101; vgl. auch: Schäfer, Staat und katholische Kirche in der DDR, 136f.

Gemeindehelfer Erwin Heretsch legt in seinen Erinnerungen[57] aus dem Jahr 1998 dar, wie ein Freund und Kollege jeden seiner Schritte über Jahrzehnte beobachtet und an das MfS weitergeleitet hat. Dieser wiederum wurde aber seinerseits von einer *Inoffiziellen Mitarbeiterin* des MfS, die bei der Bistumsverwaltung beschäftigt war, bespitzelt. Bei der Akteneinsicht wurde deutlich, dass beide unabhängig voneinander die gleichen Personen *bearbeiteten* und sich gegenseitig unwissentlich ausspielten.

Im „Sächsischen Tageblatt" vom 1. Februar 1990 berichtet ein *Informant* der Staatssicherheit in einem anonymen Interview von seinen Aufgaben. Er war als Friedhofsmeister im Dienst der evangelischen Kirche angestellt. „Das MfS wollte von mir Infos über kirchliche Veranstaltungen, aber auch über kirchliche Mitarbeiter haben. (...) Die wollten zum Beispiel wissen, welche Laster diese Leute hatten, ich meine Alkoholprobleme, wie die Ehe ging, sexuelle Fehltritte und so weiter. Laster interessierten am meisten. (...) Reich werden konnte ich dabei nicht. Mal gab´s 200 Mark, mal weniger. Meistens bekam ich irgendwelche Waren wie ein Kaffeeservice."[58]
Dieser *Informant*, dem es persönlich in keiner Weise um die Zugehörigkeit zu einer Glaubensgemeinschaft ging, nahm auf Befehl des MfS ein halbes Jahr am Taufunterricht einer Pfarrgemeinde teil und ließ sich anschließend taufen. Der Pfarrer bot ihm eine Stelle als Friedhofsmeister an. Damit nahm er an allen Dienstbesprechungen teil und konnte den Pfarrer direkt observieren. Seine Kirchensteuer zahlte das MfS.[59]

Schäfer recherchierte den Fall eines 1958 ins Erfurter Priesterseminar eingeschleusten *Geheimen Informators*, „der bis zu seinem Abgang aus dieser Einrichtung 1962 dem MfS wertvolle Berichte zur theologischen Ausbildung, einzelnen Studenten, internen Konferenzen und Besuchen von Bischöfen im Seminar lieferte."[60] Durch Erpressung wurden Priester auch dazu gebracht, internes Material, sowie vom Ordinariat erhaltene Rundschreiben und Hirtenbriefe an staatliche Stellen weiter zu geben.[61] Das MfS bemühte sich auch über die offiziellen Kontakte, die die katholische Kirche zur *Dienststelle des Staatssekretärs für Kirchenfragen* unterhielt, Einfluss zu nehmen und Informationen zu gewinnen. Obwohl sich die Kirche im real existierenden Sozialismus quantitativ auf einen Kernbestand verringerte, konnte keine Rede sein von einem Absterben, wie es die Partei nach ihrem Geschichtsverständnis prognostiziert hatte. Je mehr sich in der *Sozialistischen Einheitspartei Deutschlands* (SED) die Erkenntnis durchsetzte, dass der Kern der Kirche stabil war und sich behaupten konnte, entdeckte die Partei die Kirche als „Partner" im Sinne einer ökonomischen und außenpolitischen Nutzbarkeit. Es handelte sich dabei also um ein einseitiges Verhältnis zur Beförderung staatlicher Interessen, beispielsweise der Devisenbeschaffung oder der Verbesserung der eigenen

---

[57] Vgl. Heretsch, Gegen den Strom, 196ff, 199ff; vgl. auch: Knabe, Die unterwanderte Republik, 261-276.
[58] Heretsch, Gegen den Strom, 191f.
[59] Vgl. a.a.O., 195f.
[60] Schäfer, Staat und katholische Kirche in der DDR, 139.
[61] Vgl. a.a.O., 138.

Außenwirkung, denn gleichzeitig wurde der Kirche jede gesellschaftliche Mitverantwortung oder stellvertretende Protestrolle gegenüber Missständen in der DDR abgesprochen.[62]

Die innerkirchlichen Strukturen und der gesellschaftliche Einflussbereich der Kirchen galten als sicherheitspolitisch sensible Bereiche. Ein umfangreicher Einsatz der Kräfte des MfS gehörte dort deshalb zur Logik der Herrschaftssicherung der SED. Kirchliche Aktivitäten, die über den kultischen Bereich hinausgingen, wie zum Beispiel die Jugendarbeit, wurden argwöhnisch registriert. So meldete der Rat des Kreises Heiligenstadt am 20. Oktober 1967 in einer „Vorlage an das Sekretariat der SED-Kreisleitung": „Entgegen den staatlichen Normen wird durch die katholische Kirche neben der religiösen Unterweisung Tanz-, Film- und Sportveranstaltungen, Vorträge, Wanderungen u.a. durchgeführt."[63] Der Diözesanjugendpfarrer wird als zuständiger Organisator dieser Veranstaltungen in dem Schreiben ausdrücklich genannt, und aufgrund seines Einflusses auf die Jugendlichen als „negativer Geistlicher eingeschätzt."[64]

Die Überwachung der Kirche und die Schikane vieler Kirchenmitglieder durch das MfS schufen der SED in ihrer Kirchenpolitik bis 1989 taktische Spielräume, um das Vertrauen und die Solidarität der Gläubigen untereinander zu sabotieren und den Freiraum, der sich in der katholischen Kirche immer wieder bildete, einzuengen oder gar zu zerstören.

3.2.4 Das Überlebensprogramm der Kirche

Die katholische Kirche in der DDR war eine Kirche in der Diaspora. Sie sah sich mit einem religions- und kirchenfeindlichen Staat konfrontiert, der das Christentum als überholte Weltanschauung und als Hindernis auf dem Weg zur Schaffung eines materialistisch begründeten, einheitlichen, sozialistischen Gemeinwesens betrachtete. Vor allem durch den fehlenden Religionsunterricht an den Schulen sah sich die Kirche aus dem öffentlichen Leben hinausgedrängt. Damit waren die Priester, Seelsorgehelferinnen und Katecheten für die grundlegende Glaubensweitergabe im Kindes- und Jugendalter auf den Binnenraum Kirche verwiesen. Außer dem kirchlichen Religionsunterricht in den Pfarreien wurden für drei- bis sechsjährige Vorschulkinder *Frohe Herrgottsstunden* und während der Sommerferien für Schüler die so genannten *Religiösen Kinderwochen* durchgeführt. Letztere waren als einwöchige Veranstaltungen für eine kompakte Glaubensunterweisung mit Erlebnischarakter in kirchlichen Häusern und Erholungsheimen konzipiert.

---

[62] Vgl. Grande/Schäfer, Kirche im Visier, 92f.
[63] ThHStAW, RdB, Ki-66.
[64] Ebd. (Die Abkürzungen „Ebd." und „ebd." verweisen auf den Quelltext, auf welchen in der numerisch vorausgehenden Anmerkung Bezug genommen wird und betreffen auch die dort angegebene Seite, falls Paginierung vorhanden).

Dieser katechetische Unterricht fand in der ganzen DDR einheitlich nach Anweisungen und Vorlagen statt, die die Bischöfe jährlich herausgaben.[65]
Auf dem Territorium der SBZ befand sich nach dem Zweiten Weltkrieg keine Ausbildungsstätte für katholische Theologen. Üblicherweise waren die Priesteramtskandidaten zum Studium nach Breslau, Würzburg, Fulda, Paderborn, oder Osnabrück geschickt worden.[66] Die Studienorte der mitteldeutschen Diaspora lagen auf polnischem oder tschechoslowakischem Gebiet oder in den deutschen Westzonen. Um auch in der SBZ qualifizierten Theologennachwuchs heranzubilden, wurde eine Reihe von Institutionen gegründet. Dies geschah vor allem auf Initiative von Wilhelm Weskamm, Bischof von Berlin 1951 bis 1956. Da an den staatlichen Oberschulen kaum noch Latein und Griechisch gelernt wurde, richtete Weskamm zunächst in Magdeburg ein *Philologisches Vorsemester für künftige Theologiestudenten* ein, das dann 1952 endgültig in Halle errichtet wurde. Auch das gleichzeitig in Magdeburg gegründete Spätberufenenseminar *Norbertinum* und das 1953 errichtete *Bischöfliche Vorseminar* in Schöneiche bei Berlin verdanken ihr Entstehen wesentlich Wilhelm Weskamm. Dort wurden junge Männer nach der Berufsausbildung, bzw. nach dem erfolgreichen Abschluss der zehnten Klasse der allgemeinbildenden polytechnischen Oberschule, in einem drei- bis vierjährigen Kurs, an dessen Ende ein kirchlich anerkanntes Abitur und Kenntnisse in Latein und Griechisch standen, für das Studium der katholischen Theologie vorbereitet.[67] Dies fand in dem 1952 in Erfurt eröffneten Priesterseminar statt, wo neben dem Alumnat auch philosophisch-theologische Lehrveranstaltungen angeboten werden konnten.[68] Im gleichen Jahr errichtete Weskamm ein Pastoralseminar in der ehemaligen Benediktinerabtei Huysburg bei Halberstadt für die Jurisdiktionsbezirke Magdeburg, Schwerin und Meiningen. Zusammen mit dem bereits 1948 eingerichteten *Bernardinum* in der ehemaligen Zisterzienserabtei Neuzelle/Oder,[69] diente das Pastoralseminar der eineinhalbjährigen Vertiefung des Studiums durch pastorale Schulungen. Hier wurde also die Ausbildung derjenigen Theologen zu Ende geführt, die bereits das Priesterseminar und das Studium in Erfurt erfolgreich durchlaufen hatten.[70] Bereits 1948 war Weskamm, noch Propst und Kommissarius, an der Einrichtung des *Seelsorgehelferinnenseminars* in Magdeburg beteiligt, wo Frauen als Mitarbeiterinnen in der Diaspora-Seelsorge ausgebildet wurden. Diese besondere Art der Seelsorge in der Zerstreuung verglich Weskamm einmal mit dem Betreiben einer Gärtnerei im hohen Norden.[71]

---

[65] Kötter, Nichtfinanzielle Hilfen des Bonifatiuswerkes für das kirchliche Leben, 58.
[66] Vgl. Knauft, Katholische Kirche in der DDR, 51; vgl. auch: Schäfer, Staat und katholische Kirche in der DDR, 61.
[67] Vgl. Pilvousek, „Eine Gärtnerei im Norden", 281; vgl. auch: Knauft, Katholische Kirche in der DDR, 55.
[68] Vgl. Pilvousek, „Eine Gärtnerei im Norden", 280; vgl. auch: Raabe, SED-Staat und katholische Kirche, 103ff.
[69] Vgl. Knauft, Katholische Kirche in der DDR, 51.
[70] Vgl. a.a.O., 55.
[71] Vgl. Pilvousek, „Eine Gärtnerei im Norden", 282.

Alfred Kardinal Bengsch installierte 1968 in seinen privaten Räumen in Ost-Berlin heimlich ein Qualifizierungsstudium der *Jugend- und Erwachsenenpastoral* für künftige kirchliche Mitarbeiter in der DDR. Dieses dreijährige Studium wurde mit einem Diplom abgeschlossen. Die Dozenten waren Theologieprofessoren westdeutscher Universitäten, die als Touristen getarnt ohne Vorlesungsskripte die Grenze als Fußgänger passierten. Das Vorlesungs- und Studienmatrial brachte Bengsch in seinem Wagen über die Grenze. Trotz größter Vorsichtsmaßnahmen wurde das Unternehmen aufgedeckt und eine Fortführung der Ausbildung vom Staatssekretär für Kirchenfragen, Hans Seigewasser, unterbunden.[72]

Das Dasein der katholischen Kirche als eine Art Subgesellschaft innerhalb eines kommunistisch-sozialistischen Milieus bedingte eine sensible Kommunikation zwischen kirchlichen Entscheidungsträgern und staatlichen Organen, die von einer gewissen Zwiespältigkeit gekennzeichnet war. Einerseits konnte auf Gespräche nicht völlig verzichtet werden, andererseits musste jeder Kontakt zu staatlichen Stellen stets als Bedrohung und Gefährdung angesehen werden. Bei der nun folgenden Darstellung der Kommunikation zwischen kirchenleitender Ebene und staatlichen Organen geht es weniger um innerkirchliche Entwicklungen oder kirchenpolitische Strategien, sondern vielmehr um die Strukturen institutionalisierter Kommunikation. Die Wechselwirkungen zwischen Kirche und politischem Kontext stellte für den Zeitraum von 1945 bis 1989 Bernd Schäfer in einer analytischen Auswertung umfangreichen staatlichen und kirchlichen Quellenmaterials dar.[73]

3.2.5 Die Kommunikation zwischen kirchenleitender Ebene und staatlichen Organen

Bei der Gründung der DDR wurde bewusst keine staatliche Zentralinstanz eingerichtet, die für die Kommunikation mit Religionsgemeinschaften zuständig gewesen wäre. Die Existenz einer solchen hätte als Zweifel an der auf wissenschaftlichem Materialismus gegründeten Überzeugung vom Absterben der Religion ausgelegt werden können. Aus dem Fehlen einer solchen zentral gesteuerten Einrichtung ergab sich, dass die Interessen der Partei- und Staatsführung von verschiedenen Behörden und Dienststellen wahrgenommen wurden. Neben der *Abteilung Kultfragen* beim Ministerium des Inneren und der *Hauptabteilung Verbindung zu den Kirchen* beim stellvertretenden Ministerpräsidenten waren je nach Sachlage auch die Ministerien für Finanzen, Volksbildung und Gesundheitswesen, das Staatssekretariat für

---

[72] Vgl. Heretsch, Gegen den Strom, 101f.
[73] Vgl. Schäfer, Staat und katholische Kirche in der DDR.

Hochschulwesen, das Amt für Literatur und Verlagswesen mit Kirchenfragen und Angelegenheiten der Religionsgemeinschaften befasst.[74]

Der erste Leiter der *Hauptabteilung Verbindung zu den Kirchen* war Otto Nuschke. Nuschke war stellvertretender Ministerpräsident 1949-1957 und Vorsitzender der CDU/Ost 1948-1957. Gemeinhin markiert seine Wahl zum Parteivorsitzenden der CDU/Ost das Ende ihrer politischen Gegenwehr gegen die SED. Nach neuen Forschungen erwies sich Nuschke aber keineswegs als widerspruchsloser Verhandlungspartner der SED.[75] Nuschke pochte auf die verfassungsgemäß zugesicherten Rechte der Kirchen[76], und versuchte, unter Zuhilfenahme der in staatlichen Behörden etablierten Kommunikation Kirchenmitglieder vor staatlichen Übergriffen zu schützen.[77]

Im Rahmen der Bemühungen der SED, zu einer Vereinfachung der administrativen Strukturen der Kirchenpolitik zu gelangen, wurde 1954 die *Abteilung Kirchenfragen* gebildet unter der Leitung von Willi Barth, die im Apparat des Zentralkomitees der SED angesiedelt war und dem zuständigen ZK-Sekretär nach dessen Weisungen zuarbeitete.[78] Hier wurde die Kirchenpolitik konzipiert, die im Politbüro zu beschließen war. Hinter der schon bald erfolgten Umbenennung der *Abteilung Kirchenfragen* in *Arbeitsgruppe Kirchenfragen* vermutet Schäfer den semantischen Versuch, mit der informellen Bezeichnung zum Ausdruck zu bringen, dass das Ressort *Kirchenfragen* sich mit einem Gegenstand von geringer Relevanz beschäftigte, dem die SED keinen Bestand zubilligen wollte.[79] 1957 erfolgte die Einrichtung der *Dienststelle des Staatssekretärs für Kirchenfragen* als Verbindungsstelle zu Kirchen und Religionsgemeinschaften. Diese beurteilt Hackel in ihrer Dissertation aus den achtziger Jahren eher als ausführendes Organ denn als politische Entscheidungsinstanz: „Keine der Staatskirchenbehörden im sowjetischen Machtbereich hat so wenig Kompetenzen wie das Staatssekretariat für Kirchenfragen in der DDR. Es ist nicht mehr als ein institutionelles Bindeglied zwischen der Regierung der DDR und den beiden Großkirchen."[80] Schmid sieht in der Dienststelle eine mit vergleichsweise geringen Kompetenzen ausgestattete Behörde, entsprechend dem Staatsverständnis der SED, wonach der Staat als Instrument der Partei beim sozialistischen Aufbau angesehen wurde. „Eine einlinige Struktur vom Zentralkomitee (ZK) der SED über den Staatssekretär bis in die Räte der Bezirke hinein kennzeichnete den Willen der politischen Führung, eine zentral angeleitete Kirchenpolitik zu gestalten. Der Kirchenbeauftragte des Staates und seine untergeordneten

---
[74] Vgl. Herbst/Ranke/Winkler, So funktionierte die DDR, Bd. 2, 997ff; vgl. auch: Kirchenpolitische Institutionen, in: Vollnhals, Die Kirchenpolitik von SED und Staatssicherheit, 59-189.
[75] Vgl. Schalück, Andreas, Die Hauptabteilung „Verbindung zu den Kirchen" und die Junge Gemeinde, in: Dähn/Gotschlich, „Und führe uns nicht in Versuchung...", 89-113.
[76] Vgl. a.a.O., 90, 102ff.
[77] Vgl. a.a.O., 112.
[78] Vgl. Schmid, Kirchen, Staat und Politik in Dresden zwischen 1975 und 1989, 80.
[79] Vgl. Schäfer, Staat und katholische Kirche in der DDR, 88f.
[80] Hackel, Katholische Publizistik in der DDR 1945-1984, 4.

Dienststellen besaßen gegenüber den Kirchen kein Entscheidungs- und gegenüber anderen Staatsbehörden kein striktes Weisungsrecht."[81] In dieser, in ihren Kompetenzen stark eingeschränkten Behörde waren zudem alle Schlüsselpositionen durch Mitarbeiter des Staatssicherheitsdienstes besetzt. Dieser betrieb seinerseits keine eigenständige Kirchenpolitik, sondern war ebenfalls als Instrument der SED eingesetzt und an deren politische Vorgaben gebunden.[82] Auf regionaler Ebene waren die ausführenden Organe der Kirchenpolitik der SED ihre nachgeordneten Gliederungen in den Bezirken und Kreisen, d.h. die Mitarbeiter der Bezirks- und Kreisleitungen der SED und der Bereiche Inneres der Räte der Bezirke und Kreise.[83]

Die Gespräche zwischen der katholischen Kirche und den oben genannten staatlichen Organen institutionalisierten sich im Laufe der Zeit. Zwischen dem Staatssekretär und dem Vorsitzenden der BOK/BBK etablierten sich „Vier-Augen-Gespräche", sowie jährliche Routinegespräche, die von der Dienststelle des Staatssekretärs vor-, bzw. nachbereitet wurden.[84] Daneben gab es zufällige und gezielte Gesprächsversuche mit dem mittleren und niederen Klerus. Auf dieser Ebene waren Mitarbeiter der *Dienststelle des Staatssekretärs für Kirchenfragen*, der Räte der Bezirke und Kreise, sowie Funktionäre der CDU und der Nationalen Front involviert. Solche individuellen Gesprächskontakte dienten stets auch hintergründigen Zwecken. Die Vertreter des Staates sahen sie als Vorstufe zu einer so genannten *Kontaktierung* des betreffenden Geistlichen durch das MfS.[85] Im taktischen Kalkül der SED waren solche Treffen immer auch eine günstige Gelegenheit, das nationale Ansehen der DDR-Regierung zu fördern. Überhaupt schien der SED geduldige Gesprächspolitik die geeignete Methode zu sein, hohen, wie niederen Klerus mit dem Sozialismus zu konfrontieren. „In kleinem Kreis oder unter vier Augen sollten die Kirchenvertreter politisch überzeugt und zu 'bejahendem Staatsbewußtsein' erzogen werden. (...) Der Glaube an die Überlegenheit des sozialistischen Systems führte bei vielen Mitarbeitern der Staats- und Parteiorgane (...) offensichtlich zur Hoffnung, daß bei geschickter politischer Agitation und Menschenführung die kirchlichen Gesprächspartner durch 'Erziehungsarbeit' allmählich vom 'Sozialismus' überzeugt werden könnten."[86]

Leitende Amtsträger erklärten sich hingegen auch freiwillig, offenbar kraft ihres regionalen Amtes, zu Gesprächen mit Offizieren aus Berlin bereit, wenn sie die Möglichkeit sahen, auf eigene Faust lokale Anliegen gegen die örtlichen staatlichen Organe auszuhandeln.[87] Im Rahmen solcher Treffen bestand allerdings immer die Gefahr für die Kirche, dass sich Diskussionen über

---

[81] Schmid, Kirchen, Staat und Politik in Dresden zwischen 1975 und 1989, 77.
[82] Vgl. a.a.O., 77f.
[83] Vgl. a.a.O., 78.
[84] Vgl. Schäfer, Staat und katholische Kirche in der DDR, 334f.
[85] Vgl. a.a.O., 185f.
[86] A.a.O., 185.
[87] Vgl. a.a.O., 139.

aktuelle Fragen ergaben und Geistliche sich zu politischen Aussagen hinreißen ließen. Obwohl Konrad Graf von Preysing bereits 1947 als Bischof von Berlin eine Anweisung erlassen hatte, wonach nur die Gesamtheit der Bischöfe berechtigt war, politische Erklärungen abzugeben,[88] bestand offenbar Anlass, diese Anweisung zehn Jahre später zu bekräftigen. Julius Döpfner rief bereits kurze Zeit nach seiner Inthronisation als Bischof von Berlin 1957 alle Geistlichen und kirchlichen Angestellten zu einem einheitlichen Handeln gegenüber Staat und Partei auf: „Auskünfte, die von staatlichen oder sonstigen nichtkirchlichen Stellen über das Bischöfliche Ordinariat, über seelsorgliche Veranstaltungen, über Mitbrüder und kirchliche Angestellte sowie Gläubige eingefordert werden, sind strikte zu verweigern. Alle Geistlichen und kirchlichen Angestellten sind strikte verpflichtet, in jedem Fall sofort dem Bischöflichen Ordinariat von einer solchen Aufforderung zur Berichterstattung Mitteilung zu machen und dabei über die Person des Fragenden und über den ganzen Inhalt des Gesprächs dem Bischöflichen Ordinariat umgehend gewissenhaft zu berichten."[89]

Erklärungen politischer Art durften nach diesem so genannten „Döpfner-Erlass" nur noch die Bischöfe der Berliner Ordinarienkonferenz (BOK) abgeben, offizieller Gesprächspartner der Regierung war im Auftrag der Bischöfe der Vorsitzende der BOK, bzw. der jeweilige Ortsbischof auf der Ebene der Räte der Bezirke. Damit sollte Verwirrung unter den Gläubigen vermieden und die Einheit des Bistums gefestigt werden.[90]

Das konsequent offensive Auftreten gegenüber Regierungsstellen durch Julius Döpfner, der beispielsweise in einem Beschwerdeschreiben an Ministerpräsident Grotewohl am 9. Dezember 1957 für ein freies Wirken der Kirche eintrat[91], führte zu einer Verschärfung des Kurses der Kirchenpolitik der DDR. In deren Folge wurde Bischof Döpfner, der als gebürtiger Unterfranke ein Bürger der Bundesrepublik Deutschland war und im Westteil Berlins residierte, die Einreise in die DDR verweigert.[92]

Der 1959 zum Weihbischof ernannte Alfred Bengsch war Bürger der DDR und hatte seinen Sitz dann im Ostteil Berlins. Er trat 1961, nach der Schließung der Grenze zu den Westsektoren Berlins, die Nachfolge Döpfners an und brachte die Bischöfe der DDR „auf einen Kurs der öffentlichen politischen Abstinenz in allen gesellschaftlichen Fragen (...), die nicht unmittelbar die Existenz der Kirche oder zentrale Inhalte der katholischen Glaubens- und Sittenlehre berührten."[93] Bengsch verzichtete auch auf kirchlichen Protest gegen den Bau der Absperrungsanlagen um die Westsektoren Berlins am 13. August 1961. Er

---

[88] Vgl. Lange/Pruß/Schrader/Seifert, Katholische Kirche - sozialistischer Staat DDR, 22.
[89] A.a.O., 114.
[90] Vgl. Knauft, Katholische Kirche in der DDR, 92f.
[91] Dem Schreiben war ein Memorandum der Bischöfe zur Situation des religiös-kirchlichen Lebens in der DDR beigegeben, vgl. Lange/Pruß/Schrader/Seifert, Katholische Kirche - sozialistischer Staat DDR, 115ff.
[92] Vgl. Schäfer, Staat und katholische Kirche in der DDR, 148ff.
[93] A.a.O., 233.

wollte die Einheit des Bistums über den regelmäßigen Zugang des Bischofs zum Westteil Berlins aufrechterhalten, und bemühte sich um eine politische Geschlossenheit und Berechenbarkeit des Episkopats. Der kirchenpolitische Paradigmenwechsel unter Bischof Bengsch bestand in der Betonung der seelsorgerischen Aufgabe der Kirche und im Verzicht auf einen Frontalkurs gegen die DDR-Politik, um auf der Basis dieses *modus vivendi* kirchliche Wirkungsmöglichkeiten zu erhalten und auszubauen.[94]

„Es ist den Bischöfen in der DDR und ihren kirchenpolitischen Beratern den gesamten Zeitraum hindurch zuallererst um die Sicherung der Institution Kirche gegangen. Diesem Ziel kam absolute Priorität zu, was beim Eintreten für die Menschenrechte in Kombination mit einem weltanschaulichen Politikverständnis dazu führte, daß sie sich auf die Wahrung der ganz unmittelbar für das kirchliche Leben wichtigen Rechte beschränkten, zu allen darüber hinaus gehenden Menschenrechtsverletzungen jedoch - zumindest öffentlich - schwiegen."[95]

Da sich die BOK in der DDR in einer politisch praktisch machtlosen Position befand, musste sie sich staatlichen Organen gegenüber gefügig zeigen, um die Ausübung ihrer pastoralen Arbeit nicht zu gefährden. Als weltumspannende Organisation hingegen konnte sich die katholische Kirche von ihrer Spitze her mit Nachdruck für die Menschenrechte einsetzen. Der Heilige Stuhl machte ab 1973 die „Wahrung und Förderung der Menschenrechte"[96] zu seinem spezifischen Anliegen. Der völkerrechtliche Status des Vatikans erlaubte seinen diplomatischen Vertretern die Teilnahme an den politischen Verhandlungen im Rahmen der *Konferenz für Sicherheit und Zusammenarbeit in Europa* (KSZE). So verstand sich der Vatikan bei den KSZE-Verhandlungen als „Sprecher der Forderungen des religiösen Gewissens"[97], und damit als Vertreter aller Religionen und als eine übergeordnete moralische Instanz. Bei der Abfassung der Schlussakte von Helsinki setzte sich die katholische Kirche besonders für die Aufnahme der Menschenrechte einschließlich der Religionsfreiheit ein. Den diplomatischen Vertretern des Papstes gelang es aufgrund ihrer naturrechtlichen Begründungen, dass in der Schlussakte von Helsinki 1975 die Würde des Menschen in einen direkten Zusammenhang zwischen Menschenrechtsverwirklichung sowie Sicherheit und Zusammenarbeit eingebunden wurde.[98] Die Würde des Menschen war damit als Fundament der Menschenrechte festgeschrieben.

Obwohl die DDR in der Zeit nach ihrem Beitritt zur UNO im Jahr 1973 verstärkt äußere Anerkennung auf internationaler Ebene erreichen wollte, ist es eher fraglich, ob die Parteiführung tatsächlich zu einer Verbesserung der Menschenrechtssituation im Lande bereit war.

---

[94] Vgl. a.a.O., 164f; Bengsch setzte Prälat Walter Adolph als Generalvikar für den Westteil und Prälat Bernhard Drews als Leiter des Ordinariates im Ostteil des Bistums ein.
[95] Haese, Katholische Kirche in der DDR, 223.
[96] Kunter, Die Kirchen im KSZE-Prozeß, 71.
[97] A.a.O., 73.
[98] Vgl. a.a.O., 233.

Das *St. Hedwigsblatt* brachte seinen Lesern damals die Passage über Religionsfreiheit und Menschenrechte im KSZE-Schlussdokument zur Kenntnis und hob besonders den Teil hervor, wonach „religiöse Bekenntnisse, Institutionen und Organisationen, die im verfassungsmäßigen Rahmen der Teilnehmerstaaten wirken, sowie ihre Vertreter in den Bereichen ihrer Tätigkeit untereinander Kontakte und Treffen haben sowie Informationen austauschen können".[99]

Auf den späteren internationalen KSZE-Nachfolgekonferenzen nach der Unterzeichnung des Helsinkidokuments präsentierte die SED schon den bloßen Fortbestand der Kirchen in der DDR als Beweis für die Behauptung, in der DDR herrsche Religionsfreiheit und als Beweis für die Toleranz ihrer Regierung.[100]

In der Kommunikation zwischen kirchenleitender Ebene und staatlichen Organen hatte sich bis Mitte der siebziger Jahre folgende Situation etabliert. Für offizielle Gesprächskontakte mit der *Dienststelle des Staatssekretärs für Kirchenfragen* war 1967 der geheimdiplomatisch ambitionierte Kleriker Otto Groß beauftragt worden. Groß nahm damit auf dieser höchsten Gesprächsebene eine Schlüsselstellung ein, die ihm weitestgehende Wirkungsmöglichkeiten eröffnete. In der von Willkür geprägten staatlichen Kirchenpolitik schienen den Bischöfen die von Groß geführten Verhandlungen ein geeignetes Mittel zu sein, „um über informelle Absprachen kirchliche Wirkungsmöglichkeiten auszuhandeln und zu bewahren."[101]

Groß rückte durch seine engen Kontakte zu Kardinal Bengsch zum einflussreichsten kirchenpolitischen Amtsträger der katholischen Kirche in der DDR auf. Als Beauftragter des Kardinals war er an keine Rechenschaftspflicht gebunden, auf welche Weise er die von Bengsch gewünschten Ergebnisse erreichte.[102] Im Rahmen dieser geheimen Gesprächsdiplomatie tauschte er gezielt Wissen mit staatlichen Stellen aus und schuf dadurch wechselseitig funktionierende Staat-Kirche-Kanäle. Groß „versuchte, staatliche Stellen gegeneinander auszuspielen und setzte dabei vor allem auf das MfS als direkte Informationsquelle von Politbüro und ZK der SED. Der Staatssicherheit übergab er zu Gesprächen zwischen Staatssekretär Seigewasser und Kardinal Bengsch seine kirchlichen Vermerke, um dem MfS die Überprüfung der ihm von Seigewassers Dienststelle gelieferten Versionen zu ermöglichen. Zu bestimmten Themen verfaßte er für das MfS interpretierende Vermerke, um es in bestimmte Richtungen zu lenken."[103]

Nach dem plötzlichen Tod von Groß 1974 wurden seine Verantwortlichkeiten zwischen den Prälaten Gerhard Lange und Paul Dissemond aufgeteilt. Damit konnte sich das MfS nicht mehr auf einen einzigen zuständigen Gesprächspartner aus der katholischen Kirche für alle zentralen staatlichen Kontakte einstellen.[104] Georg Kardinal Sterzinsky rechtfertigte in einem

---
[99] Hackel, Katholische Publizistik in der DDR, 104.
[100] Vgl. Schäfer, Staat und katholische Kirche in der DDR, 453.
[101] A.a.O., 458.
[102] Vgl. a.a.O., 259.
[103] Ebd.
[104] Vgl. a.a.O., 348.

Interview aus dem Jahr 1993 die offiziellen Kontakte der katholischen Kirche zum MfS mit der Lehre der Kirche. Danach müsse zwar berücksichtigt werden, ob eine Macht legitim sei oder nicht, wenn jedoch nur eine illegitime Ordnungsmacht vorhanden sei, dann müsse von kirchlicher Seite eben auch mit dieser verhandelt werden.[105] Die Verhandlungsbereitschaft der Bischöfe war freilich auf die Annahme zurückzuführen, dass die DDR von Dauer sei. Dabei hatte die Kirchenleitung zunächst das durchaus eigennützige Ziel im Blick, das MfS als Kommunikationskanal zu benutzen, um Informationen weiterzugeben. Da die *Dienststelle des Staatssekretärs für Kirchenfragen* zunehmend Entscheidungsbefugnisse verlor, wurden Informationen bevorzugt der Staatssicherheit zugespielt, in der Hoffnung, dass sie so schneller an die zuständigen Stellen gelangten. Weiterhin nutzte die Katholische Kirche ihren ständigen Kontakt zum MfS für Anträge zur Erlaubnis von Grenzübertritten, zur Vorbringung von Beschwerden oder auch einfach zur Klärung bestimmter Sachfragen. Auch verbarg sich hinter diesem Dauerkontakt der irrige Wunsch, zu verhindern, dass das MfS mit seinem Spitzel- und Überwachungsapparat in alle kirchlichen Verästelungen eindrang.[106] Die weitgehende Offenlegung der eigenen Motive und Absichten durch die Katholische Kirche hielt den Staatssicherheitsdienst jedoch in keiner Weise davon ab, die Kirche dennoch im Rahmen seiner *operativen Maßnahmen* zu unterwandern.[107]

3.2.6 Katholische Presse-, Verlags- und Rundfunkarbeit

Bei der Analyse der Situation der Katholischen Kirche zwischen 1945 und 1951 in der SBZ/DDR durch Tischner[108] zeigte sich, dass der ostdeutsche Katholizismus parallel zur kommunistischen Transformation der Gesellschaft in der SBZ eine Gegenkultur ausbildete, die in ihrer Struktur „eine Bewahrung der katholischen Weltanschauung auch in einem militant atheistischen Staatswesen ermöglichte."[109] Für diese katholische Subgesellschaft, die sich im entstehenden sozialistischen Staat formierte, war ein funktionierendes internes und externes Kommunikationssystem eine Grundvoraussetzung.

Erst 1952 erhielt die katholische Kirche in der DDR die Genehmigung für ein eigenes *Kirchliches Amtsblatt der Ordinariate und Bischöflichen Ämter*. Dieses erschien mit einem identischen allgemeinen Teil und jeweils unterschiedlichen amtlichen Mitteilungen für die einzelnen Jurisdiktionsbezirke.[110] Die Amtsblätter wurden in den Ordinariaten jeweils Pfarrern oder ihren

---
[105] Vgl. „Aus heutiger Sicht war damals der Kontakt zur Staatssicherheit nötig". Interview mit Kardinal Sterzinsky, in: Katholische Kirchenzeitung für das Bistum Berlin, Nr. 39, 3.10.1993, 3 und 17, zit. nach: Haese, Katholische Kirche in der DDR und MfS, 131f.
[106] Vgl. a.a.O., 132.
[107] Vgl. Grande/Schäfer, Kirche im Visier, 23ff.
[108] Vgl. Tischner, Katholische Kirche in der SBZ/DDR 1945-1951.
[109] A.a.O., 568.
[110] Vgl. Hackel, Katholische Publizistik in der DDR 1945-1984, 52f.

Haushälterinnen für die benachbarten Amtsbrüder mitgegeben, und auf diesem Vertriebsweg dem Zugriff der sowjetischen Militäradministration praktisch entzogen.[111] Bei den Amtsblättern ging es nicht nur um die Übermittlung kirchlicher Nachrichten und organisatorischer Informationen innerhalb der so genannten pfarramtlichen Vermeldungen, sondern auch um den direkten Kontakt des Bischofs mit den Pfarrgemeinden. Der Bischof konnte nämlich davon ausgehen, dass die Pfarrer seine Hirtenworte im sonntäglichen Gottesdienst von der Kanzel verlasen, und er so die Gläubigen direkt erreichen konnte. Diese erhielten für ihre eigene Positionierung zu aktuellen Fragen und für die Bewertungen staatlicher Maßnahmen die nötigen Anhaltspunkte an die Hand.

Tischner vergleicht die Situation der Kirche in der DDR mit der Zeit des Nationalsozialismus: „In beiden Regimen wurde zwar durchaus die Verbreitung einzelner Hirtenbriefe oder Kanzelvermeldungen behindert, eine völlige Zerstörung dieses Basisnetzes stand aber nur selten zu befürchten. Die kirchliche Presse kann als derjenige Bereich gelten, in dem zwar in den deutschen Diktaturen keine Meinungsfreiheit herrschte, der aber trotz aller Einschränkungen noch das größte Maß an weltanschaulicher Autonomie demonstrieren konnte."[112]

Als Subgesellschaft konnte die Kirche nur Bestand haben, wenn sie kontinuierlich über die Möglichkeit verfügte, mit ihren Mitgliedern über ein eigenes katholisches Pressewesen in Kontakt zu treten. Für deren nachhaltige Mentalitätsprägung war zudem ein kirchliches Buchsortiment oder wenigstens eine Kirchenzeitung nötig.[113] Während die kircheninterne Verständigung direkt nach Beendigung des Zweiten Weltkriegs dank der Respektierung der Kirche als Institution durch die Sowjets vergleichsweise unproblematisch war, bereitete der Neuaufbau des katholischen Pressewesens große Schwierigkeiten. Das 1945 für den amerikanischen Sektor Berlins lizenzierte *Petrusblatt - Katholisches Kirchenblatt für das Bistum Berlin* konnte zunächst auch in der DDR vertrieben werden. Der Berliner Domkapitular und spätere Generalvikar Walter Adolph war vom Berliner Bischof Konrad Graf von Preysing nach der Kapitulation 1945 beauftragt worden, die Vorbereitungen für ein neues Kirchenblatt in die Hand zu nehmen.[114] Im Rahmen des Genehmigungsverfahrens durch die amerikanische Militärregierung wurde gleichzeitig die Gründung eines katholischen Verlags, des *Morus-Verlags*, eingeleitet. Sein Schwerpunkt lag zunächst auf der Produktion von Materialien für den Religionsunterricht. Adolph baute das *Petrusblatt* zu einem politischen Informationsmedium für die Katholiken um und betrieb damit von den Berliner Westsektoren aus nicht nur politische Meinungsbildung, sondern versorgte die Katholiken in der SBZ auch

---

[111] Vgl. Tischner, Katholische Kirche in der SBZ/DDR 1945-1951, 524.
[112] A.a.O., 476.
[113] Vgl. ebd.
[114] Vgl. A.a.O., 478.

mit weitgehend unzensiertem katholischem Schriftgut. Die Folge war, dass ab 1951 die Einfuhr der politisch prononcierten Beilage zum *Petrusblatt* „Blick in die Zeit" verboten wurde. 1953 kam das endgültige Auslieferungsverbot des *Petrusblatts* für die DDR. Damit waren die Katholiken im Ostteil des Bistums Berlin von kirchlicher Presse nahezu abgeschnitten. Ein Beschluss des SED-Politbüros erlaubte zwar 1951 für die katholische Kirche in der DDR ein eigenes Kirchenblatt, den *Tag des Herrn*, aber dieses war nicht für das Bistum Berlin konzipiert, und konnte nicht einmal für die Diasporagemeinden außerhalb Berlins in ausreichender Auflage hergestellt werden.[115]

Wilhelm Weskamm, der 1951 die Nachfolge von Konrad Graf von Preysing als Bischof von Berlin antrat, konnte 1953 eine Lizenz für die Kirchenzeitung *St. Hedwigsblatt - Sonntagsblatt für die katholische Bevölkerung des Bistums Berlin* erwirken, das ab 3. Januar 1954 speziell für die Katholiken im Ostteil Berlins herauskam.[116] Für die sorbische Volksgruppe im südlichen Brandenburg und östlichen Sachsen erschien die Zeitung *Katolski Posol* (dt.: Katholischer Bote), die 1950 eine Lizenz erhalten hatte.[117]

Nach dem Abschluss der Formierungsphase der Subgesellschaft des ostdeutschen Katholizismus existierten zwei ausgebaute Kommunikationsnetze. Zum einen das im Westteil Berlins um den *Morus-Verlag* und zum anderen das ostdeutsche um die 1947 gegründete *St. Benno-Verlags GmbH* mit Sitz in Leipzig-Lindenau, wo Redaktion und Druck des vierzehntägig erscheinenden *Tag des Herrn* erfolgte. Obwohl sie über praktisch identische Strukturen verfügten, waren sie in ihrer Funktion eher komplementär. Der westliche Organisationskomplex war für die Meinungsbildung zuständig, die ostdeutschen Strukturen waren eher auf die Unterstützung der Seelsorge ausgerichtet,[118] wie es sich beispielsweise in der Beilage „Handreichungen für den kirchlichen Dienst" im *Amtsblatt der Ordinariate und Bischöflichen Ämter* zeigte.[119] Der *St. Benno-Verlag* und die Kirchen- und Amtsblätter wurden in der DDR vor allem nach der Abschottung der Grenzen zum tragenden Stützwerk kirchlicher Kommunikation. Freilich konnten sie „nicht die mit der katholischen Wochenzeitung angestrebte Kommentierung aktueller politischer Ereignisse leisten. Zwar ließen sich kircheninterne Nachrichten sowie die langfristige religiöse Erziehung und Festigung durch beides abdecken, doch fehlte der Bezug zur Tagespolitik."[120] In den siebziger Jahren erreichte die Auflagenhöhe des *Tag des Herrn* für die Jurisdiktionsbezirke außerhalb des Bistums Berlin 100.000 Exemplare. Das *St. Hedwigsblatt* erschien wöchentlich mit einer Auflage von 25.000 Exemplaren.[121]

---

[115] Vgl. Hackel, Katholische Publizistik in der DDR 1945-1984, 57f.
[116] Vgl. Pilvousek, „Eine Gärtnerei im Norden", 282; und: Hackel, Katholische Publizistik in der DDR 1945-1984, 57ff.
[117] Vgl. Hackel, Katholische Publizistik in der DDR 1945-1984, 20ff, 32-52.
[118] Vgl. Tischner, Katholische Kirche in der SBZ/DDR 1945-1951, 561.
[119] Vgl. Hackel, Katholische Publizistik in der DDR 1945-1984, 52f.
[120] Tischner, Katholische Kirche in der SBZ/DDR 1945-1951, 483.
[121] Vgl. Fischer, Kirche und Christen in der DDR, 55.

Zu den Kommunikationssystemen der katholischen Subgesellschaft zählte auch die Rundfunkarbeit. Gemäß der Grundstrategie der Sowjets, in rein kultischen Angelegenheiten den Kirchen entgegenzukommen, gestatteten sie bereits ab Juli 1945 katholische Morgenfeiern im Berliner Rundfunk.[122] 1947 gestaltete der Leipziger Propst Otto Spülbeck die erste katholische Morgenfeier im Sender Leipzig. 1948 wurden insgesamt acht katholische Morgenfeiern für die Übertragung im Hörfunk gehalten und im darauf folgenden Jahr drei. Die Predigtmanuskripte mussten jeweils beim Sender vorher eingereicht werden. Ab 1954 wurden dann von Radio DDR I jeden Sonntag und Feiertag auf Mittelwelle und UKW von 7 Uhr 30 bis 8 Uhr 20 kirchliche Morgenfeiern ausgestrahlt. Von vier Sendungen entfielen drei auf die evangelische und eine auf die katholische Kirche. Demnach kam es pro Jahr zur Ausstrahlung von rund achtzehn katholischen Morgenfeiern auf Radio DDR I.[123]

Über die Zusammenarbeit mit den sowjetisch kontrollierten Sendern hinaus startete die katholische Kirche den Versuch, mit dem amerikanischen RIAS in Berlin, bzw. mit dem britisch kontrollierten NWDR zu kooperieren. Auch wurde darüber diskutiert, gemeinsam mit der evangelischen Kirche eine eigene christliche Rundfunkstation aufzubauen. Diese hätte zwar ihren Standort nur in den Westzonen haben können, dennoch wäre von dort aus ein Großteil der Katholiken in der SBZ zu erreichen gewesen.[124] Da aber beide Konfessionen bereits 1949 in den westlichen Rundfunkanstalten mit Kirchenreferenten vertreten waren, rückte die katholische Kirche davon ab, einen eigenen Sender einzurichten.[125] Ihr vorrangiges Ziel war nun, die Zusammenarbeit mit den amerikanischen und britischen Kontrolloffizieren auszubauen.[126] Schwierig wurde es für die Verkündigung über den von den Sowjets kontrollierten Rundfunk, als im Rahmen der Verschärfung des Kalten Krieges meinungsbildende Tendenzen bei den kirchlichen Sendungen strikt unterbunden wurden, und den Kirchen nicht mehr gestattet wurde, eigene Redner zu benennen.[127] Da aber zwischenzeitlich die Zusammenarbeit mit den westlichen Rundfunkanstalten RIAS und NWDR gesichert war, brach das Bistum Berlin die Kontakte zum Rundfunk der DDR ab.

3.2.7 Kontakte der christlichen Konfessionen

Um das interkonfessionelle Miteinander zu beleuchten, sollen an dieser Stelle drei Beispiele genügen. Zum einen das Engagement Günter Särchens, der in den späten fünfziger Jahren an der Basis kirchlicher Pastoral eine Kooperation mit

---

[122] Vgl. a.a.O., 528.
[123] Vgl. Knauft, Katholische Kirche in der DDR, 64.
[124] Vgl. Tischner, Katholische Kirche in der SBZ/DDR 1945-1951, 529.
[125] Vgl. a.a.O., 530.
[126] Vgl. a.a.O., 532f, 568f.
[127] Vgl. a.a.O., 531.

der evangelischen Kirche einleitete, zum anderen die Zusammenarbeit der evangelischen Christin Silke Ronneburg mit Helmut Morsbach und Hans Donat, und schließlich im Bereich der Kirchenleitung die Überwindung konfessioneller Grenzen durch die Teilnahme der katholischen Kirche an der Ökumenischen Versammlung 1988/89.

Bei dem Engagement von Günter Särchen zeigt sich einerseits das unkomplizierte Miteinander von konfessionsverschiedenen Christen in der DDR und andererseits das verbindende Gefühl einer gemeinsamen Verantwortlichkeit in pastoralen Angelegenheiten. In dem Kapitel „Interkonfessionelle Filmvorführungen" wird darauf noch näher einzugehen sein. Hier soll nur festgehalten werden, dass Särchen zum einen für die katholischen Seelsorger der DDR regelmäßig Filmprojektoren und Tongeräte bei der Leihstelle des *Evangelischen Jungmännerwerkes Sachsen-Anhalt* in Magdeburg entlieh und zum anderen auch die Aufnahme katholischer Pfarrgemeinden in den Besuchsplan der mobilen Filmvorführer der evangelischen Kirche organisierte. Beides geschah im Rahmen zahlreicher persönlicher Berührungspunkte mit Christen evangelischer Konfession.

Bei der Erstellung der Filmbesprechungen übernahm 1987 Silke Ronneburg das Ressort Kinderfilme. Sie wurde durch die Berliner Bischofskonferenz als Mitglied der evangelischen Kirche in die katholische Filmkommission berufen. Diese ökumenische Besetzung eines derart exponierten Gremiums der katholischen Kirche ist eine beispiellose Besonderheit, die allerdings nur bis zur Vereinigung mit der *Katholischen Filmkommission für Deutschland* 1990 Bestand hatte. Ausführlich befasst sich damit das Kapitel „Die *Katholische Filmkommission im Bereich der Berliner Bischofskonferenz*". Am Rande sei hier noch vermerkt, dass die Filmrezensionen auch in der evangelischen Kirche Anklang fanden. Aus dem Fundus von Hans Donat in Erfurt bezogen etwa fünfundzwanzig evangelische Institutionen regelmäßig Filmbesprechungen.

Für die Leitungsebene der katholischen Kirche in der DDR markierte das II. Vatikanische Konzil eine größere ökumenische Aufgeschlossenheit. Schmid nennt in seiner auf Dresden bezogenen Untersuchung als regionale Beispiele die regelmäßigen Gespräche seit 1965 zwischen Vertretern des Bistums Meißen und des Evangelisch-Lutherischen Landeskirchenamtes Sachsen[128], sowie den Stadtökumenekreis Dresden[129] und die gemeinsamen Unternehmungen der Evangelischen und Katholischen Studentengemeinden in Dresden[130]. Die ökumenischen Bemühungen vor allem des Evangelischen Kirchenbundes der DDR führten schließlich in den achtziger Jahren zur Konstitution einer überkonfessionellen Vorbereitungsgruppe für die Durchführung einer Ökumenischen Versammlung, der auch ein Vertreter der Russisch-Orthodoxen Kirche und acht weitere Vertreter einzelner Mitgliedskirchen der

---

[128] Vgl. Schmid, Kirchen, Staat und Politik in Dresden zwischen 1975 und 1989, 289.
[129] Vgl. a.a.O., 383ff, 394ff.
[130] Vgl. a.a.O., 293.

Arbeitsgemeinschaft Christlicher Kirchen in der DDR angehörten, sowie drei Beobachter der katholischen Kirche. Bei der 1986 in Erfurt stattfindenden Synode des Bundes der evangelischen Kirchen in der DDR bekundete der katholische Bischof von Erfurt, Joachim Wanke, in seinem Grußwort die Offenheit der DDR-Katholiken für ein gemeinsames Handeln. Damit artikulierte er das Befinden vieler Katholiken an der Basis, denen der zurückhaltende Beobachterstatus bei der Vorbereitungsgruppe zur Ökumenischen Versammlung korrekturbedürftig erschien. Beim Katholikentreffen 1987 in Dresden übten dann auch zahlreiche Teilnehmer vehemente Kritik an der distanzierten Haltung ihrer Kirchenleitung gegenüber der Vorbereitungsgruppe und setzten damit einen Prozess in Gang, der in eine Teilnahme der katholischen Kirche als Vollmitglied an der Ökumenischen Versammlung mündete. Diese begann mit der ersten Session vom 12. bis 15. Februar 1988 in Dresden unter Beteiligung von 146 Delegierten und 18 Beratern aus 19 Kirchen, und wurde am 30. April 1989 mit einem Gottesdienst in der Dresdner Kreuzkirche abgeschlossen.[131] Die Teilnahme der katholischen Kirche an der Ökumenischen Versammlung „ermöglichte es katholischen Laien und Priestern erstmals, in gesellschaftspolitischen Diskussionen eigene kirchliche Grenzen programmatisch zu überwinden und das Stadium von 'Privatkatholiken' zu verlassen. (...) Innerkirchliche Ressentiments der Leitung gegenüber gesellschaftspolitisch engagierten Laien und Geistlichen wurden ab-, und Vertrauen wurde aufgebaut."[132] Die *Mecklenburgische Kirchenzeitung* vom 28. Februar 1988 berichtete auch von der Anteilnahme Dresdner Christen und Kirchengemeinden an der ersten Session, die ihren Ausdruck fand in einer durchgängigen Gebetskette, die acht katholische und vierzehn evangelische Gemeinden zusammen mit den Studentengemeinden beider Konfessionen in Dresden veranstalteten.[133]

Zum Abschluss der Darstellung der in den Innen- und Außenbeziehungen der katholischen Kirche etablierten Kommunikationsstrukturen, werden in geraffter Form hier einige Sprachregelungen innerhalb der katholischen Filmarbeit benannt, die sich als Reaktion auf die Bespitzelung durch den Staatssicherheitsdienst etablierten. Ausführlich wird darauf noch in den jeweiligen Abschnitten über die Aufgaben katholischer Filmarbeit einzugehen sein.

---

[131] Vgl. a.a.O., 70ff, 382ff, 461ff.
[132] A.a.O., 71; vgl. auch: Kühne, Hans-Jochen, Die römisch-katholische Kirche in der DDR als ökumenischer Partner, in: Kirchner, Kirchen, Freikirchen und Religionsgemeinschaften in der DDR, 9-30.
[133] Zit. nach: Schmid, Kirchen, Staat und Politik in Dresden zwischen 1975 und 1989, 463.

3.2.8 Geheime Sprachregelungen in der katholischen Filmarbeit

Die Kommunikation innerhalb der Amtskirche und im Bereich der Pastoral war von der besonderen Situation in der DDR geprägt. Anschaulich führen dies Sprachregelungen vor Augen, die dazu dienten, als Code nur von Eingeweihten verstanden zu werden, um so staatliche Organe in die Irre zu führen.

Dies galt für den Vermerk „Gesehen wurden" auf den Filmbesprechungen. Mit dieser Notiz wurden auf den Rezensionen ideologische Propagandafilme gekennzeichnet, von deren Besuch in den Augen der katholischen Filmrezensenten abzuraten war. Die Rezensenten verzichteten auf die kritische Würdigung ideologisch belasteter Produktionen und notierten statt dessen solche Filme lediglich mit ihrem Titel unter der Überschrift „Gesehen wurden". Für die Staatssicherheit sah das unverdächtig aus, für die Leser bedeutete diese Formulierung im Zusammenhang mit dem Fehlen einer kritischen Würdigung, dass dieser Film nach Meinung der Kirche für katholische Gläubige nicht lohnt gesehen zu werden.

Dieses Einverständnis zwischen Lesern und Filmrezensenten konnte auch bei der Empfehlung von Filmen der westdeutschen Fernsehprogramme ARD und ZDF vorausgesetzt werden. Da diese Kanäle in der DDR nicht empfangen werden durften, listeten die Rezensenten die betreffenden Titel unter der Überschrift „Filme von benachbarten Fernsehstationen" auf, wiederum eine Umschreibung, die von den Adressaten verstanden wurde.

Ihrer Geheimsprache bedienten sich die Aktiven der katholischen Filmarbeit auch bei Telefonaten mit der Redaktion *film-dienst* im Westen Deutschlands. Hier kam es wiederum darauf an, sich einer Ausdrucksweise zu bedienen, die staatlichen Organen unverdächtig erschien. Dabei bezeichneten sie bestimmte Postsendungen mit unerlaubtem Inhalt als „Weihnachtspäckchen" oder als „Familienpost", um damit potenzielle Mithörer über den Vorgang im Unklaren zu lassen.

Gleiches galt für den so genannten „Katholischen Dienstweg", kurz KDW. Damit war die illegale Beförderung von Schriften oder Gegenständen ins Ausland an der kontrollierenden und kontrollierten Post vorbei gemeint.

Zur Abrundung dieses Abschnitts über das Leben in der SBZ/DDR folgt nun ein Blick auf den Film- und Kulturbetrieb in der DDR, um so schlaglichtartig den Einfluss des Staates in diesem Bereich darzustellen.

3.3 Die Filmlandschaft in der DDR

Die Produktion von Filmen war in der DDR eine Angelegenheit von staatlichem Interesse. Damit wurde - allerdings unter veränderten ideologischen Vorzeichen - eine Tradition fortgeführt, die mit Gründung der *Universum Film Aktiengesellschaft* (Ufa) begonnen hatte. Die Ufa war nämlich 1917 in Berlin auf Veranlassung der Reichsregierung ins Leben gerufen worden, um durch ihre Filmproduktionen die Kampfmoral der Truppen zu stärken. 1937 wurde die Filmindustrie - und mit ihr die Ufa - verstaatlicht. Der nationalsozialistische Reichspropagandaleiter, Joseph Goebbels, ließ alle Filme zensieren, die dem System schaden konnten. 1945 stellte die Ufa ihre Produktion ein. Siebzig Prozent ihrer Vermögenswerte befanden sich in der Sowjetischen Besatzungszone. Daraus entstand 1946 auf Initiative einiger Filmschaffender die *Deutsche Film-Aktiengesellschaft* (DEFA), die von der Sowjetischen Militäradministration eine Lizenz für die Produktion von Spiel- und Dokumentarfilmen, Wochenschauen und populärwissenschaftlichen Filmen erhielt. Als *Volkseigener Betrieb* (VEB) wurde die DEFA 1954 der Hauptverwaltung Film des *Ministeriums für Kultur* unterstellt und besorgte die Spiel-, Dokumentar- und Trickfilmherstellung, die Synchronisation, den Filmaußenhandel und den Inlandsverleih. Der DEFA eingegliedert war außerdem das Staatliche Filmarchiv, die Direktion für Filmfestivals, sowie die Zentralschule für Lichtspielwesen und die Zentralstelle für Filmtechnik. Bis zum Übergang in die Treuhand-Verwaltung im Juli 1990 wurden im *VEB DEFA-Studio für Spielfilme* 680 Kinospielfilme und 620 Fernsehfilme produziert. Produktionen aus dem *VEB DEFA-Studio für Dokumentarfilme* erhielten auf internationalen Festivals zahlreiche Auszeichnungen. Bis 1980 wurden 4371 Spiel- und 6437 Kurzfilmlizenzen in 106 Länder veräußert, vor allem an private Filmverleiher in der Bundesrepublik.[134]

Die Filmpolitik der DEFA bestimmten in den ersten Jahren erklärte Antifaschisten. Entsprechend war der Hauptfeind der ersten DEFA-Filme „der Faschismus". Ein Beispiel hierfür ist der Film ROTATION von Wolfgang Staudte aus dem Jahr 1949, worin das Schicksal eines unpolitischen deutschen Arbeiters in der Zeit des Dritten Reiches dargestellt wird.[135] Dieses Feindbild ändert sich mit dem Einsetzen des Kalten Krieges. Lenins These, die Filmkunst sei die wichtigste aller Künste, hatte schon bei den Nationalsozialisten Anklang gefunden. Nun hingen die Funktionäre des Kulturapparates der *Sozialistischen Einheitspartei Deutschlands* (SED) dieser These ebenfalls an.[136] An den Vorgaben der Partei orientierte Propaganda sollte bebildert werden. Auf diese Weise wurde der Film ein weiteres Mal in seiner kurzen Geschichte auf deutschem Boden für die Verbreitung einer Ideologie eingesetzt. Die Verwendung von Klischees und platten Feindbildern, die die Unterlegenheit des kapitalistischen Systems belegen sollten, wurde ein frühes negatives Markenzeichen der DEFA.

---

[134] Vgl. Herbst/Ranke/Winkler, So funktionierte die DDR, Bd. 1, 174f.
[135] Vgl. Filme in der DDR 1945-86, fb 0354, 360f.
[136] Vgl. Geiss, Repression und Freiheit, 7.

„Film war in der DDR immer Staatsangelegenheit. 'Staatskunst' war er oft nur in dem Sinn, daß der Staat das Geld dafür gab. (...) Oft entstanden Filme, die den Wünschen der Machthaber nicht entsprachen, darunter solche, um die es heftige Auseinandersetzungen gab oder die verboten wurden."[137]

Der Einspruch prominenter Künstler konnte 1951 nicht verhindern, dass der herausragende Film DAS BEIL VON WANDSBEK wegen scheinbar mangelnder Distanz zum Faschismus aus der Vorführung genommen wurde. Darin wird nach dem gleichnamigen Roman von Arnold Zweig das Schicksal eines Hamburger Fleischermeisters erzählt, der sich 1934 aus finanziellen Gründen als Scharfrichter anbietet.[138] Der Regisseur des Films DAS BEIL VON WANDSBEK, Falk Harnack, hatte seinen Wohnsitz im Westteil Berlins, und war dem Politbüro schon allein deswegen verdächtig. Zunehmend wurden Künstler, die nicht in den Osten umsiedeln wollten, aus den Studios gedrängt, Liberalisierungstendenzen wurden gestoppt. Dieser Weg führte Ende der fünfziger Jahre zu einem Tiefpunkt in der ehemals anspruchsvollen Filmproduktion des *DEFA-Studios für Spielfilme*. Dies galt entsprechend auch für die Akzeptanz beim Publikum. Erst der Bau der Mauer 1961, in der DDR als *Antifaschistischer Grenzwall* bezeichnet, beendete mit der Massenflucht auch die Phase künstlerischer Stagnation. Unter den Filmschaffenden nahm man zunächst an, wenn die Situation im Inneren der DDR stabiler werde, werde die Kulturpolitik liberaler.[139] Statt dessen brachten die sechziger Jahre eine Verschärfung der Zensur. Der Film DAS KANINCHEN BIN ICH von Kurt Maetzig[140] wurde beim 11. Plenum des Zentralkomitees der SED, das zwischen dem VI. und VII. Parteitag 1965 in Berlin tagte, vernichtend beurteilt. Grund war die kritische Auseinandersetzung des Films mit der gesellschaftlichen und politischen Situation in der DDR. Er wurde zusammen mit acht von zehn Filmen, die in den Jahren 1965 und 1966 in die Kinos kommen sollten, verboten. Nach der Ablösung Walter Ulbrichts als Erstem Sekretär der SED und Vorsitzendem des Nationalen Verteidigungsrates durch Erich Honecker 1971 kam es zu einem Aufschwung in der Spielfilm-Produktion und zu einer kurzzeitigen Liberalisierung. Bald erzwang jedoch Honeckers Kulturpolitik eine Entpolitisierung der DEFA-Produktionen, die sich im Verzicht auf die Verfilmung von Gegenwartsstoffen und in der Verlagerung auf Märchenadaptionen und musikalische Lustspiele niederschlug. Fähige Regisseure konnten nur noch mit historischen Stoffen filmkünstlerische Höhepunkte setzen.[141]
Zum permanenten Rückgang des Zuschauerinteresses an den DEFA-Filmen kam die Krise um Wolf Biermann, einem aus Hamburg stammenden, in der

---

[137] Ebd.
[138] Vgl. Filme in der DDR 1945-86, fb 1060/3488, 49.
[139] Vgl. Geiss, Repression und Freiheit, 18f.
[140] Vgl. Donat/Morsbach, Filme in der DDR 1987-90, fb 4484, 43.
[141] Vgl. Geiss, Repression und Freiheit, 24ff.

DDR lebenden Künstler, der bis zu seinem Ausschluss 1963 Mitglied der SED war, und als Liedermacher die DDR-Wirklichkeit auf kritisch-polemische Art kommentierte. Nach einem Konzert in Köln am 13. November 1976 wurde ihm die Staatsbürgerschaft der DDR aberkannt.[142] Zwölf DDR-Schriftsteller verfassten einen Protest gegen die Ausbürgerung Biermanns, der mit der Bitte verbunden war, seine Ausweisung zu überdenken. Vom 17. bis zum 19. November 1976 unterzeichneten diesen Protest auch vierundneunzig Kulturschaffende der DDR, die teilweise bei der DEFA unter Vertrag standen. Für die DEFA ergaben sich danach personelle Konsequenzen auf der Führungsebene und bei maßgeblichen Regisseuren und Schauspielern. Das *DEFA-Studio für Spielfilme* stand danach wieder im Einklang mit der Politik der SED, eine Hoffnung auf Besserung hinsichtlich der Zensur von Filmen und der Auswahl von Stoffen aber rückte in unerreichbare Ferne. Erst in den Monaten vor und nach dem Fall der Mauer wurden wieder ambitionierte Gegenwartsfilme möglich, „die nicht pseudo-kritisch auf Randerscheinungen zielten, sondern wichtige Probleme in größere Zusammenhänge stellten".[143]

Auch der Schauspieler und Sänger Manfred Krug hatte den Biermann-Protest unterschrieben.[144] Da er nicht bereit war, seine Unterschrift zurückzuziehen, zog die Staatsmacht Konsequenzen:

„ - Das Fernsehen der DDR schloß mich von jeder Mitarbeit aus. (...)
 - 'Die großen Erfolge', eine fertige LP, wird nicht erscheinen.
 - Der DEFA-Film 'Feuer unter Deck' wird nicht Beitrag der SOMMER-FILMTAGE 77 sein (...).
 - Zwei Tage vor der Biermann-Ausweisung war mir durch das KOMITEE FÜR UNTERHALTUNGSKUNST DER DDR eine Tournee durch Westdeutschland angeboten worden. Diese Tournee findet nicht statt.
 - Der VEB DEUTSCHE SCHALLPLATTEN hatte mir die Produktion einer Mark-Twain-Platte für das 1. Quartal '77 angeboten. Diese Produktion findet nicht statt."[145]

Nach der Maßregelung durch die Staatsmacht stellte Manfred Krug einen Ausreiseantrag. Bis zu seiner Ausreise aus der DDR im Juni 1977 unternahm Werner Lamberz, Mitglied des Politbüros und Sekretär des Zentralkomitees der SED, mehrmals den Versuch, ihn zur Rückname des Ausreiseantrags zu bewegen. Dies geschah durch die in Aussicht gestellte Aussetzung der Repressalien und Reise- und Arbeitsangebote in sozialistischen Ländern wie Kuba oder Mozambique.[146] Vor dem Hintergrund der freundschaftlichen Beziehung zwischen Krug und Lamberz, der als designierter Nachfolger Honeckers für das Amt des Parteichefs galt, hatten diese Vergünstigungen den Sinn, Krug freiwillig im sozialistischen Lager zu

---

[142] Vgl. Knabe, Die unterwanderte Republik, 318-326; vgl. auch die Bemerkungen zur Ausbürgerung von Biermann von dem evangelischen Pfarrer Dietmar Linke, der bis zu seiner eigenen Ausbürgerung 1983 eine der Leitfiguren der unabhängigen christlichen Friedensbewegung in der DDR war, in: Linke, Niemand kann zwei Herren dienen, 116ff.
[143] Geiss, Repression und Freiheit, 31.
[144] Vgl. Krug, Abgehauen, 166f.
[145] A.a.O., 123.
[146] Vgl. Krug, Abgehauen, 227f.

halten.[147] Eine Versuchung, die angesichts der Angebote von Lamberz übermächtig gewesen sein muss. „Ich wollte einmal im Leben einen anderen Teil der Welt sehen, einen anderen Kontinent, dafür hätte ich Zeit und Geld lieber ausgegeben. Auslandskonzerte selbst organisieren und anbieten, unsere Schallplatten noch einmal in anderen Sprachen besingen, in russisch, ungarisch, warum nicht? Die dortigen Sänger traten ja auch bei uns auf und sangen deutsch."[148] Aber es war schon zuviel an Frustration über die permanente Behinderung im Alltag in der DDR aufgelaufen, um Krug noch umstimmen zu können. Aus dem Rückblick schreibt er 1998 als einer, der der DDR den Rücken gekehrt hat, um in der Bundesrepublik zu leben und zu arbeiten, über seine Erfahrungen mit den Parteifunktionären im Zusammenhang mit der Neuaufnahme seiner Lieder für kommunistische Bruderstaaten: „Die Leute kleben auf ihren Stühlen, faul, frech, machtbesoffen, kriegen ihr Geld und bilden mit all den anderen Faulenzern und Schwätzern jene filzige Schicht, die sich zynisch Arbeiterklasse nennt, zusammengehalten durch die Solidarität der Mittelmäßigkeit, durchsetzt von Stasi und Parteifunktionären. Und die wirkliche Arbeiterklasse bezahlt den ganzen Schmarotz, die Arbeiter, die wirklich acht Stunden arbeiten."[149]

Bevor die Darstellung der katholischen Filmarbeit in der DDR angegangen wird, soll im folgenden Kapitel zunächst die Methode offen gelegt werden, nach der die Interviews mit Zeitzeugen geführt und bearbeitet wurden.

4. Die Ergänzung der schriftlichen Quellen durch Interviews

4.1 Die Wahl der Methode

Da es sich bei den Hauptakteuren der katholischen Filmarbeit in der DDR um eine kleine, eng umgrenzte Gruppe von Zeitzeugen handelt, schieden für die Durchführung der Interviews und deren Auswertung auf statistische Erhebungen basierende Forschungsmethoden aus. Die vorliegende Arbeit nimmt keine quantifizierbaren Massenphänomene in den Blick, sondern die besondere und individuelle Situation der wenigen Verantwortlichen der katholischen Filmarbeit. Dies bedarf einer Methode, die die Individualität der Interviewten in Rechnung stellt.

Was im Rahmen der Filmarbeit der katholischen Kirche hervorgebracht wurde, war stets mit persönlichen Intentionen verbunden. Die Verantwortlichen verstanden sich nämlich als einen agierenden Teil der Weltgemeinschaft der Christen, deren Handlungen über eine rein diesseitige Wirkung hinausgingen. Die Bedeutung der Individualität ist aber nicht nur für den Untersuchungsgegenstand zu berücksichtigen, sondern genauso für den Forschungsprozess selbst. Dieselbe Handlung kann sowohl für unterschiedliche

---
[147] Vgl. Herbst/Ranke/Winkler, So funktionierte die DDR, Bd. 3, 197f.
[148] Krug, Abgehauen, 151.
[149] A.a.O., 151f.

Akteure wie für unterschiedliche Beobachter eine völlig andere Bedeutung haben. Diese muss erst durch Interpretation erschlossen werden. Ein hermeneutisches Vorgehen ist gerade bei der Analyse von verbalem Material unabdingbar. Dies fängt schon bei der Wahl des Interview-Ortes an, denn im Gegensatz zu den Messungen der so genannten harten Naturwissenschaften unter Laborbedingungen sind humanwissenschaftliche Phänomene stark situationsabhängig. Der Mensch reagiert im Labor anders als im Alltag, versucht sich den Erwartungen des Versuchsleiters anzupassen oder macht sich Gedanken über den Sinn des Laborexperiments. Indem dagegen möglichst nahe an der natürlichen, alltäglichen Lebenssituation angeknüpft wird, können solche Verzerrungen verringert werden.[150]

Die Mängel sekundärer Überlieferung, die aus der reflektierten Rückschau von Zeitzeugen entstehen, können durch Vergleiche mit schriftlichen Quellen ausgeschaltet werden. Zu den schriftlichen Quellen zählen einschlägige Literatur wie im Literaturverzeichnis dieser Arbeit angeführt und die im Verzeichnis der Archivbestände genannten Archive. Vor allem dort wurden Daten gegenrecherchiert, Indizien bewertet, zweifelhafte Angaben verifiziert. In den Archivbeständen im *Bundesarchiv* und im *Thüringischen Hauptstaatsarchiv* konnten allerdings nur in seltenen Einzelfällen fragliche Sachverhalte geklärt werden. Erschöpfend dagegen gelang dies in den umfangreichen Beständen zur kirchlichen Medienarbeit im *Bistumsarchiv Erfurt*. Dort lagern u.a. jährliche Zwischen- und einige Abschlussberichte zur katholischen Filmarbeit, die genau von den Personen verfasst wurden, die später im Interview als reflektierend-zurückschauende Zeitzeugen auftraten. Beide Versionen - die schriftliche in der Situation selbst und die mündliche Ende der neunziger Jahre - konnten also miteinander verglichen werden. Dabei ergaben sich nur geringe Unterschiede, beispielsweise bei Jahreszahlen zu bestimmten Ereignissen und bei an Unternehmungen beteiligten Personen. Darüber hinaus boten die Interviews für den Autor einen aufschlussreichen Einblick in die persönlichen Sichtweisen und die konkreten alltäglichen Erfahrungen der Zeitzeugen. Die Auswertung der Interviews ließ die jüngere deutsche Vergangenheit in einer Forscher-Gegenstands-Interaktion lebendig werden. In diesem hermeneutisch geleiteten Interaktionsprozess entstanden subjektive Bedeutungen und wandelten sich wieder, gestalteten sich neu, um sich darauf wiederum zu wandeln - eine Art von qualitativer Forschung im Dialog mit all ihren kommunikativen und lehrenden Aspekten.

4.2 Die Interviewtechnik

Die Gespräche wurden in Form des narrativen Interviews geführt. Diese Technik, von dem Bielefelder Soziologen Fritz Schütze entwickelt, besteht

---
[150] Vgl. Mayring, Einführung in die qualitative Sozialforschung, 11f.

darin, den Interviewpartner nicht mit standardisierten Fragen zu konfrontieren, sondern ganz frei zum Erzählen zu animieren.

„Zunächst einmal ist es möglich, in den erzählten Geschichten von tatsächlich stattgefundenen, dem Wissenschaftler aber nicht oder nicht ausreichend bekannten krisenhaften Ereignissen zu erfahren, über die er auf anderem Wege nicht so schnell, nicht so leicht oder überhaupt nicht erfahren hätte."[151] Jedermann kann erzählen. Erzählen ist eine typische Fähigkeit der Alltagswelt, die nicht erst speziell trainiert werden muss. Erzählungen „sind natürliche, in der Sozialisation eingeübte Diskursverfahren, mit denen sich Menschen untereinander der Bedeutung von Geschehnissen ihrer Welt versichern."[152] Erzählungen eignen sich zur Bilanzierung, da sie in der Totalperspektive der Verarbeitung dienen. Außerdem werden übergreifende Handlungszusammenhänge und -verkettungen sichtbar, die im voraus nicht überschaut werden konnten.[153] Subjektive Bedeutungsstrukturen, die sich einem systematischen Abfragen verschließen würden, kristallisieren sich eben eher im freien Erzählen über bestimmte Ereignisse heraus.

Im Rahmen der Interviews zur katholischen Filmarbeit in der DDR wurden die jeweiligen Interviewpartner aufgefordert, ein für das Thema wichtiges Ereignis oder jeweils einen typischen Geschehensablauf zu erzählen. Während der Erzählung wurde nicht eingegriffen, außer der rote Faden der Erzählung drohte verloren zu gehen. Da der Autor bis zu der Erhebung der Interviews ausschließlich im Süden und Westen Deutschlands gelebt hat, vor dem Fall der Mauer nur ein einziges Mal 1984 als Tagestourist den Ostteil Berlins besuchte, und auch sonst keine Kontakte zu DDR-Bürgern unterhielt, stellten sich zahlreiche Fragen zum Verständnis der Situation. Diese wurden jeweils am Ende des Interviewabschnitts geklärt, so dass der Erzählbogen nicht durch Nachfragen unterbrochen werden musste. Sämtliche Interviewpartner waren sehr gewandt darin, eine Erzählung zu präsentieren. Durch vorherigen Briefkontakt, die Empfehlung durch Dritte oder bei Vorbesprechungen konnte eine Vertrauensbasis geschaffen werden, die im Gespräch zu offenen Antworten führte, was bei einem Fragebogen oder bei geschlossener Fragetechnik nicht automatisch der Fall gewesen wäre. Hier zeigt sich auch der Vorteil des Sprachlichen vor der Schriftform. Der Interviewte kann sich ernst genommen fühlen und gewinnt nicht den Eindruck, ausgehorcht zu werden. Hinweise des Interviewten an den Autor wie etwa *„Das habe ich jetzt nur ihnen gesagt, veröffentlicht darf das nicht werden"*, zeigen, dass die Vertrauenssituation der offenen narrativen Technik, bei der der Interviewte frei antworten kann und ohne Antwortvorgaben oder Fragenkatalog darstellt, was ihm bedeutsam erscheint, zu genaueren und auch ehrlicheren Ergebnissen führen kann, als eine schriftliche Befragung.

---

[151] Schütze, Zur Hervorlockung und Analyse von Erzählungen thematisch relevanter Geschichten im Rahmen soziologischer Feldforschung, 202.
[152] Wiedemann, Erzählte Wirklichkeit, 24.
[153] Vgl. ebd.

4.3 Die Auswertung der Interviews

Die Aussagen der Zeitzeugen wurden zu einhundert Prozent transkribiert und auf diese Weise also schriftlich fixiert. Die Auswertung erfolgte synoptisch und trug damit der Tatsache Rechnung, dass häufig mehrere Beschreibungen gleicher Sachverhalte aus den verschiedenen Perspektiven der jeweils Beteiligten vorlagen. Die so entstandene bilanzierende Zusammenfassung der Interviews wurde den Zeitzeugen zur Überprüfung vorgelegt. Missverständnisse und unscharfe Formulierungen konnten auf diese Weise klar gestellt werden. Ihre Korrekturen und Ergänzungen fanden Eingang in die ausführliche Darstellung ihrer Engagements im Rahmen der Filmarbeit der katholischen Kirche in der DDR.

Wesentliche Aussagen der Zeitzeugen wurden im Anhang dieser Arbeit in der transkribierten Form ediert. Die jeweils in den Anmerkungen notierten Time-Codes geben die genauen Stunden, Minuten und Sekunden der Stellen auf den acht Magnetbändern im *Fernseharchiv des Bayerischen Rundfunks* an, wo die transkribierten Aussagen in den audiovisuellen Aufzeichnungen aufgefunden werden können.[154] Für die weitere Erforschung kirchlicher Medienarbeit können diese Interviews von Interesse sein.

Zum Einstieg in die Darstellung der katholischen Filmarbeit in der DDR werden nun die Hauptakteure derselben mit einigen biographischen Angaben und einer knappen Darlegung ihrer jeweiligen Motivation vorgestellt.

5. Vorstellung der Hauptakteure katholischer Filmarbeit in der DDR

Hans Donat und Hans-Joachim Schink wirkten als Verantwortliche der katholischen Filmarbeit in Erfurt, Helmut Morsbach in Berlin. Zu ihren Engagements zählte in erster Linie die Rezension der Filme in den Kinos der DDR. Günter Särchen trug von Magdeburg aus zur katholischen Filmarbeit vor allem dadurch bei, dass er Filme für Vorführungen besorgte.

5.1 Hans Donat

Hans Donat wurde am 9. Dezember 1928 in Georgswalde im Sudetenland geboren. Nach der Vertreibung aus der Tschechoslowakei kam er nach Thüringen. Zunächst

---
[154] BFS-Archiv, 0436085/02 bis 0436085/09.

arbeitete er in einer Gärtnerei, dann in einem Großbetrieb als Kranführer. 1950 begann er mit dem Sozialpädagogikstudium im Westteil Berlins seine Fürsorgerausbildung. Bereits ab 1952 war er als Diözesanjugendhelfer für das Bistum Fulda in Erfurt tätig und engagierte sich auch in der Laienspielarbeit der katholischen Kirche, sowie in der Ehe- und Familienberatung. 1954 erarbeitete er mit Karl Munter die ersten Rezensionen von Filmen aus dem DDR-Kinoprogramm. 1955 übernahm er die Leitung der *Kirchlichen Hauptstelle für Film und Laienspiel*, 1961 der Außenstelle Erfurt der *Arbeitsstelle für Pastorale Hilfsmittel*, die ab 1984 für die gesamte Medienarbeit der katholischen Kirche in der DDR zuständig war.

Erste Berührungspunkte mit der Filmkunst waren für Donat Kinovorführungen in den dreißiger Jahren, deren Besuch ihm sein Vater als nebenberuflicher Kassenwart eines Lichtspieltheaters gratis ermöglichte, sowie später das vielfältige Kinoprogramm seiner Berliner Studienzeit. Hier stellte er sich in ein explizit reflexives Verhältnis zur Filmkunst. Nach der Gründung der *Kirchlichen Hauptstelle für Film und Laienspiel* ergab sich für ihn im Rahmen der Filmrezensionen die Möglichkeit, seine kritische Perspektive erstmals für pastorale Anliegen in der Seelsorge zu nutzen. Wichtig war für ihn dabei zunächst die Frage nach der Wirkung von Filminhalten und -aussagen auf gläubige Christen. Dabei berief er sich auf die Enzykliken *Vigilanti Cura* von Pius XI., 1936, und *Miranda prorsus* von Pius XII., 1957.

In der Zeit vor dem Fall der Mauer war Hans Donat einer der Organisatoren und Moderatoren der Demonstrationen in Erfurt. Er wurde 1990 Mitglied im ersten demokratisch gewählten Erfurter Stadtrat und arbeitete nach der Auflösung der von ihm geleiteten Arbeitsstelle, Ende 1992, noch bis zu seiner Pensionierung im Dezember 1993 als Rundfunkbeauftragter im heutigen Bistum Erfurt.

Hans Donat wurde am 12. Januar 2000 in Erfurt auf Vorschlag des Thüringer Ministerpräsidenten Bernhard Vogel für sein Lebenswerk mit dem Verdienstkreuz Erster Klasse des Verdienstordens der Bundesrepublik Deutschland ausgezeichnet. Für seinen pastoralen Einsatz über die Grenzen des Bistums Erfurt hinaus, erhielt er 1993 die Bonifatius-Madaille.

Donat ist seit 1990 Mitglied der *Katholischen Filmkommission für Deutschland* und arbeitet in deren Auftrag bei der FSK, *Freiwillige Selbstkontrolle der Filmwirtschaft*, mit. Einige Jahre war er auch bei der FSF, *Freiwillige Selbstkontrolle Fernsehen e. V.*, sowie bei der FBW, der *Filmbewertungsstelle Wiesbaden*, tätig. Zusammen mit Helmut Morsbach erarbeitete er die Lexika „Filme in der DDR 1945-86" und „Filme in der DDR 1987-90".

5.2 Helmut Morsbach

Helmut Morsbach wurde am 2. Mai 1946 in Greifswald geboren. Aus politischen Gründen musste er sein Studium der Fächer Archivwissenschaft und Geschichte an der Humboldt-Universität in Berlin abbrechen. Den Studienabschluss konnte er später extern nachholen. Ab 1972 arbeitete er am Staatlichen Filmarchiv der DDR in der Archivierung von Schriftgut, Plakaten, Fotos und anderen filmbegleitenden Materialien. Da sein berufliches Fortkommen in dieser Institution nicht gefördert wurde, suchte er im kirchlichen Umfeld nach einer Möglichkeit, sich ehrenamtlich zu engagieren. In dieser Zeit fiel ihm bei Filmkritiken in den offiziellen Presseorganen besonders gravierend die Diskrepanz auf zwischen seiner eigenen Beurteilung eines Films als kritischer Kinogänger und der Beurteilung durch sozialistische Blätter. Von diesen ideologisch gefärbten Filmkritiken der DDR-Presse hoben sich die kirchlichen Filmrezensionen dagegen positiv ab, die an den Bekanntmachungstafeln katholischer Pfarrgemeinden eingesehen werden konnten. Aufgrund dieser Beobachtung nahm

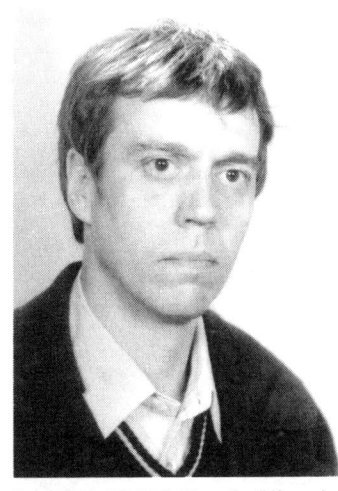

Morsbach 1975 auf Vermittlung von Pfarrer Riedel, einem Gemeindepfarrer aus Berlin-Mitte, mit Hans Donat Verbindung auf und bot seine Mitarbeit an. Er wollte dieses kirchliche, von staatlicher Bevormundung unabhängige Projekt unterstützen, bei dem neben dem Grundsatz journalistischer Freiheit auch die Bedeutung des Films als seelsorgerische Lebenshilfe zum Tragen kam. Bei der Rezension von Filmen stand für ihn die „möglichst sachgerechte kritische Auseinandersetzung mit dem ständig zunehmenden Angebot in Kino und Fernsehen unter besonderer Beachtung christlicher Werte"[155] im Vordergrund. Ab 1978 verfasste er zusätzlich zusammenfassende Kritiken zur gesamten Jahresproduktion im DEFA-Studio für Spielfilm für die westdeutsche Zeitschrift *FILM-Korrespondenz* in Köln. Zusammen mit Hans Donat erarbeitete er die beiden Nachschlagewerke „Filme in der DDR 1945-86" und „Filme in der DDR 1987-90", die einzigen Lexika dieser Art zum Kinoprogramm der DDR. Es folgten zahlreiche weitere Veröffentlichungen zum Themenbereich „Religion und Film". 1992 erhielt er das Leo-Schuler-Stipendium der Tellux-Film GmbH für die umfangreichen Arbeiten im Zusammenhang mit der Durchsicht und Revision von rund 8500 Filmtiteln aus dem Bereich der DDR. Diese wurden von einer eigens gegründeten Arbeitsgruppe unter Morsbachs Leitung hinsichtlich der filmographischen Daten und der Kurzbeschreibungen des Inhalts überprüft, außerdem wurden alle im Fernsehen der DDR gezeigten Spielfilme von 1952 bis 1990 erfasst. Dadurch konnte eine möglichst lückenlose Aufnahme dieser Filme in das „Lexikon des Internationalen Films", einem Standardwerk der Filmpublizistik, gewährleistet werden.[156]

Heute ist Helmut Morsbach stellvertretender Abteilungsleiter des Bundesarchiv-Filmarchivs in Berlin und stellvertretender Vorsitzender der *Katholischen Filmkommission für Deutschland*. Er arbeitet in der *Freiwilligen Selbstkontrolle der Filmwirtschaft (FSK)* als Jugendschutzprüfer mit, außerdem ist er mit Jury-Aufgaben bei Filmfestivals betraut und als Mitglied der Arbeitsgruppe *Geschichte der katholischen Filmarbeit* aktiv. Jüngste Publikationen sind Untersuchungen zu religiösen Motiven in Spiel- und Dokumentarfilmproduktionen aus der DDR.

1988 bezog er Frau Silke Ronneburg in die Arbeit der Rezensentengruppe der *Arbeitsstelle für Pastorale Medien* mit ein. Sie unterstützte Morsbach und Donat bis 1990 durch die Übernahme der Besprechung von Kinderfilmen und war auch Mitglied der *Katholischen Filmkommission im Bereich der Berliner Bischofskonferenz*

---

[155] Morsbach, Kirche und Film, 23.
[156] Vgl. Wie wurde, was ist, 15.

5.3 Günter Särchen

Günter Särchen wurde am 14. Dezember 1927 in Wittichenau, in der deutsch-sorbischen Oberlausitz geboren. Er arbeitete nach Krieg und Gefangenschaft in einem Modehaus als Textilverkäufer und Lehrlingsausbilder. Nach dem Studium der Sozialpädagogik war er ab 1950 als hauptamtlicher Diözesanjugendhelfer für den Jurisdiktionsbezirk *Erzbischöfliches Amt Görlitz*, ab 1953 für das *Erzbischöfliche Kommissariat Magdeburg* tätig. 1956 wurde er von der Konferenz der Seelsorgeamtsleiter mit der Gründung der *Katholischen Bildstelle Magdeburg* für alle katholischen Jurisdiktionsbezirke der DDR beauftragt. Von 1958 bis 1984 war er als Abteilungsleiter im *Bischöflichen Amt Magdeburg* mit der Leitung dieser Stelle betraut.

Bei der Vorführung von Filmen ging es Günter Särchen darum, nicht nur in versteckter Abgeschlossenheit des kirchlichen Gettos Katechese zu betreiben, sondern den Blick der katholischen Christen für ihre Zugehörigkeit zu einer Weltgemeinschaft zu öffnen. Er wollte vor allem die Ereignisse der Welt außerhalb der DDR hereinholen und damit auch die vielfältigen Lebensbereiche der Kirche ihren Mitgliedern vor Augen führen.

Parallel zu seinen diözesanen Tätigkeiten nahm Günter Särchen langjährige ehrenamtliche Engagements wahr, von denen hier nur seine Bemühungen um die deutsch-polnische Aussöhnung genannt werden sollen. In diesem Zusammenhang wurde er nach seiner Pensionierung Ehrenvorsitzender der „Anna-Morawska-Gesellschaft e. V." in Magdeburg, Kuratoriumsmitglied im Bundesverband Deutsch-Polnischer Gesellschaften und Stiftungsrat der „Stiftung Kreisau/Krzyzowa für Europäische Verständigung" in Wroclaw.

Für seine Versöhnungsbemühungen zwischen Deutschen und Polen erhielt er von Wojciech Jaruzelski am 28. September 1990 das Kommandeurskreuz, den höchsten polnischen Verdienstorden. Die Bundesrepublik Deutschland zog am 30. September 1993 mit dem Bundesverdienstkreuz nach. Am 14. Dezember 1997 erhielt er den Bistumsorden des Bistums Magdeburg „Gratiae et honoris causa", außerdem am 11. September 1998 für seine Verdienste um die Entwicklung der deutsch-polnischen Beziehungen den „Deutsch-Polnischen-Preis", eine Stiftung beider Regierungen.

5.4 Hans-Joachim Schink

Hans-Joachim Schink wurde am 6. Dezember 1920 in Bad Salzungen geboren. Aus seinem Studium an der Universität Jena und der Staatlichen Hochschule für Kunsterziehung Berlin heraus wurde er 1940 zum Arbeitsdienst und anschließend zum Kriegsdienst eingezogen. Nach der Kriegsgefangenschaft absolvierte er eine Ausbildung im Malerhandwerk. 1948 begann Schink mit dem Studium an der Landesschule für Angewandte Kunst Erfurt. Nach dem Abschluss übernahm er 1951 zunächst ein Lehramt am Institut für Lehrerweiterbildung, wechselte dann 1953 auf ein Lehramt an der späteren Pädagogischen Hochschule Erfurt, Fachbereich Kunsterziehung. An der Arbeit an den Filmrezensionen beteiligte er sich von 1955 bis zum Ende der siebziger Jahre. Diese Tätigkeit war für ihn neben weiteren Engagements für die Kirche ein so wichtiges Anliegen, dass er bereit war, sich politischer Verfolgung und dem Risiko des Verlustes seines Lehramtes auszusetzen.

Bei der Erstellung der Filmbesprechungen ging es Hans-Joachim Schink neben der Wiedergabe des Inhalts des Films um die Vermittlung einer sachgerechten Beurteilung, die auf die Einheit zwischen inhaltlichem Anliegen und formaler Gestaltung abzielte. Seine Absicht war es, die künstlerische Qualität eines Filmes zu benennen und diese dem Betrachter nahe zu bringen. Seine Kriterien für die Beurteilung waren ethischer Natur und hier im Besonderen vom christlichen Ethos geprägt.

Nun soll die Filmarbeit der katholischen Kirche in der DDR in den Blick genommen werden. Hierfür wird mit einer chronologischen Darstellung der Entwicklungen in der Organisationsstruktur der beiden Zentren in Magdeburg und Erfurt begonnen.

6. Aufgaben und Bereiche der katholischen Filmarbeit in der DDR

6.1 Die Chronologie der institutionellen Medienarbeit

Die Entwicklung der Medienarbeit der katholischen Kirche im Osten Deutschlands, zu der auch die Filmarbeit gehörte, erfolgte auf mehreren Ebenen. Es gab in den fünfziger Jahren, als viele kirchliche Projekte noch gesamtdeutsch entwickelt wurden, Planungsgespräche zwischen der *Zentrale für Jugendseelsorge in Deutschland*, der *Bischöflichen Hauptstelle für Jugendseelsorge Altenberg* mit Sitz im Jugendhaus Düsseldorf, sowie - für die Erwachsenenseelsorge - zwischen den Leitern der west- und ostdeutschen Diözesan-Seelsorgeämter. Bis zum Bau der Mauer am 13. August 1961 fanden jährlich gemeinsame Treffen der Verantwortlichen in einem kirchlichen Tagungshaus im Westteil Berlins statt. Bei diesen Treffen wurden Informationen ausgetauscht und Absprachen getroffen. Dabei ergab sich der Wunsch, in der DDR ein Pendant zu den westlichen kirchlichen Hauptstellen für Film und Bild zu schaffen. So entstand auf Initiative und unter der geistlichen Aufsicht des Erfurter Diözesanjugendseelsorgers Domvikar Karl Schollmeier 1954 die *Kirchliche Hauptstelle für Film und Laienspiel* mit Sitz in Erfurt. Grund für die Kombination von Film und Laienspiel war, dass Laienspieltheater in den Gemeinden der DDR große Verbreitung gefunden hatten, und als ein wichtiges Mittel der Glaubensverkündigung angesehen wurden.

Als Leiter der *Kirchlichen Hauptstelle für Film und Laienspiel* wurde Karl Munter, geboren am 21. Oktober 1928 in Nordhausen, eingestellt, der zu diesem Zeitpunkt gerade sein Sozialpädagogikstudium in Berlin beendet hatte. Karl Munter führte diese Stelle einige Monate, verließ dann die DDR und wurde im Westen Deutschlands ansässig, wo er in jungen Jahren verstarb.

Von Anfang an war Hans Donat, zunächst als Diözesanjugendhelfer, an der kirchlichen Medienarbeit beteiligt. Vorbild für die ersten Filmrezensionen war die Filmzeitschrift *Filmdienst der Jugend* aus der Bundesrepublik. Nach der Übersiedlung von Karl Munter nach dem Westen übernahm Hans Donat 1955 dessen Aufgabengebiet zusätzlich zu seiner Tätigkeit als Referent im *Jugendseelsorgeamt Erfurt*. Unterstützung erfuhr er aus seinem Freundeskreis durch Hans-Joachim Schink.

Parallel zu dieser Entwicklung wurde in Magdeburg unter der Leitung von Günter Särchen im Bereich Film gearbeitet. Die Konferenz der Seelsorgeamtsleiter hatte 1956 Günter Särchen beauftragt, in Magdeburg für alle Jurisdiktionsbezirke der DDR eine Stelle einzurichten, die Filme, Bild- und Tonmaterialien und zugehörige Handreichungen als pastorale Hilfsmittel für die verschiedenen Seelsorgbereiche bereitstellen sollte, finanziell selbsttragend war, also für sämtliche Kosten eigenverantwortlich aufzukommen hatte. Die Bezeichnung dieser Stelle lautete zunächst *Katholische Bildstelle Magdeburg*. Auf diese Weise wollte man von den bisher aus dem Westen Deutschlands bezogenen Hilfsmitteln unabhängig werden, deren Einfuhr in den fünfziger Jahren durch staatliche Einschränkungen zunehmend erschwert wurde. Vor allem für die Katechese, die in der DDR ausschließlich in der Pfarrei nicht aber an den Schulen ihren Ort hatte, mussten langfristig eigene pastorale Hilfsmittel bereitgestellt werden können. Die Besoldung Särchens erfolgte über den katholischen *St. Benno-Verlag* in Leipzig mit der Verpflichtung der vierteljährlichen Rückerstattung dieser Zahlungen durch die *Katholische Bildstelle Magdeburg*. Die Schaffung dieser überdiözesanen Bildstelle durch die Leiter der Seelsorgeämter bedurfte der Einwilligung des zuständigen Magdeburger Ordinarius, Weihbischof Friedrich Maria Rintelen. Neben der politischen Unsicherheit waren es vor allem finanzielle Gründe, die den Weihbischof dazu veranlassten, zunächst keine endgültige kirchenrechtliche Zustimmung zu erteilen. Als nach zwei Jahren aber deutlich wurde, dass sich die neue Stelle finanziell selbst trug, erfolgte am 1. Januar 1959 die offizielle Anstellung Särchens beim *Erzbischöflichen Kommissariat Magdeburg*. Die geistliche Aufsicht der *Katholischen Bildstelle Magdeburg* nahm Geistlicher Rat Hugo Aufderbeck wahr, damals als Leiter des *Seelsorgeamtes Magdeburg* zugleich Vorsitzender der *Arbeitsgemeinschaft der Seelsorgeamtsleiter* in der DDR.

Wegen der Bezeichnung *Bildstelle* kam es zu Schwierigkeiten mit staatlichen Stellen. Denn Bildstellen waren als Träger von Öffentlichkeitsarbeit lizenzpflichtig. Eine solche Lizenz vom

Ministerium für Kultur oder vom Ministerium für Volksbildung war aber für nicht-staatliche Organisationen praktisch unerreichbar. Ein Günter Särchen gewogener Sachbearbeiter von staatlicher Seite schlug deshalb vor, eine politisch unauffällige Bezeichnung zu verwenden: *Arbeitsstelle für Pastorale Hilfsmittel.* Damit konnte deutlich gemacht werden, dass keine Bilderzeugnisse für die DDR-Öffentlichkeit, sondern lediglich Hilfsmittel für den kirchlichen Binnenraum hergestellt wurden. Die Umbenennung 1959 in *Arbeitsstelle für Pastorale Hilfsmittel* trug auch der überdiözesanen Aufgabenstellung Rechnung, wonach nämlich diese Arbeitsstelle keine Einrichtung ausschließlich für den Magdeburger Raum sein sollte.

1961 erfolgte durch die Leiter der Seelsorgeämter Magdeburg, Hugo Aufderbeck, und Erfurt, Karl Schollmeier, in Zusammenarbeit mit Günter Särchen die Gründung einer Außenstelle in Erfurt. Die wirtschaftliche Betriebsführung lief über die 1959 in *Arbeitsstelle für Pastorale Hilfsmittel* umbenannte, durch Särchen betreute, Magdeburger Einrichtung. Leiter der Außenstelle in Erfurt war Hans Donat.

Bis zu seiner Emeritierung unterstützte Weihbischof Rintelen die *Arbeitsstelle für Pastorale Hilfsmittel* und deckte ihre Tätigkeiten staatlichen Organen gegenüber. Doch da ihm das filmkritische Engagement in Erfurt politisch zu brisant war, zog er sich dort von seiner Zuständigkeit zurück. Dadurch kam es zu der Situation, dass Hans Donat - keineswegs ein geweihter Amtsträger der katholischen Kirche, sondern ein Laie - ab 1961 parallel zur Leitung der *Außenstelle Erfurt* praktisch in eigener Trägerschaft die Tätigkeiten der *Kirchlichen Hauptstelle für Film und Laienspiel* zu verantworten hatte, über die die Vervielfältigung und der Versand der Filmrezensionen erfolgte. Eine offizielle Trägerschaft ergab sich erst wieder, als die *Berliner Ordinarienkonferenz* 1966 den Beschluss fasste, alle bestehenden Einrichtungen ähnlicher Art zu einer gemeinsamen Bischöflichen Arbeitsstelle zusammenzuführen. Ausschlaggebend dafür war die Notwendigkeit einer besseren Koordinierung aller DDR-weit benötigten Hilfsmittel. Also wurde die *Kirchliche Hauptstelle für Film und Laienspiel* der *Arbeitsstelle für Pastorale Hilfsmittel, Außenstelle Erfurt*, eingegliedert und damit der überdiözesanen Pastoralkonferenz zugeordnet, in der auf Weisung der *Berliner Ordinarienkonferenz* alle Leiter überdiözesaner pastoraler Arbeitsgemeinschaften zusammengefasst waren.

Die Festlegung der Thematiken der von der *Arbeitsstelle für Pastorale Hilfsmittel* erarbeiteten Materialien erfolgte auf Initiative von Särchen und Donat in Absprache mit den Leitern der Arbeitsgemeinschaften, die wiederum in der Pastoralkonferenz die Linien der Gesamtpastoral für alle katholischen Jurisdiktionsbezirke in der DDR festlegten. Der direkte Ansprechpartner und Vermittler zur *Berliner Ordinarienkonferenz*, bzw. ab 1976 *Berliner Bischofskonferenz*, war der Leiter, bzw. der Sekretär der Pastoralkonferenz, die Dienstaufsicht hatte der jeweilige Generalvikar, bzw. Kommissar, bzw. Administrator in Magdeburg und Erfurt.

Magdeburg: Wilhelm Weskamm, 1945-1951, Friedrich Maria Rintelen, 1952-1970, Johannes Braun, 1973-1990, Leopold Nowak, seit 1990; Erfurt-Meiningen: Joseph Freusberg, Generalvikar von Erfurt 1946-1964, Joseph Schönauer, Bischöflicher Kommissar von Meiningen 1950-1971, Hugo Aufderbeck, Generalvikar von Erfurt 1964-1973, Karl Ebert, Bischöflicher Kommissar von Meiningen 1971-1973, Hugo Aufderbeck, Apostolischer Administrator 1973-1981, Joachim Wanke, Apostolischer Administrator 1981-1994, seit 1994 Bischof von Erfurt-Meiningen.

Bemerkenswert ist, dass eine so wichtige und im politischen Bereich derart sensible Arbeit wie die Medienarbeit der Kirche nicht in den Händen von Klerikern lag, sondern der Verantwortung zweier Laien unterstellt war. Freilich waren die Bischöfe und Amtsträger in der Situation der Zerstreuung und sogar der Verfolgung einzelner Kirchenglieder, wie sie in der DDR herrschte, geradezu gezwungen, auf die Erfahrung und Talente der Laien zu bauen. Doch erklären die schwierigen Umstände für die Kirche in der DDR alleine noch nicht das Vertrauen, das die verantwortlichen Amtsträger in Donat und Särchen setzten. Dieses ergab sich auch aus der Tatsache, dass die Bischöfe in Särchen und Donat Träger der Sendung der Kirche aus eigenem Recht aufgrund ihrer Taufe sahen.[157] Das II. Vatikanische Konzil formulierte dazu in seinen Beschlüssen: „Die im Volk Gottes versammelten und dem einen Leibe Christi unter dem einen Haupt eingefügten Laien sind, wer auch immer sie sein mögen, berufen, als lebendige Glieder alle ihre Kräfte, die sie durch das Geschenk des Schöpfers und die Gnade des Erlösers empfangen haben, zum Wachstum und zur ständigen Heiligung der Kirche beizutragen."[158]

Johannes Paul II. führte in dem Apostolischen Mahnschreiben „Christifideles laici" 1988 aus: „Ebenso ist die Berufung zur Heiligkeit *zutiefst mit der Sendung* und der bewußt wahrzunehmenden Verantwortung *verknüpft*, die den gläubigen Laien in der Kirche und in der Welt anvertraut sind."[159] Und: „Die heilbringende Sendung der Kirche für die Welt wird nicht nur von den Amtsträgern kraft des Weihesakraments, sondern auch von allen christgläubigen Laien vollzogen (...). Die Hirten müssen also die Dienste, Pflichten und Aufgaben der christgläubigen Laien anerkennen und fördern, da sie *in der Taufe und Firmung* und bei vielen von ihnen auch *in der Ehe* eine *sakramentale Grundlage* haben."[160]

Dem Nachfolger von Friedrich Maria Rintelen, Johannes Braun, war jedoch der Sitz dieser überdiözesanen Arbeitsstelle, einschließlich der *Außenstelle Erfurt*, in seinem Ordinariat unbequem, da sie in ihrer Themenauswahl und ihrer inhaltlichen Bearbeitung nicht seiner direkten Weisungsbefugnis unterstanden. Das Miteinander gestaltete sich zunehmend schwieriger und führte schließlich zu einer Krise, als Särchen im November 1982 eine über einhundert Seiten starke Handreichung mit ins Deutsche übersetzten polnischen Texten zum

---

[157] Vgl. Lumen gentium 31.
[158] Lumen gentium 33, Rahner/Vorgrimler, 163.
[159] Christifideles laici 17, DH 1470.
[160] Christifideles laici 23, DH 1471.

Verhältnis von Staat und Kirche für die Pfarrgemeinden anbot. Das Ministerium für Staatssicherheit, dem ein Exemplar zugespielt worden war, sah darin antisozialistisches Gedankengut, das kirchenoffiziell verbreitet wurde und bedrohte daraufhin Bischof Braun.[161] Dieser gab 1983 auf der Dezembertagung der *Berliner Bischofskonferenz* bekannt, dass er die Arbeitsstelle in Magdeburg kraft seiner Jurisdiktionsvollmacht schließen werde. Ungeachtet zahlreicher Einwände, die sich auf die günstigen langjährigen Erfahrungen mit der Arbeit der Stelle bezogen, und der bereits laufenden Produktion katechetischen Materials für die *Religiösen Kinderwochen* im Jahr 1984 löste er zum 31. Dezember 1983 die *Arbeitsstelle für Pastorale Hilfsmittel* in Magdeburg auf.

Laut einer mündlichen Erklärung Brauns gegenüber Günter Särchen soll die Schließung der Stelle in einem taktischen Schachzug begründet gewesen sein. Um die Genehmigung für bislang von staatlicher Stelle behinderte kirchliche Bauvorhaben zu erhalten, entzog er der von der Staatssicherheit bereits seit Jahren mit Misstrauen beäugten Arbeitsstelle die kirchliche Deckung. Während sich Särchen wegen einer lebensbedrohlichen Herzerkrankung in intensivmedizinische Betreuung begeben musste, wurde die Stelle liquidiert und unersetzliches Material vernichtet. Einer der 16mm-Filmprojektoren wurde nach Erfurt gebracht, kam dort aber nicht zum Einsatz. Film- und Diaprojektoren, Vervielfältigungsgeräte, weiteres technisches Gerät, sowie Dia- und Bildmaterial wurden mit Genehmigung des Magdeburger Generalvikars, Weihbischof Theodor Hubrich, in den Pfarreien verteilt.[162] Die verbleibende Außenstelle in Erfurt wurde 1985 von Hans Donat in *Arbeitsstelle für Pastorale Medien* umbenannt. Donat übernahm die bisher von Magdeburg verantworteten Bereiche Bildarbeit mit Dias, Materialherstellung für die *Religiösen Kinderwochen* und die auf ökumenischer Ebene praktizierte Filmmission. Diese war 1981 von Günter Särchen in die Wege geleitet und 1983 erstmals praktiziert worden. Eine ausführliche Darstellung der Filmmission erfolgt in dem Abschnitt über die „Filmarbeit als Chance zur Ökumene".

In den achtziger Jahren erfolgte durch die Einführung der Videotechnik eine Erweiterung des Angebots. Als in den Intershops[163] die ersten Videogeräte gekauft werden konnten, gab es zunächst sehr große Vorbehalte einer kirchlichen Videoarbeit gegenüber.

Da es noch keine eigenen marktfähigen Videogeräte in der DDR gab, war man auf Einfuhren angewiesen. Ein Einsatz der Videotechnik in der Medienarbeit der katholischen Kirche konnte also nur mit westlichen Geräten und westlichen Videobändern erfolgen. Zudem war dieses Medium von staatlicher Seite her durchaus unerwünscht. Bei den Unterlagen des Sekretariats der *Berliner Bischofskonferenz* fand sich eine Aktennotiz, vermutlich aus dem Jahr 1987, die

---

[161] Vgl. Schäfer, Staat und katholische Kirche in der DDR, 399f.
[162] Bis zu seiner von Braun angewiesenen Versetzung 1985 hatte Hubrich die *Arbeitsstelle für Pastorale Hilfsmittel* durch finanzielle Hilfeleistungen und inoffizielle Westimporte unterstützt.
[163] Intershops waren Verkaufsstellen, die westliche Produkte gegen Barzahlung in frei konvertierbarer Währung verkauften.

innerhalb der kirchlichen Diskussion nachdenkliche Töne anschlägt: „Erstens ist Video wieder eine Sache, die aus dem Westen kommt und die 'die Kirche' wieder mit zuerst hat. Wenn besonders bei Jugendlichen der Eindruck entstanden ist, dass wir über unsere Verhältnisse leben und zu stark - an mancher DDR-Wirklichkeit vorbei - am Westen orientiert sind, wäre das (= die Einführung des Videoverleihs, A.S.) ein weiterer Schritt, den Eindruck zu verstärken. Zweitens ist der Fernsehapparat ein z. T. heftig kritisierter Gegenstand, weil er oft genug Gespräch verhindert und zum Konsum reizt. Deswegen mag es manchem merkwürdig erscheinen, wenn er jetzt plötzlich auch in kirchlichen Bildungshäusern und Pfarrsälen vor dem Fernsehapparat plaziert wird."[164]

Hans Donat sprach sich für die Einführung der Videotechnik in der kirchlichen Medienarbeit aus und begründete diesen Einsatz folgendermaßen: „Die Pastoral muß die Menschen dort erreichen, wo sie sind, sie muß sie so ansprechen, wie sie es gewohnt sind. Vor diesen Feststellungen gewinnt neben dem Einsatz von Tonträgern der Einsatz von Filmen eine immer größere Bedeutung. (...) Der Einsatz in kleinen Gruppen (bedingt schon durch die Größe des Bildschirmes) schafft gute Voraussetzungen für das genannte Ziel der gemeinsamen Erarbeitung eines Themas. (...) Da es in der DDR keine kirchliche Filmproduktion gibt, muß auf Filme zurückgegriffen werden, die allgemein im Angebot sind. Von besonderer Bedeutung sind dabei kirchliche Fernsehsendungen aus dem deutschsprachigen Raum."[165] Trotz der politischen Brisanz und obwohl noch kaum Videogeräte in den Gemeinden zur Verfügung standen, folgte die *Berliner Bischofskonferenz* in ihrem Beschluss vom 6. Juni 1988 der Argumentation Donats und befürwortete den Einsatz der Videotechnik für die Gemeindearbeit im „Statut der Arbeitsstelle für Pastorale Medien."[166]

Als weitere Schwerpunkte der Arbeitsstelle in Medieneinsatz und -vermittlung werden in dem Statut genannt: Filmrezensionen, Einsatz von 8mm- und 16mm-Filmen, Diareihen, Tonbändern, Kassetten, außerdem Laienspielkurse, Skriptausleihe, Buchvorankündigungen und -rezensionen, sowie weitere Aufgabenbereiche, die sich aus der pastoralen Praxis ergeben.

Bereits im Juli 1988 war die Finanzierung eines Vorhabens, das die Erstausstattung der Medienstelle mit Video vorsah, durch das *Bonifatiuswerk der deutschen Katholiken* in Paderborn gesichert.[167] Aus diesen Zuwendungen erfolgte 1989 die Einrichtung eines Video-Studios in den Räumen der *Arbeitsstelle für Pastorale Medien* in Erfurt mit einem Schnittplatz, einem Videorecorder und zwei Kameras zur Dokumentation von Ereignissen im kirchlichen Bereich.

---

[164] BAEF, ROO, APM, BOK/BBK, IX 8, o.P.
[165] A.a.O.
[166] A.a.O.
[167] Vgl. Schreiben vom 27.7.1988 des Generalsekretärs des Bonifatiuswerks an Prälat Josef Michelfeit, den Sekretär der Berliner Bischofskonferenz, BAEF, ROO, APM, BOK/BBK, IX 8, o.P.

Grundsätzlich besteht der Schwerpunkt der Arbeit des Hilfswerkes darin, die christliche Verkündigung in den Diasporagebieten in Deutschland, Nord- und Osteuropa lebendig zu erhalten und an kommende Generationen weiterzugeben. Dies geschieht auf materieller Ebene vorwiegend durch konkrete Hilfen für Katholiken in der Diaspora, durch die Errichtung und Renovierung von Räumlichkeiten für die Seelsorge, die Anschaffung von Fahrzeugen und die Förderung der Ausbildung seelsorgerischer Berufe[168]. Die finanzielle Hilfe des *Bonifatiuswerkes* für die Kirche in der DDR betrug in den Jahren 1949 bis 1990 insgesamt rund 380 Millionen Euro.[169] Die Videogeräte und -cassetten wurden über das Sekretariat der *Berliner Bischofskonferenz* eingeführt. Aus der Bundesrepublik kamen 210 VHS-Cassetten mit Aufzeichnungen von Filmen mit allgemein-religiöser oder speziell pastoraler Thematik, darunter die Serien WARUM CHRISTEN GLAUBEN, CREDO - GLAUBE UND BEKENNTNIS DER CHRISTEN, HOFFNUNGSSPUREN, KONTAKTE, PRIESTER. Diese VHS-Masterbänder, die später um 76 Titel mit gesellschaftspolitischen Themen vom *Deutschen Filmzentrum Bonn* ergänzt wurden, dienten als Vorlage für jeweils drei Verleihkopien. Bedingt durch die politische Umbruchsituation sind aber bis zum 3. Oktober 1990 keine Kopien verliehen worden.

Das beherzte Vorgehen der Kirche ist in der Frage der Einführung der Videotechnik bemerkenswert. Im Vergleich dazu hatte die *Allgemeine Deutsche Nachrichtenagentur* (ADN) als Presseorgan von Partei und Staat Ende der achtziger Jahre im ganzen südlichen Bereich der DDR nur eine einzige Videokamera zur Verfügung. Bei den friedlichen Demonstrationen und bei der Besetzung der Stasizentrale 1989 kam die Kamera der katholischen Kirche zum Einsatz. Diese Aufzeichnungen sind heute im Besitz des Bischöflichen Ordinariats in Erfurt, ebenso die Geräte, Medien und Einrichtungsgegenstände der *Arbeitsstelle für pastorale Medien*.
Am 3. Dezember 1991 beschlossen die Mitglieder der *Arbeitsgemeinschaft der Bischöfe der Deutschen Bischofskonferenz - Region Ost* die Dezentralisierung der Medienarbeit für das Gebiet der Neuen Bundesländer und das Ende der gemeinsamen Trägerschaft der Erfurter *Arbeitsstelle für pastorale Medien* zum 31. Dezember 1992. Verbliebene finanzielle Mittel wurden auf die einzelnen Jurisdiktionsbezirke aufgeteilt und im Januar 1993 überwiesen. Die schriftlichen Unterlagen dieser zentralen kirchlichen Medienstelle im Bereich der DDR wurden beim Bischöflichen Amt in Erfurt archiviert.
Für die weitere Darstellung der Filmarbeit der katholischen Kirche in der DDR dienten als Quelle in erster Linie die mit den Aktiven der Filmarbeit geführten Interviews. Zum besseren Verständnis mag zunächst ein Blick auf die besonderen Gegebenheiten in der DDR hinsichtlich der Herstellung von Vervielfältigungen hilfreich sein.

---

[168] Vgl. Schlösser, 150 Jahre Bonifatiuswerk - Diasporahilfe gestern und heute, 32-34; vgl. auch: Fiedler, Seit 150 Jahren aktuell - Diasporahilfe des Bonifatiuswerkes, 34-36; vgl. auch: Festing, Heinrich, Das Kolpingwerk, in: Hehl/Hockerts, Der Katholizismus - gesamtdeutsche Klammer in den Jahrzehnten der Teilung?, 139-143; darin auch: Puschmann Hellmut, Zur Brückenfunktion des deutschen Caritasverbandes, 127-137.
[169] Vgl. Kötter, Anton, Die Hilfen des Bonifatiuswerks, in: Hehl/Hockerts, Der Katholizismus - gesamtdeutsche Klammer in den Jahrzehnten der Teilung?, 110.

6.2 Die Bedingungen im sozialistischen Staat

6.2.1 Die fingierte Genehmigungsnummer

In der DDR-Gründungsverfassung vom 7. Oktober 1949, Artikel 41, wurde den Religionsgemeinschaften das Grundrecht zur Meinungsäußerung garantiert: „Jeder Bürger genießt volle Glaubens- und Gewissensfreiheit. Die ungestörte Religionsausübung steht unter dem Schutz der Republik. Einrichtungen von Religionsgemeinschaften, religiöse Handlungen und der Religionsunterricht dürfen nicht für verfassungswidrige oder parteipolitische Zwecke mißbraucht werden. Jedoch bleibt das Recht der Religionsgemeinschaften, zu den Lebensfragen des Volkes von ihrem Standpunkt aus Stellung zu nehmen, unbestritten."[170] Damit schien auch einer Veröffentlichung von Filmrezensionen durch die katholische Kirche nichts im Wege zu stehen. Tatsächlich aber hatte die Verfassung für die SED nur politisch-deklaratorischen Charakter gegenüber ihren noch unsicheren Bündnispartnern in den Blockparteien. Partei und Staat agierten „autonom gegenüber einem faktisch ohnehin uneinklagbaren Text. In der Praxis wurde die Verfassung von staatlichen Administrationen situationsabhängig ebenso gezielt angewendet wie bewusst ignoriert."[171]

Zur Herstellung von Druck- und Vervielfältigungserzeugnissen, unabhängig von der Auflagenhöhe oder der Art des Vervielfältigungsgeräts, war eine staatliche Druckgenehmigung nötig. Dies galt zwar nicht für einzelne Durchschläge, die tagtäglich an Schreibmaschinen als Schriftverkehrskopien entstanden, bedeutete aber, dass man sich bereits bei der Benutzung eines Spielzeug-Stempelkastens für Kinder strafbar machen konnte. Durch den Zwang zur Druckgenehmigung hatte sich der Staat ein Instrumentarium geschaffen, mit dem er, wann immer es ihm beliebte, eingreifen konnte. Ausgenommen von dieser restriktiven Bestimmung waren „Dienstanweisungen, Rundschreiben sowie andere interne Materialien, die im Druck- oder Vervielfältigungsverfahren für den inneren Dienstgebrauch der Organe der staatlichen Verwaltung, der staatlichen Einrichtungen und Institutionen, der volkseigenen und der ihr gleichgestellten Wirtschaft sowie der demokratischen Parteien und Massenorganisationen auf betriebseigenen Maschinen und Apparaten hergestellt werden."[172] In der täglichen Arbeitspraxis verstanden sich die Kirchen folglich als Massenorganisationen, die die Erlaubnis zur Herstellung von Druckerzeugnissen „für den inneren Dienstgebrauch" für sich in Anspruch nehmen konnten. Zusätzlich wurden bestimmte Druckerzeugnisse mit einer Kenn-Nummer versehen, die frei erfunden war, die aber den Anschein

---

[170] Die DDR-Verfassungen, 208f.
[171] Schäfer, Staat und katholische Kirche in der DDR, 44; vgl. auch: Schroeder, Der Preis der Einheit, 31.
[172] Anordnung über das Genehmigungsverfahren für die Herstellung von Druck- und Vervielfältigungserzeugnissen vom 20.7.1959, Gesetzblatt der DDR Teil I, p. 640, zit. nach: Roch, „Die Freiheit der Presse ist gewährleistet", 98.

einer gültigen Genehmigungsnummer so vermittelte, als würde sie auf einer aktuellen staatlichen Genehmigung beruhen.

Ihren Ausgang nahm diese Praxis 1945, als der Studentenpfarrer Hugo Aufderbeck in Halle von der Sowjetischen Militäradministration eine Genehmigung für Vervielfältigungen mittels eines Abzugsgeräts für Wachsmatrizen erhalten hatte. Dieses durch eine Handkurbel betriebene Gerät verwendete er, um Predigten und kirchliche Handreichungen zu kopieren. Als er 1948 in Magdeburg das neu errichtete Seelsorgeamt im Erzbischöflichen Kommissariat übernahm, setzte er auch dort weiterhin unter jedes seiner Druckerzeugnisse die Genehmigungsnummer, die von der Sowjetischen Militäradministration in Halle stammte, sowie den Vermerk „Nur für den innerkirchlichen Dienstgebrauch". Günter Särchen übernahm 1956 nach der Gründung der *Katholischen Bildstelle Magdeburg* zunächst diese in Kirchenkreisen so genannte „Aufderbecksche Nummer", obwohl die 1945 erteilte Lizenz längst abgelaufen war. Später ging Särchen dazu über, die Druckerzeugnisse der *Katholischen Bildstelle Magdeburg* mit einer erfundenen Genehmigungsnummer zu versehen, die der „Aufderbeckschen Nummer" ähnelte. Hierbei fingierte Särchen eine durch drei Schrägstriche unterteilte Zahlenkombination. Zum Beispiel: 16/6011/1011/82. Diese Kombination passte er an das jeweilige Jahr und den betreffenden Abzugsapparat an, wodurch er eine innere Stimmigkeit suggerierte. Dabei bezeichneten die Ziffern „16/6011" die Gerätenummer und „1011" die Seriennummer des Abzugsapparats. Beides wurde bereits vom Hersteller auf einem Aufkleber am Gerät vermerkt. Die letzten beiden Ziffern bezogen sich auf das Jahr des Drucks. Absichtlich verzichtete man darauf, die Auflagenhöhe und das genaue Tagesdatum zu nennen.

Als später statt den Eintrommel-Abzugsgeräten elektrisch betriebene Mehrtrommel-Vervielfältigungsgeräte erhältlich waren, hatte sich bereits entsprechend der staatlichen Gesetzgebung die Praxis herausgebildet, dass der verkaufende *Volkseigene Betrieb* die Seriennummer des erworbenen Geräts automatisch an die Bezirkspressestelle meldete. Die Meldung trug den verkürzten Käufernamen, also zu diesem Zeitpunkt: „Arbeitsstelle f. p. Hilfsmittel Magdeburg" und deren Betriebsnummer. Die fingierten Zahlenkombinationen dieser Zeit beriefen sich durch die Aufnahme der Seriennummer auf ebendiese Verkaufsmeldung des *Volkseigenen Betriebs* an die zuständige Bezirkspressestelle, sowie auf eine Genehmigung, die zwar von niemandem erteilt worden war, die aber auf eine solche oder eine ähnliche Nummer gelautet hätte.

In der DDR kursierte eine derart unüberschaubar große Fülle an Genehmigungsnummern, die je nach Verteilerumfeld durch den Rat der Stadt, des Kreises, des Bezirkes, bzw. durch ein Ministerium vergeben wurden, dass sich im Laufe der Zeit bei niederen Dienststellen eine gewisse Oberflächlichkeit bei der Kontrolle einstellte. Der offizielle Anschein der erfundenen Genehmigungsnummer der *Katholischen Bildstelle Magdeburg* hielt Untersuchungen, wie der normalen Postkontrolle, auf unterster Ebene der Staatsmacht stand.

6.2.2 Die Deklaration von Druckerzeugnissen

Da die Erteilung einer staatlichen Druckgenehmigung für Filmrezensionen nur bei einer Unterwerfung unter die Zensur der Partei zu erreichen gewesen wäre, griff man bei der Vervielfältigung von Filmrezensionen in der *Kirchlichen Hauptstelle für Film und Laienspiel* in Erfurt auf das bewährte Mittel der fingierten Genehmigungsnummer zurück. Der Zahlenkombination in der Fußzeile eines jeden Blattes war der Vermerk „Nur für den innerkirchlichen Dienstgebrauch" beigefügt. Dieser Zusatz erfuhr eine weitestgehende Auslegung durch Hans Donat und wurde auf alle Vervielfältigungen gesetzt, bei denen der Empfängerkreis aus einem festen Beziehstamm zusammengesetzt war. Der Versand der Rezensionen wurde bewusst offiziell über die Post abgewickelt. Dennoch ergab sich zu keinem Zeitpunkt eine Intervention der Staatssicherheit. Dies legt die Vermutung nahe, dass die Täuschungsmanöver funktioniert und damit ihren Zweck erfüllt haben. Natürlich ist in Betracht zu ziehen, dass dieser Teil der kirchlichen Filmarbeit möglicherweise für nicht ausreichend staatsfeindlich gehalten und deshalb ignoriert wurde. Der geradezu verschwenderische Personaleinsatz des *Ministeriums für Staatssicherheit* lässt die letztere Vermutung am wahrscheinlichsten erscheinen.[173]

Dennoch war die Herstellung kirchlicher Druckerzeugnisse keineswegs völlig gefahrlos. Bei Beanstandungen durch staatliche Organe erfolgte nämlich aufgrund politischen Drucks auf die Kirchen in der Regel „keine kirchliche Solidarisierung mit diesen Aktivitäten und den sie tragenden Katholiken. Vielmehr kam es zu einer Privatisierung ihres Risikos, indem ihnen signalisiert wurde, daß ihre Handlungen außerhalb der kirchlichen Verantwortung stünden."[174] In diesem Zusammenhang erscheint die Bereitschaft der Bischöfe, Nicht-Kleriker im Sinne des II. Vatikanischen Konzil eigenverantwortlich handeln zu lassen in einem völligen anderen Licht. Angesichts der für die pastorale Arbeit der Kirche ungünstigen Situation in der DDR, mussten die kirchlichen Amtsträger auf die Erfahrung und Talente der Laien bauen, kalkulierten aber offenbar bewusst auch eine Delegierung des Risikos mit ein. „Katholische kirchenleitende Stellen in der DDR wollten in der Regel nicht die Verantwortung für dissidente Handlungen oder mit dem salvatorischen Vermerk 'Nur für den innerkirchlichen Dienstgebrauch' verbreitete Materialien übernehmen, wenn sie selbst nicht mit Inhalt und Tendenz solcher Aktivitäten und Äußerungen übereinstimmten."[175]

Die Hauptakteure katholischer Filmarbeit waren von der Überwachung und Bespitzelung durch das *Ministerium für Staatssicherheit* überzeugt. Besonders Hans-Joachim Schink, der Hans Donat bereits in den fünfziger Jahren bei der

---

[173] Vgl. Knabe, Die unterwanderte Republik, 412ff; vgl. auch: Herbst/Ranke/Winkler, So funktionierte die DDR, Bd. 2, 682ff.
[174] Schäfer, Staat und katholische Kirche in der DDR, 362.
[175] Ebd.

Arbeit an den Filmrezensionen unterstütze, berichtete von seiner steten Sorge um seinen Arbeitsplatz an der staatlichen Hochschule. Er erfuhr Rückendeckung durch vorgesetzte Kollegen und möglicherweise sogar durch *Inoffizielle Mitarbeiter* der Staatssicherheit im Kollegium der Hochschullehrer. Dort befanden sich zu diesem Zeitpunkt bereits einige ehemalige Studenten Schinks, die sich für seine Bemühungen um ihre Ausbildung offenbar dankbar zeigen wollten. Er war keinen unmittelbaren Bedrängnissen ausgesetzt und kann nur darüber mutmaßen, was man gegen ihn hätte unternehmen können.

6.3 Die Filmrezensionen

6.3.1 Die Erstellung in der Praxis

Hans Donat verfasste als Angestellter des *Jugendseelsorgeamtes Erfurt* ab 1954 Filmrezensionen. Nachdem er 1955 die Leitung der *Kirchlichen Hauptstelle für Film und Laienspiel* von Karl Munter übernommen hatte, bezog er Hans-Joachim Schink in die Arbeit an den Filmbesprechungen, wie sie damals genannt wurden, mit ein. In ihm hatte er einen Filmenthusiasten gefunden, der mit ähnlicher Motivation und Perspektive wie er selbst an die Besprechung von Filmen heran ging.

Zunächst besuchten beide gemeinsam die Filmvorführung und diskutierten im Anschluss daran ihre Eindrücke. In der Regel wählten sie im Kino einen Sitzplatz in den hinteren Reihen. Sie hatten das Gefühl, durch eine größere Entfernung zur Leinwand auch eine größere Distanz zum Film zu gewinnen, was ihnen für eine möglichst objektive Beurteilung notwendig erschien. Nach dem Kinobesuch wurde in einem Gasthof, meist bei Thüringer Rostbrätl, der Film diskutiert. Fokussierende Fragen für das Gespräch waren zunächst: Was haben wir gesehen? Wie würden wir die Dinge beurteilen? Weitergehende, detailliertere Kriterien für die Filmbeurteilung bildeten sich erst später heraus.[176]

Wenn ein bis zwei Tage nach dem Kinobesuch der noch stark emotionale erste Eindruck des Films einer distanzierten Sicht gewichen war, wurde von beiden unabhängig voneinander eine Rezension verfasst. Die weitreichenden Übereinstimmungen in der Beurteilung des Films erlaubten bald eine Aufteilung des Besuchs des Erfurter Kinoprogramms zwischen Donat und Schink. Bei anfangs vier, später drei Kinos in Erfurt war eine genau Terminabsprache nötig, die jeweils am Vorabend zu den zweimal wöchentlich stattfindenden Programmwechseln Dienstags und Freitags auf Grund der Angaben in den Tageszeitungen getroffen wurde.
Dieser erhebliche zeitliche Aufwand entspannte sich erst, als Helmut Morsbach in Berlin ab 1975 als Freier Mitarbeiter der *Arbeitsstelle für Pastorale*

---
[176] Vgl. Kapitel 6.3.4: Die christliche Filmbeurteilung.

Filmbesprechungen

NATIONALITÄT: DEUTSCH   4605

DDR 1990. B.u.R: Karl Gass. Farbe, 88 Min.

35 Jahre Deutsche Geschichte aus der Perspektive eines ostdeutschen Dorfschullehrers. Abendfüllender Dokumentarfilm. Nur teilweise interessant und künstlerisch recht mittelmäßig. Ab 14 Jahre.

Über drei Jahrzehnte führte ein Lehrer einer Dorfschule im Kreis Stendal seine Schulchronik. Beginnend in der Kaiserzeit diente er bis nach 1950 allen seinen Brotgebern in untertäniger und angepaßter Weise. Erst viel später liest er noch einmal sein Geschriebenes und versieht manche seiner Eintragungen mit interessanten, bemerkenswerten Ergänzungen. Wenn man der Meinung war, daraus einen Film machen zu müssen, hätte man der Geschichte wohl tiefer auf den Grund gehen müssen. Eine oberflächliche Bebilderung reicht da kaum aus, schon gar nicht in dieser Zeit des Umbruchs. Vielleicht hätte man überhaupt einen jüngeren Regisseur diese Aufgabe übertragen sollen und nicht gerade dem Altmeister des DDR-Dokumentarfilms Karl Gass. So wird man auch diesen, seinen möglicherweise letzten Film, rasch ins Archiv legen können.

Harry und Sally (WHEN HARRY MET SALLY ...)   4606

USA 1989. B: Nora Ephron. R: Rob Reiner. D: Billy Crystal, Meg Ryan, Carrie Fisher, Bruno Kirby. Farbe, 96 Min.

Die Geschichte eines Paares, das im Laufe von Jahren über die Etappen Bekanntschaft und Freundschaft zur Erkenntnis gewachsener gegenseitigen Liebe kommt. Amüsante Komödie, die neben vortrefflicher Unterhaltung mit pointierten Dialogen unaufdringlich auch viel Zutreffendes über menschliche Beziehungen aussagt. Sehenswert ab 16 Jahre.

"Harry und Sally" ist eine köstliche, geistreiche und liebenswerte Filmgeschichte. Autor und Regisseur erzählen sie mit Geist und Gefühl - und mit großer Behutsamkeit, die nicht verletzen will. Wider der Erfahrung, daß die Handlung dominant sein muß, wird auf Dialoge gesetzt - und die Rechnung geht auf. Das Publikum freut sich am Geplänkel der beiden Helden, an ihren Streitereien. In einer gewissen Weise sind sie auch ein Beispiel dafür, wie gegensätzliche Meinungen ausgetragen werden können, daß faires Streiten nicht Beziehungen zerstört, sondern aufbauen und verstärken kann. Das Thema Sexualität nimmt einen gebührenden Platz im Film ein. Die Selbstverständlichkeit der Thematisierung und die Art des Umganges damit sind wohl eher Wunschdenken als Realität. Man sollte sich aber anregen lassen, eigene Positionen und Verhaltensweisen zu überprüfen. Herausgehoben soll werden, daß ohne die Darstellungskunst der beiden Hauptpersonen die so erfreulich positive Wirkung des Filmes nicht hätte erreicht werden können.

49/09/90   -Nur für den innerkirchlichen Dienstgebrauch-

Hilfsmittel an der Erstellung von Filmbesprechungen beteiligt war. Ein weiterer Vorteil ergab sich aus dem Umstand, dass in Berlin viele Filme zu einem früheren Zeitpunkt liefen. Manche Filme wurden sogar in Erfurt überhaupt nicht, sondern nur in der Hauptstadt der DDR aufgeführt. Morsbach schrieb zunächst einige Filmbesprechungen parallel zu Donat und Schink in Erfurt. Daraus wurde schnell deutlich, dass die Sicht des neuen Mannes mit der des Teams übereinstimmte und von Donat verantwortet werden konnte.

Morsbach machte sich bereits im Kino sehr ausführliche Notizen für die zu erstellende Filmbesprechung. Dafür verwendete er einen Stift, der an seiner Spitze über eine kleine Lampe verfügte. Bei diesem für DDR-Verhältnisse bemerkenswerten Gerät handelte es sich um ein Gastgeschenk eines japanischen Besuchers im Staatlichen Filmarchiv. Die Rezension selbst entstand meist am folgenden Tag, manchmal erst am Wochenende darauf, in der Regel auf einer mechanischen Schreibmaschine in Morsbachs Privatwohnung.

Ende der siebziger Jahre gab es Überlegungen, ob die Filmbesprechungen verändert und ergänzt werden sollten. Die Rezensenten entschieden sich für eine Erweiterung um filmographische Daten. Diese bestanden aus Angaben über die Drehbuchautoren, die Regie und Kamera, die Hauptdarsteller, das Herstellungsland, sowie das Jahr der Produktion, außerdem Angaben über die Länge des Films und über Farb-, bzw. Schwarz-weiß-Material. Die filmographischen Daten wurden ausschließlich von Morsbach während seiner Dienstzeit im Rückgriff auf die Archivalien im *Staatlichen Filmarchiv* recherchiert und erstellt. Dort lagerten etwa 21.000 Dossiers zu verschiedenen Filmtiteln. Die Dossiers bestanden hauptsächlich aus Programmen, Fotos, Werbematerialien und Zeitungsausrissen. Zusätzlich wurden diverse Filmzeitschriften für die interne Nutzung bereit gehalten. Morsbach regte für das *Staatliche Filmarchiv* auch den Kauf und die Einfuhr von ausländischer Fachliteratur und Dokumentationsmaterialien an, darunter ab etwa 1982 auch die westdeutsche Zeitschrift *film-dienst*. Auf diese Weise konnten zur Recherche für die kirchliche Arbeit an den Rezensionen staatliche Ressourcen benutzt werden. Wenn zwei bis vier Rezensionen zusammengekommen waren, sandte Morsbach diese an die *Arbeitsstelle für Pastorale Hilfsmittel* nach Erfurt, wo sie vervielfältigt und an die Bezieher verschickt wurden.
Ab 1988 ergab sich die Möglichkeit, auch Kinderfilme regelmäßig zu besprechen. Für dieses Segment konnte Silke Ronneburg als Mitarbeiterin gewonnen werden. Sie war bei der populärwissenschaftlichen DDR-Filmzeitschrift *Filmspiegel* beschäftigt. Als Benutzerin der filmbegleitenden Materialien besuchte sie regelmäßig das *Staatliche Filmarchiv*, wo sie mit Morsbach dienstlich zusammenarbeitete. Dieser lernte die evangelische Christin als zuverlässige Person kennen, die über die Arbeit der Filmrezensenten ins Vertrauen gezogen werden konnte. So ergab sich, dass Silke Ronneburg als einzige Nicht-Katholikin die Rezensentengruppe, wie die anderen Mitglieder gleichfalls unter Wahrung ihrer Anonymität, in der Sparte Kinderfilme

unterstützte. Trotz reger Bemühungen konnten aber in Berlin keine weiteren vertrauenswürdigen Mitarbeiter gefunden werden, die bereit gewesen wären, diese ungenügend entlohnte Anstrengung auf sich zu nehmen.

Pro Jahr wurden in der DDR etwa 150 Filme aufgeführt. Davon kamen etwa 100 Filme aus den sozialistischen Ländern: Sowjetunion, Polen, Tschechoslowakei, Ungarn, Rumänien, Bulgarien, Nord-Korea, Nord-Vietnam und Jugoslawien. Etwa 15 Filme stammten aus dem *DEFA-Studio für Spielfilme* in Potsdam-Babelsberg. Der Rest kam aus den in der DDR so genannten „kapitalistischen Ländern": USA, England, Frankreich, Italien, wenige auch aus der Bundesrepublik Deutschland.

Bei den Filmen aus den Ländern der westlichen Welt waren die Kinos gut gefüllt und deswegen auch im Winter ausreichend geheizt. Bei geringem Zuschauerinteresse konnten die Temperaturen im Kinosaal aber auch bei nur 12 bis 15 Grad liegen. Den Rezensenten blieb auch in diesem Fall nichts anderes übrig, als mit Handschuhen und Mantel bis zum Ende des Films auszuharren, während andere Zuschauer die Vorführung bald wieder verließen. Bei dreistündigen Kriegsfilmen aus der Sowjetunion war das mitunter eine Geduldsprobe. Gelegentlich kam es zu Beschimpfungen durch die Filmvorführer oder die Platzanweiserinnen, die die Vorführung gerne abgebrochen hätten, sobald nur noch eine Person anwesend war. Angesichts dieser Situation beschrieb Donat im Interview augenzwinkernd die Möglichkeit, dass es Filme geben könnte, die ausschließlich von Morsbach oder ihm selbst, aber vielleicht von niemandem sonst in der DDR, vollständig gesehen wurden.

Bei Filmen aus bestimmten sozialistischen Ländern ergab sich das Problem, dass sie mangels Zuschauerinteresse nur einen einzigen Tag im Programm waren oder auch gar nicht aufgeführt wurden. Denn häufig waren schon zur Premiere nicht genügend Zuschauer anwesend. Es existierte nämlich die ungeschriebene Regelung, erst ab drei Zuschauern einen Film zu spielen. Hans Donat lud in einem solchen Fall Passanten von der Straße ein, sich den Film auf seine Kosten anzusehen oder kaufte einfach zusätzliche Billetts, um der Besucherstatistik des Kinos Genüge zu tun. Die Eintrittspreise lagen nur zwischen 1 Mark 25 und 2 Mark Ost. Doch selbst wenn drei Besucher anwesend waren, dehnte mancher Kinoleiter willkürlich die Mindestzuschauerzahl auf zehn aus, um den Film absetzen und damit früher in Feierabend gehen zu können. Andererseits gab es auch Kinoleiter, die sich zur Vorführung für nur einen einzigen Zuschauer bereit erklärten, wenn ihnen das Angebot gemacht wurde, auf den obligatorisch vor dem Hauptfilm laufenden Vorfilm zu verzichten oder eine Spende in die Kaffeekasse zu geben. Falls es auf diesem Wege zu keinem Einlenken der Kinoleitung kam, griff Helmut Morsbach zu folgender Taktik. In der Regel versuchte er zunächst durch den Hinweis Entgegenkommen zu erreichen, er sehe den Film für eine wissenschaftliche Einrichtung. Bei Filmen, die die Ideologie der Arbeiterklasse verbreiteten, appellierte er an das politische Bewusstsein des Personals oder drohte mit einer Beschwerde, wenn der Film nicht gespielt wurde. Mit der Zeit war Morsbach bei den Angestellten der Kinos bekannt, was dazu führte, dass sich die Vorführer auf seine Argumente einstellten. Sie erklärten ihm dann, es läge ein technisches Problem vor, das erst noch behoben werden müsse und sie könnten nicht sicher sagen, ob der Film überhaupt laufen würde. In Wirklichkeit warteten sie nur ab, ob noch Zuschauer in nennenswerter Anzahl kamen.

Wenn ein Film nicht zur Aufführung kam, oder in seltenen Fällen vom Rezensenten verpasst wurde, ließ sich Helmut Morsbach die Rollen später unter einem dienstlichen Vorwand ins *Staatliche Filmarchiv* liefern, um sie dort zu sichten. Auf diese Weise konnte die vollständige Besprechung aller Filme aus dem DDR-Kinoprogramm erreicht werden.[177] Die Möglichkeit, während der Arbeitszeit Filme zu sehen, erleichterte Morsbach seine Aufgabe, da die Kinos in Berlin auf alle Stadtbezirke verteilt waren und in Spitzenzeiten pro Woche bis zu sieben Filme nach Dienstschluss zu sichten und zu rezensieren waren. Entlastung bot hier die Pressevorführung neuer Filme vor der offiziellen Premiere beim Kinoverleih der DDR, dem *Progress Film-Verleih* in Berlin-Mitte. Den hierfür nötigen Presseausweis bekam Morsbach für seine Tätigkeit als wissenschaftlicher Mitarbeiter im *Staatlichen Filmarchiv* der DDR zugestanden. Auf diese Weise konnte er wiederum Dienstzeiten für die Filmsichtung verwenden.

In den fünfziger Jahren hatten auch Donat und Schink die Möglichkeit, Pressevorführungen zu besuchen. Im Auftrag des *St. Benno-Verlages*, Leipzig, sahen sie sich als ausgewiesene Journalisten des katholischen Wochenblattes *Tag des Herrn* die Vor-Aufführungen in Erfurt an. Der Pressestatus wurde allerdings schon bald von staatlicher Seite mit der Begründung in Frage gestellt, es sei nicht Aufgabe der Kirche, sich mit Filmen auseinander zu setzen. Im Zusammenhang mit der Strategie, die Kirche aus dem öffentlichen Leben der DDR immer weiter hinauszudrängen, waren die Filmrezensenten dann nicht mehr zu den Pressevorführungen zugelassen.

6.3.2 Die Organisation der Verbreitung

Die Vervielfältigung der Filmrezensionen erfolgte mittels Wachsmatrizen. Da das in der DDR erhältliche Matrizenmaterial in der Regel von mangelhafter Qualität war, wies der Druck ein unregelmäßiges, unschönes Schriftbild auf, bei dem oftmals Buchstaben fehlten. Diese Situation konnte erst mit dem Ausbau der Patenschaften zu den westdeutschen Diözesen Mainz, Passau, Fulda und Aachen ab 1958 behoben werden. Von der Bundesrepublik Deutschland aus wurden Transporte mit Matrizenmaterial in die Tschechoslowakei organisiert, wo Hans Donat das Material übernahm und dann von dort aus in die DDR einführte. Selten gelang der Schmuggel im Besuchergepäck bei Einreisen von der Bundesrepublik direkt in die DDR oder bei rückreisenden Rentnern, die eine Reiseerlaubnis in den Westen besaßen. Es erwies sich auch als nicht praktikabel, Matrizenmaterial mit der Post zu schicken, da Sendungen im Format A4 häufig geöffnet und von den DDR-Zollorganen eingezogen wurden. Der postalische Umweg von der Bundesrepublik über Polen in die DDR senkte zwar die Verlustquote, war aber nur mit hohem Planungsaufwand zu bewerkstelligen.

---

[177] Diese Sammlung von Filmbesprechungen führte zu zwei Lexika, vgl. Kapitel 8.2: Die Lexika *Filme in der DDR 1945-86* und *Filme in der DDR 1987-90*.

Wenn größere Warenmengen aus dem Westen in die DDR transportiert werden sollten, vereinbarte man mit den Patendiözesen heimliche Treffpunkte auf Parkplätzen entlang der Transitautobahnen. Dies stellte eine missbräuchliche Benutzung der Transitwege dar und war strafbar. Trotz der Überwachung der Autobahnparkplätze wurde keine der Übergaben entdeckt. In einer privaten Notiz schrieb Donat am 15.12.2002: „Die Treffen auf den Parkplätzen der Autobahn waren im Zeitraum von 1957-1967. Es sind ca. 25 gewesen, wobei nicht nur Material für meine Arbeitsstelle den Besitzer wechselte, es wurde auch die Jugendseelsorge der Diözese versorgt. Transportiert wurde auch ein Abzugsgerät. Der 'Transporteur' erinnert sich noch an die näheren Umstände. Er hatte den Vordersitz im Auto ausgebaut, um das Gerät verstauen zu können. Das Unternehmen wäre beinahe schief gegangen, denn wir haben uns verfehlt und er ist dann von der Autobahn abgefahren und hat meine Arbeitsstelle gesucht und schliesslich auch gefunden. Das war aber in der Nacht. Ein im Haus wohnender Geistlicher hat ihm dann die Möglichkeit gegeben, dass er das Gerät ausladen konnte." Sobald die Farbtuben der Abzugsgeräte aus dem Westen aufgebraucht waren, ergab sich folgendes Problem. Die in der DDR erhältlichen Farbbehälter passten nicht an die Geräte aus der Bundesrepublik. Also musste eine Vorrichtung konstruiert werden, mit der man die leeren „Westfarbtuben" mit frischer „Ostfarbe" nachfüllen und auf diese Weise erneut verwenden konnte.

Die beiden Arbeitsstellen in Magdeburg und Erfurt waren für alle katholischen Gemeinden in der DDR zuständig und hatten infolgedessen einen enormen Papierverbrauch. Für die Vervielfältigung der Filmbesprechungen stand aber kein staatlich genehmigtes Kontingent zur Verfügung, zudem war Papier in der DDR grundsätzlich stets Mangelware. Von Einzelpersonen gelangte zwar Papier in kleinen Mengen aus der ganzen DDR nach Erfurt, bzw. Magdeburg, dennoch geriet der Papiernachschub in den fünfziger Jahren immer wieder ins Stocken.

Aufgrund persönlicher Verbindungen zum Leiter der evangelischen *Mittelstelle für Werk und Feier* konnte der Kontakt zu einem Papiergeschäft im Berliner Raum hergestellt werden, das die Medienstelle wenigstens unregelmäßig belieferte. Eine andere Quelle war eine volkseigene Tapetenfabrik in Leipzig. Sie stellte ihren Verschnitt als zusätzliches Papier „für den Bevölkerungsbedarf", so die offizielle DDR-Bezeichnung, zur Verfügung und erhielt dafür eine Auszeichnung der Partei. Diese Abfälle aus grobem Tapetenpapier wurden in das richtige Format geschnitten und als Abzugspapier verwendet. Allerdings begann das Material sich nach etwa zwanzig Jahren aufzulösen. Nur mittels eines westdeutschen Kopiergerätes im Bischöflichen Amt in Erfurt, das in den siebziger Jahren zur Verfügung stand, konnten die Rezensionen aus der Anfangszeit gerettet werden. Zu einer unerwarteten Entspannung des Papierproblems kam es durch die Hilfestellung eines Abteilungsleiters im Zentrum-Warenhaus in Erfurt ab Mitte der siebziger Jahre. Dieser sah sich, obwohl selbst nicht religiös, der Kirche zu Dank verpflichtet, weil das katholische Krankenhaus sich um die Pflege seiner Mutter gekümmert hatte. Er stellte bis zum Ende der DDR der Arbeitsstelle in Erfurt den größten Teil des benötigten Papiers zur Verfügung. Dies geschah ohne Genehmigung durch seine Vorgesetzten. Um die Betriebskontrolle beim Zentrum-Warenhaus zu umgehen, wies der Abteilungsleiter Donat an, das Papier bereits am Papierlager des Großhandels im Namen des Zentrum-Warenhauses abzuholen, um es dann mit dem eigenen Fahrzeug direkt in die Arbeitsstelle zu transportieren.

Die Filmbesprechungen erschienen in den Formaten A4 und A6. Auf dem größeren Format waren in der Regel zwei Besprechungen mit ausführlicher Inhaltsangabe und Wertung wiedergegeben. Wenn man in Ausnahmefällen näher auf einen Film eingehen wollte, entstanden aber auch Filmbesprechungen von bis zu zwei Seiten A4. Die Kurzfassungen im Format A6 enthielten die filmographischen Daten, eine Inhaltsangabe in wenigen Zeilen und eine kurze Wertung. Die verschiedenen Formate wurden je nach Bestellung der Bezieher sortiert und von ehrenamtlichen Helfern im vierwöchigen Rhythmus kuvertiert und versandt. Für diese Arbeit stellten sich meist Rentner oder Kinder vom benachbarten kirchlichen Kinderhort zur Verfügung. Der Versand erfolgte zunächst nur für die Pfarreien im Erfurter Diözesanbereich, ab 1957 für etwa 1200 katholische Seelsorgestellen und kirchliche Dienststellen in allen Diözesanbereichen der DDR. Die Kosten für Porto und Versand der Filmbesprechungen wurden zusammen mit den Kosten für Papier, Umschläge, Farbe und Apparat im Jahr 1963 mit 2.000 Mark Ost ausgewiesen.[178] Das Porto für einen einfachen Brief belief sich in der DDR auf 0,20 Mark, für einen Doppelbrief auf 0,40 Mark Ost. Die Jahresgebühr für die Bezieher betrug inklusive Porto 7 Mark Ost für die Kurzfassungen und 11,50 Mark Ost für die ausführlichen Fassungen.

Später kristallisierte sich ein DDR-weiter Kundenstamm aus allen katholischen Jurisdiktionsbezirken heraus, der aus Pfarrämtern, kirchlichen Einrichtungen wie Bildungshäusern und Heimen und etwa fünf Privatpersonen bestand, plus etwa zwanzig Bezieher bei der evangelischen Kirche, sowie drei in Polen und einer in Österreich.

1988 war Donat als Vertreter des St. Benno-Verlags Jurymitglied eines Drehbuchwettbewerbs deutsch-sprachiger Länder geworden, durchgeführt durch eine katholische Pressevereinigung in Wien. Bei der sich daraus ergebenden Reise nach Österreich kam es zum Kontakt mit der dortigen kirchlichen Filmarbeit und dem Austausch der Filmrezensionen und Veröffentlichungen.

Angeregt durch Günter Särchens Bemühungen, eine Brücke zwischen Polen und Deutschen zu schlagen, reiste Hans Donat mit einem Freundeskreis 1966 nach Polen, wo sich der Kontakt zu Ryszard Kreyser vom „Klub der Katholischen Intelligenz" ergab. Er führte Donat zu dem Jesuiten Pater Pronobis, der in Polen im Auftrag der katholischen Kirche Filmbesprechungen erstellte. In einer privaten Notiz schrieb Donat am 7.7.2001: „Mit Pater Chudy bin ich nie direkt zusammengetroffen, er wurde von Warschau in eine nordpolnische Stadt versetzt. Er war aber einer der drei Adressaten in Polen, an die ich die Filmbesprechungen schickte. Anders war es mit Pater Pronobis. Dieser sprach gut Deutsch. Wir haben uns mehrfach getroffen, er war auch in Erfurt und Gast bei mir. Zusammen mit Ryszard Kreyser haben wir die Filmsituation in der DDR und in Polen erörtert, vor allem aber ging es um unsere Rezensionen und den Vertrieb. - Es sei nebenbei bemerkt, dass in Polen die Arbeitsmöglichkeiten viel schlechter waren. Eine Vervielfältigung war dort verboten. Erlaubt waren nur die Verwendung von Schreibmaschinen. Man ließ also die Filmbesprechungen mehrfach schreiben und verwendete dabei dünnes Durchschlagpapier. Ich meine, dass man ca

---

[178] Vgl. BAEF, Zentralregistratur C Ia 6c, o.P.

8 Durchschläge machte. Die letzten waren kaum noch zu entziffern. Es wurde auch nicht alles zentral versandt, regionale Stützpunkte wurden für die weitere Vervielfältigung und Weiterleitung genutzt. - Unsere Filmbesprechungen gingen auch an P. Pronobis. Sie waren ihm eine große Hilfe, weil im 'sozialistischen Lager' oft die gleichen Filme auftauchten. - Wir haben seinerzeit auch eine gemeinsame Tagung in Warschau geplant und mit den Vorbereitungen dafür begonnen. Warum sie nicht zustande kam, weiß ich nicht mehr. Die Vermutung liegt nahe, dass politische Umstände die Ursache waren."

Die Gesamtzahl der Bezieher der Filmbesprechungen schwankte in den achtziger Jahren zwischen 260 und 290 Abnehmern für die Normalfassung und 135 bis 169 Abnehmern für die Kurzfassung. Die Anzahl der Bezieher der Hinweise auf Filme im Fernsehen der DDR schwankte zwischen 200 und 275. Diese Hinweise bezogen sich auf Kinofilme, die in den beiden Fernsehprogrammen *DDR 1* und *DDR 2* ausgestrahlt wurden. Rechtzeitig vor der Sendung versandte die *Kirchliche Hauptstelle für Film und Laienspiel* ab 1965 jeweils wöchentlich Kurzfassungen der archivierten Rezensionen. Dies geschah vor allem auf Anfrage von Alters- und Kinderheimen, die ihre Bewohner auf sehenswerte Filme im Fernsehen hinweisen wollten, dies aber aufgrund der spärlichen Angaben im offiziellen Programmheft meist nicht tun konnten. Ab September 1988 wurde dann dem Wunsch dieser Heime entsprochen, auch auf Filme im Westfernsehen hinzuweisen, obwohl der Empfang westlicher Sender in der DDR verboten war. Donat und Morsbach fanden für dieses riskante Unternehmen die Zustimmung und Unterstützung des Prälaten Lange in Berlin, Donats damaligem offiziellen Ansprechpartner im Auftrag des Sekretariats der *Berliner Bischofskonferenz*. Lange beauftragte einen Mitarbeiter des bischöflichen Ordinariats, der über eine Reiseerlaubnis verfügte, im Westteil Berlins eine Fernsehprogrammzeitschrift zu kaufen. Diese sollte er heimlich in die DDR einführen, was ein Vergehen gegen das Pressegesetz war. Die Auswahl fiel auf ein Programmheft, das möglichst frühzeitig erschien und so einen Vorlauf von mindestens sieben Tagen auf das Fernsehprogramm der folgenden Woche ermöglichte.

Die Zeitschrift wurde in einem verschlossenen Kuvert für Helmut Morsbach beim Pförtner des bischöflichen Ordinariats hinterlegt. Morsbach wertete die Programmzeitschrift zu Hause aus und entsorgte sie anschließend über das Altpapier des *Staatlichen Filmarchivs*, wo eine westdeutsche Zeitschrift am wenigsten auffiel. Er notierte sich sehenswerte Filme, die im ARD oder ZDF liefen, und ordnete die Titel dieser Filme einer eigenen Rubrik zu, die er mit *Filme von benachbarten Fernsehstationen* überschrieb, eine Bezeichnung, die von den Lesern verstanden wurde. Aus der bestehenden Sammlung an Filmbesprechungen sandte er dann die Liste mit den jeweiligen Kurzfassungen der Rezensionen inklusive filmographischer Angaben nach Erfurt, wo die Vervielfältigung und der Versand erfolgten.

Für die Tätigkeiten der Rezensenten galten nur sehr geringe Honorarsätze. Sie erhielten pro erstellter Filmbesprechung 10 Mark Ost, inklusive Unkosten für die Fahrt bzw. die Eintrittskarte. Die Hilfskräfte erhielten für die Kopier- und

Filmbesprechungen

Ein seltsames Paar   2041

USA (1967) Zwei von ihren Ehefrauen getrennt lebende Freunde führen miteinander einen turbulenten "Ehekrieg". Publikumswirksame Filmkomödie nach einem erfolgreichen Boulevard-Stück mit viel Situationskomik. Darstellerisch ausgezeichnet. Ab 16 Jahre.

– – – – – – –

Das Komiker-Gespann Jack Lemmon und Walter Matthau werden mit diesem Film sicherlich auch bei uns viel Freunde finden. Sie werden vor allem aus den Reihen der Besucher kommen, die sich amüsieren und unterhalten wollten. Dazu bietet dieser Streifen wirklich Gelegenheit. Die Dialoge sind witzig und treffsicher, die unterschiedlichen Typen werden ausgezeichnet dargestellt, und auch die Situationskomik sprengt nicht den Rahmen dieser routiniert aufgezogenen Komödie. Nebenbei entbehrt dieser Film auch nicht einiger bedenkenswerten Aussagen. So leuchtet es dem Besucher sicherlich ein, daß bei den geschilderten Verhaltensweisen der beiden "Helden" deren Ehefrauen mit vollem Recht reißaus genommen haben. Wer möchte schon mit einem solchen egozentrischen Sauberkeitsfanatiker verheiratet sein? Aber auch der "großzügige" Freund stellt sicher hohe Anforderungen an die Geduld einer Ehefrau. Man kann es sich gut vorstellen, daß eine Mischung von beiden fast ideal wäre. Was von den Ehemännern und solchen, die auf dem Wege dahin sind, bedacht werden sollte...

Sonnenblumen   2042

Italien (1969) Melodramatischer Liebesfilm um ein junges Paar, das der Krieg zusammenbringt und wieder trennt: Giovanna sucht in Rußland ihren als vermißt gemeldeten Mann. Sie entdeckt seine Spuren und findet ihn, doch dieser hat sich mit seiner Lebensretterin verheiratet. - Antikriegsfilm mit völkerverbindenden Tendenzen. Zeitfern und gefühlsbetont. Wenig überzeugend.

– – – – – – –

Vittoria de Sica als Regisseur, Zavattini als Drehbuchautor, dazu Sophia Loren und Marcello Mastroianni als Hauptdarsteller: eine Reihe von Namen, die scheinbar die Gewähr für einen guten Film sind. Aber diese Annahme täuscht. Man kann vor allem dem Buch und der Regie nicht den Vorwurf ersparen, daß man an der Zeit vorbeiredet und - spielt. Dabei hätte das Thema als solches einiges hergegeben. Die Zerstörung der Liebe durch den Krieg wurde schon des öfteren abgehandelt, nicht zuletzt denkt man dabei an "Die Kraniche ziehn", den unvergessenen sowjetischen Film. Bei den "Sonnenblumen" ist die Aussagestärke unvergleichlich geringer. Visionen tauchen auf, Erinnerungen werden wach, einzelne Bilder werden gemalt: der Rückzug der geschlagenen Armee (Napoleon!) durch die Schneewüsten Rußlands; die Heimkehr der Soldaten aus dem Kriege; Liebesidylle am Meer; Flitterwochen im Dorf; das Leben in der Sowjetunion. Aber dies alles wirkt bruchstückhaft, emotionsgeladen aber nicht dem wirklichen Leben entsprechend. Zugegeben, es wird manches angerissen, doch es dies für einen Film mit solchen Namen etwas wenig.

68/1011/81835/672
    (Nur für den innerkirchlichen Dienstgebrauch)

Versandarbeiten pro Stunde 5 Mark Ost. Auf das Jahr gerechnet wurden speziell von Hans Donat etwa vier Wochen Arbeitszeit für die Erstellung, die Vervielfältigung und den Versand der Filmrezensionen verwendet.
Mangels weiterer vertrauenswürdiger und engagierter Rezensenten und wegen technischer und finanzieller Nöte konnte kein wöchentlicher Versand und damit auch nicht die Aktualität einer Filmzeitschrift erreicht werden. Im ungünstigsten Fall war eine Besprechung, die in den Pfarrgemeinden ausgehängt wurde, vier Wochen alt. Das tat dem Nutzen der Rezensionen aber keinen Abbruch, da Filme oft über viele Wochen im Kinoprogramm verblieben und in gewissen Abständen immer wieder neu gestartet wurden. Selbst wenn die Beurteilung der Filme auf ein bereits vorhandenes Urteil bei den Lesern traf, hatte sie immer noch einen längerfristigen, erzieherischen Effekt. Zudem liefen in kleineren Städten neue Filme in der Regel erst mehrere Wochen nach der Berlin-Premiere. Dort war die Filmbesprechung also unter Umständen der Aufführung zeitlich voraus.
Es wurde Ende der siebziger Jahre auch damit begonnen, Portraits berühmter Regisseure zu erstellen und zusammen mit den Rezensionen mitzuliefern. Auf diese Weise ist für einige Zeit versucht worden, den Blick der Kinogänger auf einige Regisseure und ihr Oeuvre zu lenken. Auf Dauer wäre aber die zeitliche Belastung durch zusätzliche Recherche-Arbeit über die Möglichkeiten der Rezensenten gegangen.

6.3.3 Die Probleme bei der Veröffentlichung

Die katholische Kirchenzeitung für den Ostteil Berlins, das *St. Hedwigs-Blatt*, sperrte sich grundsätzlich gegen eine Veröffentlichung der Filmbesprechungen. Der Medienbereich lag nicht im redaktionellen Interesse des Blattes. Die katholische Kirchenzeitung für die DDR außer Berlins, *Tag des Herrn*, griff hingegen in den achtziger Jahren unter ihrem Schriftleiter Gottfried Swoboda gelegentlich auf die Filmbesprechungen zurück. Schon 1954 hatte Karl Munter im *Tag des Herrn* die Einrichtung einer eigenen Rubrik für das Thema „Film" erreicht. Es stand allerdings nur so wenig Platz zur Verfügung, dass lediglich die Filmtitel sehenswerter Filme genannt werden konnten, was schließlich wieder aufgegeben wurde.
Gelegentlich druckte eine der evangelischen Kirchenzeitungen Filmbesprechungen nach oder forderte gezielt eine Rezension zu einem bestimmten Film an. Für veröffentlichte Rezensionen wurde von diesen Blättern ein Honorar in Höhe von 20 bis 30 Mark Ost bezahlt.
Die Pfarreien, die die Filmbesprechungen bezogen, hefteten sie an den Aushang in der Kirche oder im Pfarrsaal oder hängten sie in die Schaukästen außerhalb der Kirche. Zu Beanstandungen führte diese Praxis dort, wo die Schaukästen zu nahe am öffentlichen Bereich und damit nicht nur Kirchenmitgliedern

zugänglich waren. In diesen Fällen kam es laut Donat zu etwa sechs Einsprüchen von staatlicher Seite, worin eine Veränderung des Standplatzes verlangt wurde. Als Grund nannte man zum einen die Einsehbarkeit durch Passanten und zum anderen die damit verbundene geschäftsschädigende Wirkung von Rezensionen, die Filme als nicht empfehlenswert klassifizierten. Solche Einsprüche verwies man stets an den zuständigen Bischof, der aber laut Donat in keinem Fall angegangen wurde. Einer dieser Einsprüche ist in einem Brief vom 1. März 1958 von Pfarrer Mohn aus Jena dokumentiert: „Vor einigen Tagen war der Leiter des Kulturrates der Stadt Jena mit seiner Stellvertreterin im kath. Pfarrhaus Jena erschienen, um Verwahrung einzulegen gegen die Filmbesprechung, insbesondere gegen die negative Beurteilung. Er war ehrlich genug, um einzugestehen, daß auch er nicht mit allen Leistungen des Filmwerkes sowohl vom politischen wie vom künstlerischen Standpunkt aus zufrieden sei. Aber eine derartige Beanstandung, wie es bei einzelnen Filmen geschieht mit den Worten: 'Vom Besuch wird abgeraten' - wäre doch bedenklich und in ihrer Beeinflussung zu weit gegangen."[179]

In der Aktennotiz vom 29. Juni 1956 über eine Unterredung zu dem Thema „Einflussnahme der katholischen Kirche auf den Filmbesuch im Bezirk Erfurt" bei der Presseabteilung des *VEB DEFA Studios für Spielfilme* findet sich folgende Erwähnung der kirchlichen Filmkritik: Es „stellte sich heraus, (...) dass die katholische Kirche in dieser Gegend der DDR eine äußerst starke negative Beeinflussung der Bürger der DDR vornimmt. Der Genosse (...) (Name bekannt, A.S.) übergab mir z.B. die Abschrift eines Zettels, der öffentlich an der Bekanntmachungstafel der katholischen Kirche der Gemeinde Dingelstädt angeschlagen war: 'Film 'Stechfliege': Der sowjetische Film zeigt den Entwicklungsweg eines italienischen Revolutionärs. Die filmischen Geschehnisse beruhen keineswegs auf geschichtlicher Grundlage. Dieser Film ist ein offener und massiver Angriff gegen den Glauben, das katholische Priestertum und die Kirche. Vom Besuch dieses Films ist abzuraten.' Der Genosse (...) versicherte mir, dass es ihm jederzeit möglich ist, noch 10 bis 12 derartiger Beurteilungen über aufzuführende Filme zu besorgen, die ebenfalls öffentlich an den Kirchengemeinden dieser Ortschaften seines Bezirkes angeschlagen waren. Gleichzeitig besitzt der Genosse (...) den Matrizenabzug von Rundschreiben, die seitens des Oberhauptes der katholischen Kirche dieses Bezirkes laufend an die Pfarrherren der Ortschaften gehen und in denen der Besuch von bestimmten Filmen empfohlen und der Besuch von anderen Filmen abgelehnt wird. Diese Rundschreiben benutzen die Pfarrer, um sie in dieser sehr streng katholischen Gegend in ihren Kanzelreden den Gläubigen zu vermitteln und beeinflussen außerordentlich stark den Besuch der Filme."[180]

---

[179] BAEF, ROO, APM: Film 1957-1993, o.P.
[180] BArch, DO 4/6157, o.P.; Abschriften dieser Aktennotiz gingen u. a. an das *Ministerium für Kultur* und das Zentralkomitee der SED.

Abschrift

VEB DEFA Studio für Spielfilme - Presseabteilung

Bu-Zi   29. Juni 1956

Aktennotiz

Betr.: Einflussnahme der katholischen Kirche auf den Filmbesuch im Bezirk Erfurt

Am 27. Juni 1956 suchte mich der Leiter der Kreislichtspielbetriebe von Worbis, Bezirk Erfurt, der Genosse Franz ████████, auf und bat um Hilfe bei der Durchführung einer für den 8. Juli 1956 um 19.00 Uhr in Worbis geplanten öffentlichen Veranstaltung mit Filmschaffenden.
Im Laufe des Gesprächs mit dem Genossen ████████ stellte sich heraus, dass der Grund für die Einberufung eines solchen Abends darin liegt, dass die katholische Kirche in dieser Gegend der DDR eine äußerst starke negative Beeinflussung der Bürger der DDR vornimmt. Der Genosse ████████ übergab mir z.B. die Abschrift eines Zettels, der öffentlich an der Bekanntmachungstafel der katholischen Kirche der Gemeinde Dingelstädt angeschlagen war:

Film "Stechfliege":

Der sowjetische Film zeigt den Entwicklungsweg eines italienischen Revolutionärs. Die filmischen Geschehnisse beruhen keineswegs auf geschichtlicher Grundlage. Dieser Film ist ein offener und massiver Angriff gegen den Glauben, das katholische Priestertum und die Kirche. Vom Besuch dieses Films ist abzuraten.

Der Genosse ████████ versicherte mir, dass es ihm jederzeit möglich ist, noch 10 bis 12 derartiger Beurteilungen über aufzuführende Filme zu besorgen, die ebenfalls öffentlich an den Kirchengemeinden dieser Ortschaften seines Bezirkes angeschlagen waren. Gleichzeitig besitzt der Genosse ████████ den Matrizenabzug von Rundschreiben, die seitens des Oberhauptes der katholischen Kirche dieses Bezirkes laufend an die Pfarrherren der Ortschaften gehen und in denen der Besuch von bestimmten Filmen empfohlen und der Besuch von anderen Filmen abgelehnt wird. Diese Rundschreiben benutzen die Pfarrer, um sie in dieser sehr streng katholischen Gegend in ihren Kanzelreden den Gläubigen zu vermitteln und beeinflussen außerordentlich stark den Besuch der Filme.

Verschiedene Meldungen, die der Genosse ███ in dieser Hinsicht bereits an den Progreß-Filmvertrieb gemacht hat, blieben bisher ohne Echo.

Nach Rücksprache mit dem Produktionsdirektor des Spielfilmstudios, Prof. Dr. ███, wird dem Ministerium für Kultur bzw. dem ZK vorgeschlagen, einen Ausspracheabend in Worbis zu organisieren, wozu man natürlich neben der Bevölkerung auch besonders die Pfarrer der Gemeinden einladen könnte. Weiterhin wird vorgeschlagen, zu diesem Ausspracheabend das Zentralorgan der SED und das Zentralorgan der CDU einzuladen.

Vielleicht ist es möglich, die vorgesehene Veranstaltung am 8. Juli 1956 zu benutzen, um eine derartige offene Aussprache über diese unhaltbaren Zustände in einer geschickten Form durchzuführen.

       gez. Unterschrift
      Leiter der Presseabteilung
     des VEB DEFA Studios für Spielfilme

Verteiler:

1. Hauptverwaltung Film
   zur Weiterleitung an das Ministerium für Kultur
2. Zentralkomitee der SED, Abt. Film, Gen. ███
3. Prof. Dr. ███
4. z.d.A.

f.d.R.: ███

Eine beeinflussende Absicht von Filmbesprechungen unterstellt auch der Einspruch des *VEB Kreislichtspielbetrieb Worbis* vom 23. Juli 1956 an den Rat des Bezirkes, Abteilung Kultur, im Zusammenhang mit dem Aushang der Filmrezension zum Film STECHFLIEGE: „Wie wir in Erfahrung brachten, ist dieser Aushang am Sonnabend an dem Anschlagbrett erschienen und bereits am Sonntag, durch das Einwirken verantwortlicher Mitarbeiter im Staatsapparat durch den Pfarrer wieder entfernt worden. (...) In der Presse ist über diesen Film mehr als sonst üblich erschienen, sodaß dieser Aushang an und für sich nicht den Erfolg brachte, den man sich davon versprochen hatte. Der Besuch zu diesem Film kommt gleichrangigen Filmen in normalen Veranstaltungen gleich."[181]

Der Rat des Bezirkes Erfurt ging dieser Angelegenheit nach, und fasste die Ergebnisse in einem Schreiben an das Ministerium des Inneren der DDR vom 10. August 1956 zusammen: „Unsere Feststellungen haben ergeben, daß die Tatsachen mit dem in der Aktennotiz niedergelegten Ausspracheergebnis nicht übereinstimmen. (...) Was die Matrizenabzüge sog. Rundschreiben des Oberhauptes der katholischen Kirche anbelangt, so war der Leiter des Kreislichtbetriebes nicht in der Lage, dem Abt.-Leiter für Innere Angelegenheiten des Rates des Kreises Worbis ein solches vorzulegen. Er erklärte, daß es sich bei diesen Rundschreiben um 2 Exemplare gehandelt habe, die nur positive Stellungnahmen zu Filmen enthielten. Die absendende Stelle konnte der Leiter des Kreislichtspielbetriebes ebenfalls nicht angeben. Die Exemplare habe er von einem Vorführer bekommen. Wir sind der Auffassung, daß der Gen. (...) (Name bekannt, A.S.) in Berlin Angaben machte, die er - bis auf den Anschlagzettel - nicht einwandfrei belegen kann. Es geschah vielleicht aus dem Grunde heraus, um an zentraler Stelle seine besonderen Schwierigkeiten herauszustellen."[182]

Interessant ist in diesem Zusammenhang auch die „Einschätzung der Tätigkeit der Katholischen Kirche in den Kreisen Heiligenstadt, Worbis, Mühlhausen und Erfurt-Stadt" des Staatsanwalts des Bezirkes Erfurt. Dieser Bericht ging am 10. Juli 1962 an die Bezirksleitung der SED. Darin wird über den Pfarrer in Struth (Name bekannt, A.S.) gesagt, er sei „stark bemüht, Einfluss auf den Spielplan des Landfilms zu nehmen. An der Kirche hängt eine Anschlagtafel, wo jeweils die zu spielenden Stücke mit Noten bedacht werden, ob diese für die Besucher, vor allem die Jugendlichen von kirchlicher Seite aus gesehen zuträglich sind oder nicht."[183] Bemerkenswert ist wiederum die ausdrückliche Erwähnung einer kirchlichen Filmkritik, deren Einflussnahme in der Vergabe von Noten für Filme gesehen wird. Auf das Bewertungssystem, das der Filmkritik zu Grunde liegt, wird im nachfolgenden Kapitel einzugehen sein.

Einer der Filmrezensenten (Name bekannt, A.S.) entdeckte bei einer Recherche in den Akten des *Bundesbeauftragten für die Unterlagen des Staatssicherheitsdienstes der ehemaligen Deutschen Demokratischen Republik* eine so genannte Einschätzung über eines seiner Kinder aus den achtziger

---

[181] A.a.O.
[182] A.a.O.
[183] ThHStAW, BPA SED EF, B IV/2/14-002, o.P.

Quelle: IMS "Gerd"
angen. Am: 14.04.83
durch: Obltn. ███████
schriftl.

Abschrift
21.04.83

BStU
000033

Einschätzung zum Gen. ███████

[Text geschwärzt/unleserlich]

Seine Hobbys sind Lesen, Tischtennis und ab und zu auch mal Fernsehen. Zu letzterem ist zu sagen, daß er die Auswahl der Filme nach einer Liste bestimmt, die er vom Bischöflichen Amt Erfurt erhält. Es handelt sich hierbei um Filme, die im Fernsehen oder im Kino schon einmal gelaufen sind. Sein Vater bzw. Leute vom Bischöflichen Amt schauen sich diese an und geben danach eine Einschätzung zu Papier.

gez. Gerd

F.d.R.d.A.

Jahren. Diese stammt von einem *Inoffiziellen Mitarbeiter* der Staatssicherheit mit dem Decknamen „Gerd", der darin die Rezensententätigkeit zur Meldung bringt und auf eine empfehlende Filmliste des Bischöflichen Amtes Erfurt hinweist.[184] Dieses Dokument ist die einzige Fundstelle bei den Unterlagen des Staatssicherheitsdienstes, die sich auf die Besprechung von Filmen bezieht.

In den folgenden Kapiteln soll deutlich werden, was die Filmrezensenten für ihre Arbeit motivierte, was ihre theoretische Grundlage war und was sie als den eigentlichen Kern ihres Engagements betrachteten.

6.3.4 Die christliche Filmbeurteilung

Den Rezensenten ging es bei ihrer Besprechung von Filmen nicht primär um Kunstbeurteilung, sondern um pastorales Engagement. Sie ließen sich dabei von Fragen leiten wie derjenigen nach einer möglicherweise vorhandenen Aussageabsicht eines Films. Wichtig war ihnen aber vor allem die Überlegung, ob Christen einer Pfarrgemeinde von einem Besuch abgeraten werden soll oder ob ihnen ein bestimmter Film empfohlen werden kann. Aufgrund der unterschiedlichen Arbeitsorte der Filmrezensenten gab es nur selten einen tiefergehenden Meinungsaustausch. Bei Telefonaten musste ohnehin stets mit einer Abhörkontrolle staatlicher Organe gerechnet werden. Auch hätte eine solche Diskussion vorausgesetzt, dass alle Rezensenten den zu besprechenden Film vorher gesichtet haben, was wegen Personalmangels nicht durchführbar war. Zudem liefen viele Filme ausschließlich in Berlin.

Bei der Auswertung der Interviews zeigte sich ein Grundkonsens bei den Filmrezensenten Donat, Schink, Morsbach und Ronneburg bezüglich der angelegten Kriterien, der sich folgendermaßen darstellt. Es war bei allen das Bedürfnis vorhanden, über den Unterhaltungswert eines Films hinaus, nach einer Deutung im Hinblick auf Werte und Normen, Weltverhalten und Weltanschauung zu fragen. Bei den vier Filmrezensenten, die alle als praktizierende Mitglieder christlicher Kirchen gelten können, ist die Perspektive der Filmbetrachtung grundsätzlich von einem christlichen Ethos geprägt gewesen. Überlegungen in dieser Richtung bezogen sich auf Akzeptanz oder Ablehnung inhaltlicher Aussagen, die mittels folgender Einzelfragen aufgefunden wurden.

>Gibt es in dem zu besprechenden Film soziales Engagement, Friedens- oder Toleranzbotschaften?
>Finden sich darin Hinweise auf die Würde des Menschen, seine Wertvorstellungen und seine Sinnorientierung?
>Werden Gewalt und Ungerechtigkeiten angeprangert?
>Gibt es eine Auseinandersetzung mit der Frage nach den Möglichkeiten und Grenzen im Spannungsfeld von Wissenschaft und Moral?

---

[184] Vgl. BStU, Akte N.N. (Name bekannt, A.S.), IMS „Gerd", 000033, Abschrift vom 21.4.1983.

Findet sich in der Gestaltung des Films ein Verweis auf eine religiöse Subkultur?
Werden die Themen Schuld, Erlösung oder Vergebung aufgegriffen?
Wird implizit mit ikonographischen Bezügen gearbeitet?
Entwickeln sich Figuren zu Erlöserfiguren?
Gibt es neben der Suche nach Wahrheit auch die Suche nach einer Tiefendimension des Menschen und nach Gotteserfahrung?
Ist der Filmemacher ein der Kirche Fernstehender, der der Faszination des Religiösen nachspüren will, oder ist der Filmemacher religiös inspiriert oder orientiert?[185]

Neben dieser von einem christlichen Ethos geprägten Sicht wurde auch eine filmanalytische Perspektive eingenommen, damit sich die Rezensenten über die künstlerische Qualität des zu besprechenden Films klar werden konnten. Dabei bedienten sie sich folgender Analyse-Fragen.
Wie ist die Regie?
Stimmt die Bildsprache des Films?
Wie ist die Gestaltung, die Komposition der Bilder?
Wird durch Farben etwas deutlich?
Werden die einzelnen Szenen der Gesamtheit des Films gerecht?
Ist Musik nur Geräuschkulisse oder dramaturgisches Element?
Wie ist das Drehbuch umgesetzt?
Wie sind die schauspielerischen Leistungen?
Wie ist, bei einer Klassiker-Adaption, die literarische Vorlage umgesetzt worden?
Wie ist die Kamera-Arbeit, wie der Schnitt ausgeführt?[186]

Obwohl all diese Fragen für die Gesamtbewertung eines Filmes berücksichtigt wurden, fand eine Abwägung in die Kürze der Filmbesprechungen kaum Eingang. Der gesamte Entstehungsprozess der Rezension wurde von einer Reflexion über die künstlerische Qualität vor allem aus zwei Gründen begleitet. Erstens konnte eine ethisch-positive inhaltliche Aussage eines Films „durch schlechte künstlerische Gestaltung ihre Überzeugungskraft verlieren oder gar in ihr Gegenteil verkehrt werden"[187], und zweitens konnte ein künstlerisch vollendet gemachter Film durch bestechende Qualität über die Fragwürdigkeit seiner inhaltlichen Aussagen hinwegtäuschen.[188] Die Rezensenten scheuten sich nicht, ihre Leser darauf aufmerksam zu machen, wenn sie Mängel in ethischer Hinsicht ausmachen konnten. Beispielsweise wurden dem französischen Film MAN BEGRÄBT NICHT AM SONNTAG, worin es um die Liebe eines farbigen Studenten und einer Schwedin in Paris geht, „künstlerische Einfälle und starke Atmosphäre"[189] bescheinigt, gleichzeitig wurde aber die lebensverneinende

---

[185] Vgl. Morsbach, Spuren des Religiösen im DEFA-Spielfilm, 150.
[186] Vgl. Handreichung „Filmbeurteilung", BAEF, ROO, APM: Mappe „Film" (1913-) 1948-1970er Jahre, o.P.
[187] Handreichung „Christ und Film", BAEF, ROO, APM: Mappe „Film" (1913-) 1948-1970er Jahre, o.P.
[188] Vgl. ebd.
[189] BAEF, ROO, APM: 1954-1990, fb 0880.

Aussage des Films kritisiert. Die Beurteilung in der Filmbesprechung lautete: „Künstlerisch interessant gestaltet, ethisch abzulehnen wegen der Verneinung aller Werte und absoluter Hoffnungslosigkeit. Vom Besuch wird abgeraten."[190] Aber auch Filme, die ein religiöses Thema zum Inhalt hatten oder sich zumindest mit dem Sinn des Lebens beschäftigten, wurden nur dann als empfehlenswert ausgewiesen, wenn sie auch formal gut gemacht waren. Schließlich konnte es nicht darum gehen, die Bezieher der Besprechungen in langweilige Kinoabende zu schicken und sie damit zu verärgern. Die Rezensenten wollten vielmehr, „Filme empfehlen, die unserem christlichen Glauben, der Menschenbildung, der Wissensvermittlung und der guten Unterhaltung dienen."[191]

Es war langfristiges Ziel der Rezensenten, bei den Lesern der Filmbesprechungen ein Qualitätsempfinden zu schaffen für die Einheit möglicherweise vorhandener inhaltlicher Anliegen eines Films mit der Verdeutlichung dieser Anliegen durch die formale Gestaltung.

Hans-Joachim Schink erklärte im Interview[192] sein Bemühen, Verständnis für die Bedeutung künstlerischer Wahrheit zu wecken. Ihm war bei Filmdiskussionen im kirchlichen Umfeld aufgefallen, dass Aussagen von Filmen in unangemessener Weise häufig mit den Maßstäben historischer oder wissenschaftlicher Wahrheit gemessen wurden. Nach seiner Ansicht frage die historische Wahrheit aber nach der Richtigkeit eines Geschehens als Tatbestand und die wissenschaftliche Wahrheit nach der Beweisbarkeit einer Behauptung, während die künstlerische Wahrheit den Sinn eines Geschehens in den Blick nehmen wolle. Viele Filmbesucher lehnten Filme ab, die dem Geschichtsablauf nicht exakt folgten, und übersähen dabei, dass die künstlerische Wahrheit eines Films immer die Wahrheit eines Menschen sei, eines Künstlers, seine Meinung, sein Urteil, seine Bewertung, unter Umständen sogar ein Spiegel seiner Träume und Sehnsüchte. Geschehe das wahrhaftig und in überzeugendem Ausdruck, dann schaffe der Filmemacher eine Wahrheit, die mit der historischen Wahrheit nicht präzise übereinstimmen müsse, aber ein Mittel darstelle, ein Geschehen in seinem eigentlichen Sinn zu hinterfragen und zu verdeutlichen.

Im Gegensatz zu den eher akademisch-filmanalytischen Rezensionen des westdeutschen *film-dienstes* wollten die Rezensenten der katholischen Kirche in der DDR in ihren Filmbesprechungen stärker die religiös-menschliche Dimension herausstellen. Denn die Leser des Aushangs an den Bekanntmachungstafeln der Pfarrgemeinden waren nicht zuvörderst Filmfans, sondern Besucher des Sonntagsgottesdienstes, die Wert auf eine allgemeinverständliche Lesbarkeit und den Bezug auf ihre christliche Einstellung erwarteten. Da oft am Aushang vor, bzw. in der Kirche mehrere Filmbesprechungen hingen, durfte der Leser nicht abgeschreckt werden. Eine diagonale Sichtung der Texte sollte möglich bleiben. Also konnte es nicht darum gehen, in filmkritischer Spezialistensprache ausschließlich die

---

[190] Ebd.
[191] BAEF, ROO, APM: Filmecke im „Tag des Herrn", o.P.
[192] Vgl. Anhang: Interview mit Hans-Joachim Schink vom 18.3.1998.

künstlerische Seite eines Films hervorzuheben. Die subjektive Betrachtungsweise konnte nicht nur erhalten bleiben, sondern durfte durchaus deutlich erkennbar sein. Sie sollte mit einem klaren Votum des jeweiligen Rezensenten enden, aus dem erkennbar war, ob es sich lohnt, in diesen Film zu gehen oder nicht. Dieses Votum wurde weder untereinander abgesprochen, noch verhandelt, da den Rezensenten aufgrund der oben genannten Einschränkungen in der DDR in der Regel die Möglichkeit zu einem kurzfristigen Meinungsaustausch genommen war. Die Übereinstimmung aller Rezensenten auf einer grundlegend christlichen, pastoral ausgerichteten Ebene ließ zudem ein Verhandeln des Votums überflüssig erscheinen.

Die Vorgehensweise der Filmrezensenten bei der Filmbeurteilung kann in den Ausführungen des Filmtheoretikers Werner Faulstich zu empirisch-wissenschaftlicher Filmanalyse und subjektiver Filmdeutung in „Die Filminterpretation"[193] verortet werden. In Faulstichs medienübergreifender Auffassung von Spielfilmen als „Literatur" bedürfen die filmischen Kunstwerke geradezu der Interpretation, weil sie als ästhetische Produkte dadurch charakterisiert sind, dass sie ihre Informationen nicht möglichst eindeutig vermitteln, sondern mehrdeutig, vielschichtig und mehrdimensional gesehen werden müssen. „Spielfilme sind - wie alle Literatur in allen Medien - darauf ausgerichtet, interpretiert zu werden."[194]

Zunächst fand beim Kinobesuch der Filmrezensenten ein ästhetischer Kommunikationsprozess statt wie bei jedem verstehenden Zuschauer, der den Film als ein Erlebnis in seiner Phantasie zulässt und durch dessen Deutung der Film als Erfahrung Sinn ergibt. Will man der nach pastoralen Gesichtspunkten ausgerichteten Filminterpretation der Rezensenten einen Namen geben, könnte man sie nach Faulstich am ehesten als *strukturalistische Interpretation* bezeichnen. Dieser strukturalistische Zugriff[195] lässt sich mit einer „Brille" vergleichen, die es den Rezensenten gestattete, bestimmte Aspekte des Films besser zu sehen oder aus pastoraler Perspektive Momente in den Blick zu nehmen, die zunächst nicht ohne weiteres sichtbar waren. Dabei wurden allerdings von den Rezensenten für die zu erstellenden Filmbesprechungen weder das von Faulstich geforderte so genannte Sequenzprotokoll, noch ein Filmprotokoll angefertigt. Da aber die Rezensenten in der Regel bereits im Kino Stichpunkte zum Film notierten und als regelmäßige Kinogänger häufig Filme sahen, kann von der Fähigkeit ausgegangen werden, Filme bereits beim ersten Sehen in Sequenzen zerlegen und ohne schriftliches Protokoll strukturieren zu können.

Auch einige Merkmale weiter oben dargelegter Vorgehensweisen von Donat, Schink, Morsbach und Ronneburg zeigen eine deutliche Nähe zu einer strukturalistischen Interpretationsmethode. Zunächst ist das eine

---

[193] Vgl. Faulstich, Die Filminterpretation, 8f.
[194] A.a.O., 9.
[195] Vgl. a.a.O., 16ff.

weltanschaulich ausgerichtete Deutung der Handlungs- und Figurenebene, welche nicht nur auf Werte und Normen abzielt, sondern auch typische Handlungsmuster aufzeigt. Im Besonderen gilt das für die Deutung des Verlaufs und der Verknüpfung einzelner Handlungsstränge, welche wiederum bestimmte strukturierende Muster zu Tage treten lassen. Die Analyse der auf der Erzählebene eingesetzten Stilmittel, wie beispielsweise Kamerabewegung, Farbwirkung, Bildsprache, Montage, Musik und Geräuschkulisse, haben als Momente des Erzählens strukturierende Funktion, wenngleich diese in der Regel nur vom geübten Betrachter sofort zu bemerken ist. Sehr viel schwieriger als eine Deutung der Handlungs- und Erzählebene gestaltet sich eine Strukturanalyse auf der von Faulstich so genannten „Ebene der Normen, Werte, symbolischen Motive und Ideologien."[196] Deutlich wird dies an GROßE FREIHEIT NR. 7, einem Film von Helmut Käutner aus dem Jahre 1944[197], der im Hamburger Reeperbahnmilieu spielt. In der Filmbesprechung heißt es: „Bedauerlich ist die sehr freie Haltung der käuflichen Liebe und der vorehelichen Hingabe gegenüber. Hier beweist es sich, daß für den Christen die gute künstlerische Leistung allein kein Wertmaßstab sein kann. Im Gegenteil, die sympathische Darstellung des Negativen bedeutet eine erhöhte Gefahr für den Besucher, der sich gern vom Erlebnis tragen läßt und den Film als Lebensschule betrachtet. Eine Warnung vor dem Besuch der 'Großen Freiheit Nr. 7' ist damit - leider - angebracht und notwendig."[198]

In dieser Filmbesprechung wird eine Weltsicht bewertet, die Prostitution und außereheliche Sexualität teils offen, teils latent propagiert. Implizit werden in dem Film Werte zum Ausdruck gebracht, die von den Filmrezensenten mit ihrer speziellen „Brille" wahrgenommen und folglich vor ihrem pastoralen Hintergrund abgelehnt werden. Was hat das aber mit einer strukturalistischen Interpretation zu tun? Nach Faulstich kommt es bei einer Strukturanalyse auf der Ebene der Normen, Werte, symbolischen Motive und Ideologien darauf an, mittels Überlegungen zur Handlung, zu ihrem Verlauf und ihrem Ende zu erkennen, welche Werte zum Ausdruck gebracht werden. Bei GROßE FREIHEIT NR. 7 kann das durch die sorgfältige Beobachtung der Wechsel zwischen den verschiedenen Handlungsorten und der in ihnen agierenden Figuren geschehen. Denn die unterschiedlichen Hamburger Milieus stehen symbolisch für bestimmte Wertvorstellungen und Normensysteme, die im Idealfall mit einem entsprechenden Aufbau auf der Figurenebene korrespondieren. Damit bedeutet jeder filmische Ortswechsel in die Lokalitäten des Vergnügungsviertels unter gleichzeitiger Einbeziehung bestimmter Figuren ein strukturierendes Element. Interessant ist im Zusammenhang mit GROßE FREIHEIT NR. 7 eine Veränderung in der Beurteilung. Bei der ersten, oben ausschnittsweise wiedergegebenen Besprechung aus den fünfziger Jahren lautete das Votum der Rezensenten: *vom*

---

[196] A.a.O., 19f.
[197] BAEF, ROO, APM: 1954-1990, fb 0746.
[198] Ebd.

Filmbesprechungen (Lieferung 171)

Kein Ärger mit Kleopatra 3 745

Defa-Dorfkomödie. Der schwarze Eber Brutus bringt große Aufregung in ein Dorf, das auf dem Wege zur Genossenschaft gegen Eigensucht und Aberglauben kämpfen muß. - Dünnes Lustspielfilmchen, künstlerisch sehr schwach. Wegen Verzeichnung von Religion und Vertretern der Kirche wird vom Besuch abgeraten.
-.-.-

Der Titel trügt, man hat mit diesem Film schon seinen Ärger. Einmal wäre die von den Zeitereignissen längst überholte Fabel zu nennen, zum anderen eine Gestaltung, die zu den dürftigsten Leistungen der Defa auf dem Gebiet des Lustspielfilms gehört. Es ist aber auch gar kein Lichtblick da, mühsam schleppt man sich mit dem Film über die Laufzeit. Ausgesprochen ärgerlich ist die religiöse Entgleisund des Streifens. Ein katholischer Pfarrer wird in Haushalt und Kirche gezeigt, so wie ihn sich der fabulierende Schreiberling nach der Lektüre dementsprechender Pamphlete vorgestellt haben mag. Glaube ist Aberglaube, das Progreß-Film-Programm spricht einmal von "allen Göttern hinter den 7 Bergen". Es lohnt nicht, Aufruhr zu machen um so ein dürftiges Machwerk. Bedauerlich bleibt trotzdem die deutlich erkennbare Absicht, die Kirche lächerlich zu machen.

Große Freiheit Nr. 7 3 746

Alter deutscher Farbfilm (1943). Die Geschichte vom abgemusterten Seemann, der während seiner Tätigkeit im Vergnügungsviertel von Hamburg die große Liebe und die große Enttäuschung erlebt.- Eine der besten Filmrollen von Hans Albers+, ausgezeichnete Regie von Helmut Käutner. Wegen selbstverständlicher Bejahung der freien Liebe muß vom Besuch abgeraten werden.
-.-.-

Man ist erstaunt, was man vor einiger Zeit schon gekonnt hat. Das ist - künstlerisch gesehen - eine bedeutende Leistung. Neben der zügigen Regie Helmut Käutners fallen die ausgezeichneten schauspielerischen Leistungen auf: Hans Albers, Ilse Werner, Hans Söhnker, Hilde Hildebrandt - um nur einige zu nennen. Bedauerlich ist die sehr freie Haltung der käuflichen Liebe und der vorehelichen Hingabe gegenüber. Hier beweist sich, daß für den Christen die gute künstlerische Leistung allein kein Wertmaßstab sein kann. Im Gegenteil, die sympathische Darstellung des Negativen bedeutet eine erhöhte Gefahr für den Besucher, der sich vom Erlebnis tragen läßt und den Film als Lebensschule betrachtet. Eine Warnung vor dem Besuch der "Großen Freiheit Nr. 7" ist damit - leider - angebracht und notwendig.

Der Mann, der nicht zurückkehrte 2J 747

Produktion aus der CSSR. An Hand eines Mordfalles werden die noch nicht überwundenen starken gesellschaftlichen Gegensätze der Vergangenheit und Gegenwart konfrontiert. Ansprechende, wenn auch nicht überdurchschnittliche kriminalistische Unterhaltung. Ab 16 Jahre.
-.-.-.-

Es dauert eine ganze Weile, bis man nach den etwas verworrenen und unübersichtlichen ersten Szenen die Situation erfaßt, in der sich der dramatische Ablauf der Dinge vollzieht. Zu sehr verläßt sich der Film auf Erläuterungen durch Dialoge, als daß eine intensive Spannung aufkommen könnte. Eines jedoch ist mit Geschick erreicht: auch der Erfahrene in Sachen "Kriminalfilm" weiß bis zum Schluß nicht, wer der Mörder ist. Da außerdem eine eindrucksvolle Fotografie das gute Spiel der Darsteller unterstützt, sieht man sich einem trotz seiner Mängel nicht uninteressanten Film gegenüber.

Besuch wird abgeraten. Bei der Überarbeitung der Besprechung für den ersten Band des Lexikons der Filmrezensionen[199] 1985 rückte man von der moralischen Bewertung sexueller Freizügigkeit in dem Käutner-Film ab und würdigte den Film nun mit einer lobenden Kritik als *künstlerisch ansehenswert.*[200] Hier zeigte sich zunächst die Absicht, nicht der in der DDR gepflegten Prüderie das Wort zu reden. Auch wollte man einem zwischenzeitlich stattgefundenen Bewusstseinswandel hinsichtlich künstlerischer Freiheit entsprechen. Hans Donats nebenberufliche Tätigkeit als Ehe-, Familien- und Lebensberater korrelierte mit der Filmbeurteilung, insofern sie ihm von der Seite der Familienpastoral her einen lebensnahen Zugang zu filmisch umgesetzten Zeittrends ermöglichte.

Das vordringliche Ziel der Rezensenten in ihrer Rolle als Christen, nämlich den wirklichen Lebensumständen der Menschen gerecht zu werden, ist auch eine Forderung der Pastoraltheologie: „Aufgabe der Pastoral ist das Entdecken und die Wahrnehmung der Lebenswirklichkeit. Es geht darum, genau hinzuschauen, was ist, nicht eine Wirklichkeit von Leben herbeizusehen oder sich der Selbsttäuschung hinzugeben, das, was wir gelegentlich für die Realität halten, sei schon das ganze Leben."[201]

In der Anfangszeit diente den Rezensenten der Bewertungsraster aus der Zeitschrift *Filmdienst der Jugend* als Vorbild. Diese Zeitschrift erschien erstmals im Oktober 1947 in der britischen Besatzungszone. Anton Kochs und Klaus Brüne waren die Gründer dieser filmkritischen Publikation, die ab 1949 unter dem Titel *Filmdienst* und seit 1964 in der Schreibweise *film-dienst*[202] herauskommt. Einer kurzen Beschreibung des Inhalts des zu besprechenden Films folgte jeweils eine Kritik mit einer Klassifizierung, die zum Besuch geraten oder davon abgeraten hat.

In den fünfziger Jahren galt es kirchlicherseits als selbstverständlich, den katholischen Gläubigen Verhaltensregeln an die Hand zu geben, die den Kauf bestimmter Literatur, sowie den Besuch, bzw. den Boykott von Theater- und Filmaufführungen betrafen. Eine Ansprache von Papst Pius XII. an die Vertreter der Filmindustrie Italiens vom 21. Juni 1955 befürwortete die Praxis konkreter Filmbewertung: „Wenn aber die Mitglieder der Kommission klar und deutlich zum Ausdruck bringen, welche Filme für alle oder welche für die reifere Jugend oder für die Erwachsenen tragbar sind, und auch bekanntgeben, welche Filme einen sittlich zersetzenden Einfluß ausüben und welche endlich völlig schlecht und schädlich sind, dann wird es jedem leichter (fallen, A.S.), nur die Filme zu besuchen, nach deren Besichtigung er 'froher, freier und besser' das Theater verläßt."[203] Die religiös-sittlichen Wertungszeichen, die den Klassifikationen

---

[199] Vgl. Kapitel 8.2: Die Lexika *Filme in der DDR 1945-86* und *Filme in der DDR 1987-90*.
[200] Vgl. Filme in der DDR 1945-86, 171.
[201] Müller, Pastoraltheologie, 24.
[202] Vgl. Schatten, 94f, 241.
[203] Frei wiedergegeben in einem Schreiben von Hans Donat an Pfarrer Mohn vom 16.3.1958, in: BAEF, ROO, APM: Film 1957-1993, o.P.; vgl. auch: Glorius/Haller, Film - Jugend - Kirche, 59ff.

der internationalen, katholischen Filmberatung entsprachen und bereits im Westen Deutschlands Verwendung fanden, wurden ab April 1957 auch von den Rezensenten der katholischen Kirche in der DDR eingesetzt. Von der 34sten Lieferung der Filmbesprechungen an[204] bis zum Beginn der Mitarbeit von Helmut Morsbach 1975 wurden die folgenden Klassifikationen für jeden Film vergeben und mit entsprechenden Kürzeln „1", „1E", „2J", „2", „2E", „2EE", „3", „4" auf der Filmbesprechung notiert.

„1 = Tragbar auch für Kinder, im allgem. ab etwa 10 Jahren. Tragbar heißt nicht: zu empfehlen, oder in allen Teilen der kindlichen Verständniskraft angepaßt. - Spezifische Kinderfilme werden eigens als solche gekennzeichnet.
1E = Tragbar auch für Kinder, aber mit einigen Einschränkungen, deshalb in der Regel erst ab 12 oder, soweit besonders vermerkt, erst für Kinder über 14 Jahren vertretbar.
2J = Für Erwachsene und für Jugendliche ab 16. Es handelt sich um Filme, die für Jüngere nicht tragbar oder thematisch unverständlich wären, aber Heranwachsenden, die das Leben schon kennen, nicht schaden können.
2 = Für Erwachsene. Als 'erwachsen' wird der herangereifte Mensch verstanden, der imstande ist, die Fragen des Lebens sinnvoll zu erfassen und zu beurteilen. Es handelt sich meist um Filme, die das Leben mit seinen Fehlern und Mängeln darstellen, ohne diese positiv zu billigen.
2E = Für Erwachsene, aber mit Vorbehalten. In den Filmen dieser Gruppe befinden sich einzelne Szenen oder Tendenzen, auf deren Sittenwidrigkeit das Gewissen des erwachsenen Besuchers aufmerksam werden soll.
2EE = Für Erwachsene, aber mit erheblichen Vorbehalten. Filme dieser Gruppe fordern erheblichen Widerspruch heraus oder verlangen eine Urteilsreife, die das Durchschnittspublikum im allgemeinen vermissen läßt, wenn es richtige Folgerungen aus dem Geschehen zu ziehen gilt.
3 = Vom Besuch wird abgeraten. Die Filme dieser Gruppe üben durch ihre Gesamttendenz oder durch sehr gehäufte anstößige Einzelszenen in sittlicher oder religiöser Hinsicht starke negative Einflüsse auf den Durchschnitt der Besucher aus.
4 = Der Film wird abgelehnt, weil er geeignet ist, Grundanschauungen des Christentums in Glaube und Sitte zu zersetzen."[205]

Für die Filmbesprechungen des Zeitraums April 1957 bis Februar 1958[206], ist im Folgenden die Verteilung auf die jeweiligen Wertungszeichen angegeben.

$1 = 10,4\,\%$,
$1E = 16,9\,\%$,
$2J = 27,9\,\%$,
$2 = 16,4\,\%$,
$2E = 14,6\,\%$,
$2EE = 9,0\,\%$,
$3 = 4,2\,\%$,
$4 = 0,6\,\%$.

---

[204] Vgl. BAEF, ROO, APM: 1954-1990, fb 0201.
[205] BAEF, ROO, APM: Mappe „Film" (1913-) 1948-1970er Jahre, o.P.
[206] Vgl. BAEF, ROO, APM: 1954-1990, fb 0201 - fb 0365.

Filmbesprechungen (Lieferung 1)

Unser Fräulein Doktor — 2J — 001

Alter deutscher Film (1940). Eine charmante und kluge Lehrerin bändigt ihre flegelhaften Schüler und beweist ihren überheblichen Kollegen, daß eine Frau sich im Leben durchsetzen kann, ohne ihre fraulichen Werte zu verlieren. - Nettes Lustspiel, unterhaltsam und ohne besondere künstlerische Ansprüche. Ab 16 Jahre.

Regie: Erich Engel. Der Engel, der auch Brecht mit dem Berliner Ensemble inszeniert. Auch bei diesem "kleinen" Film merkt man die Hand des Könners. So bekannte Darsteller von früher wie Jenny Jugo und Albert Matterstock werden gut geführt. Der Handlungsablauf ist übersichtlich und unterhaltsam-spannend, immer wieder gibt es nette Szenen. Kurzum: das Publikum kommt auf seine Kosten, es findet gute Unterhaltung, ohne daß es sich dabei besonders anstrengen müßte. Gewisse "altersbedingte" Schwächen nimmt man gern in Kauf.

Die Geschichte vom kleinen Muck — 1E — 002

DEFA-Film in Farbe nach dem gleichnamigen Märchen von Hauff. - Weniger poesievoll, dafür mehr handgreiflich-unterhaltsam. Ab 10 Jahre.

Der altgewordene kleine Muck, ein Töpfer im Orient wird wegen seines körperlichen Gebrechens von den Kindern verlacht und verspottet. Als sie ihm wieder einmal nachjagen, entflieht er ihnen in seine Werkstatt und erzählt dort den Kindern seine Lebensgeschichte. Dadurch erwirbt er sich bei ihnen Liebe und Respekt. - Ein nicht geringerer als Wolfgang Staudte führt Regie. Es gelingt ihm aber nicht, den rechten Kindermärchenton zu finden. So werden wohl eher größere Kinder Freude am abwechslungsreichen Geschehen finden, das immer wieder auch Parallelen zur Gegenwart zieht.

Moselfahrt aus Liebeskummer — 1E — 003

Westdeutscher Unterhaltungsfilm nach einer Novelle von Binding. Ein Kunsthistoriker fährt ins Moseltal, um seinen Kummer zu vergessen. Er lernt durch einen kleinen Jungen dessen Mutter kennen und beide finden zusammen. - Kultiviert und sauber. Ab 14 Jahre.

Ein kleiner Film - aber mit handwerklichem Können, innen und außen sauber durchgeführt. Sowohl der Regisseur (Kurt Hoffmann) als auch bekannte Schauspieler wie Will Quadflieg, Lisabeth Müller, Albert Florath usw. sind mit Freude bei der Sache. Es gibt keine großen Ereignisse, alles ist besinnlich, still. Herrliche Landschaftsaufnahmen versöhnen mit einigen unglaubwürdigen Gefühlsmomenten. Alles in allem: ein Film, der für 2 Stunden geruhsame, besinnliche, unbeschwerte Unterhaltung zu bieten hat.

Reise mit Hindernissen — 1E — 004

Sowjetischer Lustspielfilm in Farben. Ein Arzt, ein Architekt und ein Pferdezüchter erfüllen den Schwur ihrer Kindheit: sie unternehmen auf einem Floß eine Fahrt auf einem großen Strom. - Gute Unterhaltung, preisgekrönt. Empfehlenswert ab 14 Jahre.

Nach 30 Jahren wird ein Jugendtraum erfüllt. Schon die Idee ist nett, hat doch wohl auch jeder von uns in seiner Kindheit kühne Gedanken gehabt über Weltumseglungen, Schatzgräberei und ganz große Abenteuer. So ganz groß sind die Erlebnisse der 3 Männer nun nicht, aber sie sind gut in Szene gesetzt und mit manch netten Einfällen versehen. Und wie wirklichkeitsnah ist das Ganze! Wie sich die verwöhnten Erwachsenen wieder an das einfache Leben gewöhnen müssen, wie sie den Kontakt zur Natur, zu den Menschen, zum Leben überhaupt finden, das ist so schön gemacht, daß man manche Länge, manche Schwäche übersieht. So ganz unaufdringlich wird auch manch guter Wink gegeben (etwa wie der Architekt seinen Egoismus überwindet). Wir empfehlen gern diesen Streifen.

Von 78 Filmen aus den Volksdemokratien wurden im betreffenden Zeitraum nur 2 Filme abgelehnt, von den restlichen 87 Filmen aus anderen Ländern wurden 6 Filme abgelehnt, d.h. die Filmbesprechung wurde mit dem Vermerk *Vom Besuch wird abgeraten* versehen. Ausdrücklich empfohlen wurden 16 Filme aus den Volksdemokratien, 17 Filme aus anderen Ländern.[207] Von einer Benachteiligung von Filmen aus sozialistischen Ländern kann also für diesen Zeitraum nicht gesprochen werden. Eine solche lag auch nicht in der Absicht der Filmrezensenten. Wenn die Qualität von Produktionen aus sozialistischen Ländern gegeben war, kam es durchaus vor, dass in der Filmbesprechung ausdrücklich zu einem Besuch geraten wurde. Denn so genannte „Russenfilme" lagen in der Regel weniger in der Gunst der DDR-Zuschauer als westliche Produktionen.

Der Film EIN BRIEF DER NICHT ABGING, eine sowjetische Produktion über Diamantensucher in der Taiga aus dem Jahr 1959, wurde „sehr empfohlen". In der Filmbesprechung hieß es: „Dieser Film ist ein künstlerisches Ereignis. So eine Bildsprache hat es wohl kaum noch gegeben, hier feiert die Kamera Triumphe. Nur schwer lassen sich Einzelszenen herausnehmen oder beschreiben. Der Gesamteindruck ist überwältigend."[208]

Als 1975 Helmut Morsbach zu den Filmrezensenten stieß, kam es bald zu einer grundsätzlichen Änderungen hinsichtlich der Wirkabsichten bei der Erstellung von Filmbesprechungen in Richtung einer Medienerziehung. Die Rezensenten stellten nun die Schulung eines künstlerischen Qualitätsempfindens bei den Kinobesuchern in den Vordergrund. Indem sie auf die Angabe von Bewertungskürzeln verzichteten, bildeten sie zudem das selbstständige Beurteilungsvermögen ihrer Leser hinsichtlich des ethisch positiven oder negativen Wertes eines Films. Der Vorschlag für eine Rahmenordnung der *Katholischen Filmkommission* für die DDR formulierte dieses Anliegen folgendermaßen: „Ziel ist es, den mündigen Menschen in die Lage zu versetzen, souveräner mit den Medien umzugehen und sich ein eigenes Urteil zu bilden. Die Filmarbeit in der Katholischen Kirche der DDR versucht, durch ihre Filmrezensionen dazu eine Hilfe anzubieten."[209]

Statt den Klassifizierungen wurden ab 1978 einmal im Jahr Übersichten erstellt, in denen die sehenswerten Filme des jeweiligen Jahres aufgelistet waren. Über die Auswahl erfolgten Absprachen unter den Rezensenten. Bei der ersten Lieferung jedes neuen Jahres wurden die Listen dann zusammen mit den Filmrezensionen versandt. Auf diese Weise konnten sich die Leser die Filmtitel für eine mögliche Ausstrahlung im Fernsehen vormerken. Diese fand in der Regel ein bis zwei Jahre nach der Kinopremiere statt.

---

[207] Vgl. Schreiben von Hans Donat an Pfarrer Mohn vom 16.3.1958 in: BAEF, ROO, APM: Film 1957-1993, o.P.
[208] BAEF, ROO, APM: 1954-1990, fb 0732.
[209] BAEF, ROO, APM, BOK/BBK, IX 8, o.P.

"Empfehlenswerte" Filme 1982

Als "empfehlenswert" sind hier Filme benannt, die den Durchschnitt ihrer Gattung übertreffen und die in künstlerischer bzw. inhaltlicher Hinsicht beachtenswert sind. Unsere Hinweise sollten aber wegen der Verschiedenheit von Alter, Erwartung und Bildung bei den Kinobesuchern nicht als allgemeine Empfehlung verstanden werden, sondern nur als Tips für diejenigen, denen die betreffende Filmgattung zusagt.

Titel	Land	Prod.-Jahr	FB-Nr.
Tage aus dem Leben Ilja Oblomows	Sowjetunion	1979	3326
The Band/Der letzte Walzer	USA	1978	3334
Die Beunruhigung	DDR	1981	3348
Stalker	Sowjetunion	1979	3358
Sonderbehandlung	Jugoslawien	1980	3360
Coming home - Sie kehren heim	USA	1977	3365
The Rose	USA	1979	3374
Märkische Forschungen	DDR	1982	3378
Kagemusha - Der Schatten des Kriegers	Japan	1980	3379
Wer singt denn da?	Jugoslawien	1980	3385
Alexis Sorbas	Griechenl./USA	1964	3386
Elefantenstory	Japan	1979	3392
Die Verweigerung	Schweiz-Frankr.	1980	3402
Die Witwe des Montiel	Kuba/Mexiko/Venezuela/Kolumb.	1979	3410
Sabine Kleist, 7 Jahre	DDR	1982	3414
Wassili und Wassilissa	Sowjetunion	1981	3426
Privatleben	Sowjetunion	1982	3431

4/1011/81835/183

- Nur für innerkirchl. Dienstgebrauch -

6.3.5 Die kirchliche Legitimation

Eine Inventarliste[210] der Außenstelle Erfurt vom 7. Februar 1984 nennt ein breites Spektrum von Filmzeitschriften, die den Rezensenten zugänglich waren. Darunter finden sich neben den kompletten Jahrgängen der DDR-Zeitschriften *Filmspiegel* und *Filme im Fernsehen* auch einige Ausgaben der westdeutschen Publikationen *film-dienst* und *Filmkorrespondenz*, sowie Einzelexemplare von *Multimedia, Kinemathek, Filmkritik* und *Theologisches Bulletin*. Diese Einzelexemplare wurden in der Regel heimlich von Pfarrern und Gläubigen in die DDR eingeführt und sind dann über die Ordinariate an Donat weitergeleitet worden. Der unregelmäßige Zugriff der Filmrezensenten auf diese Schriften lässt sich nicht mehr rekonstruieren, beschränkte sich aber wohl in seinem Interesse auf das Wahrnehmen von Kollegenmeinungen außerhalb der DDR. Für die Anfangsjahre der Arbeit an den Filmbesprechungen jedoch lassen sich Publikationen identifizieren, die die Rezensenten grundlegend beeinflusst haben.
In den Unterlagen der *Arbeitsstelle für Pastorale Hilfsmittel* des Zeitraums 1948 bis zu den siebziger Jahren fand sich im Bistumsarchiv Erfurt der *Kirchliche Anzeiger für die Erzdiözese Köln* aus dem Jahr 1957. Der dortige Abdruck der Enzyklika „Miranda prorsus" von Papst Pius XII. vom 8. September 1957 spielte bei der Gemeindearbeit eine wichtige Rolle. Folgender Auszug des päpstlichen Rundschreibens wurde als Handreichung für die Teilnehmer von Filmgesprächsrunden ausgegeben. „Zuschauer und Hörer sollen die verschiedenen Elemente, die ihnen auf der Leinwand, auf dem Fernsehschirm und durch den Lautsprecher geboten werden, mit kritischem Sinn betrachten und werten können, nicht aber, wie es häufig der Fall ist, durch die berückende Macht des Dargebotenen in Bann geschlagen werden und seinem Einfluß willenlos erliegen."[211] Durch dieses Papstwort konnten die Aktiven der katholischen Filmarbeit ihre eigene Arbeit legitimiert sehen, zumal Papst Pius XII. darin an den Auftrag seines Vorgängers erinnerte, in jedem Land Prüfstellen zur Filmbewertung und zur Förderung guter Filme einzurichten. Mit dieser Äußerung von höchster kirchlicher Stelle war aber auch die Wichtigkeit der Erarbeitung einer kritischen Position zur Filmkunst herausgestellt. Außerdem wurde aus dem Rundschreiben von Papst Pius XI. „Vigilanti Cura", der so genannten *Enzyklika über die Lichtspiele* vom 29. Juni 1936, folgende Stelle zitiert: „Andererseits gibt es heute kein stärkeres Mittel als das Kino, um die Massen zu beeinflussen, sei es wegen der Natur des Bildes selbst, das auf die Leinwand geworfen wird, sei es wegen der Popularität des Schauspiels oder wegen der Umstände, die es begleiten. (...) Es gehört also zu den dringlichsten Aufgaben unserer Zeit, zu wachen und zu wirken, daß der Film nicht ferner eine

---

[210] Vgl. BAEF, BflGEF/BflAEFME, Zentralregistratur C Ia 6c, Bd.3, o.P.
[211] BAEF, ROO, APM: Mappe „Film" (1913-) 1948-1970er Jahre, o.P.

Schule der Verführung sei, sondern daß er sich umgestalte in ein wertvolles Mittel der Erziehung und der Erhebung der Menschheit."[212]

Diesem Anliegen entsprechend versuchten die Rezensenten auch im Entwurf für einen Beitrag in der katholischen Zeitung *Tag des Herrn*, Bewusstsein bei den Lesern für die Möglichkeiten und Gefahren der Filmkunst zu wecken. Dabei bezogen sie die aktuelle Situation in der DDR auf die Zeit des Nationalsozialismus, als man mit Propagandafilmen für den Krieg warb, die Filmkunst zum Ideologietransport missbrauchte, und kirchliche Glaubensüberzeugungen als rückständig darstellte.[213]

„Wir sahen und sehen auch heute schon wieder im Westen unserer Heimat Filme, die dem gesunden Empfinden, den Forderungen der natürlichen Sittlichkeit den Grundsätzen des christlichen Gewissens widersprechen. Durch den Besuch dieser Filme stumpft das sittliche und christliche Empfinden der Zuschauer ab, wird die Urteilskraft besonders unserer Jugend geschwächt und es entsteht ein Anreiz zum Leichtsinn. Wie verheerend die Mißachtung der Frauenwürde, die Verherrlichung der feien Liebe und des Ehebruchs sich in den Jahren nach dem Zusammenbruch ausgewirkt hat, ist uns allen noch klar vor Augen."[214]

Die Filmrezensenten waren vermutlich beeinflusst, zumindest aber bekannt mit Publikationen aus dem Redaktionsbereich des *Filmdienst der Jugend*. Dort wird in der Broschüre „Was man über den Film wissen muß" auf Pius XI. Bezug genommen und acht Filmgrundsätze für den aktiven Katholiken formuliert.[215] Darin wird zuerst gefordert, auf die Umgestaltung des Films in ein wertvolles Mittel der Erziehung und der Erhebung der Menschheit hin zu wirken. Weiterhin solle über einen bloßen Kampf gegen den schlechten Film hinausgegangen werden, und zwar durch die gezielte Weiterempfehlung von Filmen, deren Besuch sich lohne. Weiter heißt es in der Broschüre: „Der gebieterische Ruf der Stunde verlangt von jedem Katholiken, daß er sich aktiv in den Kampf um den moralisch und künstlerisch hochstehenden Film einschaltet. Der große Filmschauspieler Charlie Chaplin erinnerte daran, daß jeder Filmproduzent am Jüngsten Tage Rechenschaft über seine Filme ablegen muß. Auch wir werden gefragt werden: Welche Filme hast du durch deinen Besuch unterstützt?"[216]

Es ließ sich nicht klären, ob die Filmrezensenten neben den Enzykliken „Miranda prorsus" und „Vigilanti Cura" auch mit folgenden kirchlichen Dokumenten vertraut waren: „Divini illius Magistri" vom 31.12.1929, worin Papst Pius XI. auf die Gefahren des Films für die Jugend hinwies und dazu aufforderte, die Jugendlichen gegen minderwertige Filme zu wappnen, denen sie zwangsläufig ausgesetzt seien; weiterhin die Ansprachen von Papst Pius

---

[212] Vigilanti Cura, in: Katholische Filmhefte Nr. 1. Text der Filmenzyklika. 160 Filmbesprechungen. Katholische Filmarbeit, 82ff.
[213] Vgl. BAEF, ROO, APM: Filmecke im „Tag des Herrn", o.P.
[214] Ebd.
[215] Vgl. Brüne, Was man über den Film wissen muß, mit einem Geleitwort des Filmbischofs Carl Joseph Leiprecht, in: BAEF, ROO, APM: Mappe „Film" (1913-) 1948-1970er Jahre, o.P.
[216] A.a.O.

XII. an die Vertreter der Filmindustrie Italiens am 21.6.1955 über die Bedeutung und Aufgabe des Films und am 28.10.1955 über den idealen Film, den er als ein wirksames Mittel der Veredelung, Erziehung und Vervollkommnung des Menschen ansah; außerdem das Dekret des II. Vatikanischen Konzils über die sozialen Kommunikationsmittel „Inter mirifica" vom 4.12.1963, worin dazu aufgefordert wurde, anerkennende Kritik für Filme zu spenden, die gute Unterhaltung bieten, belehrend und künstlerisch wertvoll sind, sowie Preise für solche Filme zu vergeben, und Lichtspieltheater, die von Katholiken geleitet werden, zu fördern und zu vernetzen, sowie Journalisten, Autoren und Filmkritikern eine Ausbildung angedeihen zu lassen, die von der Soziallehre der Kirche geprägt sein sollte.

Durch die Beurteilung von Filmen und die gezielte Filmempfehlung engagierten sich die Filmrezensenten im Sinne der päpstlichen Rundschreiben, die die Katholiken zu einer kritischen Position aufriefen. Wie reagierten die Leser der Filmbesprechungen darauf?

6.3.6 Die Reaktionen der Leser

Der überwiegende Teil zahlreicher mündlicher Rückmeldungen stellte die Filmbesprechungen für die Gläubigen und die Seelsorger vor Ort als eine wertvolle Orientierungshilfe dar. Über den gesamten Zeitraum gingen nur etwa zwanzig Briefe in der *Arbeitsstelle für Pastorale Medien* ein, die sich kritisch mit der von den Rezensenten vorgenommenen Beurteilung von Filmen auseinandersetzten. Erhalten haben sich zwei Zuschriften aus der Mitte der fünfziger Jahre. Beide beziehen sich auf die Veröffentlichung von Filmbesprechungen im *Tag des Herrn*.
P. Palm aus Sondershausen äußerte sich in seinem Brief vom 28. Juni 1955 erbost über eine Empfehlung, die für den italienischen Aufklärungsfilm MORGEN IST ES ZU SPÄT ausgesprochen wurde. Ihn störte, dass darin von Jugendlichen zotige Unterhaltungen geführt wurden und ein Mädchen im Negligee zu sehen war.

„Selbst den Erwachsenen mußte die Schamröte ins Gesicht steigen, sofern sie noch auf Anständigkeit Anspruch haben. (...) Im Interesse einer gesunden Sittlichkeit aber besonders der heranwachsenden Jugend ist also die Empfehlung in der Filmecke hier fehl am Platze, denn ein solcher Film kann mehr Schaden anrichten als Nutzen bringen. Das muß leider hier gesagt werden."[217]
Der damalige Leiter der *Kirchlichen Hauptstelle für Film und Laienspiel*, Karl Munter, begründete in dem Antwortschreiben an Palm die Empfehlung des Films mit seinem speziellen Interesse an der Ausbildung „wirklicher gesunder Sittlichkeit"[218] und der Notwendigkeit rechtzeitiger Aufklärung. „Würden sich alle Erzieher und Eltern der hier im Film gezeigten vollen und schweren Verantwortung bewußt sein und ihren Kindern vollstes Verständnis, Liebe und Hilfe leisten und zeigen, dann wird es 'Morgen nicht zu spät sein'."[219]

---
[217] BAEF, ROO, APM: Filmecke im „Tag des Herrn", o.P.
[218] A.a.O.
[219] A.a.O.

Bereits im ersten Jahr der Arbeit der Rezensenten zeigte sich die Absicht, nicht vordergründig nach dem Grad der Freizügigkeit in der Abbildung des menschlichen Körpers zu einer Beurteilung zu finden, sondern nach dem Vermögen des Films, mittels der eingesetzten Filmsprache beim Zuschauer Betroffenheit auszulösen. Wie schwierig sich dieses Anliegen angesichts einer eher prüden Stimmung in weiten gesellschaftlichen Kreisen in der DDR allerdings darstellte, trat bei einer anderen Leserzuschrift deutlich zutage, die nach der Filmbesprechung des bundesdeutschen Musikfilms BONJOUR, KATHRIN im *Tag des Herrn* einging. Ein Leser aus Waren/Müritz in Mecklenburg reagierte darauf am 20. September 1956 mit folgendem Schreiben an die Redaktion. „Dieser Film ist ein Spitzenfilm des sinnlosesten Unsinns, ohne jeden Geschmack, ein amerikanisches Durcheinander und obendrein mit mehr oder weniger halbnackten Personen weiblichen Geschlechts besetzt. Derartige Filme treten naturgemäß bald in den Hintergrund und man vergißt sie gern und sieht sich für die Zukunft vor, aber dieser Film ist deshalb schwer zu vergessen, weil er in Ihrem und unserem Kirchenblatte so empfehlend herausgestellt wurde."[220]

Hans Donat berichtete auch von mehreren persönlich vorgetragenen Beschwerden durch Pfarrer. Diese taten ihm gegenüber ihren Unmut über die Empfehlung von Filmen kund, wenn darin ein nackter oder halbnackter Mensch zu sehen war. Die Pfarrer betrachteten solche Filme als nicht zumutbar für ihre Gemeinde. Am Beispiel des Films GROSSE FREIHEIT NR. 7 aber zeigte sich weiter oben, dass in diesem Fall die Rezensenten selbst zunächst ebenfalls einer allzu engen sexual-moralischen Sicht verhaftet waren.[221]

6.3.7 Das Ende der Filmrezension

Insgesamt wurden von 1954 bis 1990 zu 4530 Filmen Rezensionen erstellt, die in den Pfarrgemeinden ausgehängt wurden. Hans Donat und Hans-Joachim Schink verfassten zusammengerechnet insgesamt 3162 Filmbesprechungen, gut zwei Drittel davon stammten von Hans Donat. Helmut Morsbach erstellte in diesem Zeitraum 1258 Besprechungen. Für die Rezension von 110 Kinderfilmen engagierte er Silke Ronneburg. Im Rückblick äußerte sich Elisabeth Uhländer von der Kölner Redaktion *film-dienst*, die über zehn Jahre lang Zeugin der katholischen Filmarbeit in der DDR war, bewundernd über den Enthusiasmus und das Engagement der Christen in der DDR.[222]

Nach dem 3. Oktober 1990 erschien eine Fortführung der Filmbesprechung in den so genannten Neuen Bundesländern nicht mehr sinnvoll, da es dort kein eigenes spezielles Kinoprogramm mehr gab und alle Filme durch die

---

[220] A.a.O.
[221] Vgl. Kapitel 6.3.4: Die christliche Filmbeurteilung.
[222] Vgl. Anhang: Interview mit Elisabeth Uhländer vom 17.4.1998.

Arbeitsstelle für pastorale Medien

STIFTSGASSE 4a · ERFURT 5020 · Telefon 2 45 95

An die

Bezieher der Filmbesprechungen

Erfurt, im Okt. 1990

Sehr geehrte Damen und Herren

seit 1957 haben wir an Pfarrämter und Interessenten im Gebiet der damaligen DDR die "Filmbesprechungen" versandt. Die Vereinigung Deutschlands schafft auch in diesem Bereich neue Verhältnisse.

Anliegend schicke ich Ihnen den "film-dienst", der im Katholischen Institut für Medieninformation in Köln gemeinsam mit der Katholischen Filmkommission für Deutschland herausgegeben wird. Er ist eine der ältesten Filmzeitschriften im deutschsprachigen Raum überhaupt. Ähnlich wie unsere Filmbesprechungen geht es auch dem "film-dienst" um die rechte Sicht und Einschätzung des Mediums Film, um fachliche und religiöse Bezüge. Der "film-dienst" bietet nicht nur eine kritische Würdigung aller in die Kinos kommenden Filme, sondern auch in Artikeln, Interviews, Porträts und Kommentaren eine Fülle von Hintergrundberichten. Außerdem bietet er durch die Besprechung zahlreicher Neuerscheinungen im Videobereich eine unerlässliche Orientierung im immer umfangreicher werdenden Angebot. Schließlich bietet die Beilage "film im fernsehen" einen unentbehrlichen Wegweiser durch die Fülle der von öffentlich-rechtlich wie privaten Programmanbietern ausgestrahlten Spielfilme. Deshalb möchte ich für den Bezug des "film-dienstes" werben. Das beiliegende Heft soll ihnen einen unmittelbaren eigenen Eindruck vermitteln.

Die Herausgeber wollen den schwierigen finanziellen Bedingungen in den fünf neuen Bundesländern gerecht werden und bieten das Abonnement für das erste Jahr zum Sonderpreis von DM 85 an, wenn diese über die Arbeitsstelle für pastorale Medien in Erfurt erfolgt. Der übliche Abonnementspreis für 26 Hefte im Jahr beträgt DM 145. Die Auslieferung erfolgt direkt von Köln aus.

Falls Sie sich zum Bezug entschließen, schicken Sie bitte beiliegende Postkarte ausgefüllt an: Arbeitsstelle für pastorale Medien - film-dienst-, Stiftsgasse 4 a, O - 5020 Erfurt.

Mit freundlichen Grüßen

Hans Donat
Leiter der Arbeitsstelle

inzwischen gesamtdeutsche Zeitschrift *film-dienst* besprochen wurden. Zudem konnten die Bezieher und Leser der Rezensionen nun auf die zahlreichen Zeitschriften auf dem freien Markt zurückgreifen. Hans Donat bot den Pfarreien Probenummern des *film-dienst* an und legte ihnen ein Abonnement nahe. Bischof Joachim Wanke versüßte dieses Angebot durch einen einmaligen Zuschuss in Höhe von DM 30,- auf jedes Jahresabonnement einer Pfarrei aus dem Bereich des *Bischöflichen Amtes Erfurt-Meiningen*.[223]

Kirchliche Filmarbeit schien in einem Land unmöglich geleistet werden zu können, in dem eine allgegenwärtige Staatsmacht misstrauisch pastorale Arbeit zu überwachen und zu reglementieren suchte. Dennoch erschöpfte sich die Tätigkeit der Aktiven der katholischen Filmarbeit keineswegs in der anonymen Erstellung, Vervielfältigung und Veröffentlichung von Filmrezensionen. Wie im Folgenden darzustellen sein wird, gab es bis zum Ende der DDR stets die Möglichkeit, offiziell und inoffiziell, weitere pastorale Unternehmungen durchzuführen.

6.4 Die seelsorgerische Arbeit mit Filmen

6.4.1 Filmproduktion und -verleih

Vor den so genannten Filmgesprächen, bei denen mit Kirchenmitgliedern über einen bestimmten Film diskutiert wurde, ergab sich stets eine Schwierigkeit. Die Teilnehmer einer solchen Gesprächsrunde mussten erst einmal Gelegenheit bekommen, sich den Film anzusehen, über den man reden wollte. Das heißt, er musste erstens organisiert und zweitens vorgeführt werden können. Die Gesetzeslage in der DDR schränkte beides jedoch stark ein. Für Filmproduktion und Vertrieb wurde bereits 1952 in der 'Verordnung über die Lizenz- und Zulassungspflicht im Filmwesen' klare Weisung erteilt. Für nichtstaatliche Filmaktivitäten blieb nur wenig Spielraum. Das galt auch für den gesamten Abspielbereich, der durch die 'Verordnung über das Lichtspielwesen' 1953 geregelt wurde. Genehmigungen und Zulassungen erteilte das *Staatliche Komitee für Filmwesen*, ab 1957 das *Ministerium für Kultur*. 1976 oblag die Genehmigung von Filmvorführungsstätten den Räten der Bezirke, wobei die Zulassung von Filmen weiterhin der *Hauptverwaltung Film im Ministerium für Kultur* vorbehalten blieb.[224]

---

[223] Vgl. BAEF, BflGEF/BflAEFME, Zentralregistratur C Ia 6c, Bd. 2, o.P.; Bischof Wanke reagierte mit dieser zusätzlichen Ermäßigung auf die von Martin Thull, *Katholisches Institut für Medieninformation e. V.* in Köln, angebotenen Sonderkonditionen für Bezieher aus der DDR. Dieser hatte in einem Schreiben vom 18.9.1990 den Bischof um Adressen von Interessenten an einer Orientierung bietenden Filmzeitschrift ersucht. Denen bot er das Jahresabonnement des *film-dienst* zu DM 85,- an statt DM 145,-.
[224] Ehlers, Kirchliche Filmarbeit in der DDR, 144.

Für die Bereitstellung von Filmen, die eine thematische Relevanz für Filmgespräche im kirchlich-pastoralen Rahmen besaßen, gab es einige Initiativen. Zuerst ist Günter Särchen zu nennen, der 1957 Kontakt zum *Katholischen Filmwerk Rottenburg* suchte, wo man ihm zwanzig 16mm-Filme zu katechetischen und pastoralen Themen für den Verleih im Bereich der Pfarrseelsorge zur Verfügung stellte. Darin ging es beispielsweise um Priester- und Ordensberufungen, um Pilgerreisen und Wallfahrten, die Weltmission, um Bischöfe und Päpste, das Leben Heiliger, um die Spendung der Sakramente, die Seelsorge im Zirkus, in den Häfen und bei Landarbeitern. Diese zwanzig Filme in einer Länge von 80 - 120 Metern wurden vom *Katholischen Filmwerk Rottenburg*, bzw. vom *Katholischen Filmwerk Köln* je fünf Mal auf das Format 8mm umkopiert und inoffiziell in die DDR eingeführt. Das Angebot der *Arbeitsstelle für Pastorale Hilfsmittel* erfuhr durch diese Schenkung von Filmen eine außerordentliche Bereicherung. Särchen ging davon aus, dass er damit den Blick der Katholiken in der Diaspora für die Welt und die Geschehnisse außerhalb der DDR öffnen und ihnen die Lebens- und Wirkungsbereiche der weltumspannenden katholischen Kirche vor Augen führen konnte.

Unmittelbar nach der Gründung der *Katholischen Bildstelle Magdeburg* 1956 regte Särchen die Ausarbeitung eines Vertrags mit der DEFA an, wonach die im öffentlichen Handel erschienenen DEFA-Heimkinofilme archiviert und kostenlos an kirchliche Kindergärten und -heime ausgeliehen werden durften. Dabei handelte es sich um Märchenfilme aus der DEFA-Kinoproduktion für die in der DDR erhältlichen 8mm-Projektoren aus sowjetischer, tschechoslowakischer und ostdeutscher Fertigung. Eine Genehmigung des *Ministeriums für Kultur* in Berlin für die Vorführung von zwanzig dieser 8mm-Filme konnte 1957 für den genau definierten Bereich der katholischen Kindergärten eingeholt werden. Die staatliche Aufsicht über die DEFA-Studios und die Kontrolle der katholischen Einrichtungen, die jede Übertretung sofort aufgedeckt hätte, ließ ein solches Genehmigungsverfahren auf der einen Seite notwendig, auf der anderen aber auch aussichtsreich erscheinen. Als die DEFA aber schon kurze Zeit später den Vertrag über den kostenlosen Verleih wohl auf Druck staatlicher Organe hin kündigte, wurde die Ausleihe eingestellt und die vorhandenen Filmkopien von Särchen an Gehörlosen- und Taubstummengruppen der DDR-Diözesen abgegeben.

Durch die von Särchen seit 1956 im Rahmen seiner von Magdeburg aus durchgeführten *Deutsch-Polnische Versöhnungsarbeit*[225] entstanden im Laufe der Jahre Kontakte zu dem polnischen Kultur- und Informationszentrum in Berlin. Der dortige Botschaftsrat war zwar überzeugter Kommunist, schätzte aber Särchens Einsatz für die Aufarbeitung der belasteten Beziehungen zwischen Polen und Deutschen. Er bot Särchen an, 16mm-Filme in deutscher Sprache aus dem Kultur- und Informationszentrum zu leihen, welche eigentlich

---

[225] Vgl. Liedtke, Werner, Die Aktion „Sühnezeichen" in der DDR. Betrachtungen eines Hauptbeteiligten, in: Dähn/Gotschlich, „Und führe uns nicht in Versuchung...", 285f.

nur für die staatlichen Kultureinrichtungen der DDR vorgesehen waren. Darunter befanden sich Filme über den Domschatz von Tschenstochau, über Nikolaus Kopernikus, Veit Stoß, über die Fußwallfahrt von Warschau nach Tschenstochau, über Theater in Polen, über Sintis und Roma und über das Leben polnischer Familien. Auch entlieh Särchen dort Magisterarbeiten der Staatlichen Filmzentren Lodz und Wroclaw/Breslau, die häufig in Form von Kurz- und Dokumentarfilmen zu gesellschaftlichen Fragen Stellung bezogen und im Grunde nicht für die Öffentlichkeit gedacht sein konnten. Diese Filme führte er in Pfarr- und Hochschulgemeinden, sowie Akademikerkreisen vor.[226]
Särchens *Deutsch-Polnische Versöhnungsarbeit* wurde als so genannte „kirchliche Aktivität" von staatlicher Seite aus wachsam verfolgt. Über eine Veranstaltung der *Evangelischen Akademie Sachsen-Anhalt* am 30. Januar 1982 in Halle, bei der Särchen über das Verhältnis zwischen Deutschland und Polen referierte, existiert der Bericht eines Inoffiziellen Mitarbeiters der Staatssicherheit. Darin wird der Vortrag Särchens zusammengefasst wiedergegeben und auf die Filmvorführungen hingewiesen.[227] Eine thematisch verwandte Veranstaltung der katholischen Kirche in Roßbach im Oktober des gleichen Jahres findet im Briefverkehr der Bezirksverwaltungen für Staatssicherheit Halle und Magdeburg ihren Niederschlag. Ausdrücklich werden dabei Diskussionen über Filme aus Polen erwähnt.[228] Bemerkenswert ist auch ein Schriftstück in russischer Sprache aus dem Jahr 1965 vom Ministerium des Inneren der Volksrepublik Polen an den Leiter der Abteilung X des Ministeriums für Staatssicherheit der DDR in Berlin.[229] Aus diesem Schreiben geht hervor, dass Särchen dem polnischen Jesuiten Kazimierz Chudy illegal katechetisches Filmmaterial zukommen ließ.[230] Dieser Vorgang führte zu strengen Zollkontrollen bei Grenzübertritten Särchens nach Polen, blieb aber ansonsten vermutlich folgenlos.
Die Aktiven der katholischen Filmarbeit produzierten einige eigene Filme. Günter Särchen zeichnete als Amateurfilmer mit einer 8mm-Kamera kirchliche Jugendveranstaltungen auf. Dabei ging es ihm nicht um die Produktion katechetischer Filme, sondern darum, mit diesen etwa 30-minütigen Schwarz-Weiß-Filmen auf Gemeindeabenden für Unterhaltung zu sorgen. Särchen erinnerte sich außerdem an die Existenz von Kurzfilmen über die Katholikentage 1952 in Berlin, 1954 in Fulda, 1956 in Köln und 1958 in Berlin. Diese dokumentarischen Produktionen waren von großem Wert für das Selbstbewusstsein der katholischen Gemeinden in der DDR. Darüber hinaus

---

[226] Diese Filmvorführungen fanden keinen Niederschlag in der Untersuchung von Straube, Katholische Studentengemeinde in der DDR als Ort eines außeruniversitären Studium generale.
[227] Vgl. BStU, Akte OPK „Patron", 000176-000181, 000172.
[228] Vgl. a.a.O., 000200.
[229] Die Hauptabteilung X des Ministeriums für Staatssicherheit der DDR war für internationale Verbindungen und die Zusammenarbeit mit den Sicherheitsorganen anderer sozialistischer Staaten zuständig.
[230] Vgl. nebenstehend: BStU, Akte OPK „Patron", 000020, 26.7.1965; und: Übersetzung 000021, 29.7.1965. In der Akte der Staatssicherheit über Günter Särchen fehlen etwa zwanzig bis vierzig Seiten über die kirchliche Medienarbeit. Diese sind nach Auskunft Särchens verschollen.

**POLSKA RZECZPOSPOLITA LUDOWA
MINISTERSTWO
SPRAW WEWNĘTRZNYCH**
GABINET MINISTRA

Nr B-II-006896/65

Warszawa, dnia "26" июля 1965 г.

Совершенно секретно

НАЧАЛЬНИКУ X ОТДЕЛА
МИНИСТЕРСТВА ГОСУДАРСТВЕННОЙ БЕЗОПАСНОСТИ
ГЕРМАНСКОЙ ДЕМОКРАТИЧЕСКОЙ РЕСПУБЛИКИ
Товарищу подполковнику В.

г. БЕРЛИН

Уважаемый Товарищ!

Имеются у нас информации, с которых вытекает, что гражданин ГДР GUNTER SERCHEN, проживающий в Магдебурге, Planckstrasse Be 9, работает "Sielsargaen" поддерживает связь со священником ЛУДЯ Ковальским, начальником Отд. Комиссии по делам Радио, Кино, Телевидения и Театра Польского Епископата, будучи в нашей заинтересованности.

SERCHEN поддерживает с Ковальским письменную связь и посещает его в Польше, привозя с собой для него рукописи и диапозитивы с религиозной тематике.

Просим Вас передать нам информации и переслать нам соответствующей деятельности SERCHEN законом ГДР и установить на каком основании передаёт он священнику ЛУДЯ кинопленки и диапозитивы.

Из полученных нами в последнее время информации вытекает, что SERCHEN в июле 1965 года должен приехать в Польшу. По оперативным причинам приезд его является для нас нежелательным.

С товарищеским приветом

ЗАМЕСТИТЕЛЬ
ДИРЕКТОРА КАБИНЕТА МИНИСТРА ВД ПНР
по делам безопасности

полковник Царян

Übersetzung aus dem Russischen

Ministerium des Innern der
VR Polen
Nr. AZ-II-006896/65

Warschau, 26. Juli 1965
STRENG GEHEIM

BStU
000021

Leiter der Abteilung X des
Ministeriums für Staatssicherheit der
Deutschen Demokratischen Republik
Genossen Oberstleutnant ███

Berlin

Werter Genosse !

Wir besitzen Informationen, aus denen hervorgeht, daß der DDR-Bürger Günter SÄRCHEN, wohnhaft in Magdeburg, Planckstraße Be 9, beschäftigt als Seelsorger, Verbindung unterhält mit dem Geistlichen HUDY, Kazimierz, Leiter des Büros der Kommission für Rundfunk, Kino, Fernsehen und Theater des Polnischen Bistums, für den unsererseits Interesse besteht. SÄRCHEN unterhält mit dem Obengenannten Briefverbindung und besucht ihn in Polen, wobei er für ihn Filme und Diapositive mit einer religiösen Thematik mitbringt.

Wir bitten, unsere Informationen zu bestätigen und uns mitzuteilen, ob die Tätigkeit SÄRCHENS den Gesetzen der DDR entspricht und festzustellen, auf welcher Grundlage er dem Geistlichen HUDY Filme und Diapositive übergibt.

Aus der von uns in der letzten Zeit erlangten Information geht hervor, daß SÄRCHEN im Juli 1965 nach Polen kommen soll. Aus operativen Gründen ist seine Einreise für uns unerwünscht.

                        Mit sozialistischem Gruß

                        Stellvertreter des

              Direktors des Kabinetts des Ministers
                    des Innern der VRP
                      Oberst Marjan ███

Übersetzt:
Gef. 1 Ex.
29.7.1965

wurden zwei Filme über das Ferienprogramm der katholischen Jugend gedreht, darunter ein 50-minütiger Film über ein Jugendzeltlager der Pfarrei St. Sebastian aus Magdeburg, das 1968 im Harz ohne staatliche Genehmigung veranstaltet wurde. 1964, 1969 und 1972 entstanden weitere dokumentarische Amateurfilme über die Arbeit der *Aktion Sühnezeichen* und ihr ökumenisches Engagement für die Verständigung und Versöhnung zwischen Polen und Deutschen. Drehort war unter anderem das katholische Blindenzentrum in Laski bei Warschau.

Bei Theaterabenden der Pfarrgemeinde wurden auch Laienspiele aufgezeichnet. Es entstanden etwa fünf Filme, die als Gestaltungsvorschlag für die Inszenierung von Spielstücken dienten, deren Textfassungen in der Außenstelle Erfurt ausgeliehen werden konnten.

Da diese Filme mangels technischer Geräte nicht beliebig vervielfältigt werden konnten, lieh man die Originale an die Pfarrgemeinden aus. Bei der Auflösung der Magdeburger *Arbeitsstelle für Pastorale Hilfsmittel* 1984 durch Bischof Johannes Braun wurden die Filme in Abwesenheit von Särchen in den Müll gegeben.

Beim Katholikentreffen 1987 in Dresden filmten zwei Hobbyfilmer mit 8mm-Kameras im Auftrag von Hans Donat. Das Material wurde nach dem Schnitt in der *Arbeitsstelle für Pastorale Medien* in Erfurt vertont und als Dokumentation in den Gemeinden gezeigt. Dafür standen zehn Kopien auf 8mm-Film zur Verfügung, die die *Berliner Bischofskonferenz* bei einem Kopierwerk in Hamburg fertigen ließ.

6.4.2 Filmvorführung

Da die *Sozialistische Einheitspartei Deutschlands* (SED) den uneingeschränkten Zugriff auf die filmische Produktion und öffentliche Darbietung von Filmen nicht aus der Hand geben wollte,[231] war eine Filmvorführung ohne staatliche Genehmigung nur innerhalb des privaten Rahmens der Familie im Sinne der Vorführung so genannter Heimkinofilme gestattet. Wer Nachbarn oder Mitbewohner bei Straßen- oder Hausgemeinschaftsfesten einladen wollte, musste bereits eine Genehmigung der örtlichen Kulturabteilungen einholen. Diese standen in der Regel den kirchlichen Initiativen im Filmbereich ablehnend gegenüber, da es offiziell keine Medienarbeit geben durfte, die nicht von der Partei gelenkt oder durch die Ministerien für Volksbildung und Kultur in Berlin ausdrücklich gewünscht war. Der einfachste und vor allem genehmigungsfreie Weg, Filme zu sehen, bestand im Besuch der Kinovorführungen. Häufig konnten mit den Kinoleitern Sonderkonditionen oder Zusatzvorstellungen für Gruppen vereinbart werden. Eine andere Möglichkeit war, über die Abteilung „Landfilm" beim staatlichen

---
[231] Vgl. Geiss, Repression und Freiheit, 7.

Filmverleih Progress einen Film zu bestellen. Hinter der Einrichtung „Landfilm" stand eine Idee von Lenin: Kunst dem Volke. Da es in ländlichen Regionen keine Kinos gab, fuhren staatlich beauftragte Filmvorführer mit einem eigenen Projektor zu allen Vorführungsorten, wo eine bestimmte Mindestzahl an Zuschauern garantiert werden konnte. Sofern Filme zur Verfügung standen, über die ein christlich motiviertes Filmgespräch lohnte, wurde dieser staatliche Service ohne Scheu für die Filmarbeit in der Pastoral der katholischen Kirche eingesetzt. In der Regel initiierten die Ortsgeistlichen oder kirchliche Laien-Angestellte solche Veranstaltungen. Es gab aber auch einzelne Mitglieder von Pfarrgemeinden, die aus unterschiedlichen Gründen selbstständig Filmvorführungen organisierten. Dies war immer wieder Thema bei den regelmäßig stattfindenden offiziellen Gesprächen des *Rat des Bezirkes* mit Vertretern der katholischen Kirche. In der Aktennotiz vom 7. Dezember 1970 „Thesen für das Gespräch mit dem Weihbischof Aufderbeck" des Referates Kirchenfragen, Erfurt, heißt es: „Von Gotha wurden wir informiert, daß im September in der katholischen Kirche eine Filmveranstaltung mit dem Film 'Hombre' (Western) stattfand."[232] Dieser Film wurde von einem ehrenamtlichen Jugendhelfer aus Gotha besorgt, der dadurch die Aufmerksamkeit des *Rat des Bezirkes* erweckte. Der Jugendhelfer trat nämlich bei der Bestellung des Films als Privatperson auf „ohne Angabe, für welche Institution der Film gezeigt werden sollte."[233] Dadurch verschleierte er den tatsächlichen Vorführungsort, nämlich eine Filmveranstaltung der katholischen Kirche. Die Herausgabe des Films an diesen Entleiher wurde später dem Personal der Kreisfilmstelle angelastet. „Obwohl bei der Kreisfilmstelle in dieser Hinsicht die Nachweisführung immer vorgenommen wurde, liegt jedoch in diesem Fall ein Versäumnis der verantwortlichen Mitarbeiter vor."[234]

Bis 1988 nutzte Günter Särchen für die schon weiter oben angesprochenen überdiözesanen, deutsch-polnischen Veranstaltungen, meist an Wochenenden in den katholischen Tagungshäusern Magdeburg und Roßbach, die Möglichkeit, durch die staatlichen Kreisfilmstellen Magdeburg, Halle und Naumburg polnische Spielfilme vorführen zu lassen. Zu diesen Veranstaltungen kamen in der Regel bis zu einhundert Besucher. Meist handelte es sich um Filme zur polnischen Geschichte oder um Adaptionen klassischer Literatur, die in deutscher DEFA-Synchronisation gespielt wurden. Im Unterschied zu vergleichbaren DDR-Filmen waren die polnischen Bearbeitungen meist ohne politische Tendenz.

Beispiele für literarische Vorlagen sind: DIE PUPPE von Boleslaw Prus, LODZ - DAS GELOBTE LAND von W. S. Rejment, DIE KREUZRITTER von Henryk Sienkiewicz, JAKOB, DER LÜGNER von Jurek Becker, ASCHE UND DIAMANT von Jerzy Andrzejewski.

---

[232] ThHStAW, RdB, Ki-97.
[233] ThHStAW, RdB, Ki-65.
[234] Ebd.

Neben den weiter oben genannten Dokumentationen aus dem kirchlichen Leben und den pastoralen Filmen im Format 8mm verfügte die *Arbeitsstelle für Pastorale Medien* in Erfurt über 165 16mm-Filme, die kostenlos für 14 Tage ausgeliehen werden konnten, sowie einen eigenen 16mm-Filmprojektor. Auch bei diesen Filmen handelte es sich vor allem um Streifen, die für die religiöse Erziehung Jugendlicher und die Katechese in der Gemeindearbeit geeignet waren.[235]

Um nicht den Argwohn der Staatssicherheit zu erregen, verschleierte Särchen bei den westdeutschen Filmen ihre Herkunft. Deren Vorspann mit dem Emblem und dem Schriftzug des *Katholischen Filmwerks Rottenburg* ließ er entfernen und durch das Kreuz-Emblem des Berliner Katholikentags 1952 ersetzen. Dies geschah in dem Kopierwerk *Filmtechnische Anstalt Schumann* in Dresden, die später unter dem Namen *Filmtechnische Anstalt Schmidt* firmierte. Dieses noch nicht in Volkseigentum übergegangene, private Unternehmen war in der DDR für seine Qualität bekannt. Der Mitinhaber dieser Anstalt war als ehemaliges Mitglied des Evangelischen Jungmännerwerkes dem Diözesanjugendhelfer Günter Särchen freundschaftlich verbunden, und vermittelte deshalb für die *Arbeitsstelle für Pastorale Hilfsmittel* 8mm- und 16mm-Filmmaterial, besorgte Kopien einzelner Filme, wobei er auch Filmmaterial aus dem Überschuss von Produktionen für staatliche Stellen oder für die DEFA abzweigte. Auf diese Weise erhielt Särchen Kopien westdeutscher Filme, die aber nicht mehr als solche erkennbar waren, da ihr neuer Vorspann das Katholikentagskreuz zeigte. Dieses künstlerisch stilisierte Kreuz aus dem Jahr 1952 war zum Signum und Erkennungszeichen der *Arbeitsstelle für Pastorale Hilfsmittel* geworden. Hinzu kam noch der Text *Ein pastoraler Film von der Bildstelle Magdeburg - Nur für den innerkirchlichen Dienstgebrauch*. Durch diesen Etikettenschwindel wurde einerseits suggeriert, dass hier nichts vorlag, was einer staatlichen Genehmigung bedurft hätte, und andererseits war klargestellt, dass kein Verkauf des Films im freien Handel oder eine Vorführung in außerkirchlichen Veranstaltungen gestattet war. Inoffizielle Mitarbeiter der Staatssicherheit, die kirchliche Veranstaltungen besuchten, haben hinter diesem offiziellen Anschein offenbar nie ein Vergehen vermutet. Der Staatssicherheitsdienst hat wohl erst dann von dieser Vorführung westdeutscher Filme Kenntnis erhalten,[236] als es auch in der selbstbewussten katholischen Enklave Eichsfeld in Thüringen zu illegalen Filmveranstaltungen kam. Da man dort ganz offen und unkaschiert vorging, folgte bald ein striktes Verbot. Einige Geistliche waren nämlich über Patenschaften mit westdeutschen Pfarreien an ausländische, auch bundesdeutsche 8mm- und 16mm-Filme, gekommen, die sie in ihren Pfarreien ohne jede staatliche Genehmigung und in aller Offenheit vorführten. Es

---

[235] Vgl. BAEF, APM: Medienkatalog, o.P.; laut Günter Särchen gab es im gesamten Bereich der katholischen Kirche der DDR wohl nur fünf 16mm-Projektoren. Und zwar im Eichsfeld, in Dresden, in Leipzig und zwei bei der *Arbeitsstelle für Pastorale Hilfsmittel* in Magdeburg, bzw. in Erfurt.
[236] Vgl. BStU, Akte OPK „Patron", 000024.

handelte sich bei diesen Filmen beispielsweise um Dokumentationen über Missionsarbeit in Afrika oder den Marienwallfahrtsort Lourdes, sowie Spielfilme wie DAS LIED DER BERNADETTE oder DON CAMILLO UND PEPPONE. Die *Abteilung Volksbildung/Kultur* der SED in Erfurt wurde darauf aufmerksam und sandte am 13. Juli 1962 an das Sekretariat der Bezirksleitung eine „Einschätzung der Tätigkeit der katholischen Kirche im Eichsfeld": „Eine Reihe kath. Geistlicher wenden neue Formen und Methoden der Arbeit mit der kath. Pfarrjugend an. Man gestaltet den Inhalt der Jugendabende mit Gesellschaftsspielen, läßt nichtkirchliche Lieder und besonders Schlager singen, also Dinge, die mit religiöser Betätigung nichts zu tun haben. Einzelne Geistliche beschafften Schmalfilm- und Tonbandgeräte und gestalten mit diesen Dingen ein interessantes und vielseitiges Jugendleben. Häufig werden dadurch die bestehenden FDJ-Gruppen in ihrer Aktivität stark eingeschränkt bzw. finden sich keine Jugendfreunde, die Leitungsfunktionen übernehmen."[237]

Die Hinwendung des Seelsorgers zu den Jugendlichen in ihrem alltäglichen Lebenszusammenhang wird spätestens dann für die Partei zu einem Ärgernis, wenn dadurch die bestehenden, von staatlicher Seite initiierten Gruppen in ihrer ideologischen Jugendarbeit eingeschränkt werden oder Schlüsselstellen dort nicht mehr besetzt werden können. Eine „Analysierung der Tätigkeit konfessionell gebundener Jugend im Bezirk Erfurt" vom 12. Mai 1962 aus dem Bezirksparteiarchiv der SED Erfurt zeigt ebenfalls diese Sicht. Es werden darin nämlich der seelsorgerische Dienst mit der Feier des Gottesdienstes als erfüllt abgetan und alle weiteren Wirkabsichten der Kirche auf deren Binnenraum verwiesen. Auf diese Weise kann die öffentliche Sichtbarkeit verringert oder ganz vermieden werden. Eine „begleitende Pastoral"[238] wird unterbunden. Diese bezöge sich nämlich auf die gesamte Lebenswirklichkeit der Menschen.[239]

„Wie bereits angeführt, bedienen sich die Geistlichen verschiedenster Methoden und Formen, um die Jugend für ihre Zwecke zu gewinnen. Dabei lehnen sie sich stark an das Weltliche an und sehen ihre Kulthandlungen erst zweitrangig. Bevorzugt werden dabei Tanzveranstaltungen in kircheneigenen Räumen, Sportveranstaltungen, Skatabende und Filmvorträge. Im Anschluß daran oder auch während dieser Veranstaltungen wird es von den jeweiligen Geistlichen gut verstanden, das Kirchliche einzuflechten und die Jugendlichen so endgültig für die christliche Arbeit zu begeistern."[240]

Interessant ist in diesem Zusammenhang auch die „Einschätzung der Tätigkeit der Katholischen Kirche in den Kreisen Heiligenstadt, Worbis, Mühlhausen und Erfurt-Stadt" des Staatsanwalts des Bezirkes Erfurt. Dieser Bericht ging am 10. Juli 1962 an die Bezirksleitung der SED. Darin befindet sich eine Passage über Pfarrer Gerhard Schwarz aus Beberstedt, die als Denunziation entlarvt werden

---

[237] ThHStAW, BPA SED EF, B IV/2/14-002, o.P.
[238] Vgl. Müller, Pastoraltheologie, 15, 24.
[239] Vgl. Kapitel 6.3.4: Die christliche Filmbeurteilung.
[240] ThHStAW, BPA SED EF, B IV/2/14-003, o.P.

konnte. Darin heißt es: Dieser Pfarrer „befasst sich auch viel mit Jugendarbeit und ist bemüht, Jugendliche an die Kirche zu binden. Aus diesem Grunde hat er ein Tonbandgerät und eine Schmalfilmapparatur beschafft."[241] Durch ein Telefonat mit Pfarrer Schwarz konnte geklärt werden, dass er in der fraglichen Zeit zwar sehr wohl in der Pfarrei in Beberstedt Religionsunterricht gehalten habe, aber vom Februar 1955 bis zum September 1965 weder Filme gezeigt, noch eine Schmalfilmapparatur eingesetzt habe. Pfarrer Schwarz kann heute über den Denunzianten und seine Motivation keine Auskunft geben, vermutet aber einen gewissen Unwillen staatlicher Stellen ihm gegenüber, da er nie zu Volkskammerwahlen erschienen war.

Die offene Vorführung von Filmen ohne staatliche Genehmigung durch Geistliche in Thüringen führte zu einem ausdrücklichen regionalen Verbot von kirchlichen Filmvorführungen im Eichsfeld und damit zu einem tiefen Einschnitt in der ohnehin seltenen Praxis katholischer Kinoabende. Dieses Verbot wurde durch eine Anweisung des *Staatssekretariats für Kirchenfragen* an das Sekretariat der *Berliner Ordinarienkonferenz* auf die gesamte DDR ausgeweitet. Die *Arbeitsstelle für Pastorale Hilfsmittel* verzichtete in der Folge keineswegs auf Filmvorführungen, musste sie aber auf kleinere, private Kreise beschränken oder auf die Filme der Kreis- oder Bezirkslichtspielstellen und auf das Angebot des „Landfilms" zurückgreifen. Zu regelmäßigen pfarrlichen Kinoabenden kam es erst wieder, als in den achtziger Jahren eine Kooperation mit der evangelischen Filmmission begann, worauf an späterer Stelle näher einzugehen sein wird.[242]

Als Ersatz für die selten gewordenen Filmabende dienten den Pfarrgemeinden Vorführungen von so genannten Stehbildserien zu meist pastoralen Themen. Darunter verstand man belichtete Filmstreifen mit Diapositiven, die mittels Bildwerfern auf Leinwände projiziert werden konnten.

Das Ausgangsmaterial für diese Serien stammte ursprünglich von den westdeutschen Lichtbildverlagen Calig, Christophorus, Nüttgens und Schumacher, die bis 1944 in Dresden bei dem Kopierwerk *Filmtechnische Anstalt Schumann* photographische Abzüge herstellen ließen. Die dort lagernden Negativstreifen hatten den Feuersturm nach dem Luftangriff der Alliierten auf die Stadt Dresden überstanden. Der Mitinhaber dieses Kopierwerks, ehemaliges Mitglied des Evangelischen Jungmännerwerkes und ein Freund Särchens, vermittelte für die *Arbeitsstelle für Pastorale Hilfsmittel* ohne Wissen staatlicher Stellen die Kopien des Materials der westdeutschen Verlage, nachdem Särchen die Genehmigungen von diesen Verlagen dafür einholen konnte. Die etwa 162 Lichtbildserien auf Dia-Material lagen in einer Auflagenhöhe von jeweils 400 bis 600 Stück als Schwarz-Weiß-Kopien vor.

Im Rahmen der Stehbildserien produzierte Särchen ab 1964 auch die Reihe *Orbis catholicus*, später unter dem Titel *Kirche in der Welt*, die zweimal im Jahr

---
[241] ThHStAW, BPA SED EF, B IV/2/14-002, o.P.; der im gleichen Bericht im Zusammenhang mit dem Aushang von Filmrezensionen genannte Pfarrer Opfermann aus Struth konnte nicht mehr kontaktiert werden. Er verstarb am 21.12.1995.
[242] Vgl. Kapitel 7: Filmarbeit als Chance zur Ökumene.

als etwa 60-minütige Vorführung mit jeweils etwa 90 Schwarz-Weiß-Dias die Gemeinden über Neuigkeiten aus der Weltkirche und der katholischen Kirche in der DDR informierte. Dazu wurde ein Textheft erstellt und ab Ende der siebziger Jahre stand auch zu jeder Serie ein Tonband mit Musikunterlegung und gesprochenem Text bereit. Der Informationswert dieser Serien für die katholischen Bürger der DDR kann nicht hoch genug eingeschätzt werden. Als Quelle dienten die regelmäßigen inoffiziellen Lieferungen der *Katholischen Nachrichtenagentur* (KNA), die Särchen durch den Chefredakteur Prälat Otto Groß und die Redaktionsmitarbeiterin Krause zur Verfügung gestellt wurden. Die Bilder für *Orbis catholicus* stammten in der Hauptsache aus dem Bildarchiv der katholischen Kirchenzeitung für den Ostteil Berlins, dem *St. Hedwigs-Blatt*. Es wurde eine Auflage von etwa 1.100 Stück erreicht, die zu einem Preis von jeweils rund 10 Mark Ost an die Gemeinden und kirchlichen Einrichtungen abgegeben wurden. Zusammen mit den 162 Serien aus dem Material der westdeutschen Verlage waren in der Zeit von 1957 bis 1984 in Magdeburg insgesamt 235 Stehbildserien im Angebot.

6.4.3 Filmdiskussion

Als Hans Donat 1955 innerhalb des Bischöflichen Jugendseelsorgeamtes Erfurt die Leitung der *Kirchlichen Hauptstelle für Film und Laienspiel* in Erfurt übernahm, gründete er dort einen Kreis für Filminteressierte. Dieser Kreis bestand vor allem aus älteren Mitgliedern der Pfarrgemeinden Erfurts. Man traf sich etwa bis zum Jahre 1957 alle vierzehn Tage, um jeweils über einen bestimmten Film zu diskutieren. Später fanden solche Gespräche unregelmäßig und auf Anfrage statt.
In den Katholischen Studentengemeinden in Berlin, Leipzig und Dresden führte Helmut Morsbach ab den siebziger Jahren Filmveranstaltungen mit anschließender Diskussion durch, ebenso wie auch in seiner eigenen heimatlichen Pfarrgemeinde in Berlin.
Gemeinsam mit Hans-Joachim Schink veranstaltete Hans Donat auch Wochenendtage mit Jugendlichen, bei denen nach der Filmvorführung zu einer detaillierten Diskussion über den gesehenen Film angeleitet wurde. Diese Wochenendveranstaltungen führten sie in dem Erfurter *Jugendhaus St. Sebastian* und häufiger in den Bildungsstätten *Thomas Morus Haus* und *Marcel Callo Haus* durch, beide in Heiligenstadt. In diesem Zentrum des weitgehend katholischen Eichsfeldes waren bei staatlichen Stellen zahlreiche Katholiken beschäftigt. Deshalb gab es dort selten Schikanen, wenn ein Film bei den Kreis- oder Bezirkslichtspielstellen geliehen werden sollte. Bei diesen Bildungsveranstaltungen wurde sehr differenziert behandelt, was in den Filmbesprechungen nur vereinfacht und verkürzt thematisiert werden konnte. Ziel war, bei den Jugendlichen an der Entwicklung eines künstlerischen

Qualitätsempfindens zu arbeiten, deren Blick für besondere Filme zu schärfen und ihr Urteilsvermögen zu schulen. Dabei war neben der Umsetzung des Stoffes durch die Schauspieler und der künstlerischen Gestaltung auch die literarische Vorlage Gegenstand des Interesses.

Um mit den Teilnehmern zu einer Urteilsfindung zu gelangen, ging man in mehreren Schritten vor. Zunächst wurde der Film anhand folgender Überlegungen betrachtet: Ist eine Einheit von Inhalt und Form spürbar? Ist die Qualität von Regie, Dialog und Spiel gegeben? Was leistet Kamera, Schnitt und Musik?[243] Leitender Grundsatz hinsichtlich einer künstlerischen Wertung war: „Die Beurteilung eines Filmes als Kunstwerk liegt darin begründet, daß er vornehmlich durch die Art seiner Gestaltung und seiner künstlerischen Ausdrucksmöglichkeiten auf Empfindungen und Gedanken (emotionale und intellektuelle Bereiche) des Besuchers einwirkt."[244] In einem nächsten Schritt wurde zum Erkennen ethisch positiver Werte angeleitet und nach der Stellung des Films zur Religion gefragt.[245] Zu den in diesem Rahmen mehrmals eingesetzten Produktionen gehörten der Film STERNE aus dem Jahr 1959 von Konrad Wolf über die ohnmächtige Liebe eines deutschen Unteroffiziers zu einer deportierten Jüdin während der Kriegsjahre und der kanadisch-englische Beziehungsfilm DIE FALLE von 1966. Für solche Bildungsveranstaltungen in kirchlichen Häusern oder in Gemeinden wurden von Hans Donat etwa zwei Wochen pro Jahr aufgewendet.

Die Filmdiskussionen mit Jugendlichen blieben staatlichen Stellen nicht verborgen. In dem 34-seitigen „Bericht über die Arbeit mit der religiös gebundenen Jugend im Bezirk Erfurt" des Sekretariats der Bezirksleitung Erfurt der *Freien Deutschen Jugend* begegnet bereits 1959 unter der Rubrik „Freizeitgestaltung der Kirche unter der Jugend" neben Sport, Tanz und Buchbesprechungen auch ein Hinweis auf dieses Segment der katholischen Filmarbeit: „Bei Filmdiskussionen werden solche Filme, wie das 'Schwarze Bataillon' oder 'Wir Wunderkinder' behandelt. Es werden oft schriftliche und mündliche Hinweise über den Wert dieser Filme für die religiös gebundene Jugend gegeben."[246]
Zu dem Bereich der Bildungsveranstaltungen gehörten auch die Kurse für Mitarbeiter in der Seelsorge. Dabei ging es um Veranstaltungen in den katholischen Kindergärtnerinnen-Seminaren in Erfurt und in Michendorf bei Berlin, sowie in dem Seelsorgehelferinnen-Seminar in Magdeburg. Von 1956 bis in die Mitte der neunziger Jahre hinein fanden dort fast jährlich im Rahmen einer Werkwoche für christlich inspiriertes Laienspieltheater auch Filmdiskussionen statt. Innerhalb dieser Kurswochen unternahm man einen Kinobesuch mit nachfolgender ausführlicher Filmbesprechung. Manchmal wurden dabei von den Teilnehmerinnen auch Szenen nach eigenem Empfinden nachgespielt. Die Kindergärtnerinnen und vor allem die Seelsorgehelferinnen griffen später in ihrer aktuellen Gemeindearbeit auf die Erfahrungen in den

---

[243] Vgl. BAEF, ROO, APM: Mappe „Film" (1913-) 1948-1970er Jahre, o.P.
[244] Ebd.
[245] Vgl. ebd.
[246] ThHStAW, BPA SED EF, B IV/2/14-003, o.P.

Ausbildungsseminaren zurück und fragten in der *Arbeitsstelle für Pastorale Hilfsmittel* nach Filmempfehlungen für Gruppenabende zu bestimmten Themen. Gleiches gilt für die Leiter von Bildungshäusern und Heimen, sowie für Geistliche, die Filme pastoral einsetzen wollten. Diese ersuchten um Nennung empfehlenswerter Filme, um mit der Filmvorführung einen Impuls für ein Gruppengespräch zu einem bestimmten Thema zu setzen.
Christen waren in der DDR nicht nur der Beobachtung, sondern auch stetiger Bedrohung ausgesetzt. Was in den Schrecken der Kriegswirren und anschließenden Vertreibungen seinen Anfang nahm, fand seine Fortsetzung in der allgegenwärtigen sozialistischen Staatsideologie, die eine große Gefahr für das kirchliche Leben darstellte. Aber in dieser Gefahr lag auch eine große Chance, denn konfessionalistisches Denken konnte angesichts einer bedrohlichen Staatsmacht leichter aufgegeben werden. Dadurch ergaben sich Beispiele einer gelungenen ökumenischen Zusammenarbeit und ein selbstverständliches Miteinander der beiden großen christlichen Konfessionen.

7. Filmarbeit als Chance zur Ökumene

In der Situation nach 1945 kamen durch Flucht und Vertreibung aus den deutschen Ostgebieten Hunderttausende in die DDR. Es bildeten sich neue katholische Gemeinden ohne eigenen Kirchenraum. Schon allein aus geographischer Nachbarschaft zu den evangelischen Gemeinden erwuchs vielerorts ein Miteinander. Dieses bezog sich in der Regel auf die gemeinsame Nutzung der Gotteshäuser. Als sich die Christen beider Konfessionen zunehmend der atheistischen Ideologie ausgesetzt sahen, rückten sie noch einmal enger zusammen. Es kam zu einem brüderlichen Miteinander, in dem die ökumenische Bewegung weiter gedieh als im westlichen Teil Deutschlands. Schon in den fünfziger Jahren gab es gemeinsame Pastoren- und Priesterkonferenzen, die von dem Bewusstsein der Verkündigung des Evangeliums als gemeinsamer Aufgabe getragen waren.

7.1 Die Filmmission der evangelischen Kirche

Das *Evangelische Jungmännerwerk* unterhielt in Magdeburg bereits ab Herbst 1945 eine eigene Versandstelle für katechetische und pastorale Materialien. Dort wurde Filmarbeit für die evangelische Kirche unter dem Titel „Filmmission" betrieben. Diese geht zurück auf den Diakon Fritz Hoffmann, der bis 1976 Landeswart beim *Evangelischen Jungmännerwerk* war.[247] Er und sein späterer Nachfolger Rudolf Reese organisierten von Magdeburg aus einen

---
[247] Vgl. Schmid, Das Himmelreich gleicht einem Kaufmann, 44ff.

mobilen Reisedienst, der per Bahn, Postbus, Pferdewagen oder sogar mit Handwagen während vierzig Jahren in den Pfarrgemeinden die Verkündigungsarbeit mit Filmen wahrnahm.
Die etwa achtzig jungen Männer, die von 1950 bis 1990 mit Zelluloidstreifen und einem Vorführapparat unterwegs waren und so den Filmreisedienst besorgten, nannten sich Filmmissionare. Sie führten meist ehrenamtlich so genannte *Filmfeierstunden* in evangelischen, katholischen und freikirchlichen Kirchengemeinden durch. Ab 1960 fanden jährlich bis zu 1.500 Filmvorführungen durch Filmmissionare statt. Der äußere Rahmen dieser *Filmfeierstunden* war ähnlich gestaltetet wie bei einem Gottesdienst, also mit Ansprache, geistlichen Liedern, Bibelwort und Gebet. Dieses Verhalten lieferte staatlichen Stellen keine Handhabe, sich einzumischen.

Pfarrer Hilmar Schmid schrieb darüber in seinen Erinnerungen. „Der Filmdienst spielte für uns Gemeindepfarrer eine wichtige Rolle. Wir machten mit dem Magdeburger Filmdienst einen Besuchstermin aus, und wenn wir gut waren, taten sich ein paar Gemeinden zusammen, sodass der Filmmissionar eine Woche in einer Region zu tun hatte. Dann gab es am Nachmittag eine Vorführung für Kinder, am Abend eine für junge Leute oder die ganze Gemeinde. Wir hatten nicht mehr zu bezahlen als 50 Pf pro Person für die Kinder und 1 Mark für die Erwachsenen."[248]

Für die Filmmission des *Evangelischen Jungmännerwerkes* konnten beim Ministerium für Kultur von 1960 bis 1990 sechzig Genehmigungen für die Einfuhr und Vorführung von 16mm-Dokumentationen aus dem Angebot der gemeinnützigen GmbH *Matthias-Film* in Stuttgart eingeholt werden. Sechzig weitere Filme wurden von der Zulassungskommission aus kulturpolitischen Gründen abgelehnt.[249] Die besten Chancen für eine Zulassung hatten Filme über Personen der Bibel, Dokumentationen über caritative Werke, Berichte aus der Dritten Welt und Lebensbilder christlicher Persönlichkeiten wie Albert Schweitzer, Martin Luther King oder Martin Niemöller.[250]
Die Filmmission zeitigte mitunter erstaunliche Auswirkungen. Viele junge Männer, die von den Filmen über Albert Schweitzer beeindruckt waren, entschieden sich in der Frage der Wehrpflicht für einen Dienst ohne Waffe, was in der DDR mit erheblichen persönlichen Einschränkungen verbunden war. Nach Filmvorführungen über das von Schweitzer gegründete Tropenhospital Lambarene wurden großzügige Kollekten unter den Zuschauern gesammelt. Es konnten sogar Hilfssendungen nach Lambarene initiiert werden.[251] Nicht abzuschätzen sind die Wirkungen der Filme über King oder Niemöller für die Art und Weise, wie Christen sich in die Politik einmischten und wie sie den Gedanken der Gewaltfreiheit gefördert haben. Bemerkenswert sind aber auch

---

[248] A.a.O., 45f.
[249] Vgl. Ehlers, Kirchliche Filmarbeit in der DDR, 147f.
[250] Schmid, Das Himmelreich gleicht einem Kaufmann, 46.
[251] Vgl. a.a.O., 47f.

die Biographien der jungen Filmmissionare selbst, die nach einer Zeit des Vagabundierens durch viele DDR-Gemeinden und Pfarrhäuser häufig eine kirchliche Ausbildung absolvierten und später in kirchlichen Diensten arbeiteten.[252]

7.2 Interkonfessionelle Filmvorführungen

Günter Särchen pflegte seit seiner Zeit in der Jugendseelsorge gute Kontakte zu Mitarbeitern des *Evangelischen Jungmännerwerkes* in Sachsen-Anhalt. So konnte er auf das Angebot der Versandstelle von Fritz Hoffmann zurückgreifen und Schmalfilmprojektoren und Ton-Synchroner für die katholischen Seelsorger der DDR bereitstellen.

Die Versandstelle bot 1968 den 8mm-Schmalfilmprojektor Pentax P 80 zu 395,50 Mark und den Pentax P 81 inklusive Ton-Synchroner S 81 für 8mm-Tonfilme zu 1.300,60 Mark Ost an.[253]

1981 nahm Särchen Gespräche mit den Verantwortlichen für die Filmmission beim *Evangelischen Jungmännerwerk* auf. Seine Absicht war, nach dem Verbot von Filmvorführungen durch das *Staatssekretariat für Kirchenfragen* in den sechziger Jahren, durch einen Anschluss an die Filmmission der evangelischen Kirche wieder regelmäßige Filmveranstaltungen in den katholischen Gemeinden zu etablieren. Särchen erstellte einen Reiseplan, der 150 katholische, vor allem kleinere Gemeinden in allen Jurisdiktionsbezirken der DDR einbezog.

Diese ökumenische Aktion startete 1983 mit den Filmen MUTTER TERESA und HOFFNUNG FÜR INDIEN. In jeder teilnehmenden Gemeinde gab es durchschnittlich zwei Vorführungen mit je einem bis zwei 16mm-Filmen von meist 30 Minuten Länge. Eine Kindervorstellung fand im Gemeinde- oder Pfarrhaus am Nachmittag, und eine für die Erwachsenen im größeren Kirchenraum abends statt. Der evangelische Filmvorführer übernachtete im katholischen Pfarrhaus, wurde dort verköstigt und fuhr am folgenden Tag zur nächsten Gemeinde.

Da die gezeigten Filme mit Genehmigung des *Ministeriums für Kultur* offiziell eingeführt waren und für die Vorführung eine staatliche Lizenz vorlag, konnten diese ökumenischen Filmabende öffentlich angekündigt werden. Erschien nach böswilligen Anzeigen Inoffizieller Mitarbeiter der Staatssicherheitsdienst vor Ort, konnte der Vorführer die Zulassungskarte des *Ministeriums für Kultur* vorweisen, die die Zulassung für den „organisierten Einsatz in kircheneigenen Räumen"[254] belegte. Dabei wurde der konfessionelle Unterschied zwischen

---

[252] Vgl. Ehlers, Kirchliche Filmarbeit in der DDR, 145f.
[253] Vgl. BAEF, BflGEF/BflAEFME, Zentralregistratur C Ia 6c, Bd. 1, o.P.
[254] Ehlers, Kirchliche Filmarbeit in der DDR, 145.

katholischen und evangelischen kircheneigenen Räumen offenbar übersehen. Auch die Besucher solcher Abende kümmerte wenig, dass der Film von der *Versandstelle des Evangelischen Jungmännerwerkes* kam, der Aufführungsort sich aber in den Räumlichkeiten der katholischen Kirche befand. Diese ökumenischen Veranstaltungen waren ganz selbstverständlich von Christen verschiedener Konfessionen besucht.

Die geringen Einnahmen aus den Filmvorführungen wurden in der Regel zwischen den beiden veranstaltenden Konfessionen aufgeteilt. Als bei der *Versandstelle des Evangelischen Jungmännerwerkes* kein Geld mehr für den Einkauf von Filmen zur Verfügung stand, sprang die *Arbeitsstelle für Pastorale Hilfsmittel* ein und bezahlte die Filme, während sich die evangelische Kirche weiter um die staatliche Vorführgenehmigung bemühte.

Die *Arbeitsstelle für Pastorale Hilfsmittel* konnte zu diesem Zeitpunkt neben den Unterstützungen des *Bonifatiuswerkes* noch auf weitere finanzielle Hilfen aus dem Westen Deutschlands zurückgreifen, nämlich von der *Bischöflichen Hauptstelle für Jugendseelsorge Altenberg* und dem *Jugendhaus Düsseldorf*. Die Vermittlung erfolgte durch Paul Reichelt, dem Ostreferenten im *Jugendhaus Düsseldorf*. Särchen verbarg diese illegalen Zuwendungen vor den Kontrollen der Steuerbehörden durch eine manipulierte Buchführung. Dies geschah mit Wissen und Genehmigung des Finanzdezernenten im Ordinariat Magdeburg, Prälat Heinrich Solbach.

An diesem Beispiel zeigen sich nicht nur die geschwisterlichen Verbindungen, sondern auch das gemeinsame pastorale Denken der Verantwortlichen beider Kirchen. Ab 1985 übernahm Hans Donat die Verwaltungs- und Abrechnungstätigkeiten im Rahmen dieser ökumenischen Zusammenarbeit, beteiligte sich an der Auswahl der Filme, am Einkauf und der Finanzierung und führte sie bis zum Fall der Mauer 1989 weiter.

7.3 Ökumenische Brückenschläge

Neben den oben dargestellten Filmabenden, die im Rahmen der „Filmmission" durch die evangelische und die katholische Kirche gemeinsam geplant und durchgeführt wurden, gab es noch weitere ökumenische Kooperationen. Hans Donat lieferte regelmäßig Filmrezensionen an etwa zwanzig Privatpersonen, Institutionen und Zeitungen im Bereich der evangelischen Kirche.[255] Bei der Publikation der Filmbesprechungen in den evangelischen Kirchenzeitungen ging es den dortigen Redakteuren nicht um die Rezension aller Filme, die in den Kinos der DDR aufgeführt wurden. Ihr Ziel war vielmehr, aus aktuellem Anlass einzelne herauszugreifen, um sie ihren Lesern vorzustellen oder um zum Besuch ausgewählter Filme zu raten.

---

[255] Die evangelische Kirche ließ nur sporadisch eigene Filmrezensionen für ihre kirchlichen Publikationen erstellen, beispielsweise für die Kirchenzeitungen: *Friedensglocke, Glaube und Heimat* und *Potsdamer Kirche*.

Ein weiteres Beispiel für eine ökumenische Zusammenarbeit war die regelmäßige Durchführung von Diskussionsrunden zu bestimmten Filmen bei evangelischen Pfarr- und Studentengemeinden, die Morsbach oder Donat moderierten.
Eine herausragende ökumenische Kooperation war das Engagement von Silke Ronneburg im Rahmen der katholischen Filmkritik. Sie arbeitete als evangelische Christin an der Erstellung der Filmbesprechungen mit und war Mitglied der *Katholischen Filmkommission im Bereich der Berliner Bischofskonferenz*. Ihre Berufung in diese Kommission durch die *Berliner Bischofskonferenz* 1990 geschah ganz selbstverständlich und ohne jede Diskussion, obwohl aus den Unterlagen die Konfessionsverschiedenheit klar ersichtlich war. Allerdings war es nicht möglich, Ronneburg nach der Vereinigung der ost- mit der westdeutschen Filmkommission in der *Katholischen Filmkommission für Deutschland* zu installieren. Die Chance der Fortsetzung einer bereits begonnenen und erprobten ökumenischen Zusammenarbeit wurde auf diesem Sektor vertan.
Nach der Darstellung von Brückenschlägen über die Grenzen der jeweils eigenen Konfession hinaus durch das gemeinsame Engagement katholischer und evangelischer Christen soll im folgenden Kapitel der Zusammenarbeit im Bereich katholischer Filmarbeit über den Eisernen Vorhang hinweg nachgegangen werden.

8. Gesamtdeutsche Initiativen katholischer Filmarbeit

Ende der siebziger Jahre ergab sich bei Donat und Morsbach der Wunsch nach einem Austausch mit den Kollegen der westdeutschen Redaktion *film-dienst*. Der Kontakt kam über Pater Eckhard Bieger zustande, dem Verantwortlichen für die Filmarbeit im Sekretariat der Deutschen Bischofskonferenz in Bonn und späteren Fernsehbeauftragten beim ZDF.

„Wir wollten auch den persönlichen Kontakt suchen, um miteinander zu reden und die Gemeinsamkeit unserer Aufgabe besprechen zu können. Was war da besser geeignet als ein Termin während der jährlichen 'Berlinale' im Februar? Wir durften nicht in den Westteil von Berlin, also ging es nur umgekehrt."[256]

In der Regel waren es drei Mitarbeiter der katholischen Filmarbeit aus dem Westen Deutschlands, die jeweils während der Berlinale auf Tagespassierschein in die DDR einreisten. Zu diesen Treffen kamen abwechselnd Peter F. Gallasch, Redakteur der *FILM-Korrespondenz* in Köln, Horst Peter Koll, Redakteur beim *film-dienst* in Köln, Reinhold Jacobi, Ansprechpartner für Filmarbeit in der

---

[256] Morsbach, Deutsch-deutsche Begegnungen, 24.

Zentralstelle Medien der Deutschen Bischofskonferenz in Bonn, später Peter Hasenberg, der Nachfolger von Jacobi, und über die ganze Zeit Elisabeth Uhländer, Redakteurin beim *film-dienst* in Köln.

Die Besucher mussten bei der Einreise in die DDR einen Zwangsumtausch in Höhe von 25 DM pro Tag leisten. Zu den privaten Treffen bei Helmut Morsbach in der Berliner Leninallee fuhren sie meist mit dem Taxi. Obwohl das Risiko für die Besucher aus dem Westen gering war, standen sie noch in Morsbachs Wohnung unter dem angstbesetzten Eindruck des Grenzübertritts an der Friedrichstraße. Ein weit größeres Risiko trug Morsbach selbst wegen möglicher Nachforschungen der Zollorgane angesichts der von den Besuchern mitgebrachten Früchte und Süßigkeiten. Aber selbst wenn die Zollorgane keine Untersuchungen über das Reiseziel der Besucher aus dem Westen anstellten, musste Morsbach davon ausgehen, dass diese Treffen wie auch alle anderen Besuche in seiner Wohnung von Nachbarn überwacht wurden. Bei diesen könnte es sich um Inoffizielle Mitarbeiter der Staatssicherheit gehandelt haben.

Um sich innerhalb des *Staatlichen Filmarchivs* nicht zu verraten, beantragte Morsbach während der Berlinale nie Urlaub. Vielmehr nahm er für den Tag des Besuchs der Kollegen aus dem Westen einen dienstlichen Auswärtstermin wahr, beispielsweise einen Ankauf von auswärtig lagerndem Filmmaterial. Morsbach fuhr dann von diesem Termin früher nach Hause, traf die Besucher, brachte sie mit dem Auto zum Grenzübergang und war um etwa fünfzehn Uhr wieder im Büro. Diese Begegnungen mit Kollegen der westdeutschen, katholischen Filmarbeit im Ostteil Berlins waren Eckpunkte gegenseitiger Stärkung und Ermutigung. Daraus erwuchsen die im Folgenden dargestellten deutsch-deutschen Projekte.

8.1 Publikationen in der *FILM-Korrespondenz*

Die Besuche fanden im Beisein von Hans Donat ohne Unterbrechung vom Ende der siebziger Jahre bis 1990 statt. Zunächst ging es um ein gegenseitiges Kennenlernen und einen Austausch über die jeweiligen Arbeitsgebiete im Rahmen kirchlicher Filmarbeit. Später begann man mit der Planung und Umsetzung grenzüberschreitender Projekte. Diese nahmen ihren Anfang mit der Publikation von filmanalytischen Beiträgen von Hans Donat und von Jahresrückblicken zur Spielfilmproduktion des DEFA-Studios von Helmut Morsbach in der *FILM-Korrespondenz*.
Morsbach verfasste ab 1978 unter dem Pseudonym „Heinz Klemm" jährlich zusammenfassende Kritiken zur Produktion des gesamten Jahrgangs im *DEFA-Studio für Spielfilme*. Bei diesen Jahresrückblicken handelte es sich um die einzigen kritischen Würdigungen der DEFA-Produktionen, die ohne Rücksichten auf SED-Propaganda oder DEFA-Prestigedenken frei von jeder Zensur erstellt werden konnten. Sie erschienen in der Zeitschrift *FILM-*

Korrespondenz in Köln und wurden bei der Berlinale in Berlin in den internationalen Pressefächern ausgelegt. Auf diese Weise kamen Morsbachs Texte auch staatlichen Organen der DDR zur Kenntnis. In einem Interview mit der *FILM-Korrespondenz* sagte Ronald Trisch, Direktor der *Leipziger Dokwoche*, im Zusammenhang mit einem Filmfestival in Karl-Marx-Stadt Anfang der achtziger Jahre: „Wir kritisieren ja auch immer unsere Filmkritiker in dieser Richtung: Es wagt einfach keiner, eine solche Zusammenfassung zu schreiben, wie sie jetzt etwa in der FILM-Korrespondenz erschienen ist - wirklich einmal einen ganzen Jahrgang zu analysieren, einzuschätzen... Sie machen das jedes Jahr, ich habe die Artikel gesammelt. Ihre Artikel sind für uns interessant, wir halten sie auch oft unseren Leuten als Spiegel vor und sagen ihnen, kommt deshalb nach Karl-Marx-Stadt und macht dann auch einmal eine solche Gesamteinschätzung."[257] Vermutlich ist nie bekannt geworden, dass ein DDR-Bürger diese Rückblicke erstellte. Die Filmjournalisten der DDR, die Morsbach fast alle auf dienstlicher Ebene persönlich kannten, vermuteten noch 1984 hinter dem Pseudonym „Heinz Klemm" den westdeutschen Journalisten Heinz Kersten.

Morsbach begann die Arbeit am jeweiligen Jahresrückblick nach der letzten Premiere eines DEFA-Films im Dezember. Über die Weihnachtstage und den Jahreswechsel erstellte er die etwa zwölf bis fünfzehn Schreibmaschinenseiten umfassende Kritik über die Spielfilmproduktion des gesamten Jahrgangs des DEFA-Studios. Der Versand an die Redaktion der *FILM-Korrespondenz* in Köln musste unauffällig erfolgen. Es durfte kein großformatiger Brief sein, denn in der Regel erregte jede Postsendung einer Privatperson aus der DDR an eine Adresse in der Bundesrepublik Deutschland im Format A4 das Aufsehen der Postkontrolle.

Da die Sendung für einen kleinen Briefumschlag aber zu umfangreich war, wurde sie auf mehrere Briefe verteilt. Als Empfänger schrieb Morsbach nie die Redaktion *FILM-Korrespondenz* oder die Zentralstelle Medien, sondern stets eine Privatadresse der Redakteure, meist die von Peter F. Gallasch oder von Elisabeth Uhländer. Die Handschrift war entweder verstellt oder Morsbachs Kinder adressierten die Briefe. Als Absender gab er stets eine fremde Adresse in Berlin mit einem fiktiven Namen an, jedoch nie aus dem Stadtbezirk, in dem Morsbach wohnte. Zur Post gebracht wurde der Brief in dem Stadtbezirk, der als Absender angegeben war. Wenn alles gut ging, erfolgte dann Anfang Januar ein Anruf bei Morsbach von der Redaktion der *FILM-Korrespondenz* in Köln, wobei ein versteckter Hinweis über den Erhalt der Sendung in das Gespräch eingeflochten wurde. „Wenn dann der 'Onkel' aus dem Westen anrief und sich beiläufig in einem Gespräch über Weihnachtsgeschenke auch für die Weihnachts- und Neujahrsgrüße bedankte, dann wußte ich, daß die Post angekommen war."[258] Das funktionierte von 1978 bis 1989 weitgehend störungsfrei. Nur zwei Briefe sind nicht angekommen, was aber nicht zwingend an einer Postkontrolle gelegen haben muss, da häufiger Briefe einfach verschwanden.

---

[257] FILM-Korrespondenz, 9.
[258] Morsbach, Deutsch-deutsche Begegnungen, 24.

Die Unterlagen der Staatssicherheit in Berlin lassen zu diesen Sendungen wie überhaupt zu Morsbachs Tätigkeit im Zusammenhang mit einer kirchlichen Filmarbeit nichts entnehmen. Es fand sich nur Material, das mit seiner Exmatrikulation an der Universität zusammenhing. Das ist insofern verwunderlich, als Morsbach von Ost-Berlin aus pro Woche ein bis zwei Briefe mit Filmrezensionen an die *Kirchliche Hauptstelle für Film und Laienspiel* nach Erfurt schickte. Wenn die Stelle auch nur zeitweilig im Blick des Staatssicherheitsdienstes gewesen ist, dann wäre bereits klar geworden, dass Helmut Morsbach regelmäßig Kontakt mit dieser Arbeitsstelle hatte. Dies deutet darauf hin, dass die kirchliche Filmkritik, die sich bis auf wenige Ausnahmen ohnehin auf den Binnenraum der Kirche beschränkte, nicht zu den bevorzugten Interessensgebieten des *Ministeriums für Staatssicherheit* gehörte.

Wie sich zeigen sollte, war die Idee zur Publikation der Jahresrückblicke über die DEFA-Spielfilmproduktion der Auftakt zu einer vertieften Zusammenarbeit katholischer Filmarbeit in der DDR und der Bundesrepublik Deutschland.

8.2 Die Lexika *Filme in der DDR 1945-86* und *Filme in der DDR 1987-90*

Beim Treffen mit den Kollegen der westdeutschen katholischen Filmarbeit aus Bonn und Köln während der Berlinale 1984 ergab sich die Idee, die gesammelten Filmbesprechungen für Filmschaffende, Filmwissenschaftler und Interessierte in der Bundesrepublik als geschlossene Publikation herauszugeben. Dieses für die Praxis gedachte Handbuch sollte auch den katholischen Pfarreien in der DDR zugänglich gemacht werden.

Besonders Reinhold Jacobi, Filmreferent der *Deutschen Bischofskonferenz*, war begeistert von dieser Idee und vermittelte die Finanzierung durch das *Bundesministerium für innerdeutsche Beziehungen*. In dem bis 1987 fertig gestellten und 651 Seiten umfassenden Band wurden 4.940 Filmbesprechungen in Kurzfassung, ein Originaltitel-Register, sowie eine Sammlung der Regisseure und ihrer Filme veröffentlicht. Der Titel dieses ersten Lexikonbandes lautete *Filme in der DDR 1945-86. Kritische Notizen aus 42 Kinojahren.*[259] Das Erscheinungsbild entsprach den bereits vorhandenen Handbüchern der katholischen Filmkritik, die im Wesentlichen aus den Arbeiten der Kölner *film-dienst*-Redaktion hervorgegangen waren.

Um im Rahmen des Lexikons für den Zeitraum 1945 bis 1986 eine vollständige Dokumentation der Filme in Bezug auf die Kurzinhaltsangaben und die filmographischen Daten zu erreichen, holte Helmut Morsbach die Sichtung ausgefallener Filme nach.

Daran schlossen sich langwierige Sortierarbeiten in Morsbachs Privatwohnung an, bei denen ihm seine Familie zur Hand ging. Zuerst mussten die filmographischen Daten der 4.050

---
[259] Vgl. Filme in der DDR 1945-86.

bereits archivierten Filmbesprechungen auf Zettel notiert und alphabetisch nach Titel geordnet werden. Dann ging es um die Erstellung des Originaltitelregisters mit zahlreichen fremdsprachigen Namen und Wörtern aus dem osteuropäischen und asiatischen Bereich. Nach der Erstellung dieses Registers erfolgte eine Umsortierung der Zettel für eine alphabetische Liste der Regisseure. Diese Liste wurde zusätzlich nach Produktionsjahr untersortiert. Für eine Statistik der Herkunftsländer der Filme musste ein weiteres Mal umsortiert werden. Nach jedem Sortiervorgang wurden die handschriftlichen Angaben auf den Zetteln mittels einer Schreibmaschine in das Lexikonmanuskript übertragen. Im Lexikon selbst gab man den deutschen Titel des Films an, bei ausländischen Produktionen zusätzlich den Originaltitel, außerdem eine spezielle Kennzeichnung bei Kinderfilmen. Weiterhin wurden genannt: das Herkunftsland, das Entstehungsjahr, der Drehbuchautor, der Regisseur, die wichtigsten Hauptdarsteller, eine Angabe über Farb- oder Schwarz-weiß-Filmmaterial, die Laufzeit in Minuten, eine Kurzkritik oder mindestens knappe Informationen zum Inhalt, die Angabe zum empfohlenen Mindestalter der Zuschauer und die laufende Nummer der jeweiligen Filmbesprechung wie sie in den Pfarrgemeinden zum Aushang gekommen war.

Die etwa 1.200 Manuskriptseiten des auf diese Weise entstandenen Lexikons wurden für die Drucklegung auf dem KDW, dem katholischen Dienstweg, außer Landes gebracht. Das heißt, hochrangige kirchliche Würdenträger, die bei Grenzkontrollen in der Regel ohne Durchsuchung passieren durften, beförderten das Manuskript in den Westteil Berlins. Dies arrangierte der Sekretär der *Berliner Bischofskonferenz* Prälat Josef Michelfeit. Von Berlin aus gelangte das Manuskript dann zur Redaktion des *film-dienst* nach Köln, wo die Druckvorlage erstellt wurde.

Die Herausgabe des Lexikons erfolgte durch das *Katholische Institut für Medieninformation e. V.* in Köln und die *Katholische Filmkommission für Deutschland* in Bonn. Die anonym gebliebenen Autoren des Lexikons, Hans Donat und Helmut Morsbach, nahmen Einfluss auf den Inhalt des Vorworts, das von den Vertretern der herausgebenden Einrichtungen, Herbert Janssen und Reinhold Jacobi, unterzeichnet wurde. Sie stellten heraus, dass es sich bei dem Lexikon um ein Dokument handele, das das Engagement der Filmarbeit der Katholischen Kirche in der DDR belege und eine wichtige Grundlage für künftige Forschungsarbeiten zur Filmgeschichte der DDR darstelle. Außerdem wurde darauf hingewiesen, dass der Band in einer Aufmachung erfolge, die bewusst an die bisherigen Handbücher der Katholischen Filmkritik erinnere. Denn obwohl es sich um ein unabhängiges und geschlossenes Werk handele, reihe es sich dennoch in das bisherige Bemühen der *Katholischen Filmkommission für Deutschland* ein, Materialien über das Filmschaffen als katalogisiertes, lexikalisch nutzbares Wissen weiterzugeben. Darüber hinaus wurde von den Autoren klar gesagt, dass die Zusammenstellung, Beschreibung und Wertung der in der DDR aufgeführten Filme aufgrund der Filmbesprechungen erfolge, die Mitarbeiter der katholischen Kirche in der DDR für den innerkirchlichen Gebrauch erarbeitet haben.[260] Damit war deutlich vermerkt, dass dieses Werk einer institutionellen und keiner privaten Initiative

---

[260] Vgl. a.a.O., 5ff.

entstammte. Die Andeutung einer Deckung dieses Projekts durch die Kirche diente dem Zweck, Helmut Morsbach zu schützen, dessen Existenzgrundlage an seine Arbeit im *Staatlichen Filmarchiv* gebunden war. Das Risiko war für den anderen Autor des Lexikons, Hans Donat, weniger groß. Als kirchlicher Angestellter war er nicht primär auf das Wohlwollen des Staates angewiesen. Donat hatte in Erfurt für den Versand der in der Bundesrepublik Deutschland gedruckten Lexika die Postadressen von etwa 750 katholischen Seelsorgestellen und kirchlichen Dienststellen in allen Diözesanbereichen der DDR zusammengestellt, um die Lexika im Einzelversand vom Westen aus in die DDR schicken zu lassen. Der heimliche Transport der Adressaufkleber erfolgte wie schon bei den Manuskriptseiten auf dem katholischen Dienstweg. Bei Priesterkonferenzen und Diözesantagungen in der Bundesrepublik wurden die Lexika zusammen mit den Adressen in kleinen Mengen an katholische Pfarrämter westdeutscher Diözesen weitergeleitet, die dann den stückweisen Versand in die DDR besorgten. Die Absenderadressen lauteten auf westdeutsche Privatpersonen, die Empfänger waren die jeweiligen Pfarrer katholischer Gemeinden in der DDR. Denen hatte Donat diese Postsendung aus der Bundesrepublik bereits frühzeitig avisiert. Über die Verlustquote durch die Postkontrolle ist nichts bekannt. Bei Donat gingen jedoch keine Anfragen über den Verbleib angekündigter Lexika ein.

Bei den Nachforschungen der Staatssicherheit im Zusammenhang mit dem Lexikon *Filme in der DDR 1945-86* ist Helmut Morsbach als einer der beiden Autoren des Lexikons entlarvt worden. Die Nachforschungen liefen zunächst über den Direktor des *Staatlichen Filmarchivs*, da offenkundig war, dass das Lexikon nur auf dem Material dieses Archivs beruhen konnte. Morsbach war sofort ein Hauptverdächtiger, konnte aber nicht direkt behelligt werden, da es sich bei dem Lexikon um eine Veröffentlichung der Kirche handelte, und nicht um eine private. Der Direktor erklärte in einem Gespräch nach 1990, es sei versucht worden, ihm - Morsbach - einen Erlös aus dem Lexikon und damit einen nicht genehmigten Nebenverdienst zu unterstellen. Der Direktor habe aber glaubhaft machen können, dass mit so einer Veröffentlichung praktisch kein Geld zu verdienen sei, schon gar kein Westgeld. Da damit also auch kein Devisenvergehen vorlag, sei die Angelegenheit niedergeschlagen worden.

1991 erschien der Ergänzungsband *Filme in der DDR 1987-90. Kritische Notizen aus 4 Kinojahren*[261] mit 664 Filmbesprechungen. Die Finanzierung dieses zweiten Bandes erfolgte über das *Katholische Institut für Medieninformation e. V.* in Köln und das *Bundesministerium des Inneren*. Für die beiden Lexika sind sämtliche Filme erfasst worden, die auf dem Gebiet der DDR vom 9. Mai 1945 bis zum 3. Oktober 1990 im Kino gelaufen sind. Damit leisteten Mitglieder der katholischen Kirche die einzige umfassende Dokumentation der Filmaufführungen in den Kinos der DDR.

---

[261] Vgl. Donat/Morsbach, Filme in der DDR 1987-90.

8.3 Die *Katholische Filmkommission im Bereich der Berliner Bischofskonferenz*

Die Idee, in der DDR eine eigene katholische Filmkommission zu gründen, geht auf die Mitte der achtziger Jahre zurück, als es während der Berlinale wiederum zu einer Begegnung mit den Kollegen von der *Zentralstelle Medien der Deutschen Bischofskonferenz* und von den Redaktionen *FILM-Korrespondenz* und *film-dienst* kam. Die Rahmenordnung[262] für diese Filmkommission sah als Träger die *Berliner Bischofskonferenz* vor. Die Filmkommission sollte aus vier bis sechs Mitgliedern bestehen, die von der *Arbeitsstelle für Pastorale Medien* vorgeschlagen und von der *Berliner Bischofskonferenz* für einen Zeitraum von fünf Jahren bestätigt wurden. Als Aufgabenfeld bezeichnete man die sachgerechte kritische Auseinandersetzung mit audiovisuellen Medien unter besonderer Beachtung christlicher Werte mit dem Ziel, das ständig wachsende Medienangebot in Film, Fernsehen und Video überschaubar zu halten und den Zuschauer von der bloßen Konsumentenhaltung zu kritischer Betrachtung zu führen. Außerdem sollte die katholische Filmkommission anstreben, über den innerkirchlichen Raum hinaus wirksam zu werden, insbesondere durch die Vorbereitung und Herausgabe von filmspezifischen Materialien wie Filmrezensionen und Handbüchern, durch die Vergabe von Filmpreisen für Spielfilme, Kinder- und Dokumentarfilme auf Filmfestivals in der DDR, durch jährliche Listen sehenswerter Filme, durch Beratung bei fachspezifischen Fragen und durch Kontakte zur Medienarbeit der evangelischen Kirche in der DDR, den katholischen Filmkommissionen der deutschsprachigen Länder, zur *Organisation Catholique Internationale du Cinéma et de l'Audiovisuel*, und schließlich durch die Beobachtung der Entwicklungen auf dem Gebiet audiovisueller Medien.[263] Als Mitglieder waren vorgeschlagen: Konrad Weiß, Regisseur im *DEFA-Studio für Dokumentarfilm*[264], Gottfried Swoboda, Chefredakteur der Kirchenzeitung *Tag des Herrn* in Leipzig, Hans Donat, Helmut Morsbach und Silke Ronneburg.

Seitens der *Berliner Bischofskonferenz* zeigte sich noch Ende der achtziger Jahre keine Initiative in Richtung einer eigenen katholischen Filmkommission in der DDR. Es wurden Auseinandersetzungen mit staatlichen Organen befürchtet, da eine Filmkommission deutlich in der Öffentlichkeit präsent gewesen wäre. Erst nach dem Fall der Mauer und der Ablösung des SED-Regimes durch die de Maizière-Regierung kam es zu einer positiven Entscheidung. Am 15. März 1990 schrieb der Vorsitzende der Berliner Bischofskonferenz, Georg Kardinal Sterzinsky, an Hans Donat: „Hierdurch teile ich Ihnen mit, daß die Mitglieder der Berliner Bischofskonferenz bei ihrer

---

[262] Vgl. BAEF, ROO, APM, BOK/BBK, IX 8, o.P.
[263] Vgl. ebd.
[264] Weiß war zu diesem Zeitpunkt mit politischen Aufgaben beim Bündnis 90 betraut und konnte sich nicht in der Filmkommission engagieren.

Katholische Film-Kommission

im Bereich
der Berliner
Bischofskonferenz

Generalsekretär d. BBK
Msgr. Josef Michelfeit
Französische Str. 34
Berlin
1 0 8 6

Erfurt, den 14.9.90

Sehr geehrter Herr Prälat Michelfeit!

Sie übersandten mir einen Brief von Herrn Werner Dolata, Berlin, Eisenacher Str. 11A, der an den Herrn Bischof Georg Sterzinsky gerichtet war. Thema des Briefes ist das Thema Jugendschutz bzw. die Mitarbeit der katholischen Kirche in entsprechenden Arbeitsausschüssen.
Es ist so, daß ich Verbindungen zu verschiedenen Film-Institutionen in der Bundesrepublik habe. Dazu gehört der Kontakt mit der Freiwilligen Selbstkontrolle der Filmwirtschaft in Wiesbaden. Vor Monaten schon bin ich auch von Herrn Prälat Granda darüber informiert worden, daß er mich im Zusammenhang mit einer Filmbewertung in der DDR dem Ministerium für Kultur, Herrn Dr. Erhard Kranz, Otto-Nuschke-Str. 51, Berlin 1080 benannt hat. Von Seiten des Ministeriums habe ich bis heute nichts gehört. Nach meinen Informationen ist Herr Dr. Kranz langgedientes Mitglied der ehemaligen Hauptverwaltung Film.

Durch die Auflösung der DDR ergibt sich sehr bald eine neue Situation auch auf dem Gebiet Film. Ich stehe im ständigen Kontakt mit Herrn Dr. Hasenberg von der Zentralstelle Medien der Deutschen Bischofskonferenz. Was die Mitwirkung in verschiedenen Gremien des Filmbereichs anbetrifft, so kommen dafür z.B. die Mitglieder der Katholischen Filmkommission in der DDR in Frage. Auch nach einer Angliederung an die katholische Filmkommission in Deutschland (Verhandlungen laufen) werden sie für spezielle Aufgaben in Frage kommen. Es handelt sich dabei um

Donat, Hans,
Morsbach, Helmut,
Swoboda, Gottfried,
Ronneburg, Silke,

Ich denke, daß damit gute Voraussetzungen für die Mitarbeit gegeben sind. Daß wir als Kirche in den Gremien vertreten sein müssen, halte ich für selbstverständlich.
Der weiteren Dinge harrend, grüße ich Sie herzlich!

Ihr

Hans Donat

Vollversammlung vom 5. bis 7. März 1990 auf Ihren Vorschlag hin die Bildung einer Katholischen Filmkommission im Bereich der Berliner Bischofskonferenz beschlossen haben, um die Filmarbeit der katholischen Kirche zu intensivieren. Gemäß Beschluß der Berliner Bischofskonferenz beauftrage ich Sie mit der Leitung dieser Katholischen Filmkommission."[265]

Die *Katholische Filmkommission im Bereich der Berliner Bischofskonferenz* bestand aus folgenden Mitgliedern: Hans Donat, Helmut Morsbach, Silke Ronneburg und Gottfried Swoboda. Die Kommission verfügte im Gegensatz zur westdeutschen Filmkommission über einen graphisch gestalteten Briefkopf mit dem Kürzel der Institution und stilisierten Filmrollen im Signet.

Bis zum 3. Oktober 1990 trat die *Katholische Filmkommission im Bereich der Berliner Bischofskonferenz* einmal öffentlich in Erscheinung, nämlich beim 6. Spielfilmfestival der DDR im Kino *International* in der Karl-Marx-Allee in Berlin. Aus personellen Gründen war es nicht möglich, eine Jury zu bilden. Vielmehr hat Helmut Morsbach weitgehend im Alleingang das Programm verfolgt und dann mit den anderen in telefonischer Absprache entschieden, den Film DIE ARCHITEKTEN von Peter Kahane auszuzeichnen. Da die Leitung dieses letzten Spielfilmfestivals der DDR personell immer noch mit den in den achtziger Jahren von Partei und Staat eingesetzten Leuten identisch war, lag es nicht im Interesse der Kommission, die Preisverleihung innerhalb des Festivals durchzuführen. Morsbach traf den Preisträger am 31. Mai 1990 in einem nahegelegenen Café, wo er im Auftrag des Leiters der Filmkommission, Hans Donat, den ersten und einzigen kirchlichen Filmpreis in der DDR dem Regisseur Peter Kahane übergab. Der Preis bestand aus einer Urkunde, ohne Dotation oder Statuette. Die Auszeichnung wurde wie folgt begründet: „Trotz der pessimistischen, Verzweiflung ausdrückenden Schlußbilder werden menschliche Werte so herausgearbeitet, daß eine Botschaft den Zuschauer erreichen kann."[266]

Auf die Preisverleihung machte Morsbach am letzten Festivaltag aufmerksam, indem er Flugblätter auf Tischen im Foyer des Kinos auslegte. Der Festivaldirektor Ronald Trisch rief ihn daraufhin noch vor der offiziellen Abschlussveranstaltung an und bat um eine Wiederholung der Preisverleihung auf der Bühne. Morsbach lehnte dies ab, um der politisch belasteten Festivalleitung nicht auf diese Weise eine Gelegenheit zur Selbstdarstellung zu bieten.

Bei der Vollversammlung der *Katholischen Filmkommission für Deutschland* am 29. Oktober 1990 in Köln gab deren Vorsitzender Peter Hasenberg die Vereinigung der beiden deutschen katholischen Filmkommissionen bekannt. Bis auf die evangelische Christin Silke Ronneburg wurden alle Mitglieder der *Katholischen Filmkommission im Bereich der Berliner Bischofskonferenz* in die *Katholische Filmkommission für Deutschland* übernommen.

---

[265] Originalschreiben bei Hans Donat, Kopien bei Helmut Morsbach und bei A. S.
[266] Zit. nach: Morsbach, Spuren des Religiösen im DEFA-Spielfilm, 153.

9. Wirkungen der katholischen Filmarbeit in der DDR

Nach der Zusammenführung der katholischen Filmarbeit in der DDR mit derjenigen der Bundesrepublik nach dem Fall der Mauer war das Engagement in diesem Bereich für Helmut Morsbach und Hans Donat keineswegs beendet.
Auf Anregung des Chefredakteurs der Kirchenzeitung *Tag des Herrn*, Gottfried Swoboda, erhielt Helmut Morsbach dort ab 1990 eine eigene Kolumne, in der er ausgewählte Filmbesprechungen oder Hinweise auf interessante Fernsehsendungen platzieren konnte. Die Kolumne ist 1992 durch eine Hinweisliste auf kirchliche Sendungen im Fernsehen und Hörfunk ersetzt worden.
1991 wurde der Nachtragsband *Filme in der DDR 1987-90* vorgelegt. Darin konnten sich Donat und Morsbach als die Verfasser dieses und des vorausgehenden Bandes öffentlich zu erkennen geben. Die Katholische Nachrichtenagentur KNA notierte: „Herausgegeben vom in Köln ansässigen Katholischen Institut für Medieninformation sowie der Katholischen Filmkommission für Deutschland in Bonn, setzt das rund 120 Seiten umfassende Nachschlagewerk den 1986 erschienenen ersten Band 'Filme in der DDR von 1945 bis 1986' fort. Damals mußten die Verfasser noch anonym bleiben, weil eine Verfolgung durch das Ministerium für Staatssicherheit drohte. (...) Wie schon der erste Band, so gilt auch der jetzt erschienene Ergänzungsband als unentbehrliches Nachschlagewerk für Filmwissenschaftler und Filmfreunde sowie als einzigartiges Dokument der katholischen Filmarbeit in der DDR."[267]
1992 wurde unter der Mitarbeit von Helmut Morsbach das Lexikon *Religion im Film*[268] erstellt. Bei dieser epochen- und genreübergreifenden Erfassung religiös relevanter Elemente in Filmen wurde auf die Besprechungen der Spielfilme in den Kinos der DDR zurückgegriffen.
1995 entstand zum 100. Geburtstag des Films eine Publikation über die besten religiösen Filme unter dem Titel *Spuren des Religiösen im Film*.[269] Dabei konnten wiederum unter der Mitarbeit von Helmut Morsbach auch die Filme mit einbezogen werden, die ausschließlich in der DDR gezeigt worden waren.
Ebenfalls zu diesem 100-jährigen Jubiläum wurde 1995 vom Katholischen Institut für Medieninformation in Köln ein erweitertes und überarbeitetes zehnbändiges *Lexikon des Internationalen Films*[270] bei Rowohlt herausgegeben. Helmut Morsbach fungierte als Mitherausgeber und Leiter einer zehnköpfigen Arbeitsgruppe, die Daten für dieses Lexikon bereitstellte. Es wurden hierfür die filmographischen Daten und Texte aus den beiden Lexika *Filme in der DDR 1945-86* und *Filme in der DDR 1987-90* überarbeitet. Dabei fanden auch

---

[267] Aktueller Dienst Kultur.
[268] Vgl. Religion im Film.
[269] Vgl. Hasenberg/Luley/Martig, Spuren des Religiösen im Film.
[270] Vgl. Lexikon des Internationalen Films.

Fernsehfilme aus den DDR-Studios Berücksichtigung. Alle im Fernsehen der DDR gezeigten Spielfilme von 1952 bis 1990 wurden neu erfasst, was bei den Fernsehausstrahlungen im westdeutschen Fernsehen nur partiell möglich war.[271] Die gut zweijährige Arbeitsphase wurde durch das Bundesministerium des Inneren und das Leo-Schuler-Stipendium der Tellux finanziert.[272]
Außerdem wurde Helmut Morsbach Mitarbeiter der FSK, der *Freiwilligen Selbstkontrolle der Filmwirtschaft*, ebenso Hans Donat, der zusätzlich noch für die FSF, die *Freiwillige Selbstkontrolle Fernsehen e. V.*, und für die FBW, die *Filmbewertungsstelle Wiesbaden*, tätig war. Beide wurden außerdem mit Jury-Aufgaben bei Filmfestivals in Leipzig und Mannheim betraut.
Hans Donat ist Mitglied der *Katholischen Filmkommission für Deutschland*, Morsbach deren stellvertretender Vorsitzender und Mitglied der Arbeitsgruppe *Geschichte der katholischen Filmarbeit*.[273]

10. Schlussbetrachtung

In der Zeit nach 1945, als sich der ostdeutsche Katholizismus in der SBZ auf den Binnenraum der Kirche zurückziehen musste, fanden Hans Donat, Helmut Morsbach, Günter Särchen und Hans-Joachim Schink Möglichkeiten, der ideologischen Propaganda der SED weitgehend unbehelligt zu widersprechen. Diese freie Meinungsäußerung blieb nicht nur auf den Binnenraum der Kirche beschränkt. Durch heimliche Kontakte in die Bundesrepublik Deutschland, nach Österreich und nach Polen durchstießen sie das kirchliche Getto und wirkten über den Eisernen Vorhang hinaus. Sie wandten sich im Sinne des Zweiten Vatikanischen Konzils gegen die Inanspruchnahme der Filmkunst für politische Zwecke und wurden in erzieherischer Weise tätig, indem sie Christen in ihrem Verständnis für Filme schulten und zu einer mündigen, eigenständigen Urteilsbildung anregten. Trotz ständiger Bespitzelung durch staatliche Organe und trotz des Risikos persönlich nachteiliger Folgen wurde diese Arbeit von den oben Genannten geleistet. Sie stellten sich in Konfrontation zur staatlichen Gewalt, die die pastorale Arbeit der Kirchen auf den Bereich kultischer Religionsausübung beschränken wollte. Wo Genehmigungen für kirchliche Druckerzeugnisse offiziell nicht zu erhalten waren, wurden Genehmigungsnummern frei erfunden. Wo die eigenen Möglichkeiten begrenzt waren, wurden die Quellen des Staates heimlich angezapft. Wo vorhandene

---

[271] Vgl. Vorwort der Redaktion, in: Lexikon des Internationalen Films, 8.
[272] Vgl. Morsbach, Helmut, Integration von DDR und Völkerfreundschaft, in: Wie wurde, was ist, 15.
[273] Die Arbeitsgruppe *Geschichte der katholischen Filmarbeit* gab bei der Fachtagung „Katholische Filmarbeit in Deutschland seit den Anfängen des Films - Probleme der Forschung und Geschichtsschreibung" vom 19. - 20. Juni 1996 im Kardinal-Jaeger-Haus der *Katholischen Akademie Schwerte* den Anstoß, der zu der vorliegenden Arbeit führte.

Ressourcen nicht ausreichten, wurden Materialien, Filme und technisches Gerät aus dem Ausland gegen die Gesetze der DDR eingeführt.
Ein Schwerpunkt der hauptamtlichen und ehrenamtlichen Tätigkeiten von Donat, Morsbach, Särchen und Schink für die Pastoral der katholischen Kirche lag auf der Filmarbeit, die sich Anfang der fünfziger Jahre aus einer gesamtdeutschen Jugend- und Medienarbeit entwickelte. Dabei ging es zunächst um Filmrezensionen. Pro Jahr wurden etwa 150 neue Filme besprochen, die in den Kinos oder im DDR-Fernsehen der Öffentlichkeit zugänglich waren. Diese Rezensionen wurden in Fassungen verschiedener Länge ihren überwiegend katholischen Beziehern auf dem Gebiet der DDR zugänglich gemacht. Hans Donat begann mit der Filmrezension 1954. Ein Jahr später kam Hans-Joachim Schink hinzu. Ab 1975 beteiligte sich Helmut Morsbach an der Erstellung von Filmbesprechungen, und bezog 1988 Silke Ronneburg mit ein. Die Rezensenten legten an die Filme genaue filmanalytische Kriterien an und deuteten sie hinsichtlich ihrer Werte und Normen, ihres Weltverhaltens und ihrer Weltanschauung. Dabei ging man in der angelegten Perspektive von einem christlichen Ethos aus. Die ausdrücklich subjektive Betrachtung des Films endete in der Regel mit einem klaren Votum des jeweiligen Rezensenten, ob es lohnte, sich mit diesem Film zu beschäftigen. Zu ihrem Engagement in der Filmkritik sahen sich die Rezensenten gerufen und legitimiert durch päpstliche Verlautbarungen, die die Katholiken zu einer kritischen Position gegenüber den „Lichtspielen" aufriefen. Bis zur Mitte der siebziger Jahre ging es ihnen vor allem darum, vor Filmen zu warnen, die möglicherweise Grundanschauungen des Christentums in Glaube oder Moral zersetzen konnten. Später änderte sich ihre Motivation hin zu einer Medienerziehung und zur Schulung des selbstständigen Beurteilungsvermögens der Leser der Filmbesprechungen hinsichtlich des ethisch positiven oder negativen Wertes eines Filmes. Die Mündigkeit der Christen rückte in den Vordergrund. Die Filmbesprechungen stellten sich für die Gläubigen und die Seelsorger vor Ort als eine wertvolle Orientierungshilfe dar, angesichts eines Umfeldes, dem freie Meinungsäußerung fremd war.
Diese Arbeit wurde von staatlichen Organen zwar beobachtet, aber nicht direkt behindert. Nur in wenigen Fällen kam es zu Einsprüchen, die aber alle ohne Folgen blieben. Mit der Wiedervereinigung am 3. Oktober 1990 wurde die Produktion von Filmbesprechungen nach 36 Jahren eingestellt, da es kein eigenes ostdeutsches Kinoprogramm mehr gab. Alle Filme in deutschen Kinos wurden zu diesem Zeitpunkt bereits von der gesamtdeutschen Zeitschrift *film-dienst* rezensiert. Durch die in den siebziger Jahren von Morsbach initiierte Erweiterung der Rezensionen um filmographische Angaben zu den jeweiligen Filmen, entwickelten sich die Rezensionen zu einem stetig wachsenden Filmlexikon und schließlich zu einer umfassenden Dokumentation aller Spielfilme, die in der DDR im Kino oder im Fernsehen gezeigt worden sind. Daraus gingen mehrere Nachschlagewerke mit unterschiedlichen

Schwerpunkten hervor. Das Entstehen des ersten lexikalischen Bandes basierte auf heimlichen Kontakten von Donat und Morsbach zur katholischen Filmarbeit in der Bundesrepublik Deutschland. Weitere deutsch-deutsche Projekte waren Jahresrückblicke zur Produktion des *DEFA-Studios für Spielfilme* und filmanalytische Beiträge in einer westdeutschen Filmzeitschrift.

In Bezug auf technische Innovation im Medienbereich war die Kirche staatlichen Stellen vor allem im letzten Jahrzehnt der DDR voraus. So wurde der Aufbau eines DDR-weiten Verleihsystems von VHS-Videos mit pastoral interessanter Thematik noch Ende der achtziger Jahre vorbereitet und begonnen. Eine eigene katholische Filmkommission im Bereich der DDR befand sich ebenfalls in dieser Zeit in Planung, erreichte aber erst nach dem Fall der Mauer die Zustimmung der *Berliner Bischofskonferenz*.

Parallel zu diesen Engagements wurde auch eine Medienerziehung durchgeführt. Es gab Gesprächs- und Diskussionsrunden über Filme im Rahmen kirchlicher Bildungsveranstaltungen und eigene Kurse. Dabei ging es vor allem darum, bei Mitarbeitern in der Seelsorge an der Ausprägung eines künstlerischen Qualitätsempfindens zu arbeiten, um so über Multiplikatoren auf breiter Ebene zu wirken. Die Durchführung solcher Bildungsveranstaltungen stand jedoch stets vor der Schwierigkeit, Filme für eine Vorführung zu organisieren, denn der Staat wollte die pastoralen Wirkungsmöglichkeiten der Kirche im Bereich Film nach Möglichkeit einschränken.

Die Idee zur Produktion eigener katechetischer Filme kam nie in die Phase der Realisierung. Die kurzen Dokumentarfilme über die Katholikentage der fünfziger Jahre und über das Katholikentreffen in Dresden 1987 wurden DDR-weit in den Pfarrgemeinden vorgeführt. Sie dienten der Stärkung des Selbstbewusstseins der Katholiken in der DDR. Die seltene Dokumentation lokaler Ereignisse durch Amateurfilmer blieb in ihrer Wirkung begrenzt.

Die interkonfessionelle Zusammenarbeit zwischen katholischer und evangelischer Kirche in der DDR geht auf die Notzeiten der Nachkriegszeit zurück. Nach dem Bau der Mauer 1961, als gesamtdeutsche Projekte nicht mehr durchgeführt werden konnten und die Kirchen der DDR praktisch auf sich allein gestellt waren, ergab sich aufgrund persönlicher Kontakte eine Intensivierung der interkonfessionellen Beziehungen. Zu beiderseitigem Nutzen kam es zu Kooperationen sowohl was die Filmrezensionen und die Filmkritik betrifft, als auch bei der Vorführung von Filmen in Pfarrgemeinden, sowie bei Bildungsveranstaltungen in der Medienerziehung. Daraus erwuchsen nicht nur beispielhafte geschwisterliche Beziehungen der beiden großen christlichen Konfessionen, sondern auch ein gemeinschaftliches pastorales Denken in dem Bewusstsein einer gemeinsamen Verantwortlichkeit für die Verkündigung des Evangeliums. In allen Bereichen markiert die Wiedervereinigung 1990 jedoch wieder ein Ende dieser langjährigen und bewährten ökumenischen Verknüpfungen und Netzwerke.

Die positiven Wirkungen, welche aus den praktisch eigenverantwortlichen Engagements der Aktiven der katholischen Filmarbeit resultierten, die alle keine geweihten Kleriker waren, könnten beispielhaft für die gegenwärtige Situation der Kirche sein. Die Medienarbeit der katholischen Kirche in der DDR lag in der Verantwortung von Laien, die im Sinne des II. Vatikanischen Konzils als Träger der Sendung der Kirche aus eigenem Recht aufgrund ihrer Taufe wirkten. Ihre weitreichenden Entscheidungsbefugnisse, über Jahrzehnte zugebilligt von Seiten ihrer kirchenamtlichen Vorgesetzten, sind ein Beleg für das Vertrauen, das sie in dieser Zeit genossen.

Nachwort

Den für die DDR so entscheidenden Herbst 1989, als sich die Bevölkerung der DDR auf ihre politische und moralische Einheit besann, verfolgte ich von Bayern aus - als Bankkaufmann kurz vor der Abschlussprüfung bei der *Deutsche Bank AG* in Augsburg. Im April 1990 erhielt ich das aufregende Angebot, Pionierarbeit zu leisten und beim Aufbau der Filiale Dresden mit mehreren geplanten Zweigstellen zwischen Riesa und Görlitz mitzuwirken. Die Einrichtung eines flächendeckenden Filialnetzes wurde bereits angegangen, als die gesetzlichen Voraussetzungen für Dienstleistungen von Kreditinstituten noch gar nicht geschaffen waren. Diese Chance zum gestalterischen Aufbau habe ich zu Gunsten des Theologiestudiums ausgeschlagen. Während des Hauptstudiums in Freiburg im Breisgau kam ich in Kontakt mit dem von der internationalen katholischen Filmorganisation *Organisation Catholique Internationale du Cinéma et de l'Audiovisuel* (OCIC) 1985 initiierten und von deren europäischer Sektion (EUROCIC) begleiteten theologischen Forschungsprojekt „Film und Spiritualität", ab 1995 unter dem Titel „Film und Theologie". Dabei ging es unter Beteiligung von Lehrstühlen der Theologischen Fakultäten in Amsterdam/Utrecht, Freiburg, Fribourg und später Graz und Linz um die Förderung des Dialogs zwischen Theologie und aktueller Filmkultur. Der deutsche Vertreter bei diesem internationalen Forschungsprojekt war Prof. Dr. Josef Müller aus Freiburg (1985-1998). Er sah in mir einen Filmbegeisterten, der sein Studium gerade rechtzeitig beendete, um ein Dissertationsthema zur katholischen Filmarbeit übernehmen zu können.

Von mir als Unkundigem des deutschen Ostens, der mögliche, dortige Karrierechancen ausgeschlagen, weder Verwandte *drüben*, noch sonst einen Bezug zur DDR hatte, wurde angenommen, dass ich objektiv an die emotionsbelastete jüngere deutsche Geschichte herangehen konnte. Tatsächlich weilte ich nur einmal Mitte der achtziger Jahre bei einem Klassenausflug nach Berlin auf Tagespassierschein in der DDR. Nach dem üblichen Grenzübertritt an der Friedrichstraße besichtigten wir damals Ostberliner Museen und fuhren für einen kurzen Abstecher nach Köpenick. Ich war also relativ unbelastet durch die Spaltung Deutschlands und hatte auch nur eine vage, theoretische Ahnung von den Verhältnissen in der DDR. Aber gerade das machte mich zum Wunschkandidaten für dieses Thema.

Als die Arbeit allmählich Gestalt anzunehmen begann, verstarb Prof. Dr. Josef Müller plötzlich und hinterließ ein gutes Dutzend Doktoranden. Prof. Dr. Linus Hauser aus Gießen, mit dem mich bereits aus seiner Freiburger Zeit an der Katholischen Fachhochschule das Interesse für moderne Mythen verband, erklärte sich sofort bereit, mich zu „adoptieren". Dafür, sowie für seine unermüdliche, betreuende Unterstützung bei der Ausarbeitung der Dissertation darf ich ihm an dieser Stelle herzlich danken.

Die Forschungsarbeit zum Thema katholischer Filmarbeit in der DDR hat mich in vielfacher Hinsicht bereichert. Während meiner Recherchen lernte ich die neuen Bundesländer, wenigstens einige von ihnen, kennen. Ich sammelte Eindrücke einer bemerkenswerten, mir bislang unbekannten Welt, die gleichzeitig heimatlich und fremd wirkte. Auch lernte ich zahlreiche Persönlichkeiten kennen, die zur Zeit der DDR im Verborgenen und in der Öffentlichkeit wirkten, darunter Christian Führer, der mit anderen in den achtziger Jahren die Friedensgebete in der Leipziger Nikolaikirche geleitet hat. Diese Kirche, in der sich mutige Christen vor den Augen der Staatssicherheit versammelt hatten, war 1989 zum Zentrum der friedlichen Revolution geworden.

Seit dem Bürgeraufstand, der die DDR als politisches Gebilde hinweggefegt hat und in die Wiedervereinigung der beiden deutschen Staaten mündete, hat sich das Leben für alle ehemaligen Bürger der DDR - und auch für einige der alten Länder - entscheidend geändert.

Bei vielen ist das Gedächtnis über die vergangene DDR-Zeit verblasst. Sie neigen dazu, in rosigen Erinnerungen zu schwelgen. Andere lachen über die politische Selbstinszenierung der DDR und über den wirtschaftlichen Dilettantismus ihrer Funktionäre. Wer aber einmal in das Fadenkreuz des *Ministeriums für Staatssicherheit* geraten war, hatte nichts zu lachen, vielmehr bekam er es mit massiver psychischer und physischer Aggression zu tun, an der Beziehungen, Familien und Existenzen zerbrachen. Und die Kreise, die diese Aggression zog, blieben keineswegs auf das Territorium der DDR beschränkt. Noch immer wird die Aufdeckung von Aktivitäten des Staatssicherheitsdienstes im und nach dem „Operationsgebiet", wie die Stasi den Westen nannte, vielerorts verschleppt. Nicht zuletzt die leichtfertig betriebene Verdrängung wichtiger Dimensionen politischen Geschehens der jüngeren Vergangenheit mag dazu geführt haben, dass heute viele ehemalige DDR-Bürger dem politischen System der Bundesrepublik Deutschland abweisend gegenüber stehen und sein baldiges Ende prognostizieren.

Mit meiner Dissertation möchte ich dem Gedächtnisschwund entgegenwirken, der dann stattfindet, wenn der Mantel des Schweigens über ein unliebsames Kapitel deutscher Geschichte gebreitet wird. Es soll nicht dem Vergessen der Vorzug gegeben werden vor der gründlichen Aufarbeitung dieses zweiten totalitären Gesellschaftsentwurfs im 20. Jahrhundert auf deutschem Boden. Gleichzeitig soll das Engagement von Christen in der DDR für die Nachwelt festgehalten werden. Deren Einsatz in einem von Macht und Willkür geprägten Umfeld ist ein beredtes Zeugnis ihres unbeugsamen Willens, vom christlichen Menschenbild her zu handeln. Die Initiativen, die die befreiende Kraft des Evangeliums von Jesus als dem Auferstandenen durch die Christen in der Diaspora der DDR freizusetzen vermochte, verdienen eine gründliche Dokumentation. Dadurch kann ein eindringliches Bild einer schlimmen Zeit für die kirchliche Seelsorge und pastorale Arbeit entstehen, die getragen wurde von Menschen, die vor der scheinbaren Allmacht des SED-Regimes nicht in die Knie gingen.

Der Arbeitsbereich Systematische Theologie im Fachbereich Geschichts- und Kulturwissenschaften der Justus-Liebig-Universität in Gießen hat die vorliegende Arbeit im Frühjahr 2002 unter dem Titel „Katholische Filmarbeit in der DDR" als Dissertation angenommen. Sie wurde vor der Veröffentlichung von mir durchgesehen und in Abstimmung mit dem Erstgutachter leicht überarbeitet. Meinem Doktorvater, Herrn Prof. Dr. Linus Hauser, sei für seine hilfreichen Bemühungen im Rahmen dieses langjährigen Forschungsprojekts ausdrücklich gedankt, ebenso den weiteren Gutachtern Herrn Prof. Dr. Siegfried Quandt für seine nützlichen Hinweise und Anregungen, sowie den Herren Prof. Dr. Gerhard Dautzenberg, Prof. Dr. Friedrich Lenger und Prof. Dr. Rudolf Grulich.

Für die technische Unterstützung bei der Bild- und Textverarbeitung über EDV danke ich den Herren Andreas Jung, Josef Knöpfle und Peter S. Nardo.

Diedorf, am 28. Oktober 2002   *Alexander Seibold*

ANHANG

Zeittafel

8.5.1945
Ende des Zweiten Weltkriegs.

1.7.1954
Gründung: *Kirchliche Hauptstelle für Film und Laienspiel* im Jugendseelsorgeamt Erfurt unter Diözesanjugendseelsorger Domvikar Karl Schollmeier.
Leitung: Karl Munter, Mitarbeit: Hans Donat, Referent im Jugendseelsorgeamt.
Beginn der Lieferung von Filmbesprechungen.

1955
Leitung der *Kirchlichen Hauptstelle für Film und Laienspiel*: Hans Donat, Mitarbeit: Hans-Joachim Schink.
Ausweitung des Versandes der Filmbesprechungen an alle Diözesen der DDR bis 1958.

1.6.1956
Gründung: *Katholische Bildstelle Magdeburg*
als selbstständige, überdiözesane Abteilung im *Seelsorgeamt des Erzbischöflichen Kommissariates Magdeburg*.
Leitung: Günter Särchen.

1.6.1959
Umbenennung der *Katholischen Bildstelle Magdeburg* in:
Arbeitsstelle für Pastorale Hilfsmittel im Seelsorgeamt des Erzbischöflichen Kommissariates Magdeburg.

1.1.1961
Gründung: *Arbeitsstelle für Pastorale Hilfsmittel im Seelsorgeamt des Erzbischöflichen Kommissariates Magdeburg, Außenstelle Erfurt*.
Leitung: Hans Donat.

13.8.1961
Bau der Mauer um die Westsektoren Berlins.

12.7.1966
Eingliederung: *Kirchliche Hauptstelle für Film und Laienspiel, Erfurt* in die *Arbeitsstelle für Pastorale Hilfsmittel im Seelsorgeamt des Erzbischöflichen Kommissariates Magdeburg, Außenstelle Erfurt.*

1975
Zugang: Helmut Morsbach beteiligt sich an der Erstellung von Filmbesprechungen.

1979/80
Weggang: Hans-Joachim Schink steigt aus der Rezensentengruppe aus.

1983
Beginn der Filmmission als Zusammenarbeit der *Arbeitsstelle für Pastorale Hilfsmittel im Seelsorgeamt des Erzbischöflichen Kommissariates Magdeburg* mit dem *Evangelischen Jungmännerwerk Magdeburg.*

31.12.1983
Auflösung der *Arbeitsstelle für Pastorale Hilfsmittel Magdeburg* durch Bischof Johannes Braun.

1.1.1984
Fortführung: Die *Arbeitsstelle für Pastorale Hilfsmittel* in Erfurt setzt ihre Arbeit, inklusive der Filmmission, nach der Auflösung der *Arbeitsstelle für Pastorale Hilfsmittel Magdeburg* fort.

1.1.1985
Ausgliederung des Sachbereichs „Vervielfältigung pastoraler Handreichungen" aus dem bisherigen Aufgabengebiet der *Arbeitsstelle für Pastorale Hilfsmittel*
und
Gründung der *Arbeitsstelle für Pastorale Handreichungen* in Berlin.
Leitung: Pfarrer Heinz-Josef Durstewitz.
Umbenennung der *Arbeitsstelle für Pastorale Hilfsmittel* in Erfurt in: *Arbeitsstelle für Pastorale Medien.*
Leitung: Hans Donat.

11.1987
Lexikon, Bd. 1: *Filme in der DDR 1945-86.*

1988
Zugang: Silke Ronneburg beteiligt sich an der Erstellung von Filmbesprechungen.

9.11.1989
Fall der Berliner Mauer.

15.3.1990
Gründung: *Katholische Filmkommission im Bereich der Berliner Bischofskonferenz.*
Leitung: Hans Donat.

3.10.1990
Weiterführung der *Arbeitsstelle für Pastorale Medien* in Erfurt über den Tag der Deutschen Einheit hinaus.

4.1991
Lexikon, Bd. 2: *Filme in der DDR 1987-90.*

1991
Die beiden katholischen Filmkommissionen auf dem Gebiet der alten und der neuen Bundesländer vereinigen sich zur *Katholischen Filmkommission für Deutschland.*

31.12.1992
Ende der zentralen Funktion der *Arbeitsstelle für Pastorale Medien* in Erfurt. Nach westdeutschem Muster bauen die Diözesen der neuen Bundesländer je eine eigene Medienstelle auf.

Wesentliche Aussagen der Zeitzeugen

Die Aussagen sind mit dem jeweiligen Namen des interviewten Zeitzeugen, sowie Ort und Tag des Interviews überschrieben. Die Zwischenüberschriften und die Absätze dienen der Orientierung im Text. Die in den Anmerkungen angegebenen Time-Codes bezeichnen als Fundstellen für die abgedruckte Transkription den genauen Beginn und das Ende eines durchgehenden Interview-Ausschnitts in Stunden, Minuten und Sekunden auf den Archivbändern Nr. 0436085/02 bis 0436085/09 im *Fernseharchiv des Bayerischen Rundfunks*.

... = Pause im Sprechtext

(...) = vom Autor ausgelassene Versprecher, seltener Abschweifungen und technische Pausen, wenige Male Zwischenfragen.

Günter Särchen, Wittichenau, 4.9.1998

Die Situation der kirchlichen Arbeit in der DDR

Ich spreche jetzt zunächst den katholischen Raum an. Nach 1945 und der damals vollzogenen Teilung Deutschlands in die Zonen bildeten sich in der DDR eigene kirchliche Jurisdiktionsbezirke. Es gab nur zwei eigene Diözesen von früher her. Die Diözese Meißen, heute Dresden-Meißen und die Diözese Berlin, aber schon mit den gespaltenen Sektoren. Die Restteile von Breslau in Görlitz, von Fulda in Erfurt, von Paderborn in Magdeburg, von Osnabrück in Schwerin, bildeten eigene Jurisdiktionsbezirke. Geleitet von einem Generalvikar, (...) die dann später Weihbischöfe wurden, aber selbstständige Ordinarien blieben, denn wir lebten in der DDR in einem politisch abgegrenzten Staatsgebilde.

Diese beschriebene kirchliche Lage war einmal vorteilhaft, dass sich alle Verantwortungsträger pastoral zusammenfanden von den ersten Jahren an mit Überlegungen und Ausführungen, wie kann man den Auftrag der Kirche in einer Diktatur weiterbringen, hineintragen ins Volk. Dazu gehörten natürlich auch pastorale Formen der Männerarbeit, der Jugendarbeit, der Caritasarbeit. In dieser Arbeit bin ich groß geworden, als Sozialpädagoge ausgebildet, und habe mich sofort in diese pastorale Aufgabe hineinbegeben. Zu dieser pastoralen (...) Verwirklichung gehört natürlich also auch jetzt der Einsatz von technischen Hilfsmitteln.

Wir hatten aus der alten Zeit die Diaserie als Unterrichtshilfsmittel, denn es gab auch eine neue Aufgabe der Katechetik. Die Katechetik hatte in der Pfarrei den Stützpunkt, es gab keinen (...) Religionsunterricht in der Schule. Das war

Aufgabe der Pfarrgemeinde. Aber man brauchte Hilfsmittel. Und so bin ich sehr bald konfrontiert worden mit einer Aufgabenstellung, für alle Jurisdiktionsgebiete in der DDR eine eigene, heute würde man sagen - später hieß sie auch so -, Medienstelle zu gründen. Es ging um eine katholische Bildstelle, das war der Terminus Technicus - bekannt.

Als ich aus der Jugendseelsorge ausgestiegen bin, hab' ich also, bekannt mit allen Leitern der Seelsorgeämter, bekannt mit allen Bischöfen, den Jurisdiktionsträgern, den Auftrag erhalten, eine solche Stelle in Magdeburg zu gründen. Mit kirchlichem Segen, ohne finanzielle Unterstützung, das war üblich in der DDR, und vor allen Dingen ohne staatliche Genehmigung. Es ist ihnen bekannt, dass innerhalb der DDR nichts ohne staatliche Genehmigung möglich war. Jede Sektion hatte wieder eigene Bereiche bis unten an den einzelnen Ort, ob das Kultur oder Wirtschaft oder Industrie ging, in diesem Falle Kultur: Lichtbildserien, Filmarbeit, Medienarbeit bedarf einer Lizenz des Ministeriums in Berlin für Volksbildung und Kultur. Eine solche Genehmigung war niemals zu erreichen. Das stand schon 1956 fest, als wir innerhalb der Pastoral erkannt haben, wir brauchen eine eigene solche Stelle. Wir hatten vorher schon den Namen erfunden, er kam eigentlich, diese Erfindung, vom Leiter des Seelsorgeamtes Magdeburg, Rat Aufderbeck, dem späteren Bischof von Erfurt, Hugo Aufderbeck. Er hat den Arbeitstitel erfunden: Innerkirchliche Hilfsmittel. Oder, wenn wir etwas schriftlich veröffentlicht haben: Nur für den kirchlichen Dienstgebrauch bestimmt. Unter dieser Fahne haben wir auch die Medienarbeit anlaufen lassen: Nur für den innerkirchlichen Dienstgebrauch. (...)

Es gab in der DDR scharfe Gesetze: (...) das bewegliche Bild bedarf immer einer Genehmigung. Das ging soweit, von Anfang an, die DEFA, das DDR-Filmunternehmen stellte Heimkinofilme her. Es wurden also Märchenfilme zum Beispiel, die im Kino liefen, auf 8mm kopiert, und dann über den Handel, den staatlichen Handel, den Familien angeboten für das Heimkino. Dieser, dieses Heimkino, dieser Film durfte aber, so stand in jedem Heft d'rinn, nur innerhalb der Familie vorgeführt (...) werden. Schon wenn die Hausgemeinschaft, die sozialistische geförderte Hausgemeinschaft zu einem solchen Filmabend eingeladen wurde, musste eine Genehmigung des örtlichen, der örtlichen Kulturabteilung eingehalten werden. Das hat damit zu tun, dass die Partei, die SED, die politische Linie, die Gefahr kannte einer Beeinflussung des Bürgers gegen die Prinzipien der Partei. Und so also auch über den Film, denn das Medium Film hat eine sehr große Wirkkraft auf den Menschen.

Wir hatten zuerst diese Idee und haben solche Märchenfilme gesichtet. Ich habe dann im Ministerium in Berlin ganz naiv beantragt schon 1957 für die katholischen Kindergärten, die genehmigt waren im Staat, und die katholischen Kinderheime, eine Vorführgenehmigung für diese zwanzig DEFA-Heimkinofilme zu bringen. Die hatten natürlich (...) keine katholische Thematik, es waren profane Filme, für mich aber ein Einstieg, auch diesem katholischen Kindergarten auch einmal von uns aus, nicht jetzt über die staatliche Bildstelle geleitet, dieses Material anzubieten. Das wurde geduldet und genehmigt.

Eine zweite pastorale Sicht hatten wir: die Taubstummen hörten von meiner, dieser Ausleihstelle. Die Taubstummen haben ja ein sehr begrenztes Vokabular, auch wenn sie sich über ihre Sprache, ihre Zeichensprache unterhalten, aber die visuelle Kraft ist sehr stark ausgebildet. Sie stiegen also nicht nur auf die Stehbildserie ein, sondern (...) auf den Film. Zunächst auf diese Filme, waren begeistert.

Das war 1957/58, und in dieser Zeit hörte ich natürlich durch meine Kontakte mit den westdeutschen, pastoralen Leitstellen von der Existenz zweier katholischer Filmstellen. Eine in Köln: das Katholische Filmwerk in Köln. Und zweitens: Das Katholische Filmwerk in Rottenburg in Süddeutschland. Ich benutzte die Gelegenheit zu einem Besuch, fand in Köln eine sehr große Unterstützungsbereitschaft, aber wenig Material. (...) Man schickte mich nach Rottenburg. Dort würde das meiste Material liegen. Das war der zweite Akt: Dass wir jetzt an katholische Thematik herangekommen sind. Eine eigene, keine große weltbewegende, aber, wie ich schon gesagt, es ging uns einfach noch nicht um die systematische Bearbeitung oder Aufbereitung von theologischen oder katechetischen Themen, sondern die kleine Diasporagemeinde bei uns. Der kleine Gesprächskreis, der sich gefunden hat, sollte auch über diese Mittel lebendig gehalten werden. (...)

In Rottenburg muss ich sagen, habe ich (...) ein volles Verständnis gefunden. Es gab nur 16mm-Filme da unten, Tonfilme. Wir in der DDR hatten aber nur damals zu dieser Zeit 8mm, ohne Ton, ein eigenes DDR-Fabrikat oder das sowjetische Fabrikat und auch (...) tschechische Projektoren, diese drei Länder belieferten uns. Und das konnte man in jedem Konsum, in jeder (...) Filiale kaufen, dieses Gerät, so dass ich also versucht habe. Und, was heute noch schwierig ist, war damals sehr offen möglich, sie hatten Verständnis: zuerst haben sie technische Schwierigkeiten gesehen, es würde ein Verlust entstehen, von 16mm runter zu kopieren auf 8mm. Ein Verlust an Bildbreite und Schärfe. Aber man hatte (...) die Antwort geholt, ich kriegte also weitere zwanzig Filme zu je fünf Kopien. Zum Beispiel der Film EINE TAUFE IM ZIRKUS. Das heißt also Zirkusseelsorge. Ein zweiter Film Seelsorge in den Häfen, (...) und andere Filme über Kirchenthemen, eine Firmung. Für uns war das natürlich ein Reichtum.

Ich habe diese 8mm-Kopien über Westberlin eingeführt. Das ging ohne Zollgenehmigung. Das war (...) unser Metier, dass wir uns Waren beschafften über die graue Grenze und diese Filme habe ich dann zum Teil zusammengeschnitten, denn ich kannte natürlich die Schwierigkeit: wenn ich jetzt einen Film vorführen lasse in einer Gemeinde, in einem Männerkreis, in einem Frauenkreis, in einem Altenkreis und der Vorspann lautet Katholisches Filmwerk Rottenburg, dann wäre meine Arbeit in wenigen Tagen beendet gewesen, denn auch zu dieser Arbeit ist notwendig die Hintergrundinformation:

in der DDR, in einer solchen Diktatur, war man über alles informiert. Heute, nach der Wende, weiß das sogar ein Westdeutscher, damals wussten wir wenig, wir ahnten vieles, aber, wer in der Arbeit etwas leisten wollte, musste das berücksichtigen.

Ich habe also (...) den Vorspann dieser westdeutschen Filme geschnitten, zwanzig je fünf, hundert Filme haben wir uns vorgenommen, immer den Vorspann abgeschnitten. Und zum Beispiel diese Filme Seelsorge im Hafen, Seemannsseelsorge, Zirkusseelsorge, Landarbeiterseelsorge, Seelsorge auf dem Dorf zusammengeklebt mit einem eigenen Vorspann: Seelsorge überall. Wir hatten in der DDR, das weiß ein Westdeutscher auch oft falsch, schätzt es falsch ein: wir hatten niemals diesen Druck so gespürt, dass wir hinter jedem Baum einen russischen Soldaten erwartet hatten, der uns bedrängt. Sondern wir hatten unsere Arbeit relativ für uns frei gemacht, immer unter der Devise, wir sind keine Mulatten, wir sind Bürger der DDR, lediglich katholisch. Und sie können uns nicht beschneiden, auch wenn die Gesetze uns beschnitten haben. Also wussten wir, wenn ich ein eigenes Firmenzeichen habe, jeder sozialistische Betrieb hat sein eigenes (...) - Stempel war im Sozialismus alles. Ich hab´ also ein eigenes Firmenzeichen entwickelt, das ich dann mal noch zeigen kann, auf einem Textheft hab´ ich das: ein Kreuz, das 1952 am ersten Katholikentag in Berlin, das wunderbare Balkenkreuz, das nahm ich als Firmenzeichen für die katholische Bildstelle in Magdeburg. Und von diesem Kreuz gingen Strahlen aus. Und dieses Strahlenkreuz wurde nun (...) als Vorspann gearbeitet in einer befreundeten (...) Kopieranstalt in Dresden und wurde von mir dann davor geklebt, so dass in einer Pfarrei es hieß, man sah das Kreuz, das bekannte Kreuz aus Magdeburg von der katholischen Bildstelle, es kam der Text: ein pastoraler Film von der Bildstelle Magdeburg, nur für den innerkirchlichen Gebrauch.

Für uns war das wichtig, weil in den einzelnen Orten - wir sagten immer - der kleine Funktionär aufpasste, und wenn er aber so was sah, für den war das nicht möglich, dass das verboten war. Er hat also manches dadurch geschluckt und gar nicht erst, ist er nicht aufmerksam geworden. Später war das dann anders. Das heißt also, auch die Filmarbeit ist so in westdeutscher Sicht, gering gewesen von der Thematik her, dass sie nicht zu vergleichen ist mit dem Einsatz (...) vom Medium Film in der, in einer Pastoral drüben. Wir haben die DEFA-Filme als Aufreißer gehabt, wir haben diese wenigen des Katholischen Filmwerkes Westdeutschlands gehabt, dann kam ein Verbot in den sechziger Jahren, wo mir all diese Arbeit verboten wurde.

Ein ausschlaggebender Anlass für dieses Verbot war eine Unvorsichtigkeit in, im Thüringer Raum. (...) Im Thüringer Raum liegt das, die katholische Enklave Eichsfeld. Dort ist man ähnlich frei umgegangen mit der Pastoral und der Politik wie nur noch in der Oberlausitz, im sorbischen Gebiet. Einzelne Geistliche haben sich dort einen Filmprojektor besorgt, einen 8mm. Und haben sich aus Westdeutschland über ihre Patenschaften, über ihre Partnerdiözesen oder Partnerpfarreien, die es sehr verbreitet gab, westdeutsche Filme besorgt.

8mm-Filme, später auch 16mm-Filme. Und es gab in der DDR durch Beziehungen aber im öffentlichen Handel, 16mm-Projektoren zu kaufen, so dass also dann in (...) einer Eichsfelder Pfarrei Filme über Afrika gezeigt wurden, über die Missionsarbeit, über Lourdes, DON CAMILLO UND PEPPONE und also auch Filme, jetzt profanen Inhalts, DAS LIED DER BERNADETTE, kein profaner Inhalt, aber Kinofilme, die dann vorgeführt wurden. Und diese Unvorsichtigkeit. Ich habe damals mit diesen Freunden sehr schnell gesprochen, dass sie hier eine, eine kleine Arbeit in Gefahr bringen, und wir brauchten auch gar nicht lange warten, Mitte der 60er Jahre kam ein Verbot in das Eichsfeld, Filme vorzuführen, da man aber auch informiert war über diese Magdeburger Stelle, diese katholische Bildstelle in Magdeburg, wurde auch mir untersagt Schmalfilme einzusetzen, laut diesem bekannten Gesetz. Es blieb dann beim Stehfilm (=Dia, A.S.).

Aus diesem Anlass, das ist auch für die Westdeutschen interessant, wir nannten uns katholische Bildstelle. Ich habe vom ersten Tage an, gesagt, dass wir einen Finanzplan haben müssen, eine Buchhaltung, die überprüfbar ist, denn staatliche Stellen im NS-System und auch im sozialistischen System haken ein bei ihren Gegnern unter anderem im Finanzapparat: Steuerhinterziehung. Ich habe also eine Buchhaltung, ich habe die Diaserien verkauft an die Pfarreien gegen einen Unkostenbeitrag, ich hatte eine Steuernummer beim Rat der Stadt, Finanzamt, und wurde einmal im Jahr steuerlich überprüft in meinen Büchern. Diese Buchhaltung musste im wahrsten Sinne des Wortes eine doppelte Buchführung sein. Der Buchhalter, der sagt, (...) doppelte Buchführung ist für ihn ein technischer Begriff, das weiß er, für uns war das eine andere Deutung: Ich hatte ein Buchführung, die stimmte, mit den Ein- und Ausgaben der Pfarreien. Aber ich brauchte doch mehr Geld, wenn ich zum Beispiel einen Auftrag für Filmkopien in der Filmtechnischen Anstalt Dresden gegeben habe, einer privaten filmtechnischen Anstalt, geleitet von einem ehemaligen Mitglied des evangelischen Jungmännervereins, der mir sehr gewogen war.

Und der sagte, für sie mache ich alles, für sie besorge ich auch Filmmaterial, denn auch das Filmmaterial war wie alles kontingentiert in der DDR. Ob 8mm, ob 16mm oder eben das Filmmaterial für die Lichtbildserien, für die Diaserien. Diese filmtechnische Anstalt, die hat uns übrigens auch (...) den neuen Vorspann aufgenommen, musste ja bezahlt werden. Wir suchten also überall dann noch Leute, die sagten, wir geben ihnen eine Rechnung, die bezahlen sie offiziell und sie wussten, dass ich ihnen noch privat einen Briefumschlag zustecke. Wo kriegte ich dieses Geld her, wie konnte ich das buchen? Dieses Geld kriegten wir durch die Unterstützung westdeutscher, pastoraler Stellen, zum Beispiel das Jugendhaus Düsseldorf oder die Parallelstelle, die bischöfliche Arbeitsstelle für Jugendseelsorge in Altenberg. Diese beiden Stellen haben die Medienarbeit, meine Medienarbeit und die der Außenstelle in Erfurt ausgezeichnet schwarz finanziert, sehr unterstützt. Heute darf man da d´rüber sprechen. Es ist leider schon bei vielen vergessen, in Vergessenheit geraten (...).

Ohne diese Zuschüsse und dem Laien Dr. Paul Reichelt, Ministerialrat in Bonn, jetzt in Ruhe, der Ostreferent in Düsseldorf war, hätten wir diese Medienarbeit, auch diese Filmarbeit nicht bezahlen und nicht leisten können.

Ich sage, diese Filmarbeit im Eichsfeld war für uns ein Nachteil, man wurde aufmerksam, man hat uns verboten, und bei diesen Gesprächen sagte mir ein staatlicher (...) Gesprächspartner: Katholische Bildstelle ist ein Terminus technicus, ein Bezirk, bei uns gab es Kreise, Städte, Gemeinden, den Kreis und den Bezirk, die Länder waren aufgelöst. Jeder Bezirk hat eine Bezirksfilmstelle oder -bildstelle, eine Kreisbildstelle, eine Schule hatte eine Bildstelle, (...) ein Schulrat hatte eine Bildstelle. Dazu brauchte man eine Lizenz. Wenn ihr Katholiken eine habt, braucht ihr die Genehmigung.

Das war damals in diesem Jahr der Hinweis für mich, sofort den Titel zu streichen: Katholische Bildstelle. In diesem Gespräch, dieser Mann war mir sehr gewogen, er war ein überzeugter Kommunist, ein Atheist, aber er hatte irgendwelche Erfahrungen, dass er sagte, ich verstehe nicht, dass das Christentum, ihr als aktive Leute, so unterdrückt werdet. Und in diesem Gespräch entwickelte sich der neue Titel Arbeitsstelle für Pastorale Hilfsmittel. Wie war das geschehen? Sie machen doch Hilfsmittel. Sie helfen mit ihrer Arbeit doch bloß dem Pastor. (...) Und diese Mittel, die stellen sie doch her, die verkaufen sie doch nicht im Konsum. Nein, haben wir gesagt, ein Konsum kriegt bei uns keine, nur die Pfarrei. Also für die Pastors machen sie Hilfsmittel, daraus entwickelte ich dann: Pastorale Hilfsmittel. Und wir sind eine Arbeitsstelle, die das erarbeitet, wir sind kein Verlag. Denn ein Verlag bedarf einer Lizenz und 'ne Lizenz hatte nur der katholische Bennoverlag, und parallel dazu ein evangelischer Verlag, nur diese beiden christlichen Verlage gab es, kirchlich in der DDR. Etwas anderes war nicht möglich. Und so war die Arbeitsstelle für pastorale Hilfsmittel geboren mit demselben Tätigkeitsmerkmal, mit derselben Wirksamkeit, (...) es wurde ebenfalls so abgerechnet. Aber wir hatten die Filmarbeit verloren.

Die evangelische Bildstelle in Magdeburg gehörte seit 1945 dem evangelischen Jungmännerwerk an. Wir arbeiteten in der Ökumene sehr gut zusammen, schon aus meiner Jugendseelsorger-Arbeit kannten wir uns persönlich, freundschaftlich verbunden, und jetzt also durch meine Dia-Arbeit also auch. Sie waren nicht so frei, wie ich die Arbeit aufgezogen habe, auch mit der Thematik, in der Diaserie zum Beispiel habe ich die Landung auf dem Mond ausgezeichnet wunderbar gebracht, in zweitausend Exemplaren in alle katholischen Pfarreien und alle katholischen Heime der DDR. (...). Und die hatten eine Filmarbeit laufen, als Filmmission, nannten sie es. Sie hatten die Genehmigung über eine, über die zuständige Genehmigungsstelle in Berlin, die staatliche, dass sie einmal im Jahr, einen Film aus Westdeutschland einführen dürfen. Mir fällt, ich glaube, es ist der richtige Name, Matthias-Filmgesellschaft, es wird die evangelische Filmgesellschaft sein, Matthias-Filmgesellschaft, ich weiß nicht, wie die in Rottenburg hieß. Und zum Beispiel

ALBERT SCHWEITZER, ein Film, 16mm, Ton, eine halbe Stunde. ein Film über die Bodelschwinghschen Anstalten, ein Sozialfilm also caritativen Inhalts. Da wir uns so gut kannten, haben wir vereinbart, dass sie mit ihren Projektionsgeräten, ihren Projektoren, 16mm Ton, in unsere Gemeinden kommen und diese Filme vorführen.
Ich komme zurück auf meine Anfangswertung unserer pastoralen Aufgabe. Wir wollten nicht nur Innenzucht, in den Sakristeien Katechetik, wir wollten, dass der Katholik in der Diaspora, in der Diktatur, ein weltoffenes Bild bekommt und ein weltoffener Christ wird. Dazu also auch ein solches Filmwerk in der Vorführung. Er fühlte sich plötzlich nicht mehr eingeengt, wenn er in der Pfarrei in dieser Diktatur einen Filmabend erlebte über Schweitzer. Das kann sich ein Westdeutscher kaum vorstellen. Wir hatten die Aushängeplakate von den Evangelischen gehabt. Die waren genehmigt bei den Evangelen. Und da hieß es dann nur, in der katholischen Kirche wird es vorgeführt. Die Finanzen waren, gingen an die Evangelen. Für mich war wichtig, dass die katholischen Jurisdiktionsträger, also die Generalvikare, vor allem die Leiter der Seelsorgeämter, die dafür zuständig waren unten, damit einverstanden waren. Die waren aber begeistert und klatschten in die Hände und sagten, die Idee ist großartig, so dass wir, ein Beispiel, in Mecklenburg, diesem abgeschiedenen Land, wo auch die katholischen Gemeinden sehr klein und sehr verstreut sind, dass wir dort mit dem heutigen Weihbischof Werbs, damals Leiter des Seelsorgeamtes, dass er für mich einen Plan aufstellte, einen Reiseplan, für 14 Tage, wo der evangelische Mann, der Filmvorführer mit seinem Gerät und den beiden Filmen durch diese katholischen Gemeinden reiste, jeden Abend woanders, Nachmittag eine Kindervorstellung im katholischen Gemeindehaus oder Pfarrhaus machte, und abends eine Erwachsenen-. Oder in der Kirche, meist Kirche, weil sie keine größeren Räume hatten, und er übernachtete im katholischen Pfarrhaus, wurde gut beköstigt, und am nächsten Tag fuhr er wieder weiter in (...) 'ne andere Pfarrei. das ging sehr gut und wie durch ein Wunder hatten sie plötzlich Geldknappheit, sie kriegten keine neuen Filme rein. Es war eine weiche Welle in Berlin in dieser Registrier- und Genehmigungsstelle der Staatlichen. Und der Vertreter in Magdeburg (...) der evangelischen Filmstelle hat mir das Anliegen vorgetragen, ob ich nicht katholische Filme besorgen könnte, auch kaufen könnte, bezahlen könnte. Er würde dann die Genehmigung beantragen über seine Stelle ohne zu nennen, dass es sich hier um einen, eine katholische Aktivität handelt. So gut waren unsere brüderlichen, echt brüderlichen Verbindungen. So haben wir aber gemeinsam auch pastoral gedacht.[274]

---

[274] Fernseharchiv des Bayerischen Rundfunks, München, Bestand Freimann (im Folgenden: BFS-Archiv): 0436085/08: TC 0′02′21-0′32′20.

Särchens Medienarbeit in den Akten des Ministeriums für Staatssicherheit

Es gibt ein interessantes Schriftstück, was mir jetzt erst nach Einsichtnahme in die Unterlagen des Ministeriums für Staatssicherheit, der Gauck-Behörde, gab es natürlich eine Akte, Spezialakte über mich und meine Arbeit. Ein Großteil, da wird die Polenarbeit behandelt und nicht meine Medienarbeit. Es ist ganz interessant, dass der Teil, diese Akten sind sehr selektiert, sind also gelöscht teilweise und vernichtet. Interessant ist, dass es kaum Unterlagen darin gibt über meine Medienarbeit, die ja einen kirchlichen Schutz hatte. (...) Also über diese Medienarbeit ist wenig noch erhalten. Aber es ist zu erkennen, dass ganze 20, 30, 40 Seiten aus bestimmten Jahren über diese Arbeit fehlen.
Erhalten geblieben ist ein Schriftstück aus dem Jahre 1965 in russischer Sprache. Vom polnischen Ministerium für Sicherheit gerichtet an das DDR-Staatssicherheitsministerium in Berlin. Und die Amtssprache war Russisch. Für sie in Westdeutschland ist Englisch die Amtssprache. diese Originale sind erhalten und auch die Übersetzungen des Staatssicherheitsministeriums ins Deutsche. Und damit kann ich eigentlich abrunden und schließen diesen Bericht über unsere Arbeit. Da wird also angefragt von den Polen, werden die werten Genossen bei uns angefragt, sie hätten Informationen, dass der DDR-Bürger Günter Särchen beschäftigt in Magdeburg, Verbindung unterhält mit dem Geistlichen Hudy, Leiter des Büros der Kommission für Rundfunk, Kino, Fernsehen, Theater und Film in Polen, für den unsererseits Interesse besteht, schreiben die Polen. Nun fragen sie an, was der Särchen für ein Mann hier ist. das Ergebnis war, was ich damals nicht wusste, ein Ergebnis war, dass ich daraufhin bei den Zollkontrollen, denn hier ging es darum, sie haben bewiesen, sie hatten Beweismittel, dass ich Filme, Material herüber bringe: aus der von uns in der letzten Zeit erlangten Information geht also hervor, dass Herr Särchen nicht nur Polen besucht, sondern auch Filme und Diapositive mit einer religiösen Thematik mitbringt. Und das hatte zur Folge, dass ich dann immer wieder strenge Kontrollen an der Grenze hatte. (...)
Da wir immer wieder uns solches auch dachten, wir hatten verschiedene Möglichkeiten und haben das dann geschafft. Das ist mein Beitrag für die Arbeit Film im katholischen Raum der DDR. Wir haben eine gewisse Pfiffigkeit uns angenommen. Durch meine Polenkontakte, hatte ich auch Kontakte bekommen zu dem polnischen Kultur- und Informationszentrum in Berlin, einer staatlichen Institution. Diese Leute waren sehr bedacht, dass meine Arbeit weiterläuft, obwohl sie DDR-untypisch war: nicht politisch. Aber sie wussten, das waren die Kommunisten, sie waren auch Patrioten, wie der polnische Katholik ein Patriot war, ein polnischer Patriot, dass meine Arbeit etwas positives für ihr Land bringt. Und eines Tages hat mir dieser polnische Botschaftsrat, ein Kommunist, das Angebot gemacht, ich könnte doch aus seinem 16mm-Schmalfilm-Archiv Tonfilme ausleihen, die sonst nur an DDR-Kultureinrichtungen ausgeliehen werden. Und so bin ich durch die DDR mit

meinem 16mm-Filmprojektor selbst als Vorführer durch viele Gemeinden, Studentengemeinden, Akademikerkreise mit dem ausgezeichneten Color-Tonfilm über Tschenstochau zum Beispiel DIE SCHÄTZE DES DOMSCHATZES VON TSCHENSTOCHAU, ein wunderbarer 35-Minuten-Tonfilm und den zweiten, die FUßWALLFAHRT VON WARSCHAU NACH TSCHENSTOCHAU, ein 35-Minuten-Film oder 40-Minuten-Film, Color vertont, ausgeliehen beim staatlichen polnischen Kulturzentrum in Berlin.

Und habe natürlich damit einmal meine Polenthematik in die Gemeinden gebracht, das war ein sehr großes Anliegen von mir. Durch diese Aufhänger, da gab es auch einen Film DAS LEBEN DER POLNISCHEN FAMILIE, wie sich das abspielt in einer polnischen Familie. Das war ein kolossaler Unterschied zu einem ähnlichen Film einer DDR-Familie. Das war für mich natürlich Diskussionsstoff an einem solchen Abend. Ich habe von dort die Filme mir geholt, gesellschaftspolitischer Art, über die (...) Sinti und Roma hatten die Polen einen Kulturfilm. Also über diese Thematik Kulturfilm konnte ich mir Filme auswählen. Ich habe mir Friedensthemen, die Polen hatten ausgezeichnete Kurzfilme, die niemals ins Theater kamen, aber in Filmstudios, an Filmhochschulen gedreht wurden, nun dann auch in der deutschen Sprache kamen. Und zum Beispiel hatte ich drei Filme, die ich behandelt habe als Antikriegsfilme in meinen Abenden, in meinen Vorträgen. Das hat jetzt nichts zu tun mit Katechetik oder so etwas, sondern hier erkennen sie wieder vielleicht meine persönliche Art als Hofnarr, wie ich Pastoral in einer Diktatur gesehen habe. Natürlich hatten nicht nur staatliche Stellen ihre Schwierigkeiten mit mir, sondern auch kirchliche, aber sie freuen sich immer noch, heute vor allen Dingen in der Freiheit, dass es diese Erfolge gab und dass diese unter ihrer Mitra geschehen sind, und manches konnten wir über diese Brücke leiten. Ja, das wäre vielleicht zum Schluss.[275]

Das Miteinander der Konfessionen in der Gemeindepastoral

Es ist nicht nur aus der Not geboren, dass wir gemeinsam unterdrückt waren oder dass wir gemeinsam bestimmter Freiheiten beraubt oder beschnitten waren. Also nicht das allein ist die Hauptmotivation gewesen, sondern nach dem Krieg, nach 1945, nach diesem Wiederaufbau in der DDR, in der sich bildenden DDR schon, hat sich sehr schnell herausgebildet, das Über-den-Zaun-Schauen zum anderen hin einmal aus der Not geboren, dass wir wenig katholische Kirchen hatten in Mitteldeutschland. Mitteldeutschland war protestantisches Gebiet. Jetzt kamen aber Hunderttausende Aussiedler und Ausgewiesene und Flüchtlinge aus Schlesien, aus Sudetenland in diesen Raum nach dem Krieg in die Dörfer, in die Städte. Es bildeten sich neue katholische Gemeinden ohne

---

[275] BFS-Archiv, 0436085/08: TC 0'48'26-0'56'43.

Kirchenraum. Wir waren teilweise also auf den protestantischen Kirchenraum angewiesen. Da hat sich eine Nachbarschaft schon ergeben. Ein Miteinander. Es klappte nur nicht, wenn die Persönlichkeiten schief waren. Das lag aber auch manchmal an beiden Seiten. Kann man also nicht generell sagen. Generell kann man sagen, es hat sich auf diese Weise ein sehr brüderliches, nachbarschaftliches Verhältnis herausgebildet. Das zweite: Man hat sehr schnell dann also auch Gespräche miteinander geführt. Es war nicht mehr die Trennung zwischen dem Pastor (gesprochen: Pasta, A.S.) und dem katholischen Teil, es war nicht mehr der Pastor angesiedelt im intellektuellen Teil, Gebiet, also bei der Skatrunde und der katholische Pfarrer war der Dummpfarrer, so sagt man in Mitteldeutschland. Denn er war der Pfarrer für die polnischen Schnitter oder die Nachkommen. Das waren einfache, biedere Leute. Sondern jetzt war man miteinander im Gespräch und man stellte fest, so wie sie die Frage stellten, haben plötzlich die Evangelischen festgestellt, ja der katholische Pfarrer der hat ja ein Studium, das ist ja ein ganz - so naiv oftmals - ein ganz gebildeter Mann, mit dem kann man ja sprechen. Bis dahin, dass es sich entwickelt hat, (...) wir sind nach diesem Kriege beauftragt, dieses Evangelium gemeinsam zu verkünden. In zwei verschiedenen Kirchen oder in mehreren unterschiedlichen Kirchen, es gab die Freikirchen und kleine reformierte Gemeinden, also auch. Aber wir müssen versuchen, den Auftrag Christi, das klingt jetzt sehr theologisch und sehr fromm, den müssen wir hier versuchen zu packen. Und so ist die ökumenische Bewegung in der DDR, ich überziehe oder ich maße mir das an, weiter entwickelt, fester gewesen als in den alten Bundesländern.
Nicht, dass wir jetzt alles in einen Topf geschmissen haben, Neckermann macht´s möglich: in einen Katalog. Wir waren unterschiedlich, wir blieben unterschiedlich, aber wir haben sehr viele Dinge auch, die Priesterkonferenzen, sie haben. So hat sich dann in den fünfziger, sechziger Jahren schon entwickelt, dass es gemeinsame Pastoren- und Priesterkonferenzen gab, wo man auch (...) ein theologisches Thema angepackt hat, wo die Katholen über die Ablasslehre der katholischen Kirche gesprochen haben und der evangelische Teil dann sagte, jetzt wissen wir wieder, wir loben in Zukunft auch nicht den Ablass, aber jetzt wissen wir, wie das zustande gekommen ist, besser als aus unseren Vorlesungen im Theologiestudium (...). Also das hat Bestand gehabt hier, und diese Ökumene trägt bei uns auch heut´ noch weit. Sie hat einen Schlag bekommen durch die politische Wende. Ein großer Teil der politischen Engagierten in der Wende kam aus dem evangelischen Raum. Diese Leute waren synodal gebunden, geprägt. Sie wussten, in einer Synode zu sprechen, umzugehen, aber auch diese Pastoren waren freier.
Wenn ich mich als Hofnarr erst bezeichnet habe, so gab es in der evangelischen Kirche jetzt auch einen großen Kreis evangelischer Pastoren, die nicht mit der DDR mitmachten, sondern die eine Friedensbewegung initiierten, förderten, wo eine andere war und steuerten, und so also auch dann einfließen ließen in die Oktober friedliche Revolution (...). Da die katholischen Obrigkeiten sich

zurückgehalten haben bei der friedlichen Revolution in der DDR aus bestimmten Gründen, verschiedenen Gründen, die ich nicht verstehe, unterstützen kann, aber sie waren da. Haben die Evangelischen damals sehr sauer reagiert, als nach der Wende plötzlich aus Westdeutschland katholische Politiker kamen (...). Da fing plötzlich an, im evangelischen Lager fing man an zu zählen, dass man feststellte, in der Landesregierung sind soundsoviel katholische, ist das Übergewicht katholisch, (...) obwohl wir die Revolution gemacht haben.[276]

Die fingierte Genehmigungsnummer

Sie wissen aus der DDR-Geschichte: Nichts ging in diesem Staat ohne (...) staatliche Genehmigung. Ein Hauptaugenmerk musste natürlich eine solche diktatorische Partei auf alle Veröffentlichungen richten, die ein Volk prägen. Also dort musste alles genehmigt werden und musste jeder Zettel in einem Betrieb genehmigt werden. Nun kamen wir und wollten unsere eigenen Geschichten machen.
Der besagte Rat Aufderbeck war Studentenpfarrer in Halle schon vor 1945. Also noch in den letzten Kriegsjahren. Blieb dann in Halle nach der politischen Wende. Er hatte dort, ich weiß nicht woher, einen Abzugsapparat für Wachsmatritzen, einen einfachen mit Handkurbel organisiert (...) und er hatte bei der sowjetischen Militäradministration, bei der Kommandantur, in Halle 1945 sich eine Genehmigung geben lassen, schriftlich, mit der Nummer, ich weiß nicht, Strich 356, dass er für den kirchlichen Bedarf, innerkirchlichen, Predigten vervielfältigen und so weiter. Dieser Aufderbeck wurde dann Leiter des Seelsorgeamtes in Magdeburg. Das hieß damals erzbischöfliches Kommissariat, war noch keine eigene Diözese. Er nahm diesen Apparat mit. (...) Er bearbeitete jetzt aber schon ausführlichere, wir sagten immer den Begriff Handreichungen, ein Westdeutscher weiß aber nicht, was eine Handreichung ist, nicht? (...). Und dann stand: zum innerkirchlichen Dienstgebrauch und dann hat er diese Genehmigungsnummer, die er von der sowjetischen Kommandantur gekriegt hat, 1945, auch 1953 und '56 noch geschrieben als ich in Magdeburg von der Jugendseelsorge rüberging und diese Medienstelle gründete.[277]

Die Auflösung der Bildstelle in Magdeburg

Die Arbeit der katholischen Bildstelle Magdeburg und der Nachfolgestelle Arbeitsstelle für pastorale Hilfsmittel einschließlich Außenstelle Erfurt war kirchlicherseits eingebettet in die Zuständigkeit des Ordinarius, des

---
[276] BFS-Archiv, 0436085/09: TC 0'25'18-0'32'26.
[277] BFS-Archiv, 0436085/09: TC 0'33'02-0'35'48.

Jurisdiktionsträgers. In meinem Fall des Weihbischofs Rintelen, Dr. Rintelen in Magdeburg. Das ging auch soweit, dass Hans Donat, also die Erfurter Stelle, das Ordinariat nichts damit zu tun haben wollte, was er machte, das ist Magdeburg. Das hatte Vorteile. Der Weihbischof (...) Dr. Rintelen hatte mir sämtliche Freiheiten gelassen und war begeistert, erzählte mir, wenn er mich traf auf der Treppe (...). Ich wusste, dass er dahinter stand. Und das war in Ordnung. Er hat mich auch bei staatlichen Stellen, wenn ihm gemeldet wurde, dass staatliche Stellen Schwierigkeiten haben, hat er mich abgedeckt. (...) Er hat das gedeckt.

Mit der Ernennung von (...) seinem Nachfolger, Bischof Johannes Braun, gab es Schwierigkeiten. In zunehmendem Maße von Jahr zu Jahr schlimmer und in den achtziger Jahren dann sehr schlimm. Verlangte er, dass alles, was (...) in der Arbeitsstelle für pastorale Hilfsmittel hergestellt wird, ob Text, Lichtbild, oder mal ein Malfilm über seinen Schreibtisch gehen muss. In den staatlichen Unterlagen des Staatssicherheitsdienstes, in meiner Akte lese ich dann, dass er von dem Ministerium für Staatssicherheit daraufhin angesprochen wurde und dahingehend beauftragt wurde und dass festgestellt wurde, dass er zugesagt hat, für diese Ordnung zu sorgen, für die Einhaltung zu sorgen. Und er, weil ich das nicht tat, er verlangte das von mir auch, und ich wusste, dass das eine Behinderung unserer gesamten Pastoral ist, tat ich es weiter, und musste dann zur Kenntnis nehmen, dass man mir sagte, sie haben keine kirchliche Deckung mehr, bis dahin, dass der Staatssicherheitsdienst notierte in den Akten: führende Vertreter der Kirche erklären, dass diese Arbeiten ein Missbrauch von kirchlichem Gerät und kirchlichen Vollmachten sind. Also mein Missbrauch. Das betrifft das Sekretariat der Berliner Bischofskonferenz und das betrifft den Bischof Braun in Magdeburg, der auch dafür sorgte, dass dann nichts mehr produziert werden durfte im Jahre 1984. Ich wurde dann krank, ich wurde invalidisiert, weil ich (...) mit dem Herzen fertig war. Diese Gelegenheit nutzte der Bischof Braun aus, um die Stelle in Magdeburg zu schließen.

Da wir ja für alle gearbeitet haben, für alle Jurisdiktionsgebiete, hat er der Bischofskonferenz mitgeteilt, jetzt könnt ihr eine andere, ein anderer Jurisdiktionsbezirk einmal diese Stelle leiten. Da meine Außenstelle schon in Erfurt war, war das das einfachste in der Bischofskonferenz, dass die Bischöfe sich untereinander sagten, zum Erfurter dann, mach du das jetzt unten weiter. Und in Magdeburg ist sie erloschen. (...) Nachweislich in den Akten leider, dass er diese Unannehmlichkeiten, (...) das hat er mir persönlich auch gesagt, dadurch ist er von staatlichen Stellen gehindert worden, andere Vorhaben durchzuführen, Bauvorhaben durchzuführen.[278]

---

[278] BFS-Archiv, 0436085/09: TC 0´52´16-0´57´18.

Hans Donat, Erfurt, 16. - 20.3.1998

Anregungen durch die katholische Filmarbeit der Bundesrepublik Deutschland

Es gab Kontakte. Ich hab' ja seinerzeit auch mit Klaus Brüne verhandelt. Aber so eng waren diese Kontakte nicht und (...) es liefen hier ja schon ganz andere Filme wie im Westen. Es war auch schwierig, an das Material zu kommen, (...) und wir haben auch am Anfang, haben wir versucht, die westliche Filmrezension zu bekommen, um uns danach ein Stück auszurichten. Interessant ist, dass eben dieses in den ersten Jahren durchaus möglich war. Hier waren die Filmbesprechungen, auch wenn man die heute vergleicht, recht ähnlich. Sie waren geprägt vom Künstlerischen, vor allen Dingen aber von der Aussage her. Wir waren ja immer in Richtung Pastoral tätig, und nicht in Richtung Kunstbeurteilung (...). Was kommt rüber? Vor wem sollen wir, vor was sollen wir die Leute bewahren? Auf was Gutes sollen wir die Leute hinweisen. (...)
In der Entwicklung dann hat sich das verändert. Im Westen ... wurde immer mehr Wert gelegt auf die Beurteilung der künstlerischen Seite. Während es bei uns ... war das Bemühen da, die pastorale Seite zu sehen, also auf den Inhalt einzugehen: Inhalt und Form. (...) Und von daher lief es, lief es im Laufe der Jahre immer mehr auseinander.[279]

Die Organisation der Tätigkeit der Filmrezensenten in Erfurt und Berlin

Ich habe vorhin ja gesagt, dass am Anfang (...) das gemeinsame Ansehen von Filmen war, zwischen Joachim Schink und mir, dass wir uns ausgesprochen haben über den Film, und dass im Anschluss daran eine Rezension geschrieben wurde analog der Rezension wie sie im film-dienst von Klaus Brüne war.
Ich denke gern noch an diese Zeit zurück, wir trafen uns nämlich in einem Gasthaus und er hat dann immer dort Thüringer Rostbrätl bestellt. Diese Termine fielen ja in meine Arbeitszeit mit hinein und ich war (...) neben dieser Filmarbeit mit der Jugendarbeit in der Hauptsache beschäftigt. Ein Problem bei dieser Erarbeitung oder beim Herankommen an die Filme war, dass wir ja keinen (...) Status hatten, um an Voraufführungen heranzukommen. Wir waren also angewiesen auf das normale ablaufende Programm. Das versuchten wir dann zu verändern und es gelang auch eine bestimmte Zeit. Wir liefen dann als Journalisten des St. Benno-Verlags. Unter diesem Begriff haben wir die Genehmigung erhalten, neben den offiziellen Presseleuten an Voraufführungen in einem Erfurter Kleintheater teilzunehmen. Das Problem wiederum war dabei, dass hier die Voraufführungen einen Tag vor der Aufführung selbst waren. Also

---
[279] BFS-Archiv, 0436085/02: TC 0'27'26-0'30'28.

für die (...) Presseleute reichte das. Die schrieben am selben Abend noch eine Rezension, und es konnte am nächsten Tag gedruckt erscheinen. Für uns war das wenig fruchtbar. Denn wir hatten gar nicht die Möglichkeit in so kurzen Abständen die Filmbesprechungen zu verschicken. Das eine war ja die Erstellung, das Zweite war, wie bringen wir sie an den Mann. Und trotzdem haben wir jahrelang diese Möglichkeit wahrgenommen, als Journalisten dort dabei zu sein, bis man uns das unter fadenscheinigen Gründen aufgekündigt hat. Wir durften dann dort nicht mehr hingehen und waren darauf angewiesen, das Normalprogramm zu sehen.

Nun hatten wir in Erfurt seinerzeit zunächst einmal vier Kinos. Also, die wurden dann reduziert auf drei, aber es gab also drei Abspielstätten, wo wir Filme sehen konnten. Und so haben wir uns diese dann aufgeteilt, wer konnte wann? Und sind dann in die Filme gegangen und haben sie uns angesehen. Und später eben sehr bald einzeln besprochen und nur die Generalabsprachen getroffen. So, so war der Anfang.

Später hat sich ja diese Sache noch ausgedehnt und wesentlich verändert. Vor allen Dingen, als 1975 Helmut Morsbach dazukam. Hier war ein sehr großer Gewinn, was die Filmrezensionen anbetraf, weil er einmal in Berlin war, zum zweiten im staatlichen Filmarchiv. In Berlin: das bedeutete, er kam an Filme heran, die in Erfurt gar nicht liefen. Das war dann auch etwas aufgeteilt, es wurde in Staffeln eingesetzt. Und Erfurt gehörte nicht zur ersten Staffel, ... Provinz, sondern Berlin gehörte zur ersten Staffel. Also bestimmte Filme liefen überhaupt nur in Berlin und die liefen nicht in den anderen Städten. Also eine Zusammenarbeit, die wir anstrebten mit Dresden, Magdeburg und (...) Rostock, ist nie zustande gekommen, hätte auch nicht allzuviel erbracht. Das wichtigste war eigentlich für uns Berlin. Bei diesem Riesenangebot an Kinos und dem fachkundigen Rezensenten in der Form von Helmut Morsbach. (...) Am Freitag war Programmwechsel, und am Donnerstag haben wir dann Absprache getroffen. Das Kino lief (...) Freitag bis Montag, Dienstag bis Donnerstag gab's immer Wechsel im Programm. Wir haben uns Donnerstag verständigt, haben zur Hand gehabt die Zeitungen: wo läuft welcher Film? Welchen Film kann er in Berlin sehen, welchen kann ich hier sehen. Und so erfolgte dann getrennt wieder das Ansehen der Filme und der Rezensionen.

Vorausschicken muss ich noch, dass wir (...) mit Helmut Morsbach auch erst so verfahren sind, dass am Anfang Parallelbesprechungen liefen. Er besprach Filme, die wir auch in Erfurt besprachen. Und erst im Vergleich stellten wir wieder fest, im Vergleich der Texte und auch in Gesprächen, die wir mit ihm dann führten, wenn wir nach Berlin fuhren, dass unsere Sicht eigentlich weitgehend übereinstimmte. Denn (...) es musste ja verantwortet werden, was herauskam, von mir, es ... und ... Zum Schluss war es wirklich so, dass wir kaum noch die Texte unterscheiden konnten, aus welcher Hand sie kamen. So ist das ganz gut gelaufen. Wir haben dann in der Mitte der achtziger Jahre noch jemand hinzugenommen, weil immer stärker Berlin sich herauskristallisierte als der Ort, wo als erstes die Filme liefen. Das konnte Helmut Morsbach nicht mehr abdecken und da kam dann die Silke Ronneburg dazu, die auch im filmischen Bereich tätig war. Die kannte er von einer Filmfachzeitschrift her, und die hat dann auch Filmrezensionen geliefert nach (...) diesem Modus, wie ich ihn gerade vorgestellt habe, dass wir erst feststellten, ist eine Übereinstimmung da oder ist es nicht da. So ist das eigentlich erst einmal in (...) der Erarbeitung gelaufen.

Verglichen haben wir dann auch, (...) wenn westliche Besprechungen da waren vom film-dienst, wie haben die den Film beurteilt und gesehen. Und wir haben auch verglichen, wie hat die hiesige Presse den Film sich angesehen. Aber das war nur der Vergleich, das hat eigentlich nichts geändert, an dem, wie wir die Sicht hatten.[280]

Das Bemühen um eine vollständige Sichtung des DDR-Kinoprogramms

Ich hatte ja schon gesagt, dass wir am Anfang etliche Jahre doch als Journalisten vom *Tag des Herrn* bei den Voraufführungen da waren, dass uns aber das dann streitig gemacht wurde. Wir mussten also in die normalen Vorstellungen gehen. (...) Das brachte mit sich etliche Probleme, weil in den Kinos neben Filmen, die halbwegs ihr Publikum fanden oder auch großen Zuspruch hatten, vor allen Dingen westliche Filme, amerikanische Filme, die aber halt nur in einer geringen Zahl da waren; ein ganz Teil Filme aus der Sowjetunion dabei waren oder aus anderen sozialistischen Ländern, die kein Publikum fanden. Wobei ich auch wieder vom Inhalt her sagen muss, zum Teil war's unberechtigt. (...) Wenn es hieß, 'n Russenfilm, gingen bestimmte Leute schon nicht hinein, egal, was es war, und wir hatten große Mühe, zum Beispiel bei einem Film wie DIE KRANICHE ZIEHEN, ein Filmkunstwerk, die Leute auf diese Sache aufmerksam zu machen.

Ja, jetzt geschah folgendes: Die Filme selbst mussten, Parteibeschluss, aufgeführt werden. Das Kino konnte sich nicht sträuben, sie mussten den Film aufführen, auch wenn sie wussten, er bringt kein Publikum. Wir wollten ja aber den Film sehen, denn so wie wir am Anfang eine Auswahl von Filmen getroffen haben, so sind wir dann sehr bald dazu übergegangen, alles zu besprechen. Also wir waren bemüht, Vollständigkeit zu erreichen, vor allen Dingen geschah das dann auch durch die Mitarbeit von Helmut Morsbach.

Die Filme, die kaum etwas brachten, wurden nicht am Wochenende eingesetzt, sondern Dienstag bis Donnerstag. Und da wurden sie wieder am Nachmittag eingesetzt, damit sie unter Umständen am Abend dann noch was anderes (...) ins Programm nehmen konnten. Die bekamen zwar ihr Geld, ob jemand kam oder nicht kam, und die waren da nicht so sehr auf Werbung aus, eben sozialistisches System, aber trotzdem, es war halt unangenehm. Also lagen wir auf der Lauer,

---

[280] BFS-Archiv, 0436085/02: TC 0'36'33-0'43'37.

wenn 15 Uhr 15 der erste Film lief, standen wir vor den Kinos. Wir, damit meine ich jetzt zu späterer Zeit eben, betraf es ja mich in Erfurt, es betraf Helmut Morsbach in Berlin und die Frau Ronneburg auch. (...) Wir hielten erst einmal Ausschau, ob hoffentlich noch jemand kommt, was leider nicht immer der Fall war. Es war hier eine stillschweigende Übereinkunft, dass bei drei Besuchern der Film gespielt werden musste. Nun waren ja die damaligen Kinos, waren alles große Abspielstätten (...) mit 300, 500, 800 Sitzplätzen und es ist dann schon lustig, wenn man zu zweit oder zu dritt drinn sitzt, in so einem Kino.
Also wir hielten Ausschau. Wir waren gefürchtet, wie ich auch von Helmut Morsbach bestätigt bekam. Er war in Berlin gefürchtet, ich war in Erfurt gefürchtet, weil wir dann unser Recht einklagten. (...) Es begannen die Verhandlungen an der Kasse. Wir wollen den Film sehen. Aber sie sehen doch, es ist doch niemand da. Ich lege aber Wert auf diesen Film. Ja, aber da könnte, da muss ich jetzt erst einmal nachfragen. Also, die Leute, (...) einer in der Kasse, der Filmvorführer und der Platzanweiser. Die drei Leute wollten vermeiden, dass überhaupt was geschah. Die wollten eigentlich die Zeit so zubringen, Kaffee trinken und auf den nächsten Film warten, der hoffentlich auch wieder ausfällt. (...)
Also wir versuchten, den Film zu sehen. Ich hielt Ausschau, kommt noch jemand, kommt niemand. Wenn die Zeit herannahte, (...) für diese erste Vorstellung, musste ich sehen, dass ich zum Zuge kam, denn es musste auch der Vorfilm laufen. Wenn es 10 Minuten überschritten war, sagten die, wir können nicht mehr anfangen, sonst (...) ist die nächste Vorführung in Frage gestellt. Man musste kurz entschlossen handeln. Ich kann mich also erinnern, dass ich Leute angesprochen habe, die draußen waren, die sich im Kinovorgelände herumtrieben, ob sie bereit wären ins Kino zu gehen. Das war die eine Möglichkeit. Und ich bezahlte für sie. Die Preise darf man ja nicht vergleichen mit den heutigen Preisen. Die Preise lagen bei 1 Mark 25, 1 Mark 50. Zwei Mark im (...) besten Kino hier. Oder aber, ich begann Verhandlungen, dass ich dort drei Karten kaufte, obwohl ich nur als einzelner dort war. Das war die nächste Geschichte. Das (...) wurde ergänzt von mir, dass ich wieder was, dass ich sagte, ich geb' was in die Kaffeekasse. Die Kaffeekasse spielte in der DDR immer eine große Rolle. Das war die nächste Möglichkeit. Und dass ich dann wiederum in Verhandlungen trat, oder die mit mir in Verhandlungen traten, ob denn der Vorfilm gespielt werden müsste, was ich verneinte, weil (...) ich habe manche Vorfilme wenigstens fünf- bis achtmal gesehen. Also da konnt' ich gern drauf verzichten und so gelang es mir dann öfters, dann doch noch ins Kino zu kommen.
Ich bin etliche Male allein in einem 500-Mann-Kino gewesen, was besonders schlecht war, (...) im Winter, denn die Kinos mussten spielen, es war wie in Kriegszeiten, (...) der Bedarf der Bevölkerung musste abgedeckt werden, aber dort waren Temperaturen, die zwischen 12 und 14 Grad waren. Ich habe am

Anfang, hab' ich mich da mächtig erkältet, dann bin ich hingegangen und habe dort mit Fausthandschuhen gesessen, allein in dem Riesenkino und hab' mir dann den Film reingezogen. Also so ging es und dem Helmut Morsbach ist es in Berlin ganz ähnlich gegangen, nur noch ungünstiger, weil ja die Entfernungen zu den einzelnen Stadtteilen in Berlin viel größer sind. Der ist unter Umständen erst einmal eine Stunde oder anderthalb Stunden hingefahren mit der Straßenbahn, dann hat er dort darum gekämpft, dass der Film aufgeführt wurde. In den meisten Fällen hat er gewonnen, aber es gab auch Fälle, wo er nicht gewonnen hatte. Da musste er unverrichteter Dinge zurück. (...) So haben wir manche Filme verpasst, weil sie einfach nicht gelaufen sind, obwohl sie im Programm mit drinn waren. Gott sei Dank hatte dann Helmut Morsbach die Möglichkeit durch seine Arbeit im Staatlichen Filmarchiv, auch Filme, die schon durch waren, wenn sie noch halbwegs greifbar waren, sich ins Filmarchiv zu holen, dass er die dort auch dann noch sehen konnte. So haben wir in der späteren Zeit vieles aufarbeiten können, was liegengeblieben war, hängengeblieben war, aus diesen Gründen. (...)
Erschwerend bei diesen Filmbesuchen war auch noch, dass zwar die Auflage bestand für die Filmtheaterbetreiber, dass sie den Film aufführen müssen, aber sie hatten dann die Möglichkeit, auch den am nächsten Tag abzusetzen, wenn überhaupt kein Publikum kam. Das heißt, wir waren gehalten, am Freitag ins Kino zu gehen, weil das der erste Tag war, oder am Dienstag, weil das das nächste Programm war. Und so ist es eben nicht ganz selten passiert, dass ich an diesem Nachmittag dann zwei Filme, unter Umständen auch drei Filme gesehen habe, weil ich von einem Kino ins andere noch gerannt bin, um die Filme mitzukriegen, die am nächsten Tag schon weg waren.[281]

Die Rolle der ethisch-moralischen Sichtweise bei der Filmbeurteilung

Ich sagte ja bereits, ganz am Anfang stand die Aussprache über den Film mit dem zweiten, der den Film gesehen hatte. Abklärung: Was haben wir gesehen? Wie würden wir die Dinge beurteilen? Jeder schrieb eine Filmrezension, wir verglichen und haben dann nach einiger Zeit festgestellt, dass (...) wir eine sehr ähnliche Sicht hatten, und von daher erübrigte es sich, dass wir immer zu zweit auch den Film angesehen haben, was für die Zukunft dann auch gar nicht mehr möglich gewesen wäre. Denn er hat das nebenbei betrieben und ich habe das in gewissem Sinn auch nebenbei getan, neben den anderen Aufgaben.
Aber wie schrieb ich denn nun so eine Filmrezension? Es war schon so, dass ich im Kino selbst eigentlich so gut wie immer in den letzten Reihen gesessen habe. Ich brauchte einen gewissen Abstand zur Leinwand. Die Nähe zur Leinwand, wenn das mal gar nicht anders ging, bei besonderen Filmen, die war für mich, zu erdrückend. Ich musste die Distanz haben. Das bedeutet aber nicht, dass ich

---

[281] BFS-Archiv, 0436085/02: TC 0'45'06-0'53'56.

den Film mit Distanz gesehen hätte. Ich hab' mich schon dem Filmeindruck voll überlassen. (...) Im Anschluss an den Film habe ich so gut wie niemals eine Filmbesprechung gemacht, weil der Eindruck noch zu stark war, der emotionale Eindruck. (...)
Joachim Schink und ich, wir hatten dann so ein Raster entwickelt, wie man Filme beurteilen könnte: Den Raster, sowohl für uns oder auch aus unseren Erfahrungen heraus, aber nicht zuletzt eben gedacht auch für die anderen in den Gemeinden, die mit dem Film arbeiten wollten. Dass die jetzt auch etwas in der Hand hatten, denn wir hatten keine ausgebildeten Filmfachleute. Ja, und dann hab' ich also den Raster im Kopf natürlich gehabt, so in etwa, und habe mich dann bemüht, jetzt etwas zu Papier zu bringen, einmal in Anlehnung an die Art und Weise, wie es auch der film-dienst gemacht hat. Unser Anliegen war ja, etwas ähnliches herzustellen, wie das halt in der Bundesrepublik oder im, ... im Westen war, wie das hier bei uns hieß. Aber (...) eine erklärte Aufgabe war für uns auch, die religiös-menschlichen Dimensionen da stärker mit aufzuweisen, mit herauszustellen. Das war nicht jetzt eine besondere Auflage, die wir bekommen haben von den Bischöfen, von der Bischofskonferenz, darum haben die sich eigentlich nicht gekümmert, sondern das haben wir auch so gesehen. Wir haben für die Gemeinden gearbeitet und darüber wird noch zu reden sein, wie das auch in die Gemeinden gegangen ist.
Wir haben also so die Form dann gewählt dieser (...) kurzen Feststellung des Inhalts und dann der Einschätzung. Auch hier hat es ja dann im Laufe der Zeit den Wandel gegeben, während wir (...) in den ersten Jahren genau wie im Westen auch zugeraten oder abgeraten haben und dieses auch in der Klassifizierung ausgedrückt haben, sind wir dann dazu übergegangen doch auch den Leuten die Entscheidung selber zu überlassen. Das fand schon den Niederschlag im Schreiben auch der Rezension.
Und die Filmbesprechungen waren im Normalfall, waren die zwei Besprechungen auf einer DIN-A-4-Seite, die (...) mit der Maschine geschrieben wurde. Bei besonderen Filmen aber haben wir auch ein ganzes DIN-A-4-Blatt verwandt oder sogar ein bisschen mehr. Und dann gab es diese ungezählten Filme gleicher Machart, die außer uns kaum jemand gesehen hat, wo wir unter Umständen auch drei Filme auf eine Seite gebracht haben. Das hing nicht zuletzt auch damit zusammen, dass wir immer auch Probleme hatten mit dem Papier. Darüber wird noch zu reden sein. (...)
Dann haben wir auch noch, das muss ich auch noch sagen, zum Vergleich auch mit herausgesucht, wenn wir an die Unterlagen kamen, (...) wie hat man im Westen den Film gesehen, verglichen mit uns, und wie hat die hiesige Presse diesen Film beurteilt. Einen besonderen Einfluss auf das, wie wir's geschrieben haben, hat das nicht genommen, aber im Allgemeinen haben wir schon, also schon auch überlegt, haben wir was dabei übersehen, müssen wir bestimmte Dinge mehr herausheben und wie läuft das alles. Unser Bemühen von vorneherein war, dass unsere Rezensionen lesbar sind. Wir stellten im Laufe der

Zeit fest, dass die Rezensionen im Westen immer anspruchsvoller wurden, also (...) in den Formulierungen und in der Beurteilung der künstlerischen Seite: gut, sehr gut. Aber wir stellten gleichzeitig auch fest, dass die ethische-moralische Seite, die für uns eine gewichtige Komponente auch des Filmes darstellte, mehr in den Hintergrund trat. Wir gingen davon aus, dass das für die Gemeinden, für die wir lieferten, auch für den normalen, wir haben ja nicht für Filmfans geschrieben, sondern unsere Filmrezensionen wurden ja in den Gemeinden ausgehängt, war das (=film-dienst, A.S.) zu anspruchsvoll. Wir wollten lesbar bleiben. Und das, denk´ ich, haben wir auch bis zum Schluss so geschafft. (...)
Das sei noch am Rande vermerkt: Bei manchen Filmen war es nicht einfach, Formulierungen zu finden, die dem Film gerecht wurden, und die uns nicht in Schwierigkeiten mit dem Staat brachten. Wir haben nicht hinter dem Berg gehalten mit bestimmten Dingen, aber wir haben also dann auch schon oft geknobelt, wie können wir´s formulieren, dass unsere Leser genau wissen, was gemeint ist, dass aber der Staat uns nicht diese Geschichte link machen kann. Denn diese Gefahr bestand immer. (...)
Die Evangelische Kirche hat ja auch eine Zeit hindurch Filmrezensionen gemacht, aber hat´s dann aufgegeben. Die haben dann zum Teil von uns mit bezogen, die Filmrezensionen. (...) Durch die ganzen Jahre haben wir uns so durchlavieren können und das war nicht immer einfach. (...)
Ganz am Anfang stand eigentlich doch stark noch im Vordergrund die moralische Bewertung als Bewertung der Sexualmoral. Das hat sich im Laufe der Jahre maßgeblich eigentlich verändert. Es wurde mit gesehen, aber war nicht mehr so entscheidend. Ich muss aber in diesem Zusammenhang auch sagen, dass wir genau hier bei der von uns wahrgenommenen Veränderung Probleme bekamen mit Pfarrern und der Kirche, weil eben da doch einzelne noch (...) auf jener alten Sicht bestanden, wo ein entblößter Busen eben eigentlich nicht zumutbar für die Gemeinde war. Also da hat es da auch schon Diskussionen gegeben am Telefon oder auch einmal im direkten Gespräch mit einem Pfarrer, der da vorbeikam. Und die Dinge sind aber mit der kirchlichen Aufsicht, und die gab´s ja nun auch, die aber sonst nicht in Erscheinung trat... Ich denke, dass wir in den ganzen Jahren, hab´ ich ein-, zweimal mit dem Bischof d´rüber gesprochen und die Dinge konnten geklärt werden. (...) Am besten festzumachen eigentlich an dem Film SIE TANZTE NUR EINEN SOMMER. SIE TANZTE NUR EINEN SOMMER, das war der Film, wo hier (...) die Meinungen sehr geteilt waren. Es war ein sehr Publikum zugkräftiger Film. Da waren die Leute sehr angetan. (...) Und dann noch diese Thematik dazu, und damals stand im Vordergrund jene Sicht, oder jene Sequenz aus dem Film, wo sie bei Gegenlicht (...) nackt ins Wasser geht. Wenn man das heute sich ansieht, das ist etwas, (...) was bei der FSK ohne Altersbeschränkung durchgehen würde. Damals aber war das ein Diskussionspunkt, ob man so was ..., wobei ja die Aussage des Films ja ´ne, ´ne ganz andere noch ist. Es ging ja nicht um diese

Sequenz. Aber die war vordergründig dann, sie wurde auch eben, weil bei uns doch eigentlich 'ne große Prüderie war in der Republik. (...)
Wir standen ja hier in Erfurt immer in Verbindung mit dem philosophisch-theologischen Studium. Der Moraltheologe war Professor Ernst. Mit Professor Ernst hab' ich manche Dinge abgesprochen. (...) Und wir haben uns da immer verständigt. Also wir sind da nicht dem Modetrend hinterhergelaufen, sondern wir haben uns eigentlich nur der Entwicklung angepasst, aber auch vornehmlich auch der kirchlichen Entwicklung. (...)
Zwei Bemerkungen dazu: Das eine ist, was in der Kirche in offiziellen Verlautbarungen herauskommt und das andere ist, was von Fachleuten diskutiert wurde. (...) Da wurde eigentlich nach meiner Einschätzung sehr offen, normal und kritisch wurden die Dinge gesehen. Aber im Hintergrund stand immer die Sorge der Verunsicherung des normalen Gläubigen. Also, ob das jetzt Ernst betraf oder ob das jetzt auch den Bischof betraf, immer wieder ging's darum, dass die Gläubigen nicht verunsichert werden. Auf diese Verunsicherung haben wir, oder ich als Herausgeber aber kaum Rücksicht genommen. Ich habe also zwar, ich bin da nicht vorgeprescht, aber ich habe eben nicht zuletzt durch meine begleitende Arbeit in der Ehe-, Familien-, Lebensberatung, habe ich also einfach auch, oder auch in der Familienpastoral. Ich war ja doch einer der Fachleute hier für Familienpastoral. Ich hab' gesehen, was gelebt wird. Und das, was sein sollte, und was wirklich war. Und das hab' ich dann also schon mit versucht, (...) in die Rezensionen mit einfließen zu lassen. Also wir waren uns bewusst, dass wir hier ein Stückchen Vorarbeit leisten. Das muss ich schon sagen. Das ist nicht bloß so gewesen und nicht, nicht nur Zeittrend, sondern das war unsere Überzeugung, dass wir's so sehen sollten als Christen. Wir haben unsere Rolle als Christ hier nie verschwiegen.[282]

Die Organisation von Büromaterialien für die Vervielfältigung und den Versand von Filmbesprechungen

Aus der heutigen Sicht, heute 1998, ist es für die Generation von heute eigentlich gar nicht mehr vorstellbar, was sich in den fünfziger Jahren und in den anschließenden Jahrzehnten in der DDR in dieser Richtung getan hat. Wir haben die Filmrezensionen verfasst. Dann wurden sie mit der Schreibmaschine geschrieben. Das nächste war ja, sie mussten vervielfältigt werden. Die Vervielfältigung erfolgte auf Wachsmatrizen. Soweit, so gut. Aber: Die Vervielfältigung musste nach Gesetzen der DDR genehmigt werden.
Es gab keine Wachsmatrizen oder ganz schlecht Wachsmatrizen, und die waren von einer ganz miesen Qualität, und es gab kein Papier. Und es gab auch nur bedingt Druckfarbe. Also da haben wir eigentlich Dinge unternommen, die (...) heute kaum noch nachzuvollziehen sind. Ich beginne jetzt erst mal mit, mit

---
[282] BFS-Archiv, 0436085/02: TC 0'54'10-1'15'03.

dem Schreiben, also mit den Wachsmatritzen. Ohne Verbindung zu Schreibwarengeschäften, die jetzt auch die Wachsmatritzen führten, ging's überhaupt nicht. Auch die gab's dann nur in beschränkter Zahl und sie waren schlecht. Schlecht heißt, dass dort, dass die oft überlagert waren. Das waren Matritzen, wenn ich mich täusche, wurden sie am Anfang in der DDR hergestellt und dann kamen sie aus den Volksdemokratien aber, tschechische vielleicht. Ich weiß es nicht mehr genau. Fakt war jedenfalls, die waren überlagert. Das bedeutete, dass wenn die mit der Maschine beschrieben wurden, die Wachsmatritzen, fielen immer die Buchstaben raus. Die Filmbesprechungen der Anfangszeit sind dadurch gekennzeichnet, dass die ein jämmerliches Schriftbild hatten durch die Vervielfältigung mit diesen schlechten Wachsmatritzen.

Also waren wir wieder auf der Suche: wie kamen wir zu besseren Wachsmatritzen? Es gab gelegentlich 'ne Einfuhr von irgendwoher und da kamen wir dran, wenn wir die Verbindungen hatten. In der DDR lebte man sowieso von Verbindungen.

Und das andere war, dass wir durch unsere Verbindungen, die wir die gesamte Zeit über, die gesamte DDR-Zeit, mit den westlichen Diözesen hatten, dass da vieles möglich war. Weil ich dieses jetzt erwähnt habe, sag' ich ein Wort dazu. Diese Verbindung fußte auf den so genannten Patenschaften zwischen den Diözesen. Die wurden wesentlich ausgebaut 1958, waren aber schon in den, waren schon Anfang der fünfziger Jahre, (...) waren die Diözesen und Jurisdiktionsbezirke in der Ostzone, in der DDR, hatten jeweils entsprechende Patendiözesen im Westen. Erfurt zum Beispiel hatte als Patendiözese Passau, Mainz, Fulda und Aachen. Die stärkste Verbindung war nach Mainz. (...) Diese Patenschaften konnte ich auch nach meiner Zeit in der Jugendseelsorge nutzen. Das heißt, ich habe dann wieder verschlüsselt oder durch Treffen im Ausland, in der Tschechei oder durch Treffen in Berlin, wo die kamen, (...) hab' ich gesagt, ich brauche dringendst brauche ich Wachsmatritzen, im Westen kein Problem. War alles nur eine Frage des Geldes und soviel Geld konnten die aber dann auch für die Ostarbeit locker machen. Und so kamen dann diese Wachsmatritzen rüber.

Nun war wieder die Gefahr, dass die, wenn die auf der Post entdeckt wurden, es war ja auch ein bestimmtes Format, ein langes Format, wurden die oft auch eingezogen, die waren weg. Also mussten wir sehen, wie wir auf anderem Wege an die Wachsmatritzen kamen. Wieviel Besucher, die aus dem Westen kamen, haben dann bei ihrem Gepäck auch 'n Karton mit Wachsmatritzen mit gehabt, wenn sie den Mut dazu hatten. Denn wenn (...) das Gepäck untersucht wurde, und die fanden die Wachsmatritzen, war es sehr schwer, eine Auskunft zu geben, dass sie hier also zu Freunden auf Besuch gehen und die die Wachsmatritzen haben wollten. Weil ja dahinter war, Wachsmatritzen hatten ja nur 'n Sinn, wenn sie benutzt wurden und das war eine Frage der Vervielfältigung.

Also mit dem Problem der Wachsmatritzen haben wir uns eigentlich bis, fast bis zum Ende der DDR herumgeschlagen. Aber wir haben in den letzten Jahrzehnten nur noch die westlichen Wachsmatritzen genommen, weil die, die anderen, die es hier gab, einfach überhaupt nicht taugten und wir, schon ein bisschen wenigstens, auf Qualität achten wollten. Das wär' die Matritze gewesen.
Das nächste war das Papier. Papier war immer Engpass, solange die DDR existiert hat. In einem Maße, was wiederum kaum vorstellbar ist. Das betraf jetzt aber nicht bloß die Kirche. Und ich muss sogar noch anders sagen: wir als Kirche waren verhältnismäßig gut noch dran. Ich weiß zum Beispiel, dass die medizinische Akademie in Erfurt zeitweise ihre Arztbriefe und Veröffentlichungen auf die Rückseite von Makulaturbriefe, -papier geschrieben haben, weil kein Papierkontingent da war. Es wurde ja alles kontingentiert. Es gab also ein Kontor, wo man sich anmelden musste und wo man dann eine Zuteilung erhielt oder nicht. Das gab's nur für Betriebe, für Institutionen. Wir als Kirche hatten zunächst überhaupt keine Chance, da hinein zu kommen. Zunächst. Das lief wiederum über Bekanntheitsgeschichte. (...)
In Erfurt habe ich in der Hauptsache eigentlich von zwei Dingen gelebt. Am Anfang war wiederum durch Bekanntschaft der Katholiken, war (...) uns irgendwie vermittelt worden, dass eine Papierfabrik bei Leipzig, die Tapeten herstellten, interessiert waren an der Abgabe der Abfälle. (...) Und wir haben jahrelang auf Tapetenpapier, was aber noch nicht bedruckt war, abgezogen. Muss ich aber gleich jetzt noch was anfügen. Das war ja ein dickes Papier. Das war für die Abzugsgeräte 'ne Katastrophe, weil das immer wieder stauchte. Das trocknete auch schlecht ein, auf diesem Tapetenpapier, wenn es durchgedreht war durch diesen elektrischen Vervielfältiger, oder am Anfang war's ja noch nicht einmal elektrisch, da haben wir mit Handkurbel gearbeitet, dann haben wir die ausgelegt, damit sie trocknen. Wir haben jahrelang dort das Papier bezogen und ich, wenn ich mich nicht täusche, haben die, hat die Papierfabrik, hat dann auch noch sogar eine Auszeichnung bekommen, weil sie aus den Abfällen, denen konnte sie noch den Bevölkerungsbedarf zur Verfügung stellen und bekam dann Geld in die Kaffeekasse. Also das war die eine Geschichte.
Nach zwanzig Jahren stellte, stellten wir fest, oder stellte ich fest, dass sich das Papier auflöste. Das war die Zeit, wo dann in den siebziger Jahren, wo auch schon Kopiergeräte da waren, und wo wir dann eiligst die alten Filmbesprechungen holten und die nochmal kopiert haben, denn die zerfielen uns unter den Händen. Wir hatten sie archiviert und wenn wir, wenn ich nicht reingeguckt hätte, in die alten Dinge aus den fünfziger Jahren, hätten wir dort Staub herausgeholt. So weit also die Geschichte mit dem Tapetenpapier, den Tapetenrollen.
Das andere aber, was dann sich anschloss, beruhte nur auf einer ganz persönlichen Geschichte. Einer, der im Zentrum-Warenhaus für die Papierabteilung zuständig war, der mit Kirche nichts zu tun hatte, hatte seine

Mutter im katholischen Krankenhaus. Und im katholischen Krankenhaus hat man sich sehr um sie bemüht, der Ruf des katholischen Krankenhauses war immer gut. Nicht zuletzt drängten auch Genossen dort hin, weil sie eine gute Behandlung erfuhren. Sie ist dort gut gepflegt worden. Und ich, wir trafen uns irgendwann einmal zufällig und sagt der, hören sie, ich weiß, sie arbeiten dort bei der Kirche. Ich möchte der Kirche was Gutes tun. Die haben sich so um meine Mutter gekümmert, was kann ich machen. Der wusste ja, dass Papier-, Papier, Abzugspapier, Kuverts jeder Art, mittlere Katastrophe, notwendig waren. Und da hab' ich gesagt, ich brauche Papier. Wir haben bis zum Ende der DDR, haben wir in der Hauptsache vom Papier aus dem Zentrum-Warenhaus in Erfurt gelebt.
Nun ist ja klar, für den Bevölkerungsbedarf wurde ein Paket Saugpost abgegeben. Nicht zu vergleichen mit der Qualität des Westens. Schlechtes Saugpost. Aber wir brauchten ja Saugpost für die Abzugsgeräte, weil das glatte Schreibmaschinenpapier ganz schlecht ging für die Abzugsgeräte. Das, da hatten wir einen Verlust, der ganz schlimm war. Nun lief das dann so, dass wir also einmal, wenn er wieder eine Lieferung kriegte, musste, gab der uns mehrere Pakete, aber er musste ja in darauf achten, dass das nicht durch die, in der Kontrolle auffiel, dass wir mit mehreren Paketen rausgingen. Also ist es dann zum Schluss, ist 'ne längere Geschichte, ist es dann jedenfalls so gelaufen, dass wir mit dem Auto auf den Petersberg fuhren. Petersberg, dort war, bei, in Erfurt der Petersberg, dort war auch das Papierlager insgesamt. Papierauslieferung und, und verschiedene andere Dinge. Und ich habe im Namen des Zentrum-Warenhauses Papier abgeholt und gleich zu mir in die Kirche gefahren. Denn wir konnten nicht mehr ins Warenhaus gehen, weil man dort schon aufmerksam geworden war, dass das eben in falsche Kanäle ging. So haben wir also sehr, oder haben wir halbwegs damit leben können.
Daneben kam dann die Geschichte, dass wir ein Kontingent bekamen, wie (...) ich's zwischendurch gesagt habe, ein geringes Kontingent aber es half, und legalisierte die Sache. Das ist ja auch wieder ganz wichtig, dass wir legal Papier hatten und nicht bloß schwarzes Papier hatten. Und dann (...) gab's dann auch den Aufruf in der gesamten DDR, besorgt Papier für die Kirche. Sind wir nach Berlin gefahren und haben Papier geholt, wenn irgendwo wieder 'ne Geschichte aufgerissen wurde und es gab auch verschiedene Händler in Berlin, also Schreibwarenhändler, die ihr gesamtes Papier der Kirche zur Verfügung stellten.
Manchmal, auch wieder eine hübsche Sache, haben wir auch Papier bekommen aus beschlagnahmten Sendungen. Durch meine Zusammenarbeit mit der Evangelischen Kirche *Werk und Feier* war ich auch in dieser Strecke mit dran und der dortige, der Leiter dieser, dieser Mittelstelle für *Werk und Feier* hatte eine sehr gute Verbindung zu einem Laden in Eberswalde oder in Berlin. Dieser Laden wurde beliefert mit beschlagnahmten Papierinhalten und, und Bastelmaterial aus Westpaketen. Die durfte der normal verkaufen. Und das, was

der kriegte vom Zoll, aus beschlagnahmten Sachen, illegal eingeführt, kauften wir auf und hatten so dann Papier.

Ich sagte ja schon, neben dieser großen Papierschwierigkeit war es also, kam dann auch noch mit dazu für den Versand die Kuverts. Sehr, sehr schwierig da überhaupt an diese kleinen oder mittleren Kuverts heranzukommen. Auch wieder nur letztlich gelungen im Rahmen dieser Aktionen, die ich jetzt genannt habe. Ja und zum Kopieren selbst jetzt nun: da war die Hauptstelle in Magdeburg, die sich ja als einem ihrer Schwerpunkte mit der Vervielfältigung beschäftigte, war also auf eine, auf eine hervorragende Idee gekommen. Er hat... Es war so, dass alles, was vervielfätigt wurde, bedurfte einer Druckgenehmigung. Prälat Zinke in West-Berlin, Prälat Zinke, Caritas West-Berlin, der jahrelang die Verhandlungen mit der DDR, mit den Vertretern der DDR-Regierung geführt hat als Kirche, hatte in den fünfziger Jahren, hatte er eine Formulierung entdeckt und verwandt, die uns über die gesamte Zeit gerettet hat: Nur für den innerkirchlichen Dienstgebrauch. Mit diesem Terminus technicus sind wir die gesamten Jahre gut gefahren, und viel besser als die evangelische Kirche, die das nicht hatte, und die (...), auch durch die unterschiedliche Ausprägung, eigentlich in vielen Fällen jede Sache genehmigen ließ. Also auch ein Lied, was in der Kirche gesungen wurde, ließ sie erst, das musste dann zum Bezirk hoch, der Bezirk musste es abstempeln, dass das abgezogen werden konnte in fünfzig oder hundert Exemplaren auf einem kleinen Abzugsgerät.

So, die Geräte selbst waren numeriert und die Genehmigung war also auch-dann musste, wurde auf dieses Gerät erteilt mit. Und Günter Särchen, jetzt schließt sich diese Geschichte, hat folgendes gemacht. Der hat die Nummer des Gerätes genommen, ohne dass er eine Lizenz dafür hatte, hat noch Jahr, Tag und Monat dazu geschrieben und die Auflagenhöhe und diese Nummer unten hingeschrieben. Jeder, der nicht vom Fach war, musste annehmen, es ist die Genehmigungsnummer, daneben stand auch noch: Nur für den innerkirchlichen Dienstgebrauch. So haben wir vierzig Jahre überlebt. Und es ist, es ist bei mir für diese Geschichte, oder in dieser Hinsicht niemals zu einem Problem gekommen.

Ich weiß nicht, ich denke aber auch, auch bei Günter Särchen ist in der Richtung nicht viel gelaufen, aber darüber könnte er selber Auskunft geben. Also soweit, jetzt noch einmal zusammenfassend die Rezension das eine, Schreiben mit Maschine, Vervielfältigung mit Geräten auch ein großes Problem, denn diese Geräte waren alles Importe, tschechische Importe. Wir haben dank der Verbindungen zum Westen, haben wir, habe ich, was Filmbesprechungen anbetrifft, in den erst, nein eigentlich die gesamte Zeit über mit westlichen Geräten gearbeitet. Das, das waren wieder Nacht- und Nebelaktionen: mit'm Auto auf die Autobahn und in der Nacht umgeladen am Parkplatz und hierher nach Erfurt, und dann hatten wir wieder was.

Aber das große Problem, da muss ich doch ein Wort dazu sagen. Das große Problem war: die neuen Geräte, die wir hatten, waren angewiesen auf Farbtuben. In den ersten Jahren haben wir Druckerfarbe gekauft und die oben (...) auf die Walze gegossen. Also wie, am Anfang nur mit Handbetrieb, später elektrisch. Aber es musste gegossen werden. Ok. Aber als dann die Tuben da waren, war's mit dem Gießen zu Ende. Dann haben wir selber hier eine Tube entwickelt, nein wir haben die Tuben, die vom Westen da waren, aufgeschnitten, haben ein Gerät entwickelt, was die Tuben füllte. Und haben die wiederum mit einem ganz bestimmten, das war eine Mischung von bestimmten Druckerfarben, gefüllt, damit wir hier abziehen konnten. Also dieses Drumherum, das war, das war schon wahnsinnig. Aber wir haben's in den Griff gekriegt.

Und so konnte es dann eben, sagen wir abgezogen, und haben's dann versandt. (...) Die beiden großen Hauptquellen (für Papier, A.S.) habe ich genannt. Sie waren im wesentlichen, waren sie wichtig für uns bis in '85, '86. Dann wurde ja gegründet die Arbeitsstelle für pastorale Handreichungen in Berlin und da das dann ein ganz offizielles Unternehmen auch war in der Nähe der Berliner Bischofskonferenz, hat man dort auf Wegen, die ich aber nicht weiß, dann doch auch Papier einführen können. Oder hat das irgendwie anders bekommen, jedenfalls haben wir dann ein Teil des Papiers auch von dort noch mit bekommen. Aber wir lebten dazwischen, zwei Jahrzehnte lebten wir eben auch von einzelnen 500 Gramm, 500-Blatt-Paketen Saugpost, die mit der Post geschickt wurden, wobei das vom Westen möglich war, manche Dinge nach Polen zu schicken, Papier und auch, und auch Bücher. Und die kamen dann wieder mit Besuchern oder mit Reisenden, kamen die wieder zu uns zurück.

Oder die Paketaktion, die im Zusammenhang mit der Patenschaft noch bis zum, eigentlich bis zum Ende der DDR existierte, dass also zu Weihnachten oder zu Ostern durch Adressen vom Westen her an Adressen im Osten in den Diözesen Sachen geschickt wurden. Da waren in vielen Paketen, war ein Paket Saugpost dabei. Und dieses landete dann irgendwann über den Pfarrer, wenn er zur Konferenz kam oder wenn die mal nach Erfurt kamen, landete das bei mir. Wichtig war es auch, dass wir gelegentlich eben mal farbiges Papier bekamen, bei uns so gut wie unmöglich, dieses rote, grüne, gelbe Saugpost, das was auch was hermacht. Da waren wir dann glücklich, wenn wir mal'n Stück hatten, oder wenn wir mal'n paar Pakete hatten, die wir dann (...) für'n Katalog oder für irgend etwas einbinden konnten.

Also ohne die, ohne die Hilfe des Westens wär's einige Zeit schwierig geworden, ohne den Einsatz von vielen Leuten, die wirklich mit einzelnen Paketen kamen, wären wir nicht so über die Runden gekommen. Uns ist es, zusammenfassend gesagt, in der Richtung besser gegangen als den offiziellen Betrieben, siehe auch zum Beispiel Medizinische Akademie. Die hatten viel mehr Probleme, weil die, die konnten ja auch nichts nebenbei kaufen. (...) Also in der Richtung sind (...) dann schon abenteuerliche Dinge gelaufen. Aber es zeigt sich eben aus dem, aus dem Rückblick, dass sich bei einiger Findigkeit auch in so einem zentralistischen System, wo scheinbar alles geregelt ist, und alles in den Fächern ist, lassen sich immer Möglichkeiten finden, dass man überleben kann.[283]

Arbeit mit dem Medium Film in den Pfarrgemeinden und in der pastoralen Multiplikatoren-Ausbildung

An den Anfang in Erfurt kann ich mich erinnern. Ich habe 1955, als ich die Arbeit da übernahm, habe ich in Erfurt einen Kreis von Filminteressenten gegründet. Das waren in der Hauptsache ältere Leute und auch Frauen mit dabei. Und wir haben uns, das lief über die Pfarreien, und wir haben uns regelmäßig getroffen, ich meine alle vierzehn Tage, aber so genau weiß ich's nicht mehr. Und haben uns einen Film dann ausgewählt, über den wir gesprochen haben. Leider hat sich dieser Arbeitskreis nicht so sehr lange gehalten aus den verschiedensten Umständen heraus. Ob es solche Arbeitskreise auch in anderen Gemeinden gegeben hat, nehme ich, weiß ich nicht, aber ich nehme es an. Aber so sehr häufig waren sie nicht.
Ich weiß nur, dass eher bei bestimmten Aktionen und bei bestimmten Anlässen und in bestimmten Bereichen gezielt mit dem Film gearbeitet wurde. Zum Beispiel gehörte in die Helferschulung, also die Ausbildung von, von Helfern in der Jugendarbeit, gehörte mit hinein eine Filmbesprechung. Und da ich selber ja in der Jugendarbeit gestanden habe, habe ich also hier das eine und das andere getan, es sei denn, dass mein Mitarbeiter das gemacht hat. Wir haben uns dann einen Film angesehen und haben dann am Abend, oder am nächsten Tag, haben wir anhand eines Rasters, von dem ich schon gesprochen habe, haben wir den Film besprochen. Helfer sollten auch dazu in der Lage sein, selbstständig in ihren Jugendgruppen solche Filmbesprechungen durchzuführen. Da fehlt mir freilich (...) der Überblick, ob sie's auch gemacht haben. Theoretisch waren sie dafür vorbereitet. Dasselbe ist in späteren Jahren, als ich nicht mehr in der Jugendseelsorge war, (...) erst einmal fortgeführt worden, ich bin dann auch noch bei Kursen hier gewesen.
Aber ich habe diese Dinge weiter betrieben, weil ich in der Ausbildung, in den Ausbildungsstätten in Erfurt für die Kindergärtnerinnen, Ausbildungsstätte in Michendorf für die Kindergärtnerinnen und Ausbildungsstätte für die Seelsorghelferinnen in Magdeburg tätig war. Michendorf hat sich abgekoppelt, kann ich nicht mehr allzuviel dazu sagen. Aber so lange ich dort Laienspielkurse gehalten habe, gab es immer auch eine Filmbesprechung. Also der Film wurde hier sehr deutlich auch als wichtiges Anliegen gesehen.
Wenn eine päpstliche (...) Verlautbarung kam, oder wenn von Rom etwas kam oder, ja von wo anders kam eigentlich kaum was, wurde das vervielfältigt und

---
[283] BFS-Archiv, 0436085/02: TC 1'15'32-1'38'33.

verschickt. Also hier war das Bemühen da, den Leuten den Umgang mit dem Film zu vermitteln. Nicht sie nur auf bestimmte Filme hinzuweisen, sondern ihren eigenen Blick zu schärfen, ihr Urteilsvermögen zu schulen, dass sie selber erkennen konnten, das ist was, und das ist was nicht.

Ich gebe zu, dass wir am Anfang hofften, dass sie weitgehend unsere Sichten und Ansichten übernehmen, aber das hat sich im Laufe unserer Arbeit dann auch verändert. Wir haben unsere Sichten dargelegt, sind aber davon ausgegangen, dass sich der einzelne ein eigenes Bild macht. Es gab auch dann noch (...) Glaubenswochen in der Fastenzeit. Das ist ja ein Terminus technicus, die gab´s hier bei uns in sehr vielen Pfarreien, sehr vielen Diözesen. Da gab es auch Glaubenswochen, wo dann der Film mit eingesetzt wurde, wo die Anfrage kam, aus Spremberg oder aus Schwerin, oder weiß der Himmel wo. Manchmal auch ein kleiner Ort, wenn dort ein rühriger Kaplan oder ein rühriger Pfarrer war, der sagte, ich brauche zum Thema Gerechtigkeit ´n Film. So und dann haben wir uns hier verständigt, also gewöhnlich rief ich dann Helmut Morsbach noch an, sagte, was meinst du zu diesem Thema? Oder zum Thema Sexualität oder, oder zum, zum Thema Frieden, oder was es auch für Themen gab, wir haben dann Filme genannt. Und nun war es wieder deren Geschicklichkeit überlassen, dass sie auch an die Filme herankamen.

Da muss ich das Wort Landfilm verwenden, weil es hier eine Einrichtung gab, den so genannten Landfilm. Der ist viele Jahre, ist er hier praktiziert worden, bis er Ende der achtziger Jahre weitgehend eingeschlafen ist. Unter Landfilm war zu verstehen: Kunst dem Volke. Lenin. Die fuhren, mit den Projektoren fuhren die in (...) die Orte, in den Städten gab´s ja die Kinos, aber in den kleineren Orten gab´s keine Kinos mehr, und haben dann dort im Gasthaus oder in dem Kulturhaus, oder was es gab, Filme vorgeführt. Und theoretisch konnte jeder über den Landfilm auch zu Filmen kommen.

Welchen Pressionen wir ausgesetzt waren, zeigt auch das Erfurter Beispiel und das ist übertragbar auf andere Diözesen und andere Städte. Am Anfang war´s kein Problem. Ich rief an und sagte, diesen Film hätte ich gern. Dann besorgten die ihn. Ich garantierte eine bestimmte Zahl von, von Leuten. Das kam, wenn ich mich nicht täuschte, kam (...) die gesamte Filmvorführung 25 oder 50 Mark. Dann kamen die irgendwohin. Die haben auch in unserem Jugendhaus Filme vorgeführt. Und dann kam wieder die Partei mit ihrem Druck und ich merkte schon, wie die herumeierten und der Film war plötzlich nicht mehr (...) zu kriegen. Jedenfalls hatten die also Anweisung bekommen, für die Kirche keine Filmvorführung mehr zu machen.

Ist aber nicht überall gleich gelaufen. Ich weiß von Heiligenstadt. Heiligenstadt, katholisches Eichsfeld. Da waren die Verhältnisse anders. Dort war der Landfilm, da waren auch wieder Katholiken dort, und die haben das also schon so getrickst, dass es kein Problem war, dort auch, oder wenig Probleme gab, diese Filme in den Bildungsstätten einzusetzen. (...)

Das kann ich jetzt von den beiden Städten, kann ich das eigentlich generalisieren für die gesamte DDR. Man kann so sagen: Durch den Landfilm wurden ganz bestimmte ausgewählte Filme zu bestimmten Anlässen gezeigt und bewusst in die pastorale Arbeit eingesetzt. Wir haben auch, hier wir in Erfurt, (...) haben wir auch noch Kurse, Filmkurse durchgeführt. Direkt eingeladen (...) für ein Wochenende zum Thema Film. Also ich denke, es ist ein ganz Teil auch hier in dieser Richtung gearbeitet worden. Und nicht zuletzt hat Helmut Morsbach in Berlin da auch was gemacht.[284]

WENN DER WEIßE FLIEDER WIEDER BLÜHT, was hat der für künstlerische Aspekte? Das ist die eine Seite. Aber was bringt das uns, was, was wird dem einzelnen Gläubigen da jetzt suggeriert, oder können wir aus diesem Film auch etwas für unser christliches Leben gewinnen? Also bei unserer Filmarbeit spielten, spielte die christliche Komponente immer 'ne Rolle, ohne dass es dazu eine Aufforderung von Seiten der Kirche oder der Bischöfe (...), ohne dass es von dort her notwendig gewesen wäre, uns das vor Augen zu führen. (...) Für uns war's, für mich war der (...) Einsatz der Filme zum Beispiel wichtig bei Ehevorbereitungskursen, in der Ehearbeit, in der Ehearbeit der Gemeinde, in der begleitenden Ehearbeit, also von denen, die schon verheiratet waren. Da kamen die Anfragen, welche Filme können wir hier einsetzen? Und ich nannte Filme, (...) die ein Bild der Ehe vermittelten. Nicht unbedingt ein Idealbild, aber ein Bild, über das man dann reden konnte. Wie wird Ehe gelebt? Wie kann Ehe von Christen gelebt werden? In dieser jetzigen Zeit?

Dasselbe traf auch zum Beispiel auf den Beruf zu. (...) Mir fällt so ein Satz noch ein, der damals in der Jugendseelsorge auch so immer wieder von uns verwandt wurde: Wo ein Christ steht, da predigt er. Das klingt heute alles sehr plakativ, und ich würd'n heute so nicht mehr unbedingt nennen, aber das Grundanliegen ist mir heute noch genauso deutlich oder ich denke, so ist es auch. Wenn ich als Christ irgendwo in der Gesellschaft stehe, dann muss ich nicht betonen, dass ich ein Christ bin, ich muss aber christlich handeln, um die Möglichkeit zu geben, dass andere an mir ablesen können, was Christsein bedeutet. Also dieses, dieses Leben aus dem Glauben heraus, das kann ich jetzt übertragen auch auf, auf die einzelnen Filmrichtungen, so dass es auch möglich war, jetzt was Arbeitsmoral anbetraf: Wie sieht das aus? Wie sieht der Sozialist die Arbeit? Jetzt die Abgrenzung. Ich erinnere mich an (...) einen Film, der oft, den ich oft zitiert habe von der Aussage her. Aber jetzt nur als Grundlage für (...) unsere christliche Sicht. Es gab einen, einen sowjetischen Film (...) aus der Bürgerkriegszeit, ein bisschen später, wo einer dieser Genossen seinen, seinen Parteisekretär fragte, was ist der Sinn des Lebens? Sinn des Lebens. Jetzt kommen wir also zu existenziellen Dingen. Und die Antwort des Parteisekretärs war: (...) die Arbeit, und zwar die Arbeit für den Staat. Und diese, diese Aussage, die habe ich, ich denke zwei Jahrzehnte immer wieder auch verfolgt, wenn ich bei Vorträgen, wenn es darum ging, was ist der Sinn des Lebens?

---

[284] BFS-Archiv, 0436085/02: TC 1´57´41-2´04´54.

Dass nun hier das andere aufgezeigt werden konnte, welchen Sinn haben wir als Christen, wenn wir vom Leben reden. Wie sehen wir das? Wie sehen wir die Arbeit? Was ist für uns die Arbeit? Aber solche Dinge konnte man freilich eben anhand des Filmes, indem ich ihn erwähnt habe, indem ich 'n Teil davon erzählt habe oder indem er vorgeführt wurde, als Grundlage, war das eine sehr gute Ausgangsposition, um sich über christliche Position in der Gesellschaft von heute zu verständigen. (...)

Wenn ich das jetzt vergleiche mit dem, was der film-dienst gemacht hat, dann ist bei uns zusammengefasst gewesen, das eine, die Erstellung (...) dieser bibliographischen Grundlagen, das andere aber auch gleichzeitig die Möglichkeit des Einsatzes in der Praxis. Das ergab sich aus unserer Situation, aus unserer Diasporasituation, dass (...) eben sehr vieles von wenigen Leuten gemacht wurde. Ich denke auch, dass im Laufe der Jahre, das was wir betrieben haben, (...) diese paar Filmleute in Richtung Verkündigung getan haben, dass das in irgendeiner Form, meine ich schon, in den Gemeinden sowieso 'n Widerhall gefunden hat, in den Institutionen 'n Widerhall gefunden hat. Sonst wären wir nicht eingeladen worden, das auch in die einzelnen Dinge zu bringen. Ich hab' auch vor, vor Priesterkonferenzen gesprochen über diese Thematik, (...) und ich habe es immer bedauert, dass es mir nicht gelungen ist, (...) im philosophisch-theologischen Studium festen Fuß zu fassen. Ich bin zu einzelnen Dingen angefragt worden, aber mein Vorhaben, was ich mit den einzelnen Verantwortlichen auch besprochen habe, (...) dass es da direkt auch zu einer, zu einer gezielten Medienarbeit kommt. Das ist (...) nicht aufgegriffen worden, oder das ist, (...) man hat das eigentlich immer abgetan: es ist kein Platz mehr da, es muss zu viel gelehrt werden. (...)

Jetzt wenn ich hier an die Filmarbeit denke. Die gingen zwar auch ins Kino (gemeint sind die Teilnehmerinnen am Seelsorgerhelferinnenseminar in Magdeburg, A.S.), auch die Möglichkeit bestand schon, aber das war halt Privatvergnügen. Und hier aber ins Kino zu gehen und auf einmal den Film (...) in zwei Stunden am folgenden Tage zu beleuchten, auseinander zu nehmen, zu sehen, was wirklich da ist. Über die Probleme des Filmes zu sprechen, das war für sie (...) ein Hineinsteigen in die Realität. Denn im Film war's anders als es hier, als hier so manches verkündet wurde.

Ich erinnere mich noch sehr deutlich an den Film FAME - DER WEG ZUM RUHM. Den hab' ich mit dem Kurs in Magdeburg, hab' ich den zweimal mir angesehen, also in den folgenden Jahren wieder, weil (...) es andere Leute wieder waren. Die waren fasziniert, auch von diesem anderen Leben (...). Hier kam dann die Diskussion auf zum Beispiel zu der veränderten Haltung der Sexualität gegenüber, des Lebens überhaupt, da denke ich, (...) dass hier Dinge, die sonst unter dem Teppich waren, die sonst verkrustet waren, auch hervorbrachen, und wo sich einzelne dann überraschend äußerten, was man nicht erwartet hätte.

Wir haben sogar eines dann gemacht, dass wir 'ne Verbindung geschaffen, ich habe das gemacht, so muss ich jetzt konkret sagen, ich habe 'ne Verbindung

geschaffen zwischen dem Film und dem Laienspiel. (...) OK, überlegt euch eine Szene aus dem Film FAME. Was hat euch besonders angesprochen? Spielt sie jetzt und jetzt reden wir d'rüber. (...). Ich denke, das war auch für (...) diese jungen Frauen war das, war diese Woche, war eine unwahrscheinliche Bereicherung. Und eben auch ein konkreter Einstieg in diese, in diesen Filmbereich. (...) Ich kann mir kaum vorstellen, dass die ohne diese (...) praktischen Erfahrungen, die sie da genommen hätten, das später auch in den Gemeinden umgesetzt hätten. Aber so hatten die ja das Rüstzeug mitgekriegt, die kriegten auch den Merkzettel mit. Über den wurde gesprochen, anhand dieses Zettels wurde vorgegangen. (...)
Das zweite Beispiel, was ich nehmen will, ist (...) das Kindergärtnerinnenseminar in Erfurt, was ja auch etliche Jahrzehnte da war, bis es erst nach der Wende dann auch geschlossen wurde. Da haben wir auch die Filmbesprechungen gemacht, und da haben wir auch die Kindergärtnerinnen dazu, oder mit denen wurde also auch diskutiert über diese Filme, so dass auch die Kindergärtnerinnen 'n bisschen was mitkriegten, wie sie auch mit Kindern Filme erschließen können. (...) Ein ganz Teil der, der Kindergärtnerinnen, wenn die dann in die Praxis hinaus kamen, haben dann veranlasst, dass die Filmbesprechungen abonniert wurden, von der Pfarrei. (...) Ich hab' das zwar jetzt nicht akribisch festgestellt, aber ich konnte den Rücklauf merken, oder auch die Anfrage. Dann riefen die an und sagten, also so und so, Herr Donat, wir brauchen, für diesen oder diesen Zweck, haben sie was? Wir wollen Elternabend machen, können wir vielleicht, haben sie einen Film, den wir hier einsetzen könnten?
Ich denke, es ist in einem bestimmten Umfang gelungen, durch unsere Arbeit auch in die Gemeinden der DDR, dieses Bewusstsein mitzubringen, Film ist mehr als nur Kino, was ich mir ansehe, sondern mit Film kann ich auch arbeiten. Vom Film kann ich 'n ganz Teil lernen für mein Leben, und zwar nicht bloß vom speziellen christlichen Film DAS LEBEN DER HEILIGEN THERESIA (...), sondern auch genau vom Gegenteil, dass ich sage, (...) so wird's im Allgemeinen gesehen, wir sehen aber dieses, und wir sehen das so und wir differenzieren.[285]

Die Übernahme der Filmbesprechungen durch die Evangelische Kirche

Es war so, dass in den fünfziger Jahren Versuche auch gestartet wurden, Filmbesprechungen in der Evangelischen Kirche über die Zeitungen zu machen. (...) Man hatte nicht die Absicht, alle Filme zu beobachten und (...) soweit wie möglich jetzt den Gemeinden vorzustellen, sondern man griff sich einzelne Filme heraus und hat die dann in den Zeitungen veröffentlicht, so wie auch in anderen normalen Zeitungen Filmrezensionen waren. Am Anfang hatten die

---

[285] BFS-Archiv, 0436085/03: TC 0'40'36-0'57'47.

eigene Leute auch, die das betrieben haben, Filmjournalisten sag' ich mal jetzt. Aber dann zog sich aus mir nicht bekannten Gründen die Evangelische Kirche von dieser Arbeit zurück und griff gegebenenfalls auf unsere Filmrezensionen zurück.
Auch so, dass wir dann einige, wir hatten einige Adressen, ich kann nicht mehr genau sagen, wie viele, aber ich meine, es waren so ungefähr 15 bis 25 Adressen, die wir hatten (...) aus der Evangelischen Kirche, und die wir regelmäßig belieferten. Zum Beispiel dabei, eine (...) Kirchenzeitung der Freikirchen, die Glocke (...). Die kriegten regelmäßig die Filmbesprechungen hingeschickt, und haben dann, weiß ich nicht wieso, wir haben nie Belegexemplare gesehen, die haben die dann mit verwandt in ihrer Arbeit und die sich also regelmäßig auch bedankt über diese, diese Zusendung. Genauso wie wir eben auch (...) an verschiedene Häuser oder Institutionen und ein paar einzelne Leute aus der Evangelischen Kirche unsere Filmrezensionen geschickt haben. Also hier war man froh, dass da jemand die Dinge betrieben hat, hat aber selbst nicht weiter die Sache, oder, oder hat, und es reichte auch. Mehr hat man da nicht gemacht.[286]

Filmbesprechungen in den katholischen Kirchenzeitungen

Es gab ja zwei Kirchenzeitungen: einmal für das Bistum Berlin, (...) das Hedwigsblatt, und für die übrigen ostdeutschen Bistümer oder Anteile den Tag des Herrn. Am Anfang, in den fünfziger Jahren noch, ganz am Anfang hat Karl Munter noch erreicht, dass im Tag des Herrn eine Rubrik war: Filme. Das waren tatsächlich 1955/56, und ich kann jetzt nicht genau sagen, wie lange, gab es eine Rubrik Filme. (...) Es stellte sich aber dabei bald heraus, dass das wenig ergiebig war. Es standen dafür zur Verfügung, ich kann's nicht mehr sagen, ich glaube (...) zwanzig Zeilen in einer Spalte. Wir konnten also nur einen ganz geringen Teil der Filme nennen, ohne auf den Inhalt einzugehen, sondern eben nur jetzt einen Film, den wir als (...) ansehenswert einschätzten, den konnten wir dort nennen.
Und dann haben wir nach einiger Zeit gesagt: das lohnt nicht. Entweder wir bringen ausführlichere Filmbesprechungen und beschränken uns eben dann auf wenige, oder wir lassen's sein. Da der Tag des Herrn ja immer am Anfang (...) auf seine vier Doppelseiten beschränkt war, waren die dran interessiert, dass da nichts kam in der Richtung. Und dann haben die das einfach auch aufgekündigt.
In späteren Jahren sind zwischendurch einmal Versuche gemacht worden, das hing aber auch mit der Schriftleitung zusammen, die Dinge wieder zu verändern, und sie haben sich verändert, als Gottfried Swoboda (...) als verantwortlicher Mann für den Tag des Herrn dann fungierte, Hauptschriftleiter war. Der war an Film interessiert, der hatte auch im Schriftstellerischen

---

[286] BFS-Archiv, 0436085/03: TC 1'11'28-1'13'38.

gearbeitet und so war das ein bisschen benachbart. Und dann haben wir gelegentlich eine ausführliche Filmbesprechung dort bringen können. Also zum Beispiel (...) von einem Film wie STALKER. Das ist auch im Tag des Herrn wahrscheinlich gekommen. Das waren dann beschränkt auf wenige (...) Ausgaben, aber es war gescheiter, als jene erste Variante, dass man nur die Filme in der Überschrift nennen konnte und mit den Zeichen 1, 2 oder so, also mit dieser Eingruppierung. Das waren die Veröffentlichungen im Tag des Herrn.[287]

Die Kosten für die Produktion und den Versand der Filmbesprechungen

Ich komme da in eine gewisse Verlegenheit, die glaub' ich auch zusammenhängt mit der Gesamtsicht. An Kosten zu denken, an das Geld zu denken, was notwendig ist, das ist bei uns erst mit der Wende angekommen, das hat erst mit der Wende eingesetzt. Erst seit der Wende hat sich eine neue Denkweise bei uns ergeben: wie ist es finanzierbar? (...) Meine Zeit, die ich bei der Kirche gearbeitet habe, also sagen wir mal vor der Wende, von 52 bis 1990, das sind ja 38 Jahre, ist diese Frage so gut wie nie aufgetaucht.
Wenn ich (...) das einmal insgesamt sehe, ich habe einmal verhandelt über die Rückerstattung von Fahrten im Zusammenhang mit (...) der Aufgabe der, der Ehe-, Familien- und Lebensberatung, da waren das Beträge, die waren vierstellig. Einen fünfstelligen Betrag - war nicht. Und das war also auch schon in der letzten Zeit, sonst war es also so, dass Geld bei den Überlegungen keine, oder kaum eine Rolle spielte. Das ist der Hintergrund.
Jetzt die konkrete Frage: Es ist so, (...) dass diese kirchliche Hauptstelle für Film und Laienspiel nur ein gutes viertel Jahr einen eigenen, eigens bezahlten Mann hatte. Das war Karl Munter. Dann ging das ja in Personalunion in meine Hände über. Ich wurde, ich wurde normal bezahlt. Und so gab es da keine Sonderkosten. Das, was die Arbeit selbst an Kosten verursachte, war einmal die Filmrezension und zum anderen Papier und der Versand. Und die beteiligten Mitarbeiter. Die beteiligten Mitarbeiter wurden im Gesamtrahmen finanziert. Da kann man gar nichts auseinander dividieren. Die ich damals noch mit eingestellt habe (...) für stundenweise Arbeit, also das, was ich schon gesagt hatte, dass die die abgezogenen Seiten zusammengelegt haben oder Post fertig gemacht haben. Das sind Beträge, da haben seinerzeit für die Stunde, wenn ich mich nicht täusche, haben wir 5 Mark bezahlt. Das kann aber auch noch weniger gewesen sein, das abzurechnen. Und diese Unkosten und die Filmbesprechungen, wenn ich mich recht erinnere, haben wir mit 10 Mark angefangen, für eine Filmrezension. Von diesen 10 Mark musste aber auch bezahlt werden das Kinobillett, und es musste bezahlt werden meinetwegen die Fahrt zum Kino hin (...). Und so ist das im Laufe der Jahre, ist das angehoben

---

[287] BFS-Archiv, 0436085/03: TC 1′21′47-1′24′57.

worden. Ich bin mir jetzt nicht mehr sicher, ob es 20 Mark oder 30 Mark waren. Diese, diese Beträge, (...) und die Papierpreise und Kuverts und die Postgebühren wurden abgedeckt durch die Kosten, die den Empfängern, oder was die bezahlen mussten. Also was hat, was hat sich die Bischofskonferenz diese Arbeit kosten lassen? Ich denke, wenn man das alles herausfiltert, das waren nur sehr geringe Beträge.[288]

Produktion eines Dokumentarfilms über das Katholikentreffen in Dresden 1987

Ich gehörte ja mit zu den Organisatoren und war für die äußere Gestaltung verantwortlich aber auch eben für den Bereich Öffentlichkeit, Öffentlichkeitsarbeit. Und wir hatten schon in der Vorbereitung, hatten wir also auch gesagt, es muss 'n Film gemacht werden. Wir müssen das dokumentarisch festhalten. Und haben dann Leute angesprochen, die den Film herstellen sollten. Es boten sich zwei Teams an, das eine war einer aus Wismar, der Name ist mir im Moment jetzt entfallen, der 'ne Drogerie hatte, mit dem ich schon in anderer Weise zusammengearbeitet hatte. (...) Dann gab es aber auch in unserem Bereich zwei Leute, im Erfurter Bereich zwei Leute, nämlich zwei Pfarrer, die mit 8mm arbeiteten. (...) So und dann haben wir denen den Auftrag gegeben, den Film herzustellen. Mit dem Wismarer weiß ich jetzt nicht, wie das gelaufen ist.
Kurzum, der Film war dann auch da. Jetzt ging es noch darum, der Film musste vertont werden. Da war damals die Kamera nicht mitgelaufen. Es wurde also ein Text erarbeitet. Der Film wurde vertont und sollte zum Einsatz kommen nach '87 in den Gemeinden, als Dokumentation. Und das ist tatsächlich auch gelungen. Aber mit (...) erheblichen Schwierigkeiten. Es stellte sich heraus, dass (...) die beiden Pfarrer, die sich die beiden Pfarrer, die sich auch aufgeteilt hatten, wer was aufnehmen sollte, man konnte ja nicht (...) an allen Orten zu gleicher Zeit sein. Dass das Material ja dann geschnitten werden musste, und dieser Schnitt stellte sich als viel aufwändiger heraus, als die beiden auch gedacht hatten. Denn so Profis waren sie ja nun wiederum auch nicht. Dann stellte sich weiter heraus, dass die beiden, dass das Filmmaterial, was die hatten, sich unterschied voneinander, das heißt, die machten aus zwei Filmen, machten die einen. Aber der war einmal, war er jetzt vom Material stärker zum anderen, mal war er schwächer. Er hatte auch Farbunterschiede. Es war 'ne mittlere Katastrophe.
Nun war die Frage, was machen wir denn überhaupt? Die Vertonung war dann ja nun auch da. Es muss kopiert werden. Dann sind wir auf die Suche gegangen. Die Kopierwerke, die es hier gab, haben diesen Auftrag gar nicht angenommen. Denen war das, denen war das also von diesem Material her, war's also zu schwierig. Und dann haben wir in Verhandlungen wieder mit der

---
[288] BFS-Archiv, 0436085/03: TC 1'32'54-1'37'31.

Bischofskonferenz, beziehungsweise mit dem Vertreter, haben wir erreicht, dass wir die Genehmigung bekamen, dass das in Hamburg, in Hamburg gab's ein Kopierwerk dafür, dass die den Film kopiert haben. Und dann ist dieser Film kopiert worden, wenn ich mich nicht täusche in einer Auflage von zehn Stück, wobei jede Diözese einen Film bekam, den die selber einsetzen konnten. Und das waren sechs, oder ich glaub' das waren nur sieben, wenn ich mich nicht täusche, und, und einer blieb hier zur freien Verwendung noch (...). Das waren zwei, die hier blieben, die auch ausgeliehen werden konnten. Die anderen kamen über die Diözesen.
Das Ergebnis war halbwegs zufriedenstellend, für uns war das ja 'ne Riesengeschichte (...). Es musste ja westlich bezahlt werden, also ging das überhaupt nur über die Bischofskonferenz. Es musste erst einmal nach Berlin, dann mussten die sich d'rum kümmern, dass es nach Hamburg kam, dann mussten die Dinge wieder hierher kommen. Fakt ist aber jedenfalls, dass es einen annehmbaren Film (...) über das Katholikentreffen in (...) Dresden gegeben hat, dass der, (...) aller Wahrscheinlichkeit nach auch noch existiert, und vielleicht auch gelegentlich zum Einsatz kommt.[289]

Vermutungen über Einblicke staatlicher Organe in die katholische Filmarbeit

Wir haben uns, wir, die wir uns mit der Filmarbeit befasst haben, haben uns zwischendurch immer wieder gefragt, wie es möglich ist, dass man uns so unbehelligt lässt. Es war ja überhaupt nicht anders möglich, als dass wir, dass ich, der ich verantwortlich war für die Medienarbeit, hier alles, was, oder so gut wie alles, was lief, über die Post abwickeln musste. Es gab Überlegungen auch mit Kurier und, und anderen Dingen mehr. Die wurden alle verworfen, weil einfach das Gebiet zu groß war, zu umfangreich. Durch Kurier sind nur ganz bestimmte Dinge übermittelt worden, (...) kaum etwas aus dem Medienbereich. Das war jetzt nur Beschaffung oder ähnliche Dinge mehr. (...)
Es ist keine Sendung beschlagnahmt worden, oder kaum eine. Es ist einmal eine weggekommen. Ob die eingezogen wurde von einem Bezirk, das wissen wir nicht. Wir haben dann nachgeliefert. Aber wir sind nicht direkt angesprochen worden, so dass ich also jetzt sagen kann, wir waren seinerzeit schon verwundert. Und wenn sich dann nach Öffnung der Akten herausstellt, dass da auch nicht viel da war, kann ich nur meine Verwunderung noch einmal unterstreichen. (...) Man hat's offensichtlich nicht als wichtig eingeschätzt. Aber das ist eine Vermutung. Ich weiß es nicht.[290]

---

[289] BFS-Archiv, 0436085/03: TC 1′54′58-2′00′29.
[290] BFS-Archiv, 0436085/04: TC 0′16′45-0′18′31.

Rückmeldungen von den Abonnenten der Filmbesprechungen

Auf den Versand dieser Filmrezensionen erfolgte kein Echo im Normalfall. Aber im Einzelfall schon. Im Einzelfall, damit ist gemeint bei persönlichen Gesprächen, zum Beispiel bei Priesterkonferenzen oder wenn, wenn auch Priester vorbeikamen in die Medienstelle. Hier hat sich eben auch als gut erwiesen oder war günstig, dass ja die Medienstelle auch in anderen Bereichen, da war die Tonarbeit und die Bildarbeit und Laienspiel, und wenn es da hier zum persönlichen Kontakt kam, (...) dann kam es immer wieder auch zwischendurch zu Gesprächen über den Film. Das war die eine Sache. Und dann hat man sich halt so ausgetauscht.
Es gab aber auch einzelne Briefe, die geschrieben wurden aufgrund von Filmbesprechungen. Diese Briefe waren dann Briefe, wo kritisch hinterfragt wurde, das was beschrieben worden war. Vom Inhalt her oder von der Aussage her. Und hier war es am meisten, also das waren nicht so sehr viele, ich meine, in den ganzen Jahren sind kaum mehr als zwanzig Briefe gekommen. Aber die dann gekommen sind, die setzten sich kritisch auseinander vor allen Dingen mit der Bewertung der Sexualmoral.
Also da waren dann (...) Pfarrer doch, fühlten sich bemüßigt darauf hinzuweisen, dass man also so einen Film, wo eine Nacktbadeszene drin ist, oder wo ein Mann mit 'ner Frau schläft und die sind nicht verheiratet, ich kann's also tatsächlich auf diese Punkte bringen, dass man die doch nicht empfehlen kann. (...) Also es gab auch Beschwerden, (...) wo sich der Pfarrer massiv beschwerte und von einer Gefährdung seiner Gemeinde sprach. Durch diese Filmbesprechung angeregt hatten die den Film kommen lassen, hatten die (...) mit der Gemeinde den Film gesehen und erlebten dann, so der Brief, den Sturm der Entrüstung, dass also hier zum Beispiel vorehelicher Verkehr dabei war, und der gar nicht kritisch bemerkt worden war, und ähnliche Dinge mehr. (...)
Das war halt so 'ne Übergangszeit und es betraf eigentlich nur eben ein, einen kleineren Teil, während, denke ich, nachdem, was so im Allgemeinen bei mir gelandet ist ohne konkrete spezielle Rückfrage, die Filmbesprechungen dankbar angenommen wurden, weil sie eine Orientierungshilfe waren, nicht zuletzt für den Pfarrer, der ja nicht ins Kino kam.[291]

Längerfristige Ergebnisse und Wirkungen der katholischen Filmarbeit

Ich denke, erwachsen ist einmal, ein gewisses Bewusstsein in den Gemeinden, bei einzelnen in den Gemeinden zumindestens, dass Film schon eine Sache ist, (...) der man sich ein bisschen näher zuwenden könnte und die man kritisch sehen könnte. Unser Anliegen war letztlich, den mündigen Christen dazu zu

---
[291] BFS-Archiv, 0436085/04: TC 0'36'16-0'39'11.

befähigen auch auf diesem Gebiet eigenständige Entscheidungen zu fällen. Das ist natürlich schlecht nachzuweisen, aber ich denke, die Beschäftigung durch die Jahre hat da doch ein bisschen was gebracht.

Das andere, das zweite ist, was damit zusammenhängt, dass auch für viele Pfarrer einfach deutlich geworden ist, Film ist ein Medium, mit dem man sich auseinandersetzen muss. In welchem Umfang das getan wird, ist 'ne andere Frage wieder. Und die dritte Sache: da seinerzeit die Bischofskonferenz sich eingehend auch mit allen Dingen beschäftigt hat und eine Dezentralisierung oder Aufgabenverteilung auf den einzelnen nicht in dem Maße da war wie jetzt, gehe ich eigentlich auch davon aus, dass die Bischöfe aus der damaligen Zeit auch für sich persönlich da ein bisschen was gewonnen haben, zumindestens die Ahnung davon, wie wichtig diese, diese Filmarbeit sein kann und für die, für die Kirche ist, auch wenn die Wege dann unterschiedlich sind. Das wär' einmal 'ne Sache.

Das zweite: Konkret ist ja nach der Wende auch versucht worden, die Medienarbeit insgesamt mit in Verbindung zu bringen (...) mit der Gründung der Landesfilmdienste. Die Landesfilmdienste als eine Einrichtung, (...) die sich nicht speziell mit dem Langspielfilm auseinandersetzt, die aber den Film als Medium vertreibt in unterschiedlicher Art und Weise. Leider ist das, was hier angestrebt wurde in Erfurt nicht erreicht worden, dass nämlich beide, die Medienarbeit und der Landesfilmdienst zusammenarbeiten, in Gemeinschaft arbeiten und (...) damit eben auch sehr viele Leute erreichen. In Dresden, also in Dresden-Meißen in der Diözese, ist es erreicht, dort arbeitet man Hand in Hand im gleichen Raum mit unterschiedlichem Angebot.[292]

Helmut Morsbach, 14. April, 1998

Die Mitarbeit Helmut Morsbachs in der katholischen Filmarbeit ab 1975

Nach dem Beginn unserer Zusammenarbeit gab es dann auch bald so erste Überlegungen, wie wir die Filmbesprechungen im Äußerlichen, im formalen Teil verändern können. Diese formale Änderung zielte zunächst mal, nach meiner Meinung, ab auf die filmographischen Daten, die wir übermitteln wollten. Ich war schon der Meinung, dass dem Leser nicht nur der Text dargeboten werden sollte, sondern dass wir doch zumindestens auf ein paar Standarddaten verweisen sollten.

Also es musste deutlich erkennbar sein: aus welchem Land stammt der Film, in welchem Jahr ist er produziert, wer war der Regisseur, wer war der Kameramann. Nicht immer war das uns wichtig, aber wenn es bedeutende Leute

---

[292] BFS-Archiv, 0436085/04: TC 0'59'30-1'02'24.

waren, sollte auch das 'ne Rolle spielen, und wir wollten zumindestens drei Darsteller benennen. (...)

Wir wollten benennen: ist es ein Film in Farbe oder in Schwarz-Weiß, und wir, so dacht' ich zumindestens, müssen auch sagen, wie lang in etwa der Film ist, zumal weil das auch durchaus interessant sein kann für denjenigen, den einen Film schon im Fernsehen, sei es im Ost- oder im Westfernsehen, gesehen hat und dann Abweichungen zur Länge feststellte. Ein gar nicht so seltener Fall, weil der eine oder andere, zumindest der Interessierte dann gemerkt hatte, hier ist wieder an dem Film, entweder in der Fernseh- oder in der Kinofassung, geschnitten worden. Das waren so formale Dinge, die wir relativ schnell verändert haben.

Wir haben dann damit auch den Kopf der Filmbesprechungen verändert. Wir haben dann gesagt, dann versuchen wir, in dem Text, zunächst mal dem ersten Teil des Textes, in wenigen Sätzen den Inhalt zu beschreiben, insoweit wir den Inhalt beschreiben wollten, und versuchen dann, ein wenig 'ne Wertung vorzunehmen. Bei allem, und das war uns wichtig und das, denke ich, unterscheidet uns auch ein wenig von den Filmbesprechungen wie sie in der Bundesrepublik gemacht wurden, sollten die Besprechungen verständlich bleiben, sie sollten einfach gehalten sein, sie sollten am Ende ein klares Votum enthalten, aus dem zu erkennen war, lohnt es sich, in diesen Film zu gehen oder lohnt es sich nicht. Die subjektive Betrachtungsweise sollte erkennbar bleiben. Wir wollten, oder wir konnten auch nicht deutlich machen, dass es sich um ein, eine Stellungnahme einer Kommission handelte, denn wir waren ja nur zwei und manchmal hat auch nur einer von uns den Film gesehen, so dass es durchaus deutlich werden muss, das ist ein subjektives Urteil.

Und dieses so wie ich´s jetzt beschrieben habe, haben wir dann auch in etwa bis 1990 vom Ansatz her durchgehalten und haben auch nicht versucht, in den Jahren dann Filmbesprechungen ausführlicher zu gestalten, umfangreicher zu formulieren Nebenstränge mit einzubeziehen in die Untersuchung von Teilaspekten, sondern wir haben wirklich gesagt, wir beschränken uns im Wesentlichen auf 'ne halbe Seite, wie sie dann auf diesem hektographierten A4-Papier abzudrucken war, und weiterhin auf einem Blatt werden zwei Filmbesprechungen Platz haben.

Und nur in Ausnahmefällen, wenn es der Film hergab oder wenn wir gerade aus christlicher Sicht einiges verdeutlichen wollten, haben wir dann gesagt, ok dann eine Seite für eine Filmbesprechung, aber dieses wird nicht der Regelfall. Diese Gewichtung blieb dem Rezensenten überlassen, weil es schon gar keine Absprache gab darüber. Die Absprache beschränkte sich im Wesentlichen auf ein telefonisches Gespräch, das immer am Donnerstag jeder Woche geführt wurde, und Hans Donat hatte das Kinoprogramm der kommenden Woche vor sich liegen und ich hatte mein´s. Und wir haben dann miteinander abgesprochen, welche Filme in Erfurt liefen, bei den wenigen Kinos in Erfurt war das in der Regel ein Film, manchmal gar keiner, manchmal vielleicht auch

zwei. In Berlin, bei der Ostberliner Kinosituation mit viel Kinos in verschiedenen Stadtbezirken waren das 'ne ganze Menge Filme unter anderem, so dass ich dann gelegentlich am Donnerstag mich zunächst nur festgelegt habe, dass ich einen oder zwei Filme mir in der nächsten Woche ansehen werde.
Ich hab' mich gelegentlich aber auch überhaupt nicht festgelegt, welcher Film dies sein wird, sondern hab' das davon abhängig gemacht, ob das mit meinem eigenen Terminkalender möglich war, beziehungsweise ob ich den Film dann wirklich in diesem Kino vor Ort dann auch sehen konnte. Insoweit gab es auch keine innerlichen Absprachen.[293]

Der Einstieg von Silke Ronneburg in die katholische Filmarbeit 1987

Frau Ronneburg ist ja 1987 dazu gekommen vor allem für die Erweiterung der Tätigkeit, die wir dann im Blick hatten. Das hing aber dann auch schon mit dem Lexikon zusammen, dass wir gesagt haben, wir wollen jetzt auch Kinderfilme besprechen.
Kinderfilme in der DDR waren ja ein, ja waren ja beliebte Filme, die auch einen großen Zuschauerkreis fanden und wir waren eigentlich schon über viele Jahre der Meinung, hier versäumen wir etwas, wenn wir hier keine Empfehlungen aussprechen, beziehungsweise (...) zu einem Kinobesuch anregen.
Frau Ronneburg war Mitarbeiterin beim Filmspiegel. Der Filmspiegel war eine populärwissenschaftliche Filmzeitschrift, die einzige in der DDR. Die Frau Ronneburg kannte ich über die Zusammenarbeit zum Staatlichen Filmarchiv der DDR. Sie war als Redakteurin viel natürlich auch im Bereich der filmbegleitenden Materialien bei mir im Hause Nutzer und sie war gerade mit ihrem Studium fertig geworden, schrieb eine Diplomarbeit und arbeitete viel in meinen Räumen, so dass ich sie nachdem ich irgendwann auch Kontakt zu ihr knüpfen konnte und wusste, dass sie in der evangelischen Kirche beheimatet ist, mal angesprochen habe, ob sie bereit wäre, zunächst mal den ihr vertrauten Bereich von Filmbesprechungen zu Kinderfilmen abzudecken. Wenn es dann zu Terminabsprachen kam, und neue Kinderfilme zum Einsatz kamen, dann haben wir versucht, dass sie die Filme besprochen hat.
Wir haben die Frau Ronneburg dann auch für die Mitarbeit in der Katholischen Filmkommission der DDR gewinnen können. Das war für mich einer der schönsten Momente, auch in der Zeit, als mir 1990 deutlich wurde, dass auch diejenigen in der Bischofskonferenz, die das zu genehmigen hatten, darüber nicht gestolpert sind. Und ich hab' auch noch'mal die Unterlagen mir angesehen. Es war deutlich vermerkt, dass die Frau Ronneburg evangelisch war, also, aber das ist niemandem, es hat niemanden angeregt zu der Überlegung, möglicherweise auf sie in dieser Arbeit zu verzichten. Sie ist dann mit berufen worden.

---

[293] BFS-Archiv, 0436085/04: TC 1'31'57-1'37'14.

Diese katholische Filmkommission der DDR hat ja dann nicht lange existiert, weil sie dann mit der katholischen Filmkommission für Deutschland vereinigt wurde.[294]

Die Entstehung der Filmbesprechungen

Zunächst wurde ja am Donnerstag jeder Woche zwischen Erfurt und Berlin abgestimmt, wer an welchem Ort welche Filme sich ansehen konnte. Und dieses führte rasch dazu, dass bei der Dichte der Kinos in Berlin ich hier durchaus in mancher Woche sechs, sieben Filme zur Auswahl hatte. Dieses war natürlich überhaupt nicht zu bewältigen, schon gar nicht, weil ja dieses auch nach der Arbeitszeit geschehen musste. Ich hatte zwar die Möglichkeit, auch während der Arbeitszeit dienstlich mal den einen oder den anderen Film zu sehen.
Es gab immer vor Einsatz eines neuen Films in den Kinos der DDR in Berlin eine Pressevorführung. Diese Pressevorführung fand beim einzigen Verleih, Kinoverleih der DDR statt, dem Progress Film-Verleih in Berlin-Mitte. Dort gab es eine kleine Vorführung und dort wurde den Journalisten, die in den Tageszeitungen oder Wochenzeitschriften diesen, zu diesem Film schrieben, oder zum Wochenprogramm des Kinos schrieben, dieser Film etwa zwei Tage vor Premierenbeginn gezeigt. Diese in der Regel dort stattfindenden Pressevorführungen bedurften eines Presseausweises, den man besitzen musste. Ich hatte, nachdem ich mich mit Hans Donat über die Arbeit verständigt hatte, einen solchen Ausweis beantragt, aber nicht als Person Helmut Morsbach und nicht für die Katholische Filmkommission oder für die Katholische Filmarbeit in der DDR, sondern für das Staatliche Filmarchiv der DDR und für meine Tätigkeit als wissenschaftlicher Mitarbeiter in diesem Hause. Ich hatte diesen Presseausweis und konnte dann dort, soweit es mit meiner Zeit in Verbindung zu bringen war, auch regelmäßig teilnehmen.
Diese Teilnahme war gelegentlich ganz spannend, weil zunächst mal über viele Jahre alle dort tätigen Journalisten, die ich ja alle auch persönlich kannte und mit denen ich über diese vielen Jahre auch vertraut war, zunächst mal (davon, A.S.) ausgegangen sind, dass mit mir dort ein Mitarbeiter aus dem Staatlichen Filmarchiv der DDR saß, der aus Archivzwecken dort mit diese Filme sich ansah, sie aber nicht auf die Idee kamen, dass hinter diesem Ansehen dann die Tätigkeit sich versteckte, da Filmbesprechungen zu schreiben, die im Bereich der Kirche dann auch öffentlich gemacht wurden. Das hat sich auch kaum bis fast zum Ende der DDR verändert. Es ist, denk′ ich, kaum einem aufgefallen, in welcher Funktion ich da gesessen habe. Das hatte aber für mich die Möglichkeit, dass ich den einen oder den anderen Film eben schon am Vormittag dort mal sehen konnte, und dann am Abend nicht irgendwo in ein Kino der Stadt fahren musste.

---
[294] BFS-Archiv, 0436085/04: TC 1′38′02-1′44′01.

Die Kinos in Berlin lagen nun in allen Stadtbezirken verteilt. Es gab wenige neue, große Kinos, sondern es waren mehrere Stadtteilkinos, die ja, die auch zu unterschiedlichen Zeiten spielten, so dass man also immer mit dem Programm im Kopf dann sehen musste, dass man den einen oder den anderen Film auch sich ansehen konnte. Ich hab' mich bemüht, zunächst mal, die wichtigen Filme zuerst zu sehen, also diese Filme, wo es uns darum ging, dass wir auch recht rasch 'ne Filmbesprechung erstellen wollten, damit sie dann auch in diesem Vier-Wochen-Rhythmus dann auch in Erfurt noch hektographiert werden konnte und ausgegangen werden konnte. Das war der eine Grund für eine Auswahl. Der zweite Grund war ein ganz anderer, nämlich solche Filme zu wählen, wo ich die Sorge hatte, dass sie bestenfalls ein oder zwei Vorstellungen im Kino hatten und dann aus dem Kino wieder rausgenommen wurden aus Mangel an Zuschauern, oder aus möglicherweise auch anderen Gründen. Es konnten auch mal politische Gründe sein, dass man den Film also gesehen hatte. Dieses war mit manchmal sehr merkwürdigen Situationen verbunden. Man muss wissen, dass es etwa im Jahr 150 Filme in der DDR gab, die zum Einsatz kamen. Von diesen 150 waren 15 Filme etwa, die DDR-Filme waren, die im DEFA-Studio für Spielfilme hergestellt wurden. Von diesen 150 wiederum waren etwa gut 100 Filme, die aus den sozialistischen Ländern kamen: Sowjetunion, Polen, Tschechoslowakei, Ungarn, Rumänien, Bulgarien, Koreanische Volksdemokratische Republik, Vietnam, Yugoslawien mit Abstrichen. Und der Rest waren Filme aus den so genannten kapitalistischen Ländern, also Filme vor allen Dingen aus den USA, aus England, aus Frankreich, Italien, wenige auch aus der Bundesrepublik.

Bei den Filmen aus den Ländern der westlichen Welt war es kein Problem, auf 'ne Veranstaltung zu treffen, die auch wirklich stattgefunden hat. Da war eher das Problem, möglicherweise eine halbe Stunde vorher hinzufahren, um auch noch 'ne Karte zu bekommen. Bei den anderen Filmen war es gelegentlich problematisch, ich musste zusehen, dass der Film auch wirklich gespielt wurde. Man muss wissen, die Kreislichtspielbetriebe waren ja auch staatlich, also der Kinospielbetrieb interessierte relativ wenig die dort tätigen Mitarbeiter, sondern die hatten eine feste Anstellung und hatten dreimal am Tag einen Film zu spielen und für sie spielte das im Wesentlichen keine Rolle, ob nun der Film lief oder nicht lief. Und sie versuchten immer mal wieder, wenn wenige Zuschauer da waren, auch dafür Sorge zu tragen, dass sie also in der Abendvorstellung, wenn sie die ausfallen ließen, könnten, dann auch früher nach Hause gehen konnten.

Das bedeutete, es gab so eine ungeschriebene Regelung, hier zumindestens in Berlin, dass mindestens drei Zuschauer da sein mussten. Manche dehnten das auch auf zehn aus, und dieses war dann gelegentlich ein Problem. Es waren häufig Kinobesuche für mich, wo ich der einzige Zuschauer war. Und dann natürlich der Kinoleiter, der wurde dann meist 'ranzitiert. Das konnte nicht die Kraft am Kinoschalter entscheiden oder der Vorführer, sondern der Kinoleiter musste dann entscheiden, wurde gespielt oder nicht gespielt. Da ich mit der Zeit bekannt war, dass ich ein häufiger Kinogänger war, zwar nicht wissend für wen, ich habe gelegentlich dann aber auch mal fallen lassen, dass ich im Auftrag einer wissenschaftlichen Einrichtung hier Filme sehe. Das hat dann etwas geholfen, aber auch nicht viel, oder aber die andere Variante war, ich habe dann mit Überredungskünsten erreichen können, der Film wird gespielt, oder ich habe, wie ich es auch von Hans Donat weiß, gleich drei Karten gekauft, so dass wir drei Zuschauer quasi in der Statistik waren, und dann ja gespielt werden konnte.

Das war von der Finanzierung noch nicht so schlimm, weil die Kinokarte relativ billig war, und man musste nicht zehn, fünfzehn Mark für 'ne Karte bezahlen, sondern zwei Mark fünfzig oder eine Mark und fünfundzwanzig, jedenfalls in dieser Größenordnung spielte sich das ab. Gelegentlich hab' ich dann auch mal an den politischen Instinkt der Leute appelliert, indem ich ihnen gesagt habe, jetzt hier spielt ein koreanischen Film, ich werde mich also beschweren, wenn ihr den ausfallen lasst; ich will den jetzt hier sehen. Und auch das hat gelegentlich geholfen. Nur war's auch, im Laufe der Jahre hatte man dann sein Pulver mit den Ausreden auch verschossen allmählich.

Diese Filme, die kaum Zuschauer fanden, waren im Regelfall auch stinklangweilig. Das heißt, ich musste dann natürlich auch, was man ja ohnehin getan hat, aber auch bei solchen Filmen musste man sich durchringen, dann auch wirklich den Film bis zur letzten Minute anzusehen. Es war also nicht die Möglichkeit, da vielleicht mal zu sagen, mein Gott wir besprechen den nicht.

Am Anfang hatten wir noch gar kein, keine Verabredung, alles vollständig zu besprechen, und sagen, wir schenken uns das einfach. Wäre ich da nach zehn Minuten, nach 'ner viertel, nach 'ner halben Stunde gegangen, dann hätte sich das auf die nächsten Besuche auch ausgewirkt. Also der Film war schon bis zu Ende zu sehen und das war auch für die Filmbesprechung wichtig, ohnehin. Ich habe mir das auch zur Angewohnheit gemacht, dieses hatte dann zur Folge, dass also bestimmte Kinoqualen, denk' ich, zu erleiden waren. Solche im Winter zum Beispiel, dass die Kinos wirklich kalt waren, dass da zehn, zwölf, dreizehn Grad herrschten, und wenn überlange Kriegsfilme aus der Sowjetunion dann liefen zweieinhalb, drei Stunden lang, dann war das eine Tortur, die schon schlimm war. Der Vorführer kam dann gelegentlich auch ins Kino rein, und machte dann deutlich seinem Unmut Luft, indem er dann feststellte, es sind immer noch drei Zuschauer drinnen, wenn am Anfang vielleicht mal zehn waren und im Verlaufe der Veranstaltung dann sieben gegangen waren, weil der Film wirklich langweilig war, dann warteten die natürlich nur darauf, dass die drei anderen auch gingen.

Und ich kann mich auch erinnern, dass ich oftmals so der Letzte war, der dann nicht gegangen ist. Und gelegentlich ging das bis zur Grenze an Beschimpfungen: Wollen sie nicht endlich auch gehen? Und: Ich will nach Hause. Und: Es ist kalt hier. Dann gab's da manchmal einen erregten, manchmal einen weniger erregten Wortwechsel, aber insgesamt muss ich sagen, konnte man sich durchsetzen und ich habe meist die Filme gesehen, die ich auch sehen wollte. Schwieriger war's an den Stellen, wenn die Kinoleiter cleverer waren und schon im Vorfeld, also wenn der Film um 8 Uhr begann abends, dass sie um halb 8 erklärten: Wir wissen noch gar nicht, ob er laufen kann. Wir haben ein technisches Problem. Sie haben das zunächst mal davon abhängig gemacht, wieviel Leute kamen. Und wenn sie dann um drei Minuten nach 8 dann sagten, aber wir würden ihnen ja gerne den Film zeigen, aber an dem Gerät ist was nicht in Ordnung und heute erreichen wir natürlich niemanden mehr, dann ging leider nichts mehr. So einige dieser Schwierigkeiten, um wirklich auch den Film zu sehen.

Ich war immer dankbar, dass ich dann auch die Pressevorführung noch hatte, und hab' dann in den Pressevorführungen gelegentlich diese Filme gesehen, die, von denen ich vermuten konnte, dass sie im Kino möglicherweise kaum Zuschauer fanden. Da ging's mir natürlich bei den Pressevorführungen manchmal ähnlich, dass ich auch da der einzige war und gut, das ließe sich dann durchsetzen, dass dort der Film gezeigt wurde. Es gab dann später auch Regelungen dort, dass man gesagt hat, also mindestens drei Vertreter der Presse müssen schon da sein, sonst, wenn der Verleih auf kein Interesse stößt, wird man den Film auch nicht zeigen. Aber das war das kleinere Problem.

Ich hab' dann eigentlich versucht, in der Woche an verschiedenen Punkten Filme zu sehen. Ich bin gelegentlich auch mit dem Kinoprogramm losgefahren in der Hand und bin auf ein bestimmtes Kino los gesteuert, und hab' festgestellt, dort lief am Abend halb 8 dieser Film, und er wurde aus irgendeinem Grunde nicht gespielt. Dann hatte ich immer noch die Chance, zu einem anderen Kino zu fahren, das um 8 Uhr einen Film zeigte, den wir auch nicht gesehen hatten, und konnte mir den ansehen. Also von daher war die Möglichkeit, hier in Berlin ein Stück zu variieren größer, so dass ich dann immer am Donnerstag kommender Woche dem Hans Donat in Erfurt erst mal sagen musste, welche Filme ich in Wirklichkeit gesehen hatte.

Und dann ging der normale Fall der Bearbeitung dieses gesehenen Films vor sich, dass ich dann Material zusammengetragen habe, dass ich Aufzeichnungen, die ich im Kino gemacht habe, nochmal ausgewertet habe und dass ich dann die Filmbesprechung geschrieben habe. Diese Filmbesprechung hab' ich im Regelfall zu Hause geschrieben auf 'ner Schreibmaschine, ich hab' sie dann gesammelt, und wenn so zwei, drei, vier Besprechungen zustande kamen, dann hab' ich sie nach Erfurt gesandt.[295]

---

[295] BFS-Archiv, 0436085/04: TC 1´47´08-2´00´43.

Die Aktualität des Aushangs von Filmbesprechungen in den Pfarrgemeinden

Der Aushang war nie aktuell, sondern wir haben ja in Erfurt wirklich nur einmal im Monat Filmbesprechungen versenden können. Das heißt also, im schlechtesten Falle war eine Besprechung vier Wochen alt. Das musste in Kauf genommen werden, weil es auch ein finanzielles Problem war.
Also der Versand an die Gemeinden, es waren ja mehrere hundert, die bedient wurden, war eben nur einmal im Monat möglich. Es entstand ja Porto, es musste im Haus dort in Erfurt hektographiert werden, der Zugang zu dieser Maschine war festgelegt, und von daher war nur einmal im Monat ein Versand möglich. Ich hab' natürlich aufgepasst, gerade ich in Berlin, dass, vor allen Dingen auch bei DEFA-Filmen, wir den DEFA-Film möglichst noch in die Lieferung noch mit hinein bekommen haben. Das ist nachher auch 'ne Erfahrungssache gewesen, dass man ungefähr wusste, was interessiert das Publikum, und eben diese Filme haben wir dann versucht, möglichst schnell unterzubringen. (...)
Wir haben doch gemerkt, dass es über die Jahre vernünftig gewesen wäre, wir hätten in Berlin noch einen oder zwei weitere Mitarbeiter gefunden. Wir haben uns immer darum bemüht. haben aber nie einen gefunden, der bereit war, diesen Job auch mitzumachen.[296]

Die Veröffentlichung von Filmbesprechungen in verschiedenen Publikationsmedien

Die zwei Kirchenzeitungen in der DDR, das waren zum einen der *Tag des Herrn*, und die katholische Kirchenzeitung, das *Hedwigsblatt* in Berlin, hätten die Möglichkeit gehabt, diese Filmbesprechungen auch zu drucken. Der *Tag des Herrn* in Leipzig hat davon häufiger Gebrauch gemacht in den achtziger Jahren, er hat dann aber aus den Besprechungen ausgewählt nach eigener Entscheidung und hat die Filmbesprechungen, die ihm zugesandt wurden, dann auch immer mal in einer der Nummern gedruckt. Das *Hedwigsblatt* in Berlin hat dieses gar nicht getan. Warum nicht, ist für mich nicht nachvollziehbar. Ich hab' mehrere Anstöße im Laufe der Jahre mal genommen, konnte aber nicht erreichen, dass das als sinnvoll angesehen wurde, also der Medienteil war in dieser Kirchenzeitung ohnehin in den Jahren unterbelichtet.
Gelegentlich hat auch die evangelische Kirchenzeitung oder eine der evangelischen Kirchenzeitungen, dies war ja dann auf Landesebene strukturiert, Besprechungen nachgedruckt. Die haben dann entweder konkret gesagt, zu dem Film möchten sie jetzt was drucken, dass sie also sich direkt zu dem Film gemeldet haben und gefragt haben, ob schon 'ne Besprechung vorliegt oder sie haben dann aus den Besprechungen der letzten Sendung dann auch die eine oder andere Besprechung genommen. Sie hatten auch keine eigenen

---
[296] BFS-Archiv, 0436085/04: TC 2′03′23-2′05′15.

Mitarbeiter, die das gemacht haben, sondern haben immer wieder auf unsere zurückgegriffen.
Dieses wurde dann auch vergütet wenn auch in bescheidenem Rahmen, soweit ich mich erinnern kann, wurden dann vielleicht mal zwanzig, fünfundzwanzig, dreißig Mark für eine solche Besprechung in einer der Kirchenzeitungen, sei es der evangelischen oder der katholischen Kirche, gezahlt.
Ich hatte dann in der Zeit von 1990 bis 1992 im *Tag des Herrn* 'ne regelmäßige Spalte. Da konnte ich dann in jeder Nummer eine Besprechung unterbringen, die ich auch selber auswählen konnte. Das konnte dann, in der letzten Phase musste das gar nicht unbedingt ein Film im Kino sein, sondern es konnte auch 'ne Fernsehsendung sein, beziehungsweise ein Film im Fernsehen. Was sich dann als besonders geeignet erwies auch in bestimmten Sendern auf bestimmte interessante, wichtige Filme hinzuweisen und mit 'ner Besprechung das zu vertiefen. Dieses ging, soweit ich mich erinnern kann, bis Ende '92 und die Kolumne ist dann aufgegeben worden, und heute ist auf dieser Seite dann regelmäßig das Programm der Rundfunk-, das kirchliche Programm der Rundfunk- und Fernsehanstalten abgedruckt.[297]

Kenntnisnahme der Arbeit der Rezensenten durch die Staatssicherheit

Also in dieser ersten Phase hat's die Staatssicherheit nicht gewusst. Ich habe ja, auch das ist noch gesondert zu erzählen, ja seit 1978 jährliche zusammenfassende Einschätzungen zur Spielfilmproduktion des gesamten Jahrgangs im DEFA-Studio für Spielfilme geschrieben. Diese Art, wie dieses entstanden ist, und wie dieses dann auch dann in den Westen gelangt ist, ist noch gesondert zu erzählen, aber ich weiß auch, und dieses ergibt sich natürlich daraus, dass ich über die dienstliche Tätigkeit mit fast allen Kollegen in der schreibenden Zunft bekannt war, dass auch noch fünf, sechs Jahre nachdem diese jährlichen Rückblicke erschienen waren, niemand wusste, von wem die sind.
Ich habe ja unter einem Pseudonym geschrieben. Also ich hieß Heinz Klemm. Und es war immer vermutet worden, dass das ein westlicher Journalist war, der so ähnlich sich nannte und in Berlin, im westlichen Teil von Berlin sich mit Film, auch mit Film in der DDR vor allen Dingen beschäftigte, der auch sehr bekannte Heinz Kersten, der mich dann in den neunziger Jahren auch mal ansprach und mir dann bestätigte, dass er in der Anfangsphase sehr häufig verwechselt wurde und viele dachten, dass er das wäre.
Diese Jahresrückblicke waren für (...) das Ministerium für Kultur, für den Bereich der Hauptverwaltung Film, die mit Film sich zu beschäftigen hatten im politischen Bereich, aber auch für das Studio sehr interessant, weil's der einzige Rückblick war, der kritisch mit dem Jahres, mit der Jahresproduktion umging.

---

[297] BFS-Archiv, 0436085/05: TC 0'00'50-0'03'55.

Das ist ja eine der großen Chancen gewesen, die die kirchliche Filmarbeit in der DDR hatte und worauf, denk´ ich, wir auch stolz sein können, dass wir die einzigen, in Anführungsstrichen, Journalisten waren, die das schreiben konnten zu dem Film, was sie auch wirklich dachten und nicht Gefahr laufen mussten, von der Redaktion mit diesem Text zurückgewiesen zu werden oder es für sie der erste und letzte Text war, den sie dann möglicherweise dort eingereicht haben. Also ich kann mich schon erinnern, dass wir ganz selten nur irgendwelche Rücksichten genommen haben, sondern wirklich das auch über einen Film geschrieben haben, was wir dazu dachten, und da spielte keine Rolle, ob das ein Prestigeobjekt der DEFA war oder nicht, sondern die Filmbesprechung sah entsprechend aus.

Und wenn das Jahresprogramm, und davon hatte ich ja geredet, des DEFA-Spielfilmstudios schlecht war, dann wurde das als schlecht benannt, bekam noch eine passende Überschrift, die meist im Westen getitelt wurde, die dann noch deftiger war und dann erregte dieser Artikel dann im Februar meist (...) des darauffolgenden Jahres, er wurde immer so plaziert, dass er auf der Berlinale in Berlin, dass dieses Heft dort auslag. Dann wurde er auch von vielen zur Kenntnis genommen und viele haben dann immer wieder gesagt, das ist so der einzige Rückblick, der überhaupt mal kritisch die Situation in diesem Studio beleuchtet.

Und ich kann mich an ein Gespräch erinnern, das der Chefredakteur dieser Filmkorrespondenz, das war ein Ableger des film-dienstes in Köln, in den 80er Jahren hat es zwei katholische Filmzeitschriften in diesem Verlag gegeben. Diese Filmkorrespondenz, der Chefredakteur dieser Filmkorrespondenz hatte mal in Leipzig, auf dem Festival in Leipzig den Festivaldirektor Roland Trisch interviewt und innerhalb dieses Gespräches, das auch in diesem Heft dann später gedruckt wurde, da gibt es eine Passage, in dem der Chefredakteur den Festivaldirektor anspricht und sagt: Wir drucken ja auch jährlich so einen Rückblick über ihre Filmproduktion in der DDR, was sagen sie denn dazu? Und dann antwortet dieser: Also das wünschte ich mir von mancher DDR-Zeitschrift auch, dass dort einer den Mut finden würde, auch mal das zu benennen, was wirklich kritisch ist und ich beneide sie um ihren Autor, der das dort schreibt und dass sie jemanden haben, der überhaupt sich der Mühe unterzieht, diesen Rückblick einmal zu wagen.

Das ist Mitte der achtziger Jahre erschienen in einer Zeit, wo ich dann schon immer befürchten musste, nun würde es mal irgendwann ´rauskommen, wer dieser Heinz Klemm ist. Aber ich kann auch nicht aus meinen Unterlagen, ich hab´ ja die Stasiunterlagen, oder die Akten in der Behörde inzwischen gesehen. Auch aus den Unterlagen ist nicht erkennbar für mich, dass dieses Pseudonym schon in der Zeit entdeckt wurde. Das, denk´ ich, hängt aber nicht damit zusammen, dass ich vielleicht besonders trickreich gearbeitet habe oder besonders vorsichtig war - vorsichtig war ich, denk´ ich, immer -, sondern hängt auch damit zusammen, dass diesem Bereich auch nicht übermäßig, Mitte der

175

80er Jahre, Aufmerksamkeit gewidmet wurde. Das war doch ein weitgehend interner Bereich innerhalb der katholischen Kirche und die Staatssicherheit war froh, dass also der Bereich der Filmbesprechungen auf dieses Aushängen in, innerhalb der Kirche beschränkt blieb. (...)

Aber die Arbeit, die sich dann anschloss und die meine Person betraf im Zusammenhang mit kirchlicher Filmarbeit, findet sich zumindestens in Berlin in meiner Akte nicht wieder. Zumindestens bis zum heutigen Stand. Was ich weiß, weiß ich aus einer anderen Quelle. Ich weiß, dass also, als dieses Lexikon entstanden ist, das wir in zwei Jahren ja vorbereitet haben, dann auf abenteuerlichem Wege mit dem Kardinal von Berlin dann in den Westteil der Stadt gebracht haben und es dann in Köln dann von der film-dienst-Redaktion aufgearbeitet wurde und dort auch dann zum Druck kam. (...) Dieses Buch hatte ja ein Vorwort, aus dem deutlich wurde, dass es in der DDR entstanden war und dass im innerkirchlichen Bereich die Besprechungen zur Verwendung kamen. Wir hatten sehr viel Wert auf dieses Vorwort gelegt, das ich selber entworfen hatte, und das vor allen Dingen auch dazu gedacht war, mich in besonderer Weise zu schützen. Denn ich war der einzige, der überhaupt nur betroffen sein konnte. Hans Donat war im Bereich der katholischen Kirche angestellt, also ihn hätte das als Person zwar treffen können, es hätte aber keine existentiellen Probleme möglicherweise für ihn gegeben. Bei mir war das anders. Und zu dem Zwecke war klar gesagt, oder musste klar gesagt werden, die Katholische Bischofskonferenz wacht über diesem Produkt. Und dieses ist auch deutlich geworden.

Und ich weiß von meinem damaligen Direktor des staatlichen Filmarchivs, der dann später nach der Wende diesen Posten aufgeben musste und der heute nun als Mitarbeiter einer Institution und Freischaffender wieder sehr häufig auch dienstlich mit mir Kontakt hat, und da hat es in den ersten zwei Jahren danach dann auch mal erste Gespräche miteinander über solche Themen gegeben, obwohl wir sonst nie miteinander geredet haben, und da erzählte er mir einmal, gleich nachdem das Buch dann in der DDR verbreitet wurde und diese Verbreitung ist ja dadurch entstanden, dass an sämtliche Pfarreien in der DDR dieses Buch aus der Bundesrepublik verschickt wurde, das war ja immerhin ein Größenordnung von 750 oder mehr, soweit ich mich erinnern kann, ist das natürlich auch aufgefallen. Und dann wären die entsprechenden Herren von der Staatssicherheit, die auch dieses Archiv, also diese Institution zu überwachen hatten, dann zu ihm gekommen und hätten gefragt, ob er wüsste, wer dieses Buch dann im Bereich des Filmwesens ja zu verantworten gehabt hätte. Und sie sind dann ein zweites Mal gekommen und sind dann relativ schnell darauf gekommen, dass dieses nur auf Material des Staatlichen Filmarchivs auch fußen kann, das was ich also, was auch in den siebziger Jahren mein Anlass war, in der kirchlichen Filmarbeit mitzuarbeiten, zu sagen, hier liegt das Material, das wir nutzen können.

Also es war relativ klar, zu prüfen, woher kommt das. Es war relativ eindeutig, mich insoweit zu outen, dass ich in der katholischen Kirche beheimatet bin, mit anderen Dingen dann auch ohnehin, und dass von daher klar war, also der Autor konnte nur dieser Mitarbeiter in Berlin sein. Und es gab dann die an ihn gerichtete Frage, was nun tun mit diesem Mitarbeiter? Und da hat, zunächst mal war für sie wichtig, dass sie selber sagten, also so richtig können wir an ihn doch nicht kommen, weil das ist ja eine Veröffentlichung der katholischen Kirche und keine Veröffentlichung der Person Helmut Morsbach oder von Hans Donat. Und dieses war, wer DDR-Verhältnisse kennt, schon sehr wichtig. Und der Direktor erzählte mir dann, dass sie dann ein drittes Mal gekommen sind und dann 'ne neue Idee mitbrachten, nämlich der Frage nachgingen, hat er mit diesem Buch, das in der DDR dann ja illegal vertrieben wurde, finanzielle, finanziellen Gewinn erzielt? Ich kann nur wiedergeben, was mein Direktor gesagt hatte. Er hat mir gesagt, er hätte gesagt, nein, mit so einem Filmbuch das so einen Lexikoncharakter hat, kann man in der Regel kein Geld verdienen, jedenfalls nicht viel, und mit einem solchen Buch schon gar nicht, wenn man's noch nicht mal im Buchhandel der DDR verkaufen kann. Also da steckt man mehr rein, als man verdienen kann, also da ist nichts, da ist kein Gewinn d'raus zu ziehen. Also dieser Ansatz war dann deutlich, das war auch im übrigen der Ansatz, mit dem man dann anderen beigekommen ist, zu sagen, also er hat sich eines Devisenvergehens schuldig gemacht, und dadurch, dass er dann also dafür möglicherweise sogar Mark der Bundesrepublik erworben hat, hat er gegen die Gesetze der DDR verstoßen und dann wäre es ein Grund gewesen, die Person zu greifen, und jetzt nicht sozusagen den Herausgeber des Buches.

Sie wollten dann, und das war schon sehr clever gedacht, sie wollten von dem Herausgeber des Buches weg, also von der Kirche weg, also auf die Person und wollten der Person, die dieses Buch gemacht hat, dann nachweisen, dass sie da einen Verstoß gegen Gesetze der DDR vollzogen hatte. Das hat sich dann aber scheinbar nicht niedergeschlagen. Also für mich ist es in der Zeit nicht deutlich geworden. Ich denke sogar, sie haben dann alles laufen gelassen, denn auch meine Artikel, die ich dann '88 und '89 wieder zur DEFA, zum DEFA-Rückblick geschrieben habe, sind ja auch noch angekommen in der Bundesrepublik, also in Köln und sind gedruckt worden. Also sie hätten ja dann auch mit einer Postüberwachung dieses abfangen können. Selbst wenn ich es ja wie immer getarnt verschickt habe, denk' ich, wäre, wenn es ihnen die Sache Wert gewesen wäre, hätten sie's möglicherweise auch erreichen können. Also ich denke, die Sache ist schlicht niedergeschlagen worden.

Ich kann auch der Äußerung meines damaligen Direktors nur insoweit Wert beimessen, wie ich ihm glauben kann, dass es so war. In den Unterlagen, die ich gesehen habe in der Gauck-Behörde, schlägt sich das überhaupt nicht nieder. Das ist aber auch kein Wunder wiederum, weil diese Abteilung so aufgebaut war, dass immer erst dann, wenn ein Ausgangsverdacht zur Person da war, auch 'ne Akte angelegt wurde zu diesem Vorgang. Also es wurde dann ein Vorgang

gebildet. Sonst wurden die Materialien zu einer Person sozusagen in einer Sammelakte untergebracht, und wurden dann entsprechend, wenn ein Vorgang zu bilden war, (...) dort rausgenommen. Da dieses nicht war oder zumindestens diese Unterlagen derzeit nicht existieren, kann ich dazu auch mehr nicht sagen. (...)
Also ich muss immer wieder sagen, entweder haben wir uns in den ganzen Jahren gut getarnt, ich meine, der Aufwand wie wir natürlich auch Material in den Westen geschickt haben, war enorm groß, insoweit glaub´ ich schon, dass die Chance war, das gut zu verstecken. Aber zunächst mal andere Quellen: Außer dass Kollegen mir dann nach ´90 gesagt haben, na hab´ ich immer schon gedacht, dass du das warst, der diesen Artikel oder jenen Artikel geschrieben hat oder der dann dieses Buch gemacht hat - das ist schon deutlich gewesen. (...) Da der Betrieb aber, vielleicht den Satz noch, und das ist das, was mich eigentlich am persönlichsten immer wieder berührt hat, es seit dem Jahr ´72 ganz kontinuierlich durchgehalten hat, mich an einem Platz im Hause zu belassen, wo ich ganz wenig eigenen Spielraum habe, aber der Betrieb andererseits auch sicher sein kann, dass er mit mir keinen Ärger hat, wenn ich das nicht lauthals tue, hatten wir beide aus ganz verschiedenen Motiven ja sozusagen eine Ebene gefunden. Der Chef des Staatlichen Filmarchivs wollte auch die Funktion seines renommierten Instituts nicht gefährden und seine sehr angesehene internationale Stellung schon gar nicht. Und war natürlich froh, dass er mit mir jemanden auf einer Stelle hatte, die mir vom Inhalt der Arbeit Spaß machte, und war froh, dass ich mich da im Regelfall ruhig verhielt. Und ich hab´ mich deshalb auch ruhig verhalten, weil ich natürlich auf diesem Dienstposten die Arbeit seit 1975 für die kirchliche Filmarbeit natürlich wunderbar tarnen konnte. So denk´ ich, so ist das später auch mal zwischen uns ausgesprochen, so hat jeder aus ´ner ganz unterschiedlichen Motivation dann ja dazu beigetragen, dass dieses weitgehend bis Ende der achtziger Jahre unter der Decke blieb. (...) Und ich hatte auch kein Interesse, diese geordneten Bahnen zu verlassen, weil ich damit jegliche Arbeit in dieser, in diesem Bereich (...) der katholischen Filmarbeit hätte aufgeben müssen. Also mit dem Moment hätt´ ich natürlich dann alles auch gefährdet, denn das war eigentlich immer klar.
Ich war sozusagen als der Berliner Außenposten die gefährdetste Einrichtung in diesem Verbund, in diesem kleinen Verbund. Das war uns schon klar und deshalb haben wir natürlich auch, wenn ich das vorhin bedauert habe, warum es uns so schwer gefallen ist, andere Mitarbeiter zu finden, das war natürlich ein Kriterium, das für die Auswahl ´ne Bedeutung hatte. Es war nicht nur jetzt jemand zu finden, der Interesse am Film hatte, oder der vielleicht mal so begabt war, dass er ´ne Filmbesprechung hätte schreiben können, sondern er musste auch zuverlässig sein und er musste in dieses Team passen und er durfte eigentlich so wenig wie möglich auch nur von den Gesamtzusammenhängen

wissen. Es sei denn, es wär' jemand sehr vertrautes, uns sehr vertrautes gewesen. Nur das war natürlich auch schwierig, dort jemand zu finden.[298]
Wichtig ist eigentlich nur, dass von dem Zeitpunkt '86 an eigentlich klar sein musste, oder klar war, wer in der katholischen Filmarbeit mit tätig war. Ich denke, auch ohnehin, aber es ist nicht belegbar und ich hab' dafür auch bisher kein Zeugnis gefunden, dass es eigentlich viel früher klar sein musste, denn ich hab' jede Woche ein oder zweimal einen Brief nach Erfurt geschickt an die Arbeitsstelle für pastorale Medien und wäre diese Arbeitsstelle wenigstens zeitweilig mal im Blick gewesen, und davon gehe ich aus, im Blick der Staatssicherheit, dann hat man auch mitkriegen müssen, wer ganz regelmäßig Kontakt mit dieser Arbeitsstelle hatte. Und ich denke, über die Jahrzehnte, oder über zwei Jahrzehnte zumindestens war ich der fleißigste Briefschreiber an diese Arbeitsstelle. Also ich denke, das ist rausgekommen.
Ich denke, es hat vielleicht auch deshalb nicht so 'ne Rolle gespielt, weil wir uns weitgehend auf den Kirchenraum mit dieser Arbeit beschränkt haben und die Staatssicherheit und die Politik keine Notwendigkeit sah, daran zu rühren, weil, denk' ich, das Ergebnis einer Öffentlichmachung einer solchen Geschichte viel mehr Wirkung gehabt hätte, als diese von ihnen doch angenommene bescheidene Wirkung dieser ja ausgehängten Filmbesprechungen, die ja ohnehin nur die Christen zur Kenntnis bekamen, die sonntäglich in die Kirche gegangen, in die Kirche gingen. Etwas anderes war's dann sicherlich, als das in den, in den Zeitschriften veröffentlicht wurde, weil wir auch da uns natürlich bemüht haben, gerade kritische Beiträge unterzubringen. Aber das hat dann auch die Redaktion schon wieder zu verantworten gehabt, ob sie den auch gedruckt hat, das war auch manchmal nicht einfach.[299]

Rezensionen zu Spielfilmen im Fernsehen des Bundesrepublik Deutschland

Es hat dann 'ne Situation gegeben, dass wir irgendwann bei irgendeiner Zusammenkunft hier in Berlin mit dem Hans Donat gesagt haben, wir müssen uns endlich mal 'nen Schritt weiter wagen, und wir sollten doch mal auch verschicken, nicht nur was im Fernsehen der DDR an Spielfilmen gezeigt wird, sondern was in dieser Woche auch an Spielfilm zum- im Fernsehprogramm der Bundesrepublik läuft. Und wir haben dann eine Auswahl getroffen.
Nun war's ja schwierig, überhaupt an Informationen zu kommen, was läuft denn im Fernsehen? Wir mussten ja auch diese Programmzeitung drei, vier Wochen vorher haben. Das heißt, wir haben einen Weg gewählt, dass das bischöfliche Ordinariat hier in Berlin jemanden hatte, der mit Ausweis und Pass regelmäßig (...) nach Westberlin fahren konnte. Der erwarb dort eine Fernsehzeitung und brachte die dann mit ins Ordinariat Berlin Ost. Dort wurde die in eine Tüte

---
[298] BFS-Archiv, 0436085/05: TC 0'11'26-0'32'47.
[299] BFS-Archiv, 0436085/05: TC 1'59'53-2'01'49.

gepackt, mit meinem Namen beschriftet, und immer an einem bestimmten Tag holte ich diese Westzeitschrift dort ab, was ja ein Vergehen gegen das Pressegesetz war. Und das war also gelegentlich für mich immer so ein Punkt, wo ich dachte, nun irgendeiner muss es doch jetzt mal merken. Aber es merkte zum Glück niemand.

Ich hab' dann die Zeitung nach Hause genommen. Damit fing das nächste Vergehen eigentlich an: so was durfte man auch zu Hause nicht haben. Und ich hab' dann die ausgewertet und habe dann die wichtigsten Filme zusammengefasst. Habe geprüft, ob wir die vielleicht selber schon besprochen haben, hab' dann die Besprechungen aus den Handbüchern der Bundesrepublik dazu getan, wenigstens 'ne Kurzfassung, und habe das Ganze dann per Post nach Erfurt geschickt, um dort herstellen zu lassen, diese Filmbesprechungen zu Filme im Fernsehen der DDR und der Bundesrepublik.

Ich weiß nicht, wie lange wir das gemacht haben, aber ich denke, gut ein Jahr, dann hatte sich das mit dem Fall der Mauer ohnehin erledigt. Aber das war 'ne ganz spannende Sache und für mich eine Zeitlang auch 'ne sehr gefährliche Sache, weil ich es auch immer selber tun musste. Also wir hatten auch zwischen dem Ordinariat und mir das strengste Stillschweigen vereinbart. Ich musste auch selber immer diese Zeitung abholen, diesen Brief abholen, damit kein anderer dort die Möglichkeit hatte, oder davon Kenntnis bekam, auch der Pförtner durfte nicht wissen, was da in der Tüte war. Also es war schon ein relativ hoher Geheimhaltungsgrad gewählt worden. Und ja, '88 und im ersten Halbjahr '89 auch in der Situation, wo vieles sehr unberechenbar war, war das 'ne Sache, die gelegentlich nicht gefahrlos war, aber die auf seltsame Weise, weil sie die Frage ja gestellt haben, nicht auffiel. (...)

Ich hab' sie 'ne Zeitlang, oder ich glaube dann überhaupt mit in das Büro genommen. Dort fiel sie unter anderen Filmzeitschriften aus der Bundesrepublik noch am wenigsten auf, weil mir auch die Bibliothek des Hauses unterstand, und wir schon im Tausch zumindestens mit anderen Institutionen versucht haben, auch Filmliteratur aus der Bundesrepublik oder aus anderen Ländern zu erwerben. Wir hatten zwar (...) keine Möglichkeit, Bücher zu kaufen in der Bundesrepublik, aber wir konnten im Tausch gegen, also im wissenschaftlichen Büchertausch mit anderen Einrichtungen, schon das eine oder andere erwerben. Auf diese Art und Weise haben wir dann manche Filmzeitschrift natürlich dann bekommen.

Und eine meiner Überlegungen, die sehr langfristig angelegt war, schon in den siebziger Jahren, war eine Abgabeordnung für alle Dienstreisenden im Bereich des Ministeriums für Kultur zu entwerfen, also alle Schauspieler, Funktionäre, die mit Film zu tun hatten und zuverlässige Kader waren, und ins kapitalistische Ausland reisen durften, hatten die Auflage, Material von diesen Festivals und von anderen Veranstaltungen mitzubringen und dieses im Filmarchiv abzugeben, in die Dokumentation zu geben. Das hat nicht immer geklappt, weil man ja letztlich keinen dazu zwingen konnte, jedenfalls wir nicht, das hätte dann politisch von oben geschehen müssen. Jedenfalls haben wir es weitsichtig festschreiben lassen in einer Verordnung, dass dieses Material ans Filmarchiv abzugeben ist. Auch wieder so ein Punkt, wo ich vorhin so über die Verquickung von dienstlichem und kirchlicher Filmarbeit geschrieben habe. Ich habe natürlich selbst den Entwurf damals für's Ministerium geschrieben und hab' natürlich auch schon damals mit im Blick gesagt, wir müssen mal gucken, wie wir an Literatur aus der Bundesrepublik kommen und dieses dann mit formuliert.[300]

Kriterien der Filmbeurteilung, und -empfehlung

Voraussetzung war auch, der Film war formal gut gemacht, dass man auch einen Filmbesuch empfehlen konnte. Das war sicherlich auch eine der Schwierigkeiten, dass man damit sehr vorsichtig umgehen musste, um nicht in den Verdacht zu geraten, man schickt nun diese Leser dieser Filmbesprechungen, die auch vielleicht was besonderes erwarteten, in einen Film, von dem sie dann enttäuscht waren. Also ich bin da sehr vorsichtig damit umgegangen.
Was mir aus heutiger Sicht auffällt, auch im Vergleich mit den Filmbesprechungen in der Bundesrepublik, aber das hängt sicher auch damit zusammen, dass es dieses Religiöse im Film kaum gegeben hat, dass wir auch sehr wenig darauf Bezug genommen haben.[301]
Also für mich spielten da vor allen Dingen Dinge eine Rolle wie, dass der Film zumindest von der Gestaltung her (...) inhaltlich ansprechend war. (...) Wie waren die schauspielerischen Leistungen, wie war das Drehbuch umgesetzt worden, wie war, wenn es eine literarische Vorlage gab, diese literarische Vorlage in dem Film umgesetzt worden, wie waren die Kameraleistungen, wie war der Schnitt ausgeführt? All dieses, was doch insgesamt die Qualität eines Films ausmachte, spielte schon für die Gesamtbewertung eine Rolle, konnte aber in der Filmbesprechung wegen der Kürze kaum ausreichend wiedergegeben werden. All das war für mich aber schon wichtig, gerade bei den (...) Filmen, die es eigentlich schwer war zu empfehlen, die man gerne empfehlen wollte, aber die auch von der, von der Thematik für den DDR-Zuschauer schon von, vom Prinzip her uninteressant waren.
Also ein Kriegsfilm hatte in der Regel die Wirkung auf den Zuschauer der DDR, dass er sagte, da geh' ich nicht hin, weil ich während meiner Schulzeit, meiner Zeit der Jugend und auch vielleicht später immer mal wieder in solche Filme als offizielle Veranstaltung geschickt, gezwungen wurde zu gehen. Also das waren dann Themen, die waren sozusagen für alle mal bei der Vielzahl der Leute blockiert. Nun gab es ja durchaus Kriegsfilme, die sehr persönlich

---

[300] BFS-Archiv, 0436085/05: TC 0'34'40-0'39'52.
[301] BFS-Archiv, 0436085/05: TC 1'07'37-1'08'24.

Schicksale erzählt haben, gerade sowjetische Filme, da gibt es eine Vielzahl, die man aber über die Beschreibung des Inhalts, dem Zuschauer nicht vermitteln konnte. Und da musste man versuchen, irgendeine Beschreibung zu finden, die den Film interessant machte. Das war häufig schwierig und denke, hat auch nur insgesamt wenig funktioniert, weil dieses Vorurteil, ich gehe in keinen russischen Film, ja doch sehr ausgeprägt war.[302]

Die Besuche von westdeutschen Kollegen im Ostteil Berlins

Ich kann gar nicht mehr genau den Zeitpunkt benennen, ich denke, es war Anfang der achtziger Jahre. Ich weiß auch nicht mehr, wie das zustande kam. Es wird sicher ein Gespräch gegeben haben zwischen Hans Donat und mir, wo wir gesagt haben, es wär' doch eigentlich schön, wenn wir uns mit den Kollegen des film-dienstes, der Redaktion und mit anderen Mitarbeitern auch mal austauschen könnten, um ein bisschen über ihre Arbeit zu erfahren. Ich hatte schon angedeutet, dass wir ja auch immer versucht haben, dies auf einer Ebene zu halten.
Ich vermute mal, Hans Donat hat das irgendwo angeschoben über Freunde in Mainz, die das weitergegeben haben, und jedenfalls irgendwann war ein solcher Besuch geplant und er konnte nur stattfinden während der Berlinale, das heißt im Februar eines jeden Jahres und, ich kann mich auch gar nicht mehr an das erste Mal erinnern, also, wobei das auch nicht die Rolle spielt, weil das immer wieder ähnlich war.
Vielleicht sag' ich zunächst mal, wer gekommen ist: gekommen sind vom filmdienst Frau Uhländer über die gesamten Jahre, damals noch in der Anfangsphase Herr Gallasch, der Redakteur der Filmkorrespondenz, und von der Zentralstelle für Medien der Herr Doktor Jacobi, der damals Referent für Film war, später dann kam Doktor Hasenberg als neuer Referent Film in der Zentralstelle für Medien in Bonn mit. Das waren meist immer drei Leute aus dem Westen, sie waren ja in den Tagen in Berlin zur Berlinale und reisten dann auf Tagespassierschein in die DDR ein. Das hatte den Vorteil, dass wir für sie keine Anmeldung (...) erreichen mussten, wir mussten sie nicht polizeilich anmelden, sondern sie kamen mit Tagespassierschein.
Sie kamen also an die Grenze, beantragten die Einreise in die Hauptstadt der DDR, mussten eine Gebühr von 25 Mark entrichten und mussten im Regelfall nicht sagen, wo sie hingingen. Das war auch von uns so gewollt, weil wir uns ja dann doch damit auch verraten hätten, dass es hier so ein, eine dienstliche Beziehung gegeben hat. Es wurde also auf der Ebene eines privaten Besuches gehalten. Wir haben uns dann immer in unserer Wohnung getroffen. Ich kann mich so an die ersten Begegnungen noch erinnern, das war alles noch auf, ja auf Distanz zwischen uns ausgelegt. Also die hatten zunächst mal erstmal die, die

---
[302] BFS-Archiv, 0436085/05: TC 1'14'09-1'17'04.

Angst, nun die Grenze absolviert zu haben, zu verarbeiten. Also sie kamen mit sehr großen Ängsten dann zu uns in die Wohnung und waren froh, erstmal da zu sein. Sicherlich war auch die Angst dann schon wieder da, abends müssen wir, oder am Nachmittag müssen wir zurück.

Wir hatten in der Zeit, Anfang der achtziger Jahre, zwei noch kleine Kinder, die diesen Besuch nun auch immer als, als was Besonderes empfunden haben, wenn da irgend jemand aus dem, aus dem Westen kam, obwohl wir häufig Besucher auch hatten aus dem Bekannten- oder aus dem Umfeld kirchlicher Kreise. Wir haben auch bewusst Leute im kirchlichen Bereich auch eingeladen, die dann über die Anmeldung und damit das Wohnen bei uns dann (...) zu einer Anmeldung kamen. Also beispielsweise Mitarbeiter, die hier Wochenenden, Bildungswochenenden gegeben haben oder beispielsweise Mitarbeiter, die Hans Donat in der Ausbildung von Eheberatern aus dem Westen für Referate hierher holen wollte (...).

Es war also auch 'ne höchst gefährliche Geschichte, weil man ja nie wusste, werden die gefragt, wo sie hin gehen oder was sie an dem Wochenende möglicherweise in Berlin machen. Bei diesem Eintagesbesuch war das im Regelfall nicht kompliziert, weil, wenn keine ausführliche Kontrolle war, ja nicht gefragt wurde, wo man hin geht. Nun haben die Kollegen gelegentlich dann auch Kleinigkeiten mitgebracht. Das war dann für die, vor allen Dingen Zollorgane, dann schon verräterisch. Also wenn jemand kam dann und brachte, was weiß ich, 'ne Menge Obst mit oder Schokolade oder, oder irgendwelche anderen Dinge, ich red' mal jetzt gar nicht von Literatur, denn das (...) war dann schon wieder verboten, also ich bleib' mal nur bei diesen Dingen wie Obst und Süßigkeiten, dann entstand natürlich sofort die Frage, wo geht der hin? Ich weiß nicht, wie immer geantwortet wurde, weil ja auch da sicher 'ne ganze Menge Angst mitspielte.

Ich kann mich an eine Situation mal erinnern: Es ist dann auch immer gefragt worden, na was sollen wir denn für die Kinder mitbringen, oder haben sie mal 'nen Wunsch. Oder wir hatten auch in der Anfangsphase mal versucht, das Honorar zu verrechnen, das ich für den Artikel in der Filmkorrespondenz bekam. Ich kann mich an eine Situation erinnern für den Trabant: der DDR-Bürger fuhr ja in den siebziger, achtziger Jahren im Regelfall, wenn er sich nur ein kleines Auto leisten konnte, einen PKW Trabant. Wir hatten auch einen, und es kam dann die Zeit auf, wo man in diesen Trabant auch Rollgurte installieren konnte. Rollgurte gab's aber nicht in der DDR. Und wenn es sie gab, gab es sie nur in den besonderen Läden, in den Intershopläden, wo man für Westgeld sie hätte kaufen können. Und irgendwann in der Anfangsphase bin ich mal auf die Idee gekommen, eigentlich das wäre 'ne Sache, die sinnvoll ist. Und ich weiß die Geschichte nicht mehr ganz genau, ich weiß jedenfalls nur, in einem Jahr brachten die Kollegen dann zwei, also ein Paar Gurte mit, hatten aber sich, soweit ich mich erinnern kann, das aufgeteilt, so dass einer einen Gurt hatte, und der andere den zweiten Gurt. Bei der Kontrolle ist das natürlich aufgefallen,

dass man dann, obwohl sie versucht haben, getrennt durchzugehen, konnte man sie sicherlich zuordnen, auch wenn man es ihnen möglicherweise nicht gesagt hat, das weiß ich nicht. Ein Beispiel dafür, worauf man überhaupt achten musste. Den, den Kollegen konnte man, konnte man das nicht klar machen.
Also das war, die Sorge für mich war wesentlich größer, da das auch in meiner Wohnung stattfand, dass die dann, dass ich befürchten musste, dass sie, wenn sie wirklich mal intensiver befragt würden, dann sagen würden, na ich geh' da und da hin, und dass das mir dann erhebliche Probleme bereitet hätte. Ich hab' an diesem Tag auch nie Urlaub genommen, weil ich mich dann ja innerhalb meines Betriebes schon verraten hätte, sondern ich hab' versucht, immer an diesem Tag einen dienstlichen Termin wahrzunehmen, zum Beispiel irgendwo hinzufahren, um einen Ankauf von Filmmaterial zu erledigen. Und bin dann früh im Büro gewesen, bin um zehn nach Hause gefahren, wir haben uns dann um elf getroffen oder um halb elf und ich hab' dann die Kollegen meist dann zur Grenze gefahren um halb drei und bin dann auch wieder in den, ins Büro gefahren, so dass auch gar nicht auffiel, dass ich immer während der Berlinale an einem Tag nicht zur, nicht in der Arbeitsstelle war. Also so haben wir das sicherlich auch 'ne Zeit abgedeckt.
Ich weiß aber nicht, wie die Kolleginnen und Kollegen, die da kamen, oftmals dann reagiert haben auf die Grenze. Wir haben häufig darüber geredet, auch über ihre Befindlichkeit, und für sie war das 'ne Tortur, in die DDR zu kommen, da sie wohl, die meisten, für die meisten galt das wohl, auch sonst nicht privat in die DDR gereist sind, soweit ich das übersehe. Also das war dann für sie schon 'ne Horrorgeschichte, wenn sie einmal im Jahr dann in die DDR reisten und zu diesem Gespräch kamen, sie natürlich auch Angst hatten, dass das Ganze überwacht wurde. Ich geh' davon aus, dass es überwacht wurde, weil wir im Hause (...) Leute wohnen hatten, unter uns zum Beispiel, die, so glaub' ich fest, inoffizielle Mitarbeiter der Staatssicherheit waren und sicher auch notiert haben, wer da rein und raus ging. Das hing schon damit zusammen, dass bei uns eben viele Leute rein und raus gingen.
Schwierig, denk' ich, war für mich also immer, das von Jahr zu Jahr wieder zu vollziehen, also immer so die Angst zu haben, also irgendwann, ich hab' das in anderem Zusammenhang schon mal gesagt, irgendwann muss es doch mal einer mitbekommen haben. Also in der Phase, wo wir nachher die Publikationen gemacht haben oder wo wir, wo ich dann jährlich auch diese Artikel für diese zusammenhängende Beschreibung der Jahresproduktion des DEFA-Studios nach Köln geschickt habe zum Druck, ist mir schon irgendwo klar geworden, irgendwann müsste das mal 'rauskommen. Also ich hatte an diesen Tagen, wo wir uns getroffen haben, schon ein ungutes Gefühl dass da irgendwann mal was passieren kann und man fühlt sich natürlich auch für die, für die drei, die da mich besuchen kommen, dann auch in irgendeiner Weise mit verantwortlich, nicht?

Also Donat war, hatte ich gesagt, ja ohnehin durch seine Tätigkeit im kirchlichen Dienst ja ein wenig mehr gesichert und abgesichert als ich, und ich denke, für die anderen war's nicht nachvollziehbar. Man wusste ja schon nicht, wie (...) ihnen an der Grenze begegnet würde. Es hat aber immer wunderbar funktioniert, wir haben uns bis zum Jahr 1990 getroffen. Ich weiß kein Jahr, wo es nicht stattgefunden hat.
Die Gespräche, die in der Zeit geführt wurden, wo wir zusammen waren, waren ja zunächst einfach Gespräche des Kennenlernens, der Information über unsere Arbeit hier in der DDR. Sie haben dann über die Arbeit des film-dienstes erzählt oder über die Arbeit der katholischen Filmkommission in der Bundesrepublik. Sie haben vor allen Dingen, was uns beide interessiert hat, Donat und mich, auch über das Festival in Berlin erzählt: welche Filme sie gesehen haben, was interessant war. Wir haben über Jury-Arbeit gesprochen, also alle Dinge, von denen wir nur träumen konnten, aber die halt in der DDR in der Öffentlichkeit nicht möglich waren. (...)
Ich fand, das waren interessante Gespräche, und ich hab' mich dann auch eigentlich Jahr für Jahr auf diese Begegnung gefreut, weil sie im Verlaufe der Zeit dann auch über diesen nur informativen Charakter hinaus ging, sondern dass wir dann gesagt haben, nun lasst uns doch mal gucken, wo können wir immer in dieser etwas schwierigen Situation auch zu Projekten finden, wo wir gemeinsam zusammenarbeiten. Das erste Projekt, von dem hab' ich schon erzählt, war dieser Beitrag, den ich dann (...) seit 1978 jährlich in der Filmkorrespondenz geschrieben habe, diesen Bericht über die Spielfilmproduktion des DEFA-Studios. Das ist ja bis 1989 so gelaufen und das war dann auch wirklich das erste konkrete Projekt. Für Hans Donat war das gelegentlich dann mal ein Artikel auch in dieser Filmkorrespondenz zum Beispiel zum Bild der Frau im DDR-Kino.[303]

Der Transport der Jahresrückblicke über die DEFA-Produktion in den Westen

Das war immer eines der schwierigsten und gefährlichsten Unternehmen. Der Jahresrückblick konnte ja von mir erst begonnen werden, nachdem ich im Dezember den letzten DEFA-Film, der noch im Kino-Jahr zum Einsatz kam, gesehen habe. Der lief meist kurz vor Weihnachten. Das heißt, ich konnte zwar schon vorbereiten, indem ich die Materialsammlung im Dezember zusammenstellte, konnte aber eigentlich erst über Weihnachten und zwischen Neujahr dann diesen Artikel schreiben. Der hatte auch meist einen Umfang von zehn, zwölf, fünfzehn Schreibmaschinenseiten, also drei bis vier Druckseiten dann nachher im Heft. Und ich hab' ihn dann über Weihnachten, Neujahr zu Hause geschrieben auf 'ner Schreibmaschine mit Durchschlägen. Hektographieren war nicht möglich, Kopieren war auch nicht denkbar,

---
[303] BFS-Archiv, 0436085/05: TC 1'18'29-1'31'06.

jedenfalls nicht in den Anfangsjahren, so dass dann meist auf 'ner kleinen Reiseschreibmaschine mit zwei, drei Durchschlägen gearbeitet wurde.

Und dieser Text wurde dann zunächst mal fertig gestellt und dann verpackt. Das heißt, ich hab' einen Briefumschlag gewählt. Wichtig war, das waren so die Dinge, die man einfach beachten musste, dass es möglichst kein großer, kein großformatiger Brief war. Jeder Brief von einer Privatperson an eine andere Privatperson in der Bundesrepublik, der das Format von A4 vielleicht hatte, erregte ohnehin ja Aufsehen in der Kontrolle. Warum schreibt man als Privatperson in die Bundesrepublik einen Brief in der Größe A4? Sondern man schrieb normalerweise, wenn man überhaupt schrieb, in Kartenform oder in, in dem kleinen C6-Format. Also ich musste zusehen, dass ich entweder dieses alles in einen Brief gepackt habe, was nie möglich war, weil er zu dick wurde, oder in einen A5-Umschlag. Ich hab' beide Varianten gewählt. Ich hab' auch die Variante gelegentlich gewählt, dass ich denen zwei Packungen geschickt habe. Ich hab' dann sehr unterschiedlich den Umschlag beschriften lassen. Der Brief ist also nie an die Zentralstelle Medien gegangen oder an die Redaktion film-dienst, sondern an eine Privatperson: an Herrn Gallasch und die Privatadresse oder an Frau Uhländer oder an beide und jeder hat die Hälfte bekommen. Der Briefumschlag wurde immer, ja entweder hab' ich die Schrift verstellt und hab' mit Kinderschrift oder mit einer anderen ausgefeilten Handschrift die Adresse geschrieben. Sie musste auch handgeschrieben sein, oder sie sollte auch handgeschrieben sein, denn eine, eine Adresse mit Schreibmaschine erregte mit Sicherheit auch den Verdacht, dass es also irgendwas Professionelles war, zumal wenn's dann großformatig war. Also ich hab' sie dann mit Hand geschrieben oder ich hab' dann die Kinder gebeten, die Adresse darauf zu malen mit ihrer sehr schönen Kinderschrift.

Ich habe einen Absender gewählt, der fiktiv war. Dieser Absender war, konnte eine Berliner Adresse sein. Sie war nie eine Adresse in meinem Stadtbezirk zum Beispiel, wo ich gewohnt habe, sondern sie war eine Adresse, die aber auch wirklich existieren musste. Also ich musste schon sicher sein, dass es die Straße, sagen wir mal Feldstraße 32a, auch wirklich gegeben hat, es musste auch die Hausnummer gegeben haben, denn das war ja leicht nachprüfbar. Nun hab' ich dann das nicht so weit getrieben, dass ich dann auch noch geprüft habe, ob da Herr Müller auch in dem Haus wohnt. Ich hab' aber auch versucht, gängige Namen zu nehmen, also nicht so sehr Phantasienamen, (...) die Argwohn erregen, aber ich hab' auch nicht ganz simple Namen also gewählt: Müller, Maier, Schulze, sondern ich hab' mir da schon meist was einfallen lassen. (...) Ich hab' auch gelegentlich 'nen Absender, außerhalb Berlins gewählt.

Wichtig war eigentlich immer dann, insoweit waren die schon sehr vorsichtig, denk' ich mal, dass wir den Brief auch da eingesteckt haben, wo der Absender stand, wo der Absender gewählt war. Also wenn ich einen, einen Vorort von Berlin genommen habe, dann hab' ich mich auch ins Auto gesetzt und hab' den

Brief in den Kasten im Vorort (...) tatsächlich eingesteckt, denn davon konnte man auch in der Postüberwachung ausgehen, oder zumindestens damals war uns das so vertraut, oder wir glaubten daran, dass es passieren könnte, dass wenn ich einen Brief an einer Stelle einstecke und der Absender ist aber ganz wo anders, dann war das zumindestens eine, eine Möglichkeit schon zunächst mal für die, die Post prüften, anzunehmen, da ist irgendwas. Und wenn sich das dann summierte mit großem Umschlag oder mit sehr merkwürdiger Beschriftung, dann konnte man annehmen, dass, dass da 'ne Geschichte war, die transportiert werden sollte.

Ich hab' gelegentlich auch in manchen Jahren das Ganze zweimal geschickt, also an zwei verschiedene Adressen. Es hat dann meist 'nen Rückruf gegeben, nach Tagen oder gelegentlich auch, das war ja auch im Weihnachtsverkehr, es war auch bewusst im Weihnachts-, Neujahrsverkehr, weil da viel Post war und ich davon ausgegangen bin, es wird nicht so sehr, oder es kann nicht alles kontrolliert werden, da rutscht mal ein Brief leichter durch. Das, denk' ich, hat auch sicher 'ne Rolle gespielt. Es hat dann meist Anfang des Jahres, Januar, Anfang Januar, einen Rückruf gegeben, wo dann der Redakteur, Herr Gallasch oder sonst jemand, dann angerufen hat und nochmal gute Wünsche zu Weihnachten und zum neuen Jahr gesagt hat. Und bei der Gelegenheit: Hab' mich sehr über eure Karte zu Weihnachten gefreut (...) und die Grüße, wollte die jetzt freundlichst erwidern. Und: schön, was ihr so über euch schreibt oder so. Jedenfalls in irgendeiner Weise in dem Gespräch ein Signal gegeben hat, da ist jetzt was angekommen. Das hat eigentlich immer gut funktioniert. Und auf die Art und Weise (...) hab' ich dann über, ja von 1979 bis 1989 auf dieser Schiene das transportiert. Dass das dann mit dem erarbeiteten Lexikon, mit den 650 Seiten, die ja per Maschine dann mehr als 1000 Seiten waren, nicht möglich war, liegt auf der Hand. Da haben wir dann nach einer anderen Form gesucht.[304]

Das Lexikon „Filme in der DDR 1945-86. Kritische Notizen aus 42 Kinojahren"

Ergebnis dieser Treffen mit den Kollegen vom film-dienst und von der Filmkommission war, ich denke so im Jahr '83 oder 1984, auch mal ein langes Gespräch darüber, wie kann man die Filmbesprechungen, die nun von der DDR-Gruppe entstanden sind, nun auch mal in der Bundesrepublik zugänglich machen. Für mich war immer ein sehr schönes Vorbild (...) das Handbuch der katholischen Filmkritik, das in der Bundesrepublik herausgegeben wurde. Ich konnte mir vorstellen, dass dieses so auch für den Film in der DDR machbar sei. Und vor allen Dingen der Doktor Jacobi, der damals Filmreferent war, fand dieses Projekt toll, hat sich sehr stark dafür engagiert. Und nachdem wir relativ schnell uns über die Form einig waren, dass es (...) nicht in der Reihe der

---

[304] BFS-Archiv, 0436085/05: TC 1'31'16-1'38'24.

Handbücher erscheinen sollte, aber ebenso wie die Handbücher aussehen sollte und in Köln gedruckt werden sollte, war eigentlich für mich klar, wie diese Arbeit vonstatten gehen musste. Jacobi hatte in der Bundesrepublik die Aufgabe übernommen, dann für Geld zu sorgen und ich weiß, dass er vor allen Dingen mit dem Ministerium für Zusammenarbeit mit der DDR, (...) mit dem Gesamtdeutschen Ministerium, Verhandlungen geführt hat und von dort er auch ein OK bekam, dass dort ein erheblicher Zuschuß gezahlt wurde. (...) Das war relativ zeitig klar. Von da an war dann für mich klar, nun diese Arbeit, von der ich überhaupt auch nicht so 'ne rechte Vorstellung hatte, in welche Größenordnung die ging, dann hier zu bewerkstelligen. Hans Donat hatte von Anfang an gesagt, wegen seiner vielen anderen Tätigkeiten im Bereich seiner Medienstelle ist ihm da 'ne Mitarbeit nur bedingt möglich, also hatte ich dann auch gesagt: ok, ich mache das hier weitgehend in Berlin allein. Das heißt, ich habe angefangen, und das war eben die Technik, die mir zur Verfügung stand - oder von Technik ist gar nicht zu reden. (...)

Ich hab' also sämtliche damals vielleicht etwa 3000 Filme nochmal ausgezettelt. Also ich hab' kleine Zettel angelegt und auf die nochmal die wichtigsten Angaben geschrieben, die filmographischen Angaben, die für dieses Lexikon wichtig waren, immer bemüht, die Form des Lexikons zu wählen, wie's auch in der Bundesrepublik nun in den, in der Reihe vorlag. Also ich hab' per Hand, also auch nicht per Schreibmaschine, sondern per Hand, 3000 oder 3500 kleine Zettel angelegt und Zettelkarteikästen dann entstehen lassen.

Die erste Arbeit war, diese Zettel nun alphabetisch zu ordnen und das Lexikon alphabetisch aufzubauen. Das heißt, ich hab' dann jemanden gefunden, der dieses von diesen Zetteln abgeschrieben hat auf Schreibmaschine und in die Form dieses Lexikons in etwa gebracht hat. Aber ganz normal als Schreibmaschinenmanuskript. Das waren verschiedene Mitarbeiterinnen, die ich dann ja auch entlohnt habe, die aber natürlich auch eingewiesen waren, darüber nicht zu sprechen. Das hat Monate in Anspruch genommen bis das abgearbeitet war. Zunächst mal überhaupt bis diese Zettel gefertigt waren, auch bis das dann geschrieben war. Und als das das erste Mal geschrieben war (...), mussten diese 3500 Zettel dann umsortiert werden, weil wir ja dann gesagt hatten, wir wollen ein Originaltitelregister dem Band anfügen. Das heißt also, es wurden dann diese Zettel nach dem Originaltitel geordnet. Das waren schwierige Tage und Wochen in unserer Wohnung, weil man dieses ja nicht an einem Abend oder in einer Woche schaffte, sondern mindestens vierzehn Tage oder drei Wochen dazu brauchte, und ich kann mich erinnern, dass also alle zu Haus, die ganze Familie, die, die Kinder, die damals so zwölf, dreizehn, vierzehn waren, da mitsortiert haben und zunächst mal, am Anfang, war's halt immer noch ganz einfach nach dem ersten Anfangsbuchstaben. Aber dieses verfeinerte Sortieren war dann ja auch nicht so ohne. Also es war dann für alle 'ne Tortur und es musste ja auch relativ zügig gehen, weil wir auch eigentlich in dieser, in dieser Wohnung wieder leben wollten. Man konnte das ja auch nicht jeden Tag wegräumen.

Das heißt, wir haben dann dieses Originaltitelregister erstellt, dabei sind natürlich dann 1000 Zettel rausgefallen, wo es um deutsche Filme ging, natürlicherweise, und dann ist (...) diese sortierte Kartei dann wieder auf Schreibmaschine geschrieben worden und ich muss nicht erzählen, wie schwierig es war, die Originaltitel abzuschreiben. Das hab' ich teilweise auch selber gemacht. Also ich hab' dann nach dem Dienst dann täglich mal über lange Zeit noch zwei, drei Stunden an der Schreibmaschine gesessen und hab' das geschrieben.

Und als dieses (...) Titelverzeichnis der Originaltitel fertig war, hab' ich das Ganze nochmal umsortiert, immer wieder in Gemeinschaftsarbeit, und habe dann ein Lexikon der Regisseure gemacht. Das heißt, die Zettel wurden dann nach Regisseuren sortiert und dann wieder bei den Regisseuren die Filme aufgrund des Produktionsjahres dann in der, in der numerischen Folge geordnet. Und auch dieses wurde dann wieder abgeschrieben. Man musste auch aufpassen, was dann immer wieder passierte, dass irgendwann dann mal ein Zettel unter der Kautsch lag und nicht mehr auf dem Tisch. Also es musste ganz sorgfältig gearbeitet werden und das Problem, wir hatten 'ne kleine Wohnung, es musste auch immer gelegentlich mal wieder weggeräumt werden (...).

Wir haben dann ein viertes gemacht. Wir haben dann auch noch nach Länder geordnet. Dann sind die Zettel nach Länder geordnet worden, nochmal umgeordnet und dann (...) ist dann sozusagen ein Verzeichnis entstanden, dass zum Beispiel aus der Sowjetunion oder aus Polen oder aus Rumänien, dann so und so viele Filme im Kino der DDR gelaufen sind in dieser Zeit. Das war die Arbeit. Hinzu kam, dass uns natürlich auffiel, dass wir nicht alle Filme gesehen hatten, und dieses Lexikon sollte ja den Anspruch erheben, dass alle Filme, die in den Kinos der DDR gelaufen sind, auch dort untergebracht werden. Und wir haben dann gesagt, jetzt müssen wir mal gucken, dass wir nachvollziehen können, welche Filme sind denn nicht besprochen worden. Also es musste ein Abgleich gemacht werden. Das war für die Anfangsphase relativ schwierig, weil wir auch relativ schnell gemerkt haben, man muss erstmal in der DDR filmographisch ermitteln, was ist denn in den Kinos nach '45 gelaufen. Das war schwierig. Nun saß ich an der Quelle wieder mit meiner Arbeit. Das waren dann auch teilweise Arbeiten, die ich wieder während der Dienstzeit gemacht habe. Also da ist von diesem Lexikon auch einiges im Dienst entstanden. Anders wär's gar nicht möglich gewesen. Das Ganze ist zusammengeschrieben worden.

In dieser Zeit ist uns auch der Gedanke gekommen, über den ich auch schon gesprochen habe, der Zusammenarbeit mit weiteren Mitarbeitern, die zum Beispiel Filme sehen, die bisher überhaupt keine Berücksichtigung gefunden haben. Zum Beispiel lange Dokumentarfilme. Die DDR war ja ein Land, in dem viele Dokumentarfilme produziert wurden, auch gute, interessante, vorwiegend aber auch lange Dokumentarfilme, abendfüllende. Und diese haben wir, wenn

sie für uns interessant waren, sie dem, dem Zuschauer vorzustellen, gelegentlich schon mal in die Filmbesprechungen mit hinein genommen aber nicht kontinuierlich. Dann hatten wir das Problem, dass wir auch da suchen mussten, was ziehen wir nach.
Das gleiche galt für den Kinderfilm. Kinderfilm hat sich dann später entwickelt, dass wir dann gesagt haben, die Frau Ronneburg wird gebeten, dieses zu machen. Das war in etwa zu den Bedingungen, wie an diesem Lexikon gearbeitet wurde. (...) Wir haben dann gemeinsam (mit Jacobi und Uhländer, A.S.) überlegt, wie bekommen wir das Manuskript, was ja über tausend Seiten waren, nach Köln. Und es hat dann ein Gespräch mit dem Kardinal gegeben, mit Kardinal Meisner hier in Berlin, der dann eingeweiht wurde in dieses Projekt. War ja immerhin nicht einfach, auch die Bedeutung dieser Arbeit zu erklären. Warum muss nun eine Publikation im Westen entstehen über den DDR-Film, und warum muss das die Kirche tun, und warum musste die Kirche da involviert sein? Das alles musste ja nun auch ausführlich erklärt werden. Das ist auch so geschehen und soweit ich es weiß, hat es keine größeren Probleme gegeben. Meisner hat dann im Zuge seiner wöchentlichen Visiten im, im Westteil des Bistums, also in Westberlin, dann dieses Material mit 'rüber genommen, in der Kurierpost des Bischofs. Das war, denk' ich, sicher auch nicht ungefährlich, aber es war machbar.
Ich weiß nicht, ob die Kurierpost gelegentlich mal kontrolliert wurde, wenn sie kontrolliert worden wäre, wäre es ein eindeutiger Verstoß gegen das gewesen, was mit der Kurierpost transportiert werden sollte. Denn nachzuweisen, dass dieses Manuskript, denk' ich, was mit pastoraler Tätigkeit zu tun hat, wäre ja doch schon für uns schlüssig, aber für die Behörden weit hergeholt, nicht? Zumal es auch ein sehr kritisches Produkt war. Natürlich sind da auch Filmkritiken veröffentlicht worden, die dem Staat überhaupt nicht gepasst haben.
Das Ganze ist jedenfalls gut angekommen und dann auch mit sehr großem Aufwand, und da bin ich der Redaktion auch heute noch dankbar, umgesetzt worden. Also die ganze Arbeit hier hätte nichts genutzt, wenn die Kollegen nicht bereit gewesen wären, das jetzt nochmal, alles nochmal abzuschreiben. Wir konnten es nicht besser liefern und dann auch die Korrektur zu lesen.
Natürlicherweise (...) sind in so 'nem Lexikon 'ne Menge Fehler, und das Problem war, dass drüben eine Korrektur nur schwer ausgeführt werden konnte, denn sie hatten nicht das Material, in dem sie nachschlagen konnten. Also sie mussten sich weitgehend an die Vorlage halten, die wir ihnen geliefert haben, und natürlich waren in der Vorlage bei der Menge der filmographischen Angaben auch immer wieder Fehler. Wir haben einiges versucht telefonisch zu klären. Das war natürlich aber schwierig und auch gefährlich. Also die Redaktion hat dann schon mal angerufen auch bei mir in der Dienststelle, und gefragt, wir hätten mal gerne Auskunft zu diesem und jenem Film. Nur musste ich das natürlich auch kurz halten, weil ich natürlich ohne Wissen meiner

Leitung des Hauses gar keinen Kontakt mit einer bundesdeutschen Dienststelle haben durfte. Das ist zwar immer wieder gelaufen, aber es war für das Projekt relativ gefährlich.

Die Bedeutung des Handbuches. Ich denke, es war für uns sehr wichtig, so was selbst auf die Beine zu stellen. Ich denke, es hat in der Kirche der DDR nichts vergleichbares gegeben, was in diesem Umfang überhaupt im Westen (...) entstanden ist, schon gar nicht auch in der Medienarbeit, da ohnehin nicht. Das alles immer unter dem Gesichtspunkt, dass ja auch diese Arbeitsstelle in Erfurt eine, von einem Laien geführte Arbeitsstelle war.

Also ich will schon sagen, als das Buch dann glücklich in den Westen transportiert worden war, fiel uns ein Stein vom Herzen zum einen, und ich denke, es machte sich auch sowas wie Stolz breit, da etwas geschafft zu haben, was wohl nur derjenige erahnen kann, der schon mal eine Publikation mit zehn Zettelkästen gemacht hat in diesem Umfang. Heute, im Zeitalter von Computer und Umsortieren am PC, ist das alles überhaupt kein Problem mehr und man kann es auch gar nicht darstellen. Ich hab' viele Jahre diese Zettel noch aufgehoben gehabt, ich hab' die vielleicht vor drei oder vier Jahren erstmal, weil sie wirklich im Wege standen, dann mal vernichtet, und sie auch nicht mehr benötigt wurden. (...)

Dieses Handbuch hatte, soweit ich mich erinnern kann, 650 Seiten etwa. Es hatte ein Vorwort, dieses Vorwort, über das hab' ich schon mal gesprochen, war mir sehr wichtig. Es ist von uns auch so entwickelt worden. Der Text stammt von mir. Er diente vor allen Dingen dazu, deutlich zu machen, dass dieses Handbuch ein Produkt der katholischen Kirche der DDR ist, und im Auftrage der Bischöfe entstanden ist und dass damit für mich klar war, dass die Kirche mich beauftragt hatte, dieses Buch zu machen, oder an diesem Buch mitzuwirken. Das musste 'rüberkommen, was natürlich für jeden, der sein Herzblut in eine solche Arbeit steckt, und über viele Jahre daran auch beteiligt war, dann immer weniger erfreulich ist, dass man seinen Namen nicht benennen konnte zu dieser Arbeit. Also wir haben dann dieses Handbuch unter keinem Namen laufen lassen, auch nicht unter meinem Pseudonym, (...) unter dem ich Artikel geschrieben habe. Das ganz bewusst nicht. Sondern wir haben gesagt, das ist ein Produkt der katholischen Kirche der DDR. Das aber immer wieder aus der Überlegung heraus, um vor allen Dingen mich zu schützen.

Hans Donat hat dann übernommen, dieses Buch zu verbreiten. Also dies ist dann gedruckt worden, es ist, soweit ich das weiß, dann an alle Pfarreien der DDR gesandt worden. Also Donat hat in einer aufwendigen Aktion in Erfurt die Adressen schreiben lassen. Die Adressen sind dann auch auf einem Wege wieder nach Mainz und von Mainz nach Köln gekommen und dort hat der Versand dieser, glaub' ich, 750 Bücher in die DDR stattgefunden. Also es war auch für, für die Gemeinden, glaub' ich, ein einmaliger Vorgang in der DDR, dass die ein Westpaket bekommen haben, in dem dann ein Buch war, das über die Arbeit der Kirche in der DDR berichtete. Also ich kann mich auch an keinen anderen, keinen anderen Fall erinnern, wo so was ähnliches gelaufen ist. (...) Aufgesetzt haben wir dann vor allen Dingen bei dem Lexikon, dass wir gesagt haben, jetzt müssen wir aber auch weiter arbeiten, ohne zu wissen, dass 1989 dann die Mauer abgerissen wurde und dass wir 1990 dann sozusagen einen Nachtrag liefern wollten. Wir haben gesagt, als wir dieses Buch gemacht haben, das ist sicher 'ne einmalige Chance, sowas wird nie wieder kommen, wir werden aber wenigstens unsere Datei so weiterführen, dass wir auch einen Nachfolgeband entstehen lassen können und haben gesagt, wir werden uns bemühen, die Filme, die wir nicht gesehen haben, die in dem Buch noch nicht verzeichnet werden konnten, dann aufnehmen und haben natürlich nicht geahnt, dass der Nachfolgeband vier Jahre oder fünf Jahre später erscheinen würde und dass wir uns dann noch'mal kräftig ins Zeug legen müssten, um wirklich dann Vollständigkeit zu erreichen. Wir haben das bei den Kinderfilmen auf glückliche Weise mit der Frau Ronneburg begonnen, die nicht nur die neuen, sondern auch alte oder frühere Kinderfilme, dann gesehen und besprochen hat, so dass wir ein ganzes Stück weitergekommen sind.[305]

Das Lexikon „Filme in der DDR 1987-90. Kritische Notizen aus 4 Kinojahren" und die Vorwort-Texte zu beiden Lexika

Eigentlich hatten wir zunächst angenommen, dass wir mit dem Band eins oder mit dem ersten Buch überhaupt ein Werk geschaffen haben, was sich kaum fortsetzen ließe. Die Ereignisse haben uns schneller eingeholt, als wir das angenommen haben. Wir haben uns in den ersten Gesprächen nach dem Fall der Mauer zusammengesetzt und haben gesagt, es ist abzusehen, wann das Ende der DDR da sein wird und damit auch das Ende dieser eigenständigen Besprechung von Filmen, beziehungsweise überhaupt dieser eigenständigen Arbeit der Gruppe hier im Bereich der Berliner Bischofskonferenz. Also sollten wir auch dann jetzt den Ehrgeiz entwickeln, nun ein abgeschlossenes Werk vorzulegen.
Wir haben wieder erneut geprüft, wie dieses zu finanzieren ist. Das ist immer der schwierigste Punkt an diesen Unternehmungen gewesen. In diesem Fall war es die Möglichkeit, dass das Institut für Medieninformation in Köln, das auch die Handbücher herausgibt, nun bereit war, diesen Druck zu finanzieren. Ich selbst hab' dann versucht, über das BMI einen Druckkostenzuschuss zu erhalten. Das war dann '90 schon die Zeit, wo ich dann inzwischen in diesem Umfeld der Kulturabteilung des BMI durch meine Tätigkeit dann im Bundesarchiv, oder in der Übergangsphase zwischen Staatlichem Filmarchiv und dem Bundesarchiv, dann schon mit den dort verantwortlichen Mitarbeitern bekannt wurde, so dass ich, dass wir zweiseitig sozusagen (...) dafür Sorge tragen konnten, dass diese Finanzierung dann stand.

---

[305] BFS-Archiv, 0436085/05: TC 1'40'05-1'58'51.

Ich hab' mich dann hingesetzt und habe dann für die ausstehenden Jahre analog des ersten Bandes diese Daten zusammengetragen. Es war natürlich von der Größenordnung weit geringer als zum ersten Band. Es ist ja auch nur noch ein dünner Band geworden. Wir haben genauso angelegt wie den ersten Band und wir haben dann eigentlich, und das ist vielleicht die Besonderheit, noch mal lange überlegt, wie wir uns nun ja, ich sage, outen wollen. Da war ja dann die Möglichkeit zu sagen, wir sind die Autoren dieser beiden Bände. Wir haben das dann überlegt und das Vorwort ist dann ein gemeinsames Vorwort geworden, das die Herausgeber geschrieben haben, also Donat und ich. Und alles Notwendige zur Erklärung ist dann in einem zweiten Vorwort entstanden, das die Herausgeber des Bandes geschrieben haben, also die Katholische Filmkommission der Bundesrepublik und der Verlag, das KIM. (...)
Wir haben besonders Wert darauf gelegt, dass bestimmte Formulierungen dann auch von den Herausgebern so übernommen werden. Der erste Satz war uns wichtig: Mit dem hier vorgelegten Handbuch Filme in der DDR 1945 bis 1986 wird ein Dokument vorgelegt, das sowohl das Engagement der Filmarbeit der katholischen Kirche in der DDR belegt, als auch eine wichtige Grundlage für Forschungsarbeiten zur Filmgeschichte in der DDR darstellt. Das war uns wichtig, darauf hinzuweisen. Das weitere ist dann auch Werbung des Verlags ein wenig für dieses Werk. Der Text ist nicht von uns entstanden. Es wird dann auf Entdeckungen hingewiesen, die man mit diesem Werk durchaus machen kann, also unbekannte Filme, die auf dem westlichen Filmmarkt kaum jemand kennt und dass es in der Reihe der Handbücher zur vollständigen Erfassung von Kinofilmen im gesamtdeutschen Sprachraum dienen kann.
Der vorliegende Band erscheint in einer Aufmachung, die bewusst an die bisherigen Handbücher der katholischen Filmkritik erinnert, obwohl es sich um ein unabhängiges und geschlossenes Werk handelt, reiht es sich dennoch in das bisherige Bemühen der katholischen Filmkommission für Deutschland, Materialien über das Filmschaffen als katalogisiertes, lexikalisch nutzbares Wissen weiterzugeben. Das war uns wichtig und das war auch einer der Punkte, die wir gemeinsam vorab immer besprochen hatten. Und der nächste Satz ist dann der, den wir auch vorgegeben hatten und den wir uns sehr lange überlegt hatten: Zusammenstellung, Beschreibung und Wertung der in der DDR aufgeführten Filme erfolgte aufgrund der Filmbesprechungen, die Mitarbeiter der katholischen Kirche in der DDR für den innerkirchlichen Gebrauch erarbeitet haben. Entsprechend handelt es sich um ein Originalmanuskript, das nur (...) in Ausnahmefällen vorsichtig redaktionell überarbeitet wurde. Wichtig der Satz und darum ging's mir vor allen Dingen: Ich wollte sagen, dass es Mitarbeiter der katholischen Kirche in der DDR waren. Wichtig: Mitarbeiter. Also für mich auch ein Schutz, dass ich Mitarbeiter der Kirche war, in welcher Anstellung auch immer, ob nun freiberuflich, nebenberuflich oder anderswie. Dass es Mitarbeiter der katholischen Kirche in der DDR waren, das war

wiederum für die Leser in der Bundesrepublik wichtig, um das deutlich zu machen, und dass es für den innerkirchlichen (...) Gebrauch erarbeitet wurde.
Nehm' ich also die Tatsache, dass es also keine Publikation war, die in der DDR ja so auf den Außenmarkt drängte, sondern es war, was es immer war, für den innerkirchlichen Gebrauch ein, ein Werk, mit dem innerhalb der Kirche gearbeitet wurde. Ich denke auch, zumindest aus heutiger Sicht sagen zu können, es hat mit dem Vorwort so funktioniert, wie wir es uns dann auch gedacht haben.
Beim zweiten Band, der dann 1991 im Mai entstanden ist, im übrigen fällt mir hier gerade ein, dass der Druck dann auch nicht in Köln stattgefunden hat, sondern hier in Berlin. (...) Was ich auch benannt habe, dass, dass das für mich eigentlich auch das schöne über die ganze Zeit war, und ich denke, das kommt in dem Vorwort auch zum Ausdruck, dass es sich in seinen Filmkritiken nicht vorgegebener Sprachregelungen und ideologischer Verrenkungen bedienen musste. Also wir haben benannt, oder hier steht: Das Buch benannte schlecht, was misslungen war, egal ob der Film kommunistische Führer feierte, Gewalt verherrlichte oder Frauen zum Sexualobjekt des Mannes degradierte. Wir haben natürlich das schreiben können, und auch geschrieben, was wirklich die Meinung war. Die Chance hatte kein anderer. Und so im Nachgang, bei Gesprächen mit Kollegen, Journalisten entdecken die natürlich auch und haben uns dann im Nachgang auch beglückwünscht zu manchem, weil sie gesagt haben, hattet's ihr eigentlich ganz gut, also solche Filmbesprechungen wären wir in unseren Redaktionen nie losgeworden, nicht. Also wir haben uns ganz verbiegen müssen manchmal, haben sie dann gesagt, um ja dort unseren Auftrag abzugeben, das habt ihr nie machen müssen.[306]

Die Katholische Filmkommission im Bereich der Berliner Bischofskonferenz

Bei den alljährlich geführten Gesprächen mit den Kollegen, Kolleginnen von der westlichen Seite sind, wie ich schon erzählt habe, ja immer sehr viele unterschiedliche Ideen geboren worden. Eine, die wir seit Mitte der achtziger Jahre verfolgt haben, war auch die, zu überlegen, ob es nicht Sinn macht, innerhalb der DDR, also innerhalb der Berliner Ordinarienkonferenz, eine katholische Filmkommission zu gründen und diese analog der katholischen Filmkommission der Bundesrepublik auszugestalten. Dieses hat, aus welchen Gründen immer, die ich nicht benennen kann oder auch, die ich nicht weiß, zu keinen schnellen Entscheidungen geführt. Ich weiß nicht, ob das der Bischofskonferenz vorgelegen hat zur Entscheidung. Ich kann mir aber vorstellen, dass es sicherlich Überlegungen gab, eine solche Filmkommission schon deshalb nicht zu begründen, weil sie dann in die Öffentlichkeit hineingewirkt hätte und dieses sicherlich in der Auseinandersetzung mit dem

---
[306] BFS-Archiv, 0436085/06: TC 0'00'13-0'13'48.

Staat zumindestens zu Irritationen hätte führen können. Also ich kann mir schon denken, dass auch von Seiten der katholischen Bischofskonferenz kein gesondertes Interesse bestand.

Wir haben das dann doch weiterverfolgt und haben zumindestens '89 das nochmal angesprochen und ich weiß auch, es hat darüber Gespräche gegeben und es hat dann schließlich eine Entscheidung gegeben, die vom 15. März 1990 datiert, wo eine solche Kommission für den Bereich der DDR begründet wurde. Mitglieder waren Hans Donat, Pfarrer Swoboda aus Leipzig, meine Person und, und das war unser besonderer Wunsch und ich denke auch die Überraschung, die Mitwirkung von Frau Ronneburg in dieser Kommission. Frau Ronneburg entstammt ja der evangelischen Kirche und war seit 1988 Mitarbeiterin in diesem Kreis der Arbeitsstelle für Pastorale Medien.

Natürlich hat diese Filmkommission nicht mehr viel bewirken können, denn '90 war dann auch schon das Jahr, wo begonnen wurde, zu überlegen, wie man (...) mit der katholischen Filmkommission der Bundesrepublik zusammengeht. Es hat eine größere Aktion gegeben. Nämlich die auf dem 6. Spielfilmfestival der DDR, auf dem letzten dann auch, hier in Berlin einen Preis zu verleihen. Es war ja immer das Ziel, dass diese katholische Filmkommission in die Öffentlichkeit tritt und aus kirchlicher Sicht einen Preis vergibt. So wie das auf anderen Festivals schon seit Jahren auch üblich war. Wir haben dieses auch getan. Auch da war es aufgrund der geringen Zusammensetzung nicht möglich, 'ne Kommission zu bilden, sondern ich hab' weitgehend im Alleingang das Programm verfolgt, habe mich dann kurz geschlossen. Das Ergebnis war aber auch so schwierig nicht. Wir haben uns entschieden, einen Spielfilm auszuzeichnen von Peter Kahane, DIE ARCHITEKTEN, ein Film, der nach unserer Auffassung dann schon auch auszeichnungswürdig war.

Inzwischen hatte sich ja auch das Festival Anfang '90 versucht, ein wenig zu öffnen und ich hatte dann mal nachgefragt, in welcher Form es sinnvoll sei, diesen Preis zu verleihen. Ich wollte mich, da die Leitung des Festivals immer noch die gleiche Leitung war, wie sie in den achtziger Jahren von Partei und Staat eingesetzt war, wollte mich natürlich auch mit dieser Festivalleitung nicht verbrüdern und ihnen sozusagen die Öffnung durch die Kirche beispielsweise selbst ermöglichen. Ich habe in Rücksprache mit Hans Donat beschlossen, dass wir diesen Preis nicht innerhalb einer Festivalveranstaltung auf der Bühne verleihen, sondern ich habe mich mit dem Regisseur, Herrn Kahane, kurz geschlossen. Das Festival fand weitgehend in dem Kino „International" in der Karl-Marx-Allee statt hier in Berlin. Und wir haben uns an dem Nachmittag, als die Auszeichnung der Preisträger erfolgen sollte, im Vorraum des Kinos getroffen, sind dann gemeinsam in ein Café gegangen, in ein naheliegendes Café, und dort habe ich ihm zunächst mal die Arbeit der Medienstelle erklärt, hab' ihm erklärt, dass es seit einiger Zeit eine katholische Filmkommission gibt und dass diese einen Preis verleiht, und dass er derjenige ist, der als erster in der noch existierenden DDR diesen Kirchenpreis erhalten wird. Ich hab' ihn dann dort übergeben und wir sind vielleicht noch zwei Stunden beieinander gesessen. Ich hab' ihm auch erklärt, warum wir diesen Preis nicht auf der Bühne vergeben wollen. Das hat er sehr gut verstanden und hat das akzeptiert und war sehr überrascht und auch sehr erfreut, dass er nun einen Preis von der Kirche oder von einer der Kirchen der DDR erhält.[307]

Ich habe dann, und das ist vielleicht noch interessant, an dem Nachmittag, als ich mit dem Regisseur Peter Kahane dann dieses Gespräch geführt habe und ihm die Urkunde übergeben habe, eine Pressemitteilung vorbereitet, eine Information, die ich im Kino ausgelegt habe, ohne aber jetzt Rücksprache (...) mit der Festivalleitung zu nehmen, sondern sozusagen einen Handzettel dort ausgelegt, dass die katholischen Filmkommission der DDR soeben einen Preis verliehen hat. Und es hat dann noch vor dem Abend, an dem die offizielle Abschlussveranstaltung war, bei mir einen Anruf gegeben, eben von diesem Festivaldirektor, der mich gefragt hat, ob ich denn das am Abend nicht noch auf der Bühne nochmal nachvollziehen möchte und ob ich nicht auf der Bühne nochmal etwas sagen möchte, warum wir diesen Preis verleihen. Also es war schon deutlich, (...) in welche Zielrichtung dort überlegt wurde. Und ich hab' ihm auch ebenso deutlich gesagt, dass ich das eben nicht möchte und dass auch (...) vor dem Festival keiner auf die Idee kam, mal mit anderen zu reden und jetzt im Nachhinein wäre das ohnehin für mich nicht der Grund, dieses in der Öffentlichkeit zu tun. Die Öffentlichkeitswirkung, die wir uns vorgestellt haben, hatten wir erreicht damit. Weiteres war aus unserer Sicht nicht notwendig.

Es war klar, da auch diese Arbeiten der Anfertigung von Filmbesprechungen eingestellt würden, weil es ja diese Zeitschrift film-dienst gab und es ja sicherlich auch in den Kinos- und das machte sicher in der Zeit so um Mitte '90 schon, wurde schon klar, dass also eine Filmbesprechung zu Film in der DDR nicht mehr notwendig war, da es die gleichen Filme waren, die auch in anderen Bundesländern liefen. So war klar, dass dieses eingestellt wird und damit war auch die wichtigste Arbeit der Arbeitsstelle im Bereich der Arbeit mit Film dann sozusagen beendet, außer der Mitarbeit oder der Mitwirkung (...) an dem Lexikon Band zwei, das wir noch beenden wollten. Und von daher war klar, es macht auch keinen Sinn, wenn am 3. Oktober 1990 die DDR der Bundesrepublik beitritt, dass dann zwei katholische Filmkommissionen existieren.

Es hat mal 'ne Zeit wohl auch gegeben, wo man überlegt hat, ob so lange die Berliner Bischofskonferenz existiert auch noch diese Medienstelle beziehungsweise eine katholische Filmkommission existieren kann, aber da haben wir selbst auch gesagt, das macht wenig Sinn, (...) es sollten doch beide Kommissionen zusammengehen. Es hat dann Gespräche mit Herrn Doktor Hasenberg gegeben, der damals Referent schon war in, in Bonn und wir sind uns dann einig geworden, dass die Mitglieder der katholischen Filmkommission in die Filmkommission der Bundesrepublik kooptiert werden und an der

---

[307] BFS-Archiv, 0436085/06: TC 0'14'17-0'19'58.

nächsten Sitzung dann auch bereits teilnehmen. Damit ergab sich dann das Problem mit der Frau Ronneburg, die nun aus dem Bereich der evangelischen Kirche der DDR kam und wo es auch nach Gesprächen nicht möglich schien, sie in die katholische Filmkommission der Bundesrepublik aufzunehmen.

Das war ein Fakt, den ich sehr bedauerlich fand, aber es war doch deutlich, dass die publizistische Kommission, sprich der Medienbischof, der dann dieses Dekret zu unterzeichnen hatte, einen solchen Schritt nicht mitgehen würde. Und wir haben dann schließlich von uns aus darauf verzichtet, sie zu benennen. Ich habe ihr das dann versucht, mitzuteilen. Das war ein für mich wenig erfreuliches und schwieriges Gespräch, obwohl Frau Ronneburg, denk´ ich, sehr besonnen auf diese Situation reagiert hat und das zumindestens für mich bekundet hat, dass sie das versteht. Ich denke, dennoch war es also eine Situation, die mich also heute auch noch im Nachgang auf diese Geschichte einfach ein Stück unglücklich sein lässt, weil sie auch damals 'ne Chance gewesen wäre, wie auch andere Chancen, denk´ ich, im Zusammengehen von verschiedenen Einrichtungen dann vertan wurden.[308]

Hans-Joachim Schink, Erfurt, 18.3.1998

Motivation zur Mitarbeit und Kriterien für die Beurteilung von Film

Selbstverständlich war es ein Risiko. Aber ich habe es mit, ja fast möchte ich sagen, mit starkem Engagement getan, weil ich, weil es für mich notwendig war. Nicht nur notwendig, es hat mir auch Freude gemacht. Und ich habe aus verschiedenen Gründen keine unmittelbaren Gefahren für mich gesehen. Es hat Gründe, über die ich jetzt nicht so ausführlich sprechen kann, weil sie nicht unbedingt dazu gehören. Das ist sehr persönlich, auch im Verhältnis zu den Kollegen und Vorgesetzten. Aber es war für mich einfach einen, ein Bedürfnis, eine Notwendigkeit, diese Arbeit mit zu tun, neben vielen anderen Engagements für die Kirche. So dass ich jetzt rückblickend sagen kann, es war notwendig und es war gut. (...)

Das Anliegen ist ein Doppeltes, verständlich aus der Doppelfunktion auch des Films: einen Inhalt zu vermitteln und die entsprechende künstlerische Form dafür zu finden. Die Bewertung des Inhaltes hat zur Grundlage ethische Maßstäbe, wobei natürlich auch ein ethisch hochstehender Film durch seine künstlerische oder mangelnde künstlerische Qualität Schaden nimmt. Umgekehrt auch, dass ein eigentlich abzulehnender Film ein hohes künstlerisches, eine hohe künstlerische Qualität besitzt. Es geht darum, oder es ging mir darum, diese Einheit herzustellen zwischen inhaltlichem Anliegen und

---
[308] BFS-Archiv, 0436085/06: TC 0´24´14-0´29´17.

formaler Gestaltung, die natürlich versucht, dem jeweiligen Inhalt gerecht zu werden, ihn zu verdeutlichen. Und, und die Verdeutlichung und die daraus resultierende Akzeptanz oder Ablehnung des Inhaltes ging es und es ging vor allem für mich darum, die künstlerische Qualität eines Filmes zu benennen und versuchen, diese Qualität dem Betrachter auch spürbar werden zu lassen, also ein Qualitätsempfinden zu schulen, was uns beide, muss ich jetzt sagen, nicht nur für mich, sondern auch für Herrn Donat doch als sehr wesentlich erschien.
Dass man also Verständnis dafür bekam, ist das Drehbuch zum Beispiel: ist es gut, dramaturgisch gut gebaut und somit auch den Inhalten, dem Inhalt gerecht wird. Die Regie wäre zu bedenken, soweit es eben einem Laien möglich ist. Neben der Regie die Darstellung. Wesentlich auch vor allen Dingen für mich, war die Bildsprache des Films, die bis zu Kompositionsfragen geht. Wie ist also ein Bild auch gebaut, wird es in seiner Art und Weise, wie es gestaltet ist, der jeweiligen Szene oder in seiner Gesamtheit dem Film auch gerecht? Die Musik und die Farbe spielen ein Rolle, mit der Grundfrage, ist Musik nur Geräuschkulisse oder ist es ein dramaturgisches Element? Und genauso ist es mit der Farbe. Fotografiert sie einfach naturalistisch das ab, was da zu sehen ist, oder wird sie eingesetzt als dramatisches Mittel, den Film (...) durch das Gestaltungsmittel Farbe noch zu verdeutlichen. Das war also das grundsätzliche Anliegen. (...)
Also die Bewertung eines Films ist natürlich auch abhängig von den mitunter sehr subjektiven Einstellungen zur Filmkunst oder einem Film gegenüber. Erwartet man etwas Unterhaltsames oder ist das Bedürfnis da, über die Unterhaltsamkeit, den Unterhaltungswert hinaus nach einer grundsätzlichen Deutung im Hinblick auf Weltverhalten, Weltanschauung zu fragen. All das spielt ein Rolle. Die persönliche, das persönliche Kriterium im Hinblick auf den Inhalt ist natürlich ethischer Natur. In diesem speziellen Fall natürlich von einem christlichen Ethos geprägt. Von da aus resultiert die Frage an den Inhalt: Inwieweit kann man ihn akzeptieren? Oder man ist gezwungen, ihn abzulehnen. Damit untrennbar verbunden ist natürlich die Frage nach der künstlerischen Qualität, über die wir ja eben schon gesprochen haben. Man kann sich an einem Film ja auch freuen, kann seinen Genuß davon haben, wenn er von einer bestechenden künstlerischen Qualität ist. Mitunter vergisst man dann das Inhaltliche. Aber in der Besprechung nachher muss das wieder mit hinein geholt werden.
Das Erlebnis im Filmtheater ist natürlich etwas sehr Entscheidendes. Es muss aber reflektiert werden: hab' ich das auch recht erlebt und hab' ich dem, was ich da erlebt habe, oder fühl' ich mich irgendeiner Sache ausgeliefert vom Gefühl her? Das muss ich nachher durch die Ratio, nein, nicht Ratio, aber durch das Reflektieren, durch den Intellekt korrigieren, oder präzisieren und konkretisieren. Aber wesentlich ist eine Grundeinstellung zunächst vom, vom Ethischen her. Dieses Ethische ist zunächst allgemein. Erst tritt (...) dann das Christliche speziell hinzu. Zunächst ist die Frage nach dieser ethischen

Grundhaltung, ich möchte sagen, die Humanitas. Die Menschlichkeit und die Hinführung zu einer humanen Haltung. Das ist ja summarisch ausgedrückt. Es würde zu weit führen, das jetzt zu zergliedern. Über dieses allgemein Humane hinaus: Paracelsus, erinnere ich mich, hat 'mal gesagt, nur die Höhe des Menschen ist der Mensch. Das ist schon gleich ein großes Ziel. Aber jede künstlerische, jedes künstlerische Mittel, jeder künstlerische Bereich, sag' ich mal-(...), Dichtung, Literatur und auch Film, möge ja eigentlich, wenn er eine Aufgabe hat, dazu beitragen, dieses Ziel zumindestens anzustreben. Und von diesem allgemeinen Ziel ausgehend wird man den Film erst 'mal befragen. In Hinblick auf das, was er sagt, was er dazu sagt, und wie er es sagt. Und dieses wie ist bereits wieder die nächste Frage nach der künstlerischen Gestaltung, auf die wir beide, Herr Donat und ich, also immer sehr großen Wert gelegt haben. (...)

Im Lauf der Jahrzehnte sind andere Akzente gesetzt. Ich denke an den Film GROßE FREIHEIT NR. 7 mit Hans Albers, der im Reperbahnmilieu spielt, wo auch voreheliche Beziehung, Geschlechtsbeziehungen gezeigt werden. Sehr zurückhaltend, aber dieser Film wurde ja abgelehnt mit 3 und 3E versehen, weiß ich jetzt nicht mehr genau. Als er jetzt wieder aufgeführt wurde, war die Einstellung dazu eine andere, ja. Man ist auch im Hinblick auf die Morallehre, glaub' ich, würde ich sagen, nun nicht radikal toleranter geworden, aber verständnisvoller und es kann eine Filmbeurteilung, die 1955 oder '60 geschrieben wurde, heute anders aussehen als zu der damaligen Zeit.

Man wandelt sich auch selbst. (...) Zum Beispiel, vielleicht harmlos: Es gab hier den DEFA-Film AUS DEM LEBEN EINES TAUGENICHTS nach der romantischen Novelle (...) von Eichendorff. Ich hatte hier geschrieben (Es folgt ein vorgelesenes Zitat aus der Filmrezension, A.S.): Die romantische Geschichte eines jungen Mannes, der auf der Suche nach seinem Glück die Lande durchwandert, ist ohne Empfinden für die Atmosphäre und Sinngehalt der Dichtung in eine künstlerisch teilweise (...) niveaulose Form gebracht. Ohne Empfehlung. Also hier ist eigentlich kein hochgestochenes Thema da. Es wird nicht radikal aus sittlichen Gründen abgelehnt. Nur, dieser Film ist eben dem Zauber dieser Novelle vor allen Dingen durch den Hauptdarsteller, Dean Reed, in keiner Weise gerecht geworden. Hier sind Dinge aufgesetzt, auch pädagogische Akzente. Dieser Taugenichts ist also die Absage an die bürgerliche Lebenshaltung, was in einem gewissen Sinne stimmt, aber die mangelnde künstlerische Qualität und das geringe Empfinden für die ganze Atmosphäre und, wie's hier steht, den Sinngehalt lässt den Film also ohne Empfehlung. Das heißt nicht, dass der Betrachter, wenn's ihn interessiert da 'rein geht. Er ist nicht gewarnt vor einer Amoralität oder vor einem sittlich tief stehenden Inhalt, sondern es ist ein Vergleich zu der höher stehenden literarischen, künstlerischen Gestaltung des Buches. Das wäre ein Film ohne Empfehlung aber ohne Bedenken auch.

TILMAN RIEMENSCHNEIDER, den hatte ich mit 2EE, also für Erwachsene mit erheblichen Bedenken (Es folgt ein vorgelesenes Zitat aus der Filmrezension, A.S.): Unvollkommenes Geschichtsbild mit starker antikirchlicher Tendenz. Unter dem Durchschnitt künstlerisch. Besuch lohnt nicht. Also hier wäre auch so ein Beispiel, wo ein echtes Anliegen durch die Art der Gestaltung und eine gewisse tendenziöse Grundhaltung, die hier antikirchlich ausgeprägt ist, stärker als es dem Geschichtsbild entspricht, das hier also dann abgelehnt wird, oder nicht empfohlen wird, mit Bedenken.
Man muss auch, glaube ich, (...) den Appell an die Erlebnisfähigkeit und auch an die intellektuelle Bereitschaft des Betrachters doch mit einbeziehen. So dass man sagt, also wir geben diese Empfehlung, letztlich bleibt es euch überlassen. Wenn ihr Bedenken habt, lest's nochmal durch. Findet ihr euer Empfinden, eure Gedanken bestätigt oder habt ihr selbst Widersprüche?
Ein starkes Anliegen war uns eigentlich auch, bei sehr vielen, gerade bei Jugendlichen, Verständnis zu entwickeln für filmische Qualität, selbst dann, wenn diese Qualität von einem, aus einem Lager kommt, die einem selbst nicht so, oder die mit Abstand halt auch durch meinetwegen verfehlte katholische Erziehung, also, ich sagte das ja schon, über russische Filme. Sowjetische Filme wurden manche empfohlen, selbst wenn sie weltanschaulich unserer Auffassung nicht entsprachen. Aber sie hatten einen hohen moralischen Wert und eine hohe künstlerische Gestaltung. Natürlich musste entsprechend darauf hingewiesen werden.[309]

Filmwochenenden mit Jugendlichen

Außer den Filmbesprechungen wurden auch noch Wochenenden mit Jugendlichen durchgeführt zu Fragen des Films. Das fand im Thomas-Morus-Haus in Heiligenstadt statt, soweit ich mich erinnere, es liegt schon lange zurück. Und ich erinnere mich auch, dass wir einen Film hatten, der sowohl von uns wie auch von dem katholischen film-dienst der Bundesrepublik als sehr zu empfehlen und sehenswert eingestuft worden ist. Das war der Film Sterne, und es war interessant festzustellen, wie die anfängliche Abwehrhaltung sehr vieler Jugendlicher gegenüber einem DEFA-Film abgebaut werden konnte, weil es sich hier wirklich um einen hoch künstlerischen Film handelt.
Es wurde also im Laufe dieser anderthalb Tage doch spürbar ein Verständnis gefördert, das bei einer zunächst grundsätzlichen Ablehnung von DEFA-Filmen gegenüber, dieser ganze Film doch bejaht werden konnte, auch erschütterte. Und außerdem spürbar wurde, wie die Jugendlichen ein künstlerisches Qualitätsempfinden noch nicht voll demonstrieren konnten, aber wie es sich doch an, zu entwickeln schien. Und das betraf eben in diesem Fall neben der Darstellung und der Dramaturgie vor allen Dingen, soweit ich mich erinnere,

---

[309] BFS-Archiv, 0436085/03: TC 0′02′28-0′14′25.

auch die Kamera, die sehr einprägsam gewesen ist, die durch die Art ihrer Einstellungen, die Komposition und der Arbeit mit dem hell-dunkel das ganze thematische Anliegen sehr einprägsam unterstützt hat. Also hier war ein Beispiel dafür, wie doch, und zwar im Hinblick auf den Inhalt, wie auch im Hinblick auf die künstlerische Qualität sich (...) Ansätze zeigten, dass also das, was wir taten, schon eigentlich ganz recht ist und richtig ist.[310]

Künstlerische Wahrheit

Es ist auch Anliegen, den Filmbesucher hinzuführen zu dem Begriff der künstlerischen Wahrheit. Wahrheit im Sinne von Wahrhaftigkeit müsste vorausgesetzt werden, also von den Filmherstellern her, dass sie das zeigen und so zeigen, überzeugend zeigen, wie sie es meinen. Also die Übereinstimmung von Denken und von Tun und Sagen. Die künstlerische Wahrheit ist dann aber eine andere als eine historische oder wissenschaftliche Wahrheit, die nach der Richtigkeit des Geschehens fragt, während die künstlerische Wahrheit eigentlich nach dem Sinn des Geschehens fragt, der gar nicht historisch exakt wiedergegeben (werden, A.S.) muss, der Tatbestand.
Klassisches Beispiel ist ja Schiller mit Maria Stuart: Die haben sich nie gesehen, die Elisabeth und Maria Stuart. Aber die zentrale Stelle im Drama ist die Begegnung und das Gespräch mit den beiden, und da wird Wahrheit, da scheint Wahrheit auf, nämlich des eigentlichen Geschehens, das ist eine Sinnwahrheit, obwohl es äußerlich nicht so gewesen ist. Und so ist es bei vielen Filmen. Vor allen Dingen mit Filmen, die sich auch (...) mit historischen Themen beschäftigen, dass ein Besucher, oder nicht nur einer, viel habe ich das erlebt: das stimmt doch nicht, das war doch gar nicht wahr, das war doch ganz anders, der Film der taugt ja nichts, der sagt uns ja nicht die Wahrheit. Die künstlerische Wahrheit ist hier immer die eines Menschen, eines Künstlers über die Geschichte, seine Meinung, sein Urteil, seine Bewertung, sogar seine Träume und Sehnsüchte kommen da mit hinein. Und wenn er das überzeugend, wahrhaftig, also zum Ausdruck bringt, ist da eine künstlerische Wahrheit, die mit der historischen Wahrheit nicht so präzise übereinstimmen muss, sondern Mittel findet, das was damals war in seinem eigentlichen Sinn zu hinterfragen und zu verdeutlichen. Es ist eigentlich wie mit der Bibel auch. Es sind so viele Geschichten, die nicht gewesen sind, die aber eine tiefe Wahrheit aussprechen, und auf diese Wahrheit kommt es an. Und das kann man so in Parallele setzen auch zur künstlerischen Wahrheit. Dass nicht immer der historische Fakt, der genaue, die genaue Wiedergabe des historischen Fakts die Wahrheit ist, sondern das, was hinter diesem historischen Fakt als das eigentlich Bewirkende ist.
Bert Brecht wird häufig zitiert, in diesem (...), der hat mal gesagt, der geht allerdings vom Realismusbegriff aus: Realismus ist nicht wie die wirklichen

---
[310] BFS-Archiv, 0436085/03: TC 0´16´25-0´18´38.

Dinge sind, sondern wie die Dinge wirklich sind. Was also bewirkend hinter ihnen steht und sie dorthin leitet, wo sie wirken. Das ist schon ein Unterschied zwischen der äußeren Faktizität und von der eigentlichen inneren Wahrheit. Und auch dahin zu führen zum Verständnis für eine filmisch künstlerische Wahrheit, die eben nicht identisch zu sein braucht mit der historischen Faktizität, ist auch ein Anliegen.[311]

Elisabeth Uhländer, Köln 17.4.98

Die Besuche westdeutscher Kollegen aus der katholischen Filmkritik in Ostberlin während der Berlinale

Das war (...) Mitte bis Ende der 70er Jahre, dass wir, gemeinsam mit drei oder vier Leuten war das, jeweils nach Berlin herüber gegangen sind. Das war ein Kollege hier aus der Redaktion. Erst der Herr Gallasch, nachher der Herr Koll, das war der Vorsitzende der katholischen Filmkommission (...) Doktor Jacobi oder anschließend dann der Doktor Hasenberg und (...) das kam eigentlich zustande: der Pater Bieger, der jetzt Fernsehbeauftragter beim ZDF ist (...), der hat den Kontakt mit den Leuten im, in der DDR aufgenommen. Und zwar, um ihnen Material, Hilfsmittel (...) zu geben, nämlich Videos oder Kurzfilme. Und da ist der Kontakt zunächst einmal über die Stelle von Herrn Donat in Erfurt gegangen. (...)
Wir sind (...) an einem Tag während der Berlinale, das haben wir vorher abgesprochen, (...) morgens dann um neun Uhr zum Bahnhof Friedrichstraße gefahren (...), also meistens drei Personen, (...) und von dort aus mit diesen unsäglichen Trabbitaxis, oder wie die hießen, in die Leninallee, immer in die Wohnung von Herrn Morsbach. Wenn wir dort ankamen, war der Herr Donat schon da, der offenbar oder häufig abends vorher gekommen ist, weil das sonst wohl zu umständlich war, am selben Tag zu der Zeit dahin zu kommen. (...) Wir haben nichts schriftliches mitgenommen, (...) da wurden wir vor gewarnt. Wenn wir das wollten, dann hat uns Morsbach oder Donat schon immer im Vorfeld gewarnt, das sollten wir besser nicht tun, weil bei der Kontrolle würde uns das sowieso weggenommen und die würden voraussichtlich dann aufmerksam und das war nicht der Sinn der Sache. Die sollten ja nicht auf uns aufmerksam werden. Wir haben mitgenommen natürlich kleine Geschenke, Morsbach hatte Kinder, die damals noch klein waren und so, und alles, was man drüben nicht kriegen konnte. Und wir haben das regelmäßig eingehalten, weil es offensichtlich nicht nur für uns, für uns war's sicherlich sehr interessant, aber es

---

[311] BFS-Archiv, 0436085/03: TC 0´18´47-0´21´54.

war auch wichtig für die dort ja sehr allein auf verlorenem Posten arbeitenden Leute. (...)
Morgens um neun sind wir meistens weggefahren, dann waren wir in (...) Morsbachs Wohnung um zehn. Und es ist unterschiedlich, wie lange wir da waren, weil wir ja bestimmte Terminkalender hatten. (...) Es gab an jedem Tag ja Filme, die man nicht verpassen durfte, und wir sind aber meistens bis 15, 16 Uhr (...) in Morsbachs Wohnung gewesen und sind dann mit dem Herrn Donat zusammen zum Bahnhof gegangen, der ist in eine andere Richtung gefahren und wir wieder Richtung Friedrichstraße und nach Berlin zurück.
Besprochen haben wir dann Sachen, die man telefonisch nicht mitteilen konnte. Also Fragen beantwortet, die die Kollegen in der DDR hatten und natürlich auch Fragen gestellt und ja noch mehr zugehört, wie schwierig das Ganze da war und wie Filmarbeit da vonstatten ging. (...) Ja, es ging also schon Jahre (...) darum, ob und wie und auf welchem Wege es möglich wäre, die gesammelten Filmbesprechungen der Kollegen in der DDR als Buch herauszugeben, so adäquat unseren Handbüchern der katholischen Filmkritik. (...) Wir haben dann in der Zeit, nachdem (...) das Buch erschienen war, wirklich nur darüber gesprochen, vor Freude, wie gut das gegangen ist, dass es gegangen ist und welche Reaktionen das in der DDR schon darauf gegeben hatte. Das hat der Herr Morsbach ja sehr schnell feststellen können.[312]

Empfindungen bei der Einreise in die DDR via Friedrichstraße

Nicht gut. (Lachen, A.S.) Nein, ich bin eigentlich kein ängstlicher Mensch und- Nur eine Begebenheit, die mir heute noch nachgeht, ist: Ich bin einmal und das war Anfang der achtziger Jahre, denke ich, mit einem Kollegen, der mit dem Wagen im Westen (Berlins, A.S.) war, auch mit dem Auto nach Ostberlin gefahren als Beifahrer von diesem Kollegen. Und mit dem Auto musste man ja über einen anderen Kontrollpunkt. Die Kontrollen waren schon immer wirklich so, dass man am liebsten aufbegehrt hätte, aber immer wieder gestoßen wurde, den Mund zu halten.
Da sind wir mit dem Wagen rüber. Ich hatte aber 'nen Termin im Westen am Nachmittag, eher als der Kollege mit dem Wagen zurückfahren wollte. Der Herr Morsbach hat mich zum Bahnhof Friedrichstraße gebracht. Ich steig' frohgemut aus mit meinem Pass mit allem drum und dran und stell' mich schön in die Schlange. Und ich komm' dran zu diesem Volkspolizisten, der mit unbewegtem Gesicht da stand, gar nichts sagte. Gibt mir den Pass zurück. Hier geht's nicht, sagte der, hier kommen sie nicht rüber. Ich sage, wieso, warum? Gehen sie daher, wo sie hergekommen sind. Ich hab' überhaupt erst nicht begriffen. Ich sag', ich bin doch hierher gekommen. Sind sie nicht. Und ich wollte also protestieren. Da stoßen wirklich die Leute, die da waren also ängstlich, stoßen

---
[312] BFS-Archiv, 0436085/07: TC 0'06'35-0'18'03.

schon an, ich sollt' nichts sagen. Ja ich wusste überhaupt nicht, was los war, weil mir das gar nicht erst in den Sinn gekommen ist. Und dann sagt hinter mir einer, sind sie wirklich hierher gekommen? Und da fiel mir ein, dass ich mit dem Auto herüber gekommen bin.

So, jetzt stand ich da. Der hat mich nicht 'rüber gelassen. Ich kam da nicht weg. Ich hatte kein Geld mehr. Wir haben das immer so gemacht: Unser Ostgeld, das wir umwechseln mussten, durften wir ja sowieso nicht mit zurücknehmen, haben wir (...) als Geschenk da gelassen, den Kindern von Morsbach. So ich hatte ja kein Ostgeld mehr. Jetzt musst' ich aber zu diesem Autobahnübergang, Autoübergang. Keine Ahnung, wo der war. Auf die Straße gegangen, gefragt, da und da. Ja, da und da fährt der Bus. Ich, in irgendeinen Bus gestiegen. Gott sei Dank, war es ungefähr der richtige, hatte aber keine Fahrkarte. Eine von den Fahrgästen gefragt, ob ich beim Fahrer Geld wechseln könnte, Westgeld. Nein, geht nicht, kommen sie. Die waren sehr nett die Leute (Lachen, A.S.) und hat mir sofort 'ne Fahrkarte in die Hand gedrückt. Na gut, jetzt konnt' ich fahren. Kam dann zum Bahnhof, zum Autoübergang und das ist wirklich, hab' gerade vorhin den Kollegen noch gesagt, wenn ich den wiederfinden würde, dem würd' ich wirklich (Lachen, A.S.) nochmal die Meinung sagen wollen.

Ich komm' also zu diesem Autobahnübergang. Da fuhren da die Autos, und an, da war dann 'n Weg, wo Fußgänger 'rüber gehen konnten. Und der saß in der Mitte, war an beiden Seiten war ein Fenster. Der saß auf seinem Stuhl, es kam gar kein Auto auf der anderen Seite. Der hat mich sehr wohl bemerkt, der hat mich stehen lassen, zwanzig Minuten, der hat sich überhaupt nicht gerührt. Und nach zwanzig Minuten dreht er sich um, und fährt mich auch an, wieso, warum, wo das Auto wär' und so? Ich sag', ja, die haben mich von der Friedrichstraße hierhergeschickt, hier müsst' ich ja rüberkommen, hier bin ich ja hergekommen. Dann hat er erst telefoniert, hat lange in irgendwelchen Unterlagen gesucht und dann hat er mich gehen lassen. Und dann musst' ich natürlich laufen, ein Riesen-Ende, ehe ich irgendwo in Westberlin an irgendeine Bahn kam, um wieder (...) zum Ku'damm fahren zu können. Da war mein Termin natürlich weg und alles vorbei, na?

Und einige dieser Schwierigkeiten, nicht in dem Maße, weil die das bei mir wahrscheinlich durchexerziert hatten, hatte nachher der Kollege auch, weil der ohne (Lachen, A.S.), ohne mich mit dem Auto zurückgekommen ist. Das ging ja auch nicht, na? Das war also schon 'ne ziemlich unangenehme Erinnerung.

Unangenehm war's immer. Ich weiß nicht ob sie's kennen, ob sie jemals drüben gewesen sind, von der Friedrichstraße her: man kam ja durch solche Spiegelgeschichte. Man wurde von oben bis unten gesehen. Die hielten die Pässe, je nachdem und zählten die grauen Haare, ob eins mehr da war oder nicht. Unangenehm war's schon immer, das war nicht, nicht sehr schön. Und dann hinterher noch die Taschenkontrolle. Aber eigentlich war ich nicht ängstlich, weil ich gesagt hab', was können die schon, na? Vielleicht hätten sie

ja was gekonnt, aber diese Geschichte mit dem Auto hin und zu Fuß zurück, die war schon unangenehm. (...)
Wir wollten ja, genau wie die Kollegen drüben, den Kontakt suchen, um zu wissen, was läuft denn im anderen Teil Deutschlands. (...) Hier hieß es ja immer: Katholische Filmkommission für Deutschland. Und ein evangelischer Kollege, der jetzt längst tot ist, der hat immer dann geschrieben, für die Bundesrepublik Deutschland. Wir haben ihn immer korrigiert und haben gesagt, so heißen wir nicht. Wir heißen Katholische Filmkommission für Deutschland. Und von daher schon war natürlich unser Bestreben auch, die Kontakte, die möglich waren, auch zu pflegen. (...) Das ist ja das Bewundernswerte eigentlich, (...) unter welchen Umständen da die Filmarbeit noch am Leben erhalten worden ist. Sie müssen bedenken, es ist ja 'ne ganze Menge Enthusiasmus nötig, um Papier zu besorgen, womöglich in Polen oder wer weiß wie, oder auf welchen Wegen, um dann ins Kino zu gehen und sich hinzusetzen und die Kritik zu schreiben und dann auch zu sehen, dass sie hektographiert wird irgendwo an irgendeinem kirchlichen Büro und an die Pfarrämter kommt und an die entsprechenden Leute. (...) Da steckt bestimmt von, von Seiten der Kollegen in der DDR auch sehr viel privates Engagement auch, ich denke auch finanzielles mit d'rinn. Ich könnte mir nicht vorstellen, dass da sehr viel an, an Geldern von, von kirchlicher Seite zur Verfügung stand. Das, das kann man eigentlich schon sehr schnell, sehr schnell sehen. Nämlich ohne, ohne das ganze Engagement von einzelnen wär' das überhaupt nicht gegangen.[313]

---

[313] BFS-Archiv, 0436085/07: TC 0′23′12-0′33′14.

Verzeichnis der Archivbestände

Archiv des Bayerischen Fernsehens (BFS-Archiv), Floriansmühlstraße 60 in München, Bestand Freimann, Archivnummern 0436085/01-0436085/09.

Bistumsarchiv Erfurt (BAEF), Herrmannsplatz 9 in Erfurt, Bestand Arbeitsstelle für Pastorale Handreichungen (APH) im Regionalarchiv Ordinarien Ost (ROO): Vorsitzender bzw. Sekretariat der Berliner Ordinarienkonferenz (BOK), bzw. ab 1976: der Berliner Bischofskonferenz (BBK), IX 8.

Bistumsarchiv Erfurt (BAEF), Herrmannsplatz 9 in Erfurt, Bestand Arbeitsstelle für Pastorale Medien (APM) im Regionalarchiv Ordinarien Ost (ROO), 1954-1990, Filmbesprechungsnummern fb 1 - fb 4620.

Bistumsarchiv Erfurt (BAEF), Herrmannsplatz 9 in Erfurt, Bestand Arbeitsstelle für Pastorale Medien (APM) im Regionalarchiv Ordinarien Ost (ROO): Vorsitzender bzw. Sekretariat der Berliner Ordinarienkonferenz (BOK), bzw. ab 1976: der Berliner Bischofskonferenz (BBK), IX 8.

Bistumsarchiv Erfurt (BAEF), Herrmannsplatz 9 in Erfurt, Bestand Bischöfliches Generalvikariat Erfurt/Bischöfliches Amt Erfurt-Meiningen (BflGEF/BflAEFME), Zentralregistratur C Ia 6c, 1960-1993.

Bundesarchiv (BArch), Finckensteinallee 63 in Berlin-Lichterfelde, Bestand DO 4 Staatssekretär für Kirchenfragen, Abteilung III Katholische Kirche.

Bundesarchiv (BArch), Finckensteinallee 63 in Berlin-Lichterfelde, Bestand DO 4 Staatssekretär für Kirchenfragen, Abteilung V Rechts- und Grundsatzfragen.

Der Bundesbeauftragte für die Unterlagen des Staatssicherheitsdienstes der ehemaligen Deutschen Demokratischen Republik (BStU), Akte N.N., paginierte Seite 000033.

Der Bundesbeauftragte für die Unterlagen des Staatssicherheitsdienstes der ehemaligen Deutschen Demokratischen Republik (BStU), Akte OPK „Patron"/Günter Särchen, Magdeburg, paginierte Seiten 000020, 000021, 000024, 000172, 000176-000181, 000200.

Stiftung Archive der Parteien und Massenorganisationen der DDR im Bundesarchiv (SAPMO-BArch), Finckensteinallee 63 in Berlin-Lichterfelde, Bestand DY 30 Sozialistische Einheitspartei Deutschlands (SED), Arbeitsgruppe Kirchenfragen.

Thüringisches Hauptstaatsarchiv Weimar (ThHStAW), Marstallstraße 2 in Weimar, Bezirksparteiarchiv der SED Erfurt (BPA SED EF), Abteilung Kirchenfragen.

Thüringisches Hauptstaatsarchiv Weimar (ThHStAW), Marstallstraße 2 in Weimar, Bezirkstag - Rat des Bezirkes Erfurt (RdB EF), Abteilung Kirchenfragen.

Literaturverzeichnis

Aktueller Dienst Kultur, Nr. 10553, 146/27, *Katholische Nachrichtenagentur KNA*, Juni 1991.

Amery, Carl, Global Exit. Die Kirchen und der Totale Markt, *Luchterhand*, München 2002.

Beckers, Hermann-Josef/Kohle, Hubert (Hrsg.), Kulte, Sekten, Religionen. Von Astrologie bis Zeugen Jehovas, *Pattloch*, Augsburg 1994.

Besier, Gerhard, Der SED-Staat und die Kirche 1969-1990. Die Vision vom „Dritten Weg", *Propyläen*, Berlin/Frankfurt am Main 1995.

Ders., Der SED-Staat und die Kirche 1983-1991. Höhenflug und Absturz, *Propyläen*, Berlin/Frankfurt am Main 1995.

Ders., Kirche, Politik und Gesellschaft im 20. Jahrhundert, Reihe: Enzyklopädie deutscher Geschichte, Bd. 56, *Oldenbourg*, München 2000.

Ders./Wolf, Stephan (Hrsg.), „Pfarrer, Christen und Katholiken". Das Ministerium für Staatssicherheit der ehemaligen DDR und die Kirchen, Reihe: Historisch-Theologische Studien zum 19. und 20 Jahrhundert, Bd. 1, *Neukirchener*, Neukirchen-Vluyn 1991.

Beyer, Frank, Wenn der Wind sich dreht. Meine Filme, mein Leben, *Econ*, München 2001.

Boff, Leonardo, Gott kommt früher als der Missionar. Neuevangelisierung für eine Kultur des Lebens und der Freiheit, *Patmos*, Düsseldorf 1991.

Braun, Hermann-Josef, Schriftgutüberlieferung zur katholischen Filmarbeit in den Diözesanarchiven, in: Katholische Filmarbeit in Deutschland seit den Anfängen des Films. Probleme der Forschung und der Geschichtsschreibung, Reihe: Beiträge zum Archivwesen der Katholischen Kirche Deutschlands, Bd. 6, Red.: Ders./Johannes Horstmann, *Bundeskonferenz der kirchlichen Archive in Deutschland*, Mainz 1998, 81-97.

Brüne, Klaus/Katholische Filmkommission für Deutschland (Hrsg.), Was man über den Film wissen muß, mit einem Geleitwort des Filmbischofs Carl Joseph Leiprecht (Rottenburg), Düsseldorf, ohne Jahr, in: BAEF, ROO, APM: Mappe „Film" (1913-) 1948-1970er Jahre, o.P.

Creuzberger, Stefan, Die sowjetische Besatzungsmacht und das politische System der SBZ, Reihe: Schriften des Hannah-Arendt-Instituts für Totalitarismusforschung, Bd. 3, *Böhlau*, Weimar/Köln/Wien 1996.

Ders., Die Sowjetische Militäradministration in Deutschland (SMAD) 1945-1949, Reihe: Deutschland-Report, Bd. 15, *Knoth*, Melle 1991.

Dähn, Horst, Konfrontation oder Kooperation? Das Verhältnis von Staat und Kirche in der SBZ/DDR 1945-1980, Reihe: Studien zur Sozialwissenschaft, Bd. 52, *Westdeutscher Verlag*, Opladen 1982.

Ders./Gotschlich, Helga (Hrsg.), „Und führe uns nicht in Versuchung...". Jugend im Spannungsfeld von Staat und Kirche in der SBZ/DDR 1945 bis 1989, Reihe: Die Freie Deutsche Jugend. Beiträge zur Geschichte einer Massenorganisation, Bd. 4, *Metropol*, Berlin 1998.

Denzinger, Heinrich, Kompendium der Glaubensbekenntnisse und kirchlichen Lehrentscheidungen, hg. v. Peter Hünermann, *Herder*, Freiburg im Breisgau [37]1991.

Die DDR-Verfassungen, Roggemann, Herwig (Bearb.), *Berlin-Verlag*, Berlin [3]1980.

Döhnert, Albrecht, Jugendweihe zwischen Familie, Politik und Religion. Studien zum Fortbestand der Jugendweihe nach 1989 und die Konfirmationspraxis der Kirchen, *Evangelische Verlagsanstalt*, Leipzig 2000.

Donat, Hans, „Entfaltung eines frohen Jugendlebens!". Streiflichter katholischer Jugendarbeit in der DDR, in: Börger, Bernd/Kröselberg, Michael (Hrsg.), Die Kraft wuchs im Verborgenen. Katholische Jugend zwischen Elbe und Oder 1945-1990, *Verlag Haus Altenberg*, Düsseldorf 1993, 15-20.

Ders., Vom Überwintern zum politischen Engagement - katholische Kirche und Kirchenvolk im Umbruch, in: Dornheim, Andreas/Schnitzler, Stephan (Hrsg.), Thüringen 1989/90. Akteure des Umbruchs berichten, *Landeszentrale für politische Bildung Thüringen*, Erfurt 1995, 225-227.

Ders./Morsbach, Helmut, Filme in der DDR 1987-90. Kritische Notizen aus 4 Kinojahren, hg. v. Martin Thull, Katholisches Institut für Medieninformation (KIM), Köln/Peter Hasenberg, Katholische Filmkommission für Deutschland, Bonn, *Verlag Katholisches Institut für Medieninformation*, Köln/Bonn 1991.

Ehlers, Klaus, Kirchliche Filmarbeit in der DDR, in: Kino und Kirche im Dialog, hg. v. Martin Ammon/Eckart Gottwald, *Vandenhoeck & Ruprecht*, Göttingen 1996, 143-150.

Eliade, Mircea, Das Heilige und das Profane. Vom Wesen des Religiösen, *Suhrkamp*, Frankfurt am Main 1990.

Engel, Christine (Hrsg.), Geschichte des sowjetischen und russischen Films, *J. B. Metzler*, Stuttgart/Weimar 1999.

Engelhardt, Viktor, Kirche und Film, Reihe: Religiöse Quellenschriften, Bd. 16, *Patmos*, Düsseldorf 1958.

Ester, Hans/Häring, Hermann/Poettgens, Erika/Sonnberger, Klaus (Hrsg.), Dies ist nicht unser Haus. Die Rolle der katholischen Kirche in den politischen Entwicklungen der DDR, Reihe: German Monitor, Bd. 28, *Rodopi*, Amsterdam/Atlanta 1992.

Faulstich, Werner, Die Filminterpretation, Kleine Vandenhoeck-Reihe 1537, *Vandenhoeck & Ruprecht*, Göttingen 1988.

Ders., Filmästhetik. Untersuchungen zum Science Fiction-Film 'Kampf der Welten' (1953/54) von Byron Haskin, Reihe: Medienbibliothek - Studien, Bd. 3, *Gunter Narr*, Tübingen 1982.

Fiedler, Norbert, Seit 150 Jahren aktuell - Diasporahilfe des Bonifatiuswerkes, in: Priesterjahrheft 1999, hg. v. Bonifatiuswerk der deutschen Katholiken, *Bonifatius*, Paderborn 1999, 34-36.

Filme in der DDR 1945-86. Kritische Notizen aus 42 Kinojahren, hg. v. Herbert Janssen, Katholisches Institut für Medieninformation (KIM), Köln/Reinhold Jacobi, Katholische Filmkommission für Deutschland, Bonn, *Verlag Katholisches Institut für Medieninformation*, Köln/Bonn 1987.

FILM-Korrespondenz, Nr. 22, hg. v. Katholisches Institut für Medieninformation (KIM), Köln/Katholische Filmkommission für Deutschland, Bonn, *Verlag Katholisches Institut für Medieninformation*, Köln 25.10.1983.

Fincke, Andreas, Die geistig-religiöse Lage in den neuen Bundesländern, in: Materialdienst, hg. v. Evangelische Zentralstelle für Weltanschauungsfragen (EZW), *Quell*, Stuttgart, 56. Jg., 1993, 313-319.

Fischer, Peter, Kirche und Christen in der DDR, *Gebr. Holzapfel*, Berlin 1978.

Freire, Paulo, Pädagogik der Unterdrückten. Bildung als Praxis der Freiheit, *Rowohlt*, [1]1973 (88-91.000) Reinbek bei Hamburg 1990.

Friemel, Franz Georg, Diasporaprobleme. Furcht vor Isolierung, in: Riße, Günter/Kathke Clemens A. (Hrsg.), Diaspora: Zeugnis von Christen für Christen. 150 Jahre Bonifatiuswerk der deutschen Katholiken, *Bonifatius*, Paderborn 1999, 469-483.

Fritze, Lothar, Die Gegenwart des Vergangenen. Über das Weiterleben der DDR nach ihrem Ende, *Böhlau*, Weimar/Köln/Wien 1997.

Ders., Innenansicht eines Ruins. Gedanken zum Untergang der DDR, *Olzog*, München 1993.

Fritzsch, Günter, Gesicht zur Wand. Willkür und Erpressung hinter Mielkes Mauern, *St. Benno*, Leipzig [3]1996.

Geiss, Axel, Repression und Freiheit. DEFA-Regisseure zwischen Fremd- und Selbstbestimmung, Reihe: Brandenburgische Historische Hefte, Bd. 7, *Brandenburgische Landeszentrale für politische Bildung*, Potsdam 1997.

Gerlach, Stefanie Virginia, Staat und Kirche in der DDR. War die DDR ein totalitäres System?, Reihe: Beiträge zur Politikwissenschaft, Bd. 75, *Lang*, Frankfurt am Main 1999.

Glorius, Franz/Haller, Michael, Film - Jugend - Kirche. Beiträge zu einer Filmpädagogik, *J. Pfeiffer*, München 1960.

Görtemaker, Manfred, Geschichte der Bundesrepublik Deutschland. Von der Gründung bis zur Gegenwart, *C. H. Beck*, München 1999.

Grande, Dieter/Schäfer, Bernd, Kirche im Visier. SED, Staatssicherheit und katholische Kirche in der DDR, *St. Benno*, Leipzig 1998.

Dies., Zur Kirchenpolitik der SED. Auseinandersetzungen um das Katholikentreffen 1983-1987, *Benno-Bernward-Morus*, Hildesheim 1994.

Gutiérrez, Gustavo, Aus der eigenen Quelle trinken. Spiritualität der Befreiung, Reihe: Fundamentaltheologische Studien, Bd. 12, hg. v. Johann Baptist Metz/Jürgen Moltmann, *Kaiser/Grünewald*, München/Mainz 1986.

Ders., Theologie der Befreiung, *Grünewald*, Mainz ^{10}1992.

Hackel, Renate, Katholische Publizistik in der DDR 1945-1984, Reihe: Veröffentlichungen der Kommission für Zeitgeschichte, Bd. B 45, *Grünewald*, Mainz 1987.

Haese, Ute, Katholische Kirche in der DDR. Geschichte einer politischen Abstinenz, *Patmos*, Düsseldorf 1998.

Ders., Katholische Kirche in der DDR und MfS, Deutschland-Archiv, Nr. 2, 1994, 130-140.

Hahn, Ronald M./Jansen, Volker, Lexikon des Science Fiction Films. Band 1 - A-L, *Heyne*, Neuausgabe, München ^{1}1997.

Dies., Lexikon des Science Fiction Films. Band 2 - M-Z, *Heyne*, Neuausgabe, München ^{1}1997.

Hasenberg, Peter, Jesus im Film. Eine Auswahlfilmographie, in: medienpraxis - Grundlagen, Heft 10, hg. v. Zentralstelle Medien der Deutschen Bischofskonferenz, Referat Kommunikations-pädagogik, Bonn 1997.

Ders./Luley, Wolfgang/Martig, Charles (Hrsg.), Spuren des Religiösen im Film. Meilensteine aus 100 Jahren Kinogeschichte, *Grünewald/Katholisches Institut für Medieninformation (KIM)*, Mainz/Köln 1995.

Hehl, Ulrich von/Hockerts, Hans Günter (Hrsg.), Der Katholizismus - gesamtdeutsche Klammer in den Jahrzehnten der Teilung?, *Schöningh*, Paderborn/München/Wien/Zürich 1996.

Henkys, Reinhard, Gottes Volk im Sozialismus. Wie Christen in der DDR leben, *Wichern*, Berlin 1983.

Ders./Deile, Volkmar/Karnetzki, Manfred/Rein, Gerhard (Hrsg.), Und niemandem untertan. Heinrich Albertz zum 70. Geburtstag, *Rowohlt*, Reinbek bei Hamburg 1985.

Herbst, Andreas/Ranke, Winfried/Winkler, Jürgen, So funktionierte die DDR, Bd. 1, Lexikon der Organisationen und Institutionen, *Rowohlt*, Reinbek bei Hamburg 1994.

Dies., So funktionierte die DDR, Bd. 2, Lexikon der Organisationen und Institutionen, *Rowohlt*, Reinbek bei Hamburg 1994.

Dies., So funktionierte die DDR, Bd. 3, Lexikon der Funktionäre, *Rowohlt*, Reinbek bei Hamburg 1994.

Heretsch, Erwin, Gegen den Strom. Notizen eines DDR-Christen, *St. Benno*, Leipzig ²1999.

Heydemann, Günther/Kettenacker, Lothar (Hrsg.), Kirchen in der Diktatur. Drittes Reich und SED-Staat, *Vandenhoeck und Ruprecht*, Göttingen 1993.

Hickethier, Knut, Film- und Fernsehanalyse, *J. B. Metzler*, Stuttgart/Weimar ³2001.

Hoffmann, Dierk/Schmidt, Karl-Heinz/Skyba, Peter, Die DDR vor dem Mauerbau. Dokumente zur Geschichte des anderen deutschen Staates 1949-1961, *Piper*, München/Zürich 1993.

Horstmann, Johannes (Hrsg.), Kirchliches Leben im Film. Mission und konfessionelle Jugend- und Sozialarbeit im Spiegel kirchlicher Filmproduktion in Deutschland von den Anfängen des Films bis 1945, Reihe: Dokumentationen, Bd. 4, *Katholische Akademie Schwerte*, Schwerte 1981.

Kaff, Brigitte (Hrsg.), „Gefährliche politische Gegner". Widerstand und Verfolgung in der sowjetischen Zone/DDR, *Droste*, Düsseldorf 1995.

Kanzog, Klaus, Einführung in die Filmphilologie, Reihe: diskurs film. Münchner Beiträge zur Filmphilologie, Bd. 4, *Schaudig & Ledig*, München ²1997.

Karp, Hans-Jürgen/Köhler, Joachim (Hrsg.), Katholische Kirche unter nationalsozialistischer und kommunistischer Diktatur. Deutschland und Polen 1939-1989, Reihe: Forschungen und Quellen zur Kirchen- und Kulturgeschichte Ostdeutschlands, Bd. 32, *Böhlau*, Köln/Weimar/Wien 2001.

Katholische Filmhefte Nr. 1. Text der Filmenzyklika. 160 Filmbesprechungen. Katholische Filmarbeit, hg. v. Katholisches Filmbüro München, *Verlag Katholische Kirche in Bayern*, München 1948.

Kirchen und Staat. Vom Kaiserreich zum wiedervereinigten Deutschland, Red.: Peter März, *Bayerische Landeszentrale für politische Bildungsarbeit*, München 2000.

Kirchlicher Anzeiger für die Erzdiözese Köln, Bd. 29, 97. Jg., Köln 15.10.1957.

Kirchner, Hubert (Hrsg.), Kirchen, Freikirchen und Religionsgemeinschaften in der DDR. Eine ökumenische Bilanz aus evangelischer Sicht, *Evangelische Verlagsanstalt*, Berlin 1989.

Knabe, Hubertus, Die unterwanderte Republik. Stasi im Westen, *Propyläen*, Berlin 1999.

Knauft, Wolfgang, Katholische Kirche in der DDR. Gemeinden in der Bewährung 1945-1980, *Grünewald*, Mainz 1980.

Koch, Hans-Gerhard, Staat und Kirche in der DDR. Zur Entwicklung ihrer Beziehungen von 1945-1974, *Quell*, Stuttgart 1975.

Koch, Petra/Knöbel, Hans Günther, Familienpolitik der DDR im Spannungsfeld zwischen Familie und Berufstätigkeit von Frauen, Reihe: Sozialwissenschaften, Bd. 7, *Centaurus-Verlagsgesellschaft*, Pfaffenweiler 1986.

Körbel, Thomas, Hermeneutik der Esoterik, Reihe: Religion und Biographie, Bd. 6, *Lit*, Münster 2001.

Korte, Helmut, Einführung in die Systematische Filmanalyse, *Erich Schmidt*, Berlin 1999.

Ders. (Hrsg.), Film und Realität in der Weimarer Republik, *Carl Hanser*, München/Wien 1978.

Ders./Faulstich, Werner (Hrsg.), Filmanalyse interdisziplinär. Zeitschrift für Literaturwissenschaft und Linguistik/Beiheft 15, *Vandenhoeck & Ruprecht*, Göttingen ^{2}1991.

Kötter, Anton, Nichtfinanzielle Hilfen des Bonifatiuswerkes für das kirchliche Leben, in: Riße, Günter/Kathke Clemens A. (Hrsg.), Diaspora: Zeugnis von Christen für Christen. 150 Jahre Bonifatiuswerk der deutschen Katholiken, *Bonifatius*, Paderborn 1999, 53-60.

Kroh, Ferdinand (Hrsg.), „Freiheit ist immer Freiheit...". Die Andersdenkenden in der DDR, *Ullstein*, Frankfurt am Main/Berlin 1988.

Krug, Manfred, Abgehauen. Ein Mitschnitt und ein Tagebuch, *Econ*, Düsseldorf/München 1998.

Kuhn, Michael/Hahn, Johan G./Hoekstra, Henk (Hrsg.), Hinter den Augen ein eigenes Bild. Film und Spiritualität, *Benziger*, Zürich 1991.

Kunter, Katharina, Die Kirchen im KSZE-Prozeß 1968-1978, Reihe: Konfession und Gesellschaft, Bd. 20, *Kohlhammer*, Stuttgart 2000.

Lange, Gerhard/Pruß, Ursula/Schrader, Franz/Seifert, Siegfried (Hrsg.), Katholische Kirche - sozialistischer Staat DDR. Dokumente und öffentliche Äußerungen 1945 - 1990, *St. Benno*, Leipzig 1992.

Lexikon des Internationalen Films, hg. v. Martin Thull, Katholisches Institut für Medieninformation (KIM), Köln/Peter Hasenberg, Katholische Filmkommission für Deutschland, Bonn, Red.: Horst Peter Koll, Stefan Lux, Hans Messias, Peter Strotmann, *Rowohlt*, Reinbek bei Hamburg 1995.

Liedhegener, Antonius, Stand der Diskussion, in: Katholische Filmarbeit in Deutschland seit den Anfängen des Films. Probleme der Forschung und der Geschichtsschreibung, Reihe: Beiträge zum Archivwesen der Katholischen Kirche Deutschlands, Bd. 6, Red.: Hermann-Josef Braun/Johannes Horstmann, *Bundeskonferenz der kirchlichen Archive in Deutschland*, Mainz 1998, 131-143.

Linke, Dietmar, Niemand kann zwei Herren dienen. Als Pfarrer in der DDR, *Hoffmann und Campe*, Hamburg 1988.

Ders., Theologiestudenten der Humboldt-Universität. Zwischen Hörsaal und Anklagebank, Reihe: Historisch-Theologische Studien zum 19. und 20 Jahrhundert, Bd. 3, *Neukirchener*, Neukirchen-Vluyn 1994.

Marmy, Emil (Hrsg.), Mensch und Gemeinschaft in christlicher Schau, *Paulusverlag*, Fribourg 1945.

Marsh, Clive/Ortiz, Gaye (Hrsg.), Explorations in Theology and Film. Movies and Meaning, *Blackwell Publishers*, Oxford (UK) 1997/Malden (MA, USA) 1998.

März, Claus-Peter (Hrsg.), Die ganz alltägliche Freiheit. Christsein zwischen Traum und Wirklichkeit, Reihe: Erfurter Theologische Studien, Bd. 65, *St. Benno*, Leipzig 1993.

Maser, Peter, Glauben im Sozialismus. Kirche und Religionsgemeinschaften in der DDR, *Gebr. Holzapfel*, Berlin 1989.

Mayring, Philipp, Einführung in die qualitative Sozialforschung, *Psychologie Verlags Union*, Weinheim ³1996.

Mechtenberg, Theo, Die Lage der Kirchen in der DDR, hg. v. Hanns-Seidel-Stiftung, Akademie für Politik und Zeitgeschehen, *Mayr Miesbach*, Miesbach 1985.

Metz, Johann Baptist (Hrsg.), Die Theologie der Befreiung: Hoffnung oder Gefahr für die Kirche?, Reihe: Schriften der Katholischen Akademie in Bayern, Bd. 122, *Patmos*, Düsseldorf ²1988.

Monaco, James, Film verstehen. Kunst, Technik, Sprache, Geschichte und Theorie des Films, Übersetzung der Originalausgabe „How to Read a Film" von H.-M. Bock/B. Westermeier, *Rowohlt*, Reinbek bei Hamburg 1980.

Morsbach, Helmut, DEFA-Spielfilme 1978-1989. Gedanken und Anmerkungen zur Jahresproduktion - Artikelreihe aus der FILM-Korrespondenz von 1979-1990 von Heinz Klemm (Helmut Morsbach), *Arbeitsstelle für pastorale Medien*, Erfurt 1991.

Ders., Der wiederentdeckte Christus. „Der Galiläer" von Dimitri Buchowetzki (1921), in: Hasenberg, Peter/Luley, Wolfgang/Martig, Charles (Hrsg.), Spuren des Religiösen im Film. Meilensteine aus 100 Jahren Kinogeschichte, *Grünewald/Verlag Katholisches Institut für Medieninformation*, Mainz/Köln 1995, 73-75.

Ders., Deutsch-deutsche Begegnungen. Der „film-dienst" jenseits der deutsch-deutschen Grenze vor 1990, in: film-dienst Extra, hg. v. Katholisches Institut für Medieninformation (KIM), Köln, Katholische Filmkommission für Deutschland, Bonn, Red.: Martin Thull, *Verlag Katholisches Institut für Medieninformation*, Köln 10.1997, 23-24.

Ders., Erfahrungsbericht. Kirchliche Filmarbeit in der DDR, in: Katholische Filmarbeit in Deutschland seit den Anfängen des Films. Probleme der Forschung und der Geschichtsschreibung, Reihe: Beiträge zum Archivwesen der Katholischen Kirche Deutschlands, Bd. 6, Red.: Hermann-Josef Braun/Johannes Horstmann, *Bundeskonferenz der kirchlichen Archive in Deutschland*, Mainz 1998, 99-100.

Ders., Kirche und Film. Eine Medienstelle der katholischen Kirche stellt sich vor, in: Filmspiegel, hg. v. Henschelverlag, Red.: Helmut Lange, 36. Jg., *Henschel*, Berlin 28.3.1990, 23.

Ders., Kirchliche Filmarbeit in der DDR, in: Zoom, hg. v. Evangelischer Mediendienst/Verein für katholische Medienarbeit (VKM), Red.: Ursula Ganz-Blättler/Franz Ulrich, Heft 9, Zürich 2.5.1990, 20.

Ders., Spuren des Religiösen im DEFA-Spielfilm, in: Der geteilte Himmel. Höhepunkte des DEFA-Kinos 1946-1992, Bd. 2: Essays zur Geschichte der DEFA und Filmografien von 61 DEFA-RegisseurInnen, Red.: Raimund Fritz, *Filmarchiv Austria*, Wien 2001, 149-171.

Ders., Überliefertes Filmgut. Eine Bestandsaufnahme, in: Katholische Filmarbeit in Deutschland seit den Anfängen des Films. Probleme der Forschung und der Geschichtsschreibung, Reihe: Beiträge zum Archivwesen der Katholischen Kirche Deutschlands, Bd. 6, Red.: Hermann-Josef Braun/Johannes Horstmann, *Bundeskonferenz der kirchlichen Archive in Deutschland*, Mainz 1998, 69-80.

Müller, Josef, Katholische Filmarbeit im Spiegel der Pastoralgeschichte. Problemaufriss und Forschungsdesiderate, in: Katholische Filmarbeit in Deutschland seit den Anfängen des Films. Probleme der Forschung und der Geschichtsschreibung, Reihe: Beiträge zum Archivwesen der Katholischen Kirche Deutschlands, Bd. 6, Red.: Hermann-Josef Braun/Johannes Horstmann, *Bundeskonferenz der kirchlichen Archive in Deutschland*, Mainz 1998, 43-55.

Ders., Pastoraltheologie. Ein Handbuch für Studium und Seelsorge, *Styria*, Graz/Wien/Köln 1993.

Münkler, Herfried (Hrsg.), Politisches Denken im 20. Jahrhundert, *Piper*, München 1994.

Neue Jerusalemer Bibel. Einheitsübersetzung mit dem Kommentar der Jerusalemer Bibel, *Herder*, Freiburg im Breisgau ^{6}1985.

Nitsche, Hellmuth, Zwischen Kreuz und Sowjetstern. Zeugnisse des Kirchenkampfes in der DDR (1945-1981), *Pattloch*, Aschaffenburg 1983.

Pawlowicz, Zygmunt, Die neue religiöse Situation in Osteuropa, in: Religioni e Sette nel mondo. Rivista trimestrale di Cultura religiosa, hg. v. Gruppo di Ricerca e Informazione Socio-religiosa, Heft 13, 4. Jg., Bologna 1998, 37-45.

Pesch, Otto Hermann, Das Zweite Vatikanische Konzil, *Echter*, Würzburg ^{4}1996.

Peukert, Helmut, Wissenschaftstheorie - Handlungstheorie - Fundamentale Theologie. Analysen zu Ansatz und Status theologischer Theoriebildung, *Patmos*, Düsseldorf 1976.

Pilvousek, Josef, „Eine Gärtnerei im Norden". Wilhelm Weskamm und die „mitteldeutsche" Diaspora, in: Riße, Günter/Kathke Clemens A. (Hrsg.), Diaspora: Zeugnis von Christen für Christen. 150 Jahre Bonifatiuswerk der deutschen Katholiken, *Bonifatius*, Paderborn 1999, 275-286.

Pöllner, Erika, Warum gehen wir ins Kino? Gedanken über Wesen, Unarten und Möglichkeiten des Films, in: Filmdienst der Jugend, hg. v. Hauptstelle der Deutschen Katholischen Jugend, in Verbindung mit der kirchlichen Hauptstelle für Bild- und Filmarbeit, Bearb.: Klaus Brüne, *Verlag Haus Altenberg*, Altenberg 1948.

Prauss, Herbert, Doch es war nicht die Wahrheit, *Morus*, Berlin 1960.

Pressemitteilung der Deutschen Bischofskonferenz, PRD94-036, hg. v. Wilhelm Schätzler, Red.: Rudolf Hammerschmidt/Heike Thome, Bonn 2.11.1994.

Raabe, Thomas, SED-Staat und katholische Kirche. Politische Beziehungen 1949-1961, Reihe: Veröffentlichungen der Kommission für Zeitgeschichte, Bd. B 70, *Schöningh*, Paderborn/München/Wien/Zürich 1995.

Rahner, Karl/Vorgrimler, Herbert, Kleines Konzilskompendium, *Herder*, Freiburg im Breisgau ^{2}1967.

Religion im Film. Lexikon mit Kurzkritiken und Stichworten zu 2400 Kinofilmen, erarbeitet von: Geller, Friedhelm/Hasenberg, Peter/Horstmann, Johannes/Jacobi, Reinhold/Jungeblodt, Werner/Luley, Wolfgang/Morsbach, Helmut/Zöller, Joachim, *Verlag Katholisches Institut für Medieninformation*, Köln ^{3}1999.

Roch, Hans, „Die Freiheit der Presse ist gewährleistet". Zur Geschichte kirchlicher Publizistik in der Evangelischen Kirche des Görlitzer Kirchengebietes zur Zeit der DDR, Reihe: Studien zur Schlesischen und Oberlausitzer Kirchengeschichte, Bd. 1, hg. v. Evangelische Akademie Görlitz/Verein für Schlesische Kirchengeschichte, Mainz, Red.: Dietmar Neß, Düsseldorf/Görlitz 1997.

Rohrbasser, Anton (Hrsg.), Heilslehre der Kirche. Dokumente von Pius IX. bis Pius XII., *Paulusverlag*, Fribourg 1953.

Ruf, Norbert, Das Recht der katholischen Kirche nach dem neuen Codex Juris Canonici, *Herder*, Freiburg im Breisgau ^{5}1989.

Saage, Richard, Vermessung des Nirgendwo. Begriffe, Wirkungsgeschichte und Lernprozesse der neuzeitlichen Utopien, *Wissenschaftliche Buchgesellschaft*, Darmstadt 1995.

Särchen, Günter, Ich freue mich, daß ich dabei war! Reflexion zum 17. Juni 1953, in: Börger, Bernd/Kröselberg, Michael (Hrsg.), Die Kraft wuchs im Verborgenen. Katholische Jugend zwischen Elbe und Oder 1945-1990, *Verlag Haus Altenberg*, Düsseldorf 1993, 289-294.

Schäfer, Bernd, Staat und katholische Kirche in der DDR, Reihe: Schriften des Hannah-Arendt-Instituts für Totalitarismusforschung, Bd. 8, *Böhlau*, Köln/Weimar 1998.

Schatten, Thomas, 50 Jahre film-dienst. Ein Beispiel für das Verhältnis von Kirche und Kultur in der Bundesrepublik Deutschland, *Thomas Schatten/Verlag Katholisches Institut für Medieninformation*, Düsseldorf/Köln 1997.

Schlösser, Josef, 150 Jahre Bonifatiuswerk - Diasporahilfe gestern und heute, in: Priesterjahrheft 1999, hg. v. Bonifatiuswerk der deutschen Katholiken, *Bonifatius*, Paderborn 1999, 32-34.

Schmid, Hilmar, Das Himmelreich gleicht einem Kaufmann. Begegnungen mit Fritz Hoffmann, *Hänssler*, Neuhausen-Stuttgart 1998.

Schmid, Johanna, Papst Pius XII. begegnen, *St. Ulrich*, Augsburg 2001.

Schmid, Josef, Kirchen, Staat und Politik in Dresden zwischen 1975 und 1989, Reihe: Geschichte und Politik in Sachsen, Bd. 7, *Böhlau*, Köln/Weimar/Wien 1998.

Schöpfer, Hans, Lateinamerikanische Befreiungstheologie, *Kohlhammer*, Stuttgart/Berlin /Köln/Mainz 1979.

Schroeder, Klaus, Der Preis der Einheit. Eine Bilanz, *Carl Hanser*, München/Wien 2000.

Ders., Der SED-Staat. Geschichte und Strukturen der DDR, *Bayerische Landeszentrale für politische Bildungsarbeit*, München ²1999.

Schütze, Fritz, Zur Hervorlockung und Analyse von Erzählungen thematisch relevanter Geschichten im Rahmen soziologischer Feldforschung, in: Kommunikative Sozialforschung, hg. v. Arbeitsgruppe Bielefelder Soziologen, *Fink*, München 1976.

Sobrino, Jon, Sterben muß, wer an Götzen rührt. Das Zeugnis der ermordeten Jesuiten in San Salvador: Fakten und Überlegungen, *Edition Exodus/Ludwig Kaufmann*, Fribourg/Brig/Zürich 1990.

Staritz, Dietrich, Die Gründung der DDR. Von der sowjetischen Besatzungsherrschaft zum sozialistischen Staat, *dtv*, München ³1995.

Ders., Geschichte der DDR, *Suhrkamp*, Frankfurt am Main 1996.

Ders., Sozialismus in einem halben Land. Zur Programmatik und Politik der KPD/SED in der Phase der antifaschistisch-demokratischen Umwälzung in der DDR, Reihe: Politik, Bd. 69, *Wagenbach*, Berlin 1976.

Stimmen der Weltkirche 8, Die Evangelisierung Lateinamerikas in Gegenwart und Zukunft. Dokument der III. Generalkonferenz des lateinamerikanischen Episkopats in Puebla, hg. v. Sekretariat der Deutschen Bischofskonferenz, Bonn 1979.

Straube, Peter-Paul, Katholische Studentengemeinde in der DDR als Ort eines außeruniversitären Studium generale, Reihe: Erfurter theologische Studien, Bd. 70, *St. Benno*, Leipzig 1996.

Texte zur katholischen Soziallehre. Die sozialen Rundschreiben der Päpste und andere kirchliche Dokumente, hg. v. Bundesverband der Katholischen Arbeitnehmer-Bewegung Deutschlands, *Ketteler/Butzon & Bercker*, Bornheim/Kevelaer ⁸1992.

Tischner, Wolfgang, Katholische Kirche in der SBZ/DDR 1945-1951. Die Formierung einer Subgesellschaft im entstehenden sozialistischen Staat, Reihe: Veröffentlichungen der Kommission für Zeitgeschichte, Bd. B 90, *Schöningh*, Paderborn/München/Wien/Zürich 2001.

Utz, Arthur-Fridolin/Groner, Joseph-Fulko (Hrsg.), Aufbau und Entfaltung des gesellschaftlichen Lebens. Soziale Summe Pius XII., *Paulusverlag*, Fribourg, Bd. 1 und 2: 1954, Bd. 3: 1961.

40 Jahre Zweistaatlichkeit in Deutschland. Eine Bilanz, Red.: Peter März, *Bayerische Landeszentrale für politische Bildungsarbeit*, München 1999.

Vollnhals, Clemens (Hrsg.), Die Kirchenpolitik von SED und Staatssicherheit. Eine Zwischenbilanz, Reihe: Analysen und Dokumente. Wissenschaftliche Reihe des Bundesbeauftragten für die Unterlagen des Staatssicherheitsdienstes der ehemaligen Deutschen Demokratischen Republik, Bd. 7, *Links*, Berlin 1996.

Weber, Jürgen (Hrsg.), Der SED-Staat: Neues über eine vergangene Diktatur, Reihe: Akademiebeiträge zur politischen Bildung, Bd. 27, *Olzog*, München 1994.

Weidenfeld, Werner/Zimmermann, Hartmut (Hrsg.), Deutschland-Handbuch. Eine doppelte Bilanz 1949-1989, Reihe: Studien zur Geschichte und Politik, Bd. 275, *Bundeszentrale für politische Bildung*, Bonn 1989.

Wiedemann, Peter M., Erzählte Wirklichkeit. Zur Theorie und Auswertung narrativer Interviews, *Psychologie Verlags Union*, Weinheim/München 1986.

Wie wurde, was ist. Zum Lexikon des Internationalen Films, hg. v. Katholisches Institut für Medieninformation (KIM), Köln, Red.: Martin Thull, *Paulinus-Druckerei*, Trier 1995.

Abkürzungsverzeichnis

ADN	Allgemeine Deutsche Nachrichtenagentur
a.a.O.	am angeführten Ort (Damit wird auf den Quelltext verwiesen, auf welchen in der numerisch vorausgehenden Anmerkung Bezug genommen wird, betrifft aber eine andere Seite als dort angegeben)
Anm.	Anmerkung
Apg.	Apostelgeschichte
APH	Arbeitsstelle für Pastorale Handreichungen
APM	Arbeitsstelle für Pastorale Medien
ARD	Arbeitsgemeinschaft der öffentlich-rechtlichen Rundfunkanstalten der Bundesrepublik Deutschland
A. S.	Alexander Seibold
BAEF	Bistumsarchiv Erfurt
BArch	Bundesarchiv
BBK	Berliner Bischofskonferenz
Bd.	Band
Bearb.	Bearbeitung
bes.	besonders
BflGEF	Bischöfliches Generalvikariat Erfurt
BflAEFME	Bischöfliches Amt Erfurt-Meiningen
BFS	Bayerisches Fernsehen
BMI	Bundesministerium des Innern
BOK	Berliner Ordinarienkonferenz
BPA	Bezirksparteiarchiv
BR	Bayerischer Rundfunk
BStU	Der Bundesbeauftragte für die Unterlagen des Staatssicherheitsdienstes der ehemaligen Deutschen Demokratischen Republik
bzw.	beziehungsweise
CDU	Christlich-Demokratische Union (der DDR)
DBK	Deutsche Bischofskonferenz
DDR	Deutsche Demokratische Republik
DEFA	Deutsche Film-Aktiengesellschaft
ders.	derselbe
DH	Denzinger Heinrich
d.h.	das heißt
dies.	dieselben
DVP	Deutsche Volkspolizei
ebd.	Ebenda (Damit wird auf den Quelltext verwiesen, auf welchen in der numerisch vorausgehenden Anmerkung Bezug genommen wird, und zwar exakt auf die dort angegebene Seite)
EF	Erfurt
EUROCIC	Regionalsekretariat Europa der OCIC
Ex.	Exodus (=zweites Buch des Mose)
fb	Filmbesprechungsnummer
FBW	Filmbewertungsstelle Wiesbaden
FDJ	Freie Deutsche Jugend
FSF	Freiwillige Selbstkontrolle Fernsehen e. V.

FSK	Freiwillige Selbstkontrolle der Filmwirtschaft
Gal.	Galater-Brief
Gen.	Genosse (der SED)
GI	Geheimer Informator des Ministeriums für Staatssicherheit
GM	Geheimer Mitarbeiter des Ministeriums für Staatssicherheit
GmbH	Gesellschaft mit beschränkter Haftung
HA	Hauptabteilung
Hrsg.	Herausgeber
hg. v.	herausgegeben von
IM	Inoffizieller Mitarbeiter des Ministeriums für Staatssicherheit, bzw. der Deutschen Volkspolizei
Jg.	Jahrgang
Joh.	Johannes-Evangelium
KDW	Katholischer Dienstweg
KIM	Katholisches Institut für Medieninformation
KNA	Katholische Nachrichtenagentur
KPD	Kommunistische Partei Deutschlands
KPdSU	Kommunistische Partei der Sowjetunion
KSZE	Konferenz für Sicherheit und Zusammenarbeit in Europa
Lk.	Lukas-Evangelium
MAZ	Magnetische Bildaufzeichnung
MfS	Ministerium für Staatssicherheit
mlat.	mittellateinisch
ND	Neues Deutschland
N.N.	nomen nominandum
NWDR	Nordwestdeutscher Rundfunk
OCIC	Organisation Catholique Internationale du Cinéma et de l'Audiovisuel
o.D.	ohne Datum
o.J.	ohne Jahr
o.O.	ohne Ort
o.P.	ohne Paginierung
OPK	Operative Personenkontrolle des Ministeriums für Staatssicherheit
OV	Operativer Vorgang des Ministeriums für Staatssicherheit
p.	pagina
RdB	Rat des Bezirks
RdS	Rat der Stadt
Red.	Redaktion
RIAS	Rundfunk im amerikanischen Sektor von Berlin
RKW	Religiöse Kinderwochen
Röm.	Römer-Brief
ROO	Regionalarchiv Ordinarien Ost
SAPMO	Stiftung Archive der Parteien und Massenorganisationen der ehemaligen Deutschen Demokratischen Republik im Bundesarchiv
SBZ	Sowjetische Besatzungszone
SED	Sozialistische Einheitspartei Deutschlands
SMAD	Sowjetische Militäradministration in Deutschland
ThHStAW	Thüringisches Hauptstaatsarchiv Weimar
u.a.	unter anderem
Ufa	Universum Film Aktiengesellschaft
u.U.	unter Umständen

VEB	Volkseigener Betrieb
vgl.	vergleiche
VR	Volksrepublik
z.B.	zum Beispiel
ZDF	Zweites Deutsches Fernsehen
zit.	zitiert
ZK	Zentralkomitee der Sozialistischen Einheitspartei Deutschlands
2 Kor.	Zweiter Korinther-Brief.

Verzeichnis der Filmbesprechungen
(Reihenfolge gemäß fb-Nummer)

UNSER FRÄULEIN DOKTOR	88
DIE GESCHICHTE VOM KLEINEN MUCK	88
MOSELFAHRT AUS LIEBESKUMMER	88
REISE MIT HINDERNISSEN	88
KEIN ÄRGER MIT KLEOPATRA	85
GROßE FREIHEIT NR. 7	85
DER MANN, DER NICHT ZURÜCKKEHRTE	85
EIN SELTSAMES PAAR	73
SONNENBLUMEN	73
STALKER	17
NATIONALITÄT: DEUTSCH	66
HARRY UND SALLY	66

Verzeichnis der Dokumente

BAEF, APM: Entwicklung APH + APM 1954-1993, o.P.,
Schreiben des Leiters der Arbeitsstelle für Pastorale Medien
an die Bezieher der Filmbesprechungen im Oktober 1990.   95

BAEF, APM: Film 1957-1993, o.P.,
Schreiben des Vorsitzenden der Katholischen Filmkommission
im Bereich der Berliner Bischofskonferenz an den
Generalsekretär der BBK vom 14.9.1990.   119

BArch, DO 4/6157, o.P.,
Abschrift der Aktennotiz vom 29.6.1956 des *VEB DEFA Studio
für Spielfilme* über kirchliche Filmkritik im Bezirk Erfurt
als Anlage des Schreibens vom 3.7.1956 des Leiters der
Hauptverwaltung Film im *Ministerium für Kultur*
an das *Ministerium des Innern*.   76f

Bistumskarte, Ausschnitt „Neue Bundesländer",
mit freundlicher Genehmigung des Sekretariats
der Deutschen Bischofskonferenz.   25

Private Unterlagen Morsbach,
Liste *„Empfehlenswerte" Filme 1982*.   90

Private Unterlagen N.N.,
BStU, Akte N.N., Abschrift des IMS-Berichts vom 14.4.1983
mit der Erwähnung der Arbeit eines Filmrezensenten.   79

Private Unterlagen Särchen,
BStU, Akte OPK „Patron", 26.7.1965,
Schreiben an das Ministerium für Staatssicherheit über das
Engagement von Günter Särchen in Polen.   99

Private Unterlagen Särchen,
BStU, Akte OPK „Patron", 29.7.1965,
Übersetzung aus dem Russischen.   100

Personenregister

Adolph, Walter 36, 39
Andrzejewski, Jerzy 102
Aufderbeck, Hugo 56, 57, 58, 63, 102
Barth, Willi 33
Becker, Jurek 102
Bengsch, Alfred Kardinal 24, 28, 32, 35, 36, 37
Bieger, Eckhard 112
Biermann, Wolf 46, 47
Braun, Johannes 11, 58, 59, 101
Brüne, Klaus 86, 92
Chaplin, Charlie 92
Chudy, Pater 71, 98
Dalai Lama 14
Dissemond, Paul 37
Donat, Hans 11, 12, 13, 42, 46, 51, 52, 53, 56, 57, 58, 59, 60, 64, 65, 67, 68, 69, 70, 71, 72, 74, 75, 80, 83, 86, 89, 91, 94, 96, 101, 106, 107, 111, 112, 113, 116, 117, 118, 120, 121, 122, 123, 124
Dönitz, Karl 23
Döpfner, Julius Kardinal 24, 35
Ebert, Karl 58
Faulstich, Werner 83, 84
Freusberg, Joseph 58
Fritzsch, Günter 21, 22
Gallasch, Peter F. 112, 114
Gerd, (MfS-Deckname) 80
Goebbels, Joseph 45
Groß, Otto 37, 106
Grotewohl, Otto 35
Hackel, Renate 33, 37, 38, 40
Harnack, Falk 46
Hasenberg, Peter 15, 16, 18, 113, 120, 121
Heretsch, Erwin 19, 21, 28, 29, 32
Hoffmann, Fritz 108, 110
Honecker, Erich 18, 46, 47
Honecker, Margot 28
Hubrich, Theodor 59
Jacobi, Reinhold 112, 113, 115, 116
Janssen, Herbert 116
Jaruzelski, Wojciech 54
Jesaja 15
Jesus 14, 15, 16
Kahane, Peter 120
Käutner, Helmut 84, 86
Kersten, Heinz 114

King, Martin Luther 109
Klemm, Heinz (Pseudonym) 113, 114
Kochs, Anton 86
Koll, Horst Peter 112
Kopernikus, Nikolaus 98
Kreyser, Ryszard 71
Krug, Manfred 19, 47, 48
Lamberz, Werner 47, 48
Lange, Gerhard 37, 72
Lenin, Wladimir Iljitsch 45, 102
Lumière, Auguste und Louis 14
Maetzig, Kurt 46
Malone, Peter 15
Meisner, Joachim Kardinal 24
Michelfeit, Josef 60, 116
Mielke, Erich 20
Mohn, Pfarrer 75, 86, 89
Morawska, Anna 54
Morsbach, Helmut 10, 11, 12, 13, 16, 46, 51, 52, 53, 65, 67, 68, 69, 72, 80, 81, 83, 87, 89, 94, 106, 112, 113, 114, 115, 116, 117, 118, 120, 121, 122, 123, 124
Munter, Karl 52, 56, 65, 74, 93
Niemöller, Martin 109
Nowak, Leopold 58
Nuschke, Otto 33
Ortega y Gasset, José 21
Orwell, George 21
Palm, P. 93
Papst Johannes Paul II. 58
Papst Paul VI. 24
Papst Pius XI. 52, 91, 92
Papst Pius XII. 23, 52, 86, 91, 93
Preysing, Konrad Kardinal von 24, 35, 39, 40
Pronobis, Pater 71, 72
Prus, Boleslaw 102
Reese, Rudolf 108
Reichelt, Paul 111
Rejment, Wladyslaw Stanislaw 102
Riedel, Peter 53
Rintelen, Friedrich Maria 56, 57, 58
Ronneburg, Silke 13, 42, 53, 67, 80, 83, 94, 112, 118, 120, 123
Särchen, Günter 12, 13, 41, 42, 51, 54, 56, 57, 58, 59, 63, 71, 97, 98, 101, 102, 103, 105, 106, 110, 111, 122, 123

Schäfer, Bernd 11, 20, 28, 29, 30, 31, 32, 33, 34, 35, 37, 38, 59, 62, 64
Schaffran, Gerhard 24
Schatten, Thomas 11
Schink, Hans-Joachim 13, 51, 54, 55, 56, 64, 65, 67, 69, 80, 82, 83, 94, 106, 122, 123
Schmid, Hilmar 109
Schmid, Josef 23, 27, 33, 34, 42, 43, 108, 109
Schmitz, Theodor 28
Schollmeier, Karl 55, 57
Schönauer, Joseph 58
Schütze, Fritz 49, 50
Schwarz, Gerhard 104, 105
Schweitzer, Albert 109
Scorsese, Martin 14
Seigewasser, Hans 32, 37
Sienkiewicz, Henryk 102
Solbach, Heinrich 111

Spülbeck, Otto 28, 41
Staudte, Wolfgang 45
Sterzinsky, Georg Kardinal 24, 37, 38, 118
Stoß, Veit 98
Strugazki, Arkadi und Boris 16
Swoboda, Gottfried 74, 118, 120, 121
Tarkowskij, Andrej 16
Teresa, Mutter 110
Tischner, Wolfgang 38, 39, 40, 41
Trisch, Ronald 114, 120
Uhländer, Elisabeth 13, 94, 113, 114
Ulbricht, Walter 18, 46
Vogel, Bernhard 52
Wanke, Joachim 24, 43, 58, 96
Weiß, Konrad 98, 105, 106, 118
Weskamm, Wilhelm 24, 31, 40, 58
Wolf, Konrad 46, 107
Zehetmair, Michael 13
Zweig, Arnold 46

Arbeiten zur historischen und systematischen Theologie
herausgegeben von Prof. Dr. Günter Bader (Universität Bonn), Prof. Dr. Albrecht Beutel (Universität Münster) und Prof. Dr. Athina Lexutt (Universität Gießen)

Athina Lexutt; Wolfgang Matz (Hg.)
Relationen – Studien zum Übergang vom Spätmittelalter zur Reformation
Festschrift zu Ehren von Prof. Dr. Karl-Heinz zur Mühlen
Bd. 1, 2000, 416 S., 40,90 €, gb., ISBN 3-8258-3726-2

Johannes Kunze
Erasmus und Luther
Der Einfluß des Erasmus auf die Kommentierung des Galaterbriefes und der Psalmen durch Luther 1519–1521
Trotz der früh erkannten theologischen Differenzen hat Luther erheblich mehr von Erasmus aufgenommen, als er offen zugibt. Die auffälligen Parallelen in der *Ratio seu Methodus compendio perveniendi ad veram theologiam* des Erasmus und Luthers frühen Kommentaren, den *Operationes in Psalmos* und *In epistolam Pauli ad Galatas commentarius*, lassen vermuten, daß sich Luther intensiver mit dem Werk des Erasmus auseinandergesetzt und dieser einen größeren Einfluß auf Luthers theologisches Arbeiten hatte, als bisher angenommen. Wie groß die Nähe bzw. Distanz zwischen den beiden vor allem hinsichtlich der methodischen und hermeneutischen Fragen der Schriftauslegung war, versucht diese Abhandlung durch die Betrachtung des Umfeldes und durch die Analyse dieser Texte zu klären.
Bd. 2, 2000, 344 S., 25,90 €, br., ISBN 3-8258-4888-4

Reinhold Mokrosch, Helmut Merkel (Hg.)
Humanismus und Reformation
Historische, theologische und pädagogische Beiträge zu deren Wechselwirkung
Der Band erarbeitet die Zusammenhänge zwischen Humanismus und Reformation und deren Auswirkungen auf die Frühe Neuzeit, z. T. bis in die Gegenwart. Der Bogen spannt sich von Cusanus über den Streit zwischen Erasmus und Luther, die Causa Reuchlini, die Anfänge kritischer Bibelauslegung und christlicher Hebraistik, Luthers z. T. humanistisch geprägter Kreuzestheologie bis hin zu Melanchthons, Georg Majors, Calvins, Speners und sogar Nietzsches Wurzeln in Humanismus bzw. Reformation. Im Anhang enthält der Band ein Kapitel "Kirchengeschichte und ihre Bedeutung für Theologie und religiöse Bildung". Zu den Autoren gehören Hans Küng, Gerhard Müller, Helmut Feld, Karl-Hermann Tandler, Hermann Häring, Michael Plathow, Andreas Lindemann, Abraham Friesen, Ulrich Körtner, H. G. Pöhlmann u. v. a.
Der Aufsatzband erscheint als Festschrift für den Osnabrücker Kirchenhistoriker Friedhelm Krüger, der in Forschung und Lehre über die Zusammenhänge zwischen Humanismus und Reformation gearbeitet und deren Aktualität heute herausgestellt hat.
Bd. 3, 2001, 262 S., 25,90 €, br., ISBN 3-8258-4640-7

Sabine Hiebsch
Figura ecclesiae: Lea und Rachel in Martin Luthers Genesispredigten
Schon lange vor seinem Genesiskommentar (1535–1545) hat Martin Luther sich in zwei Predigtreihen (1519–1521 und 1523–1524) ausführlich mit der Genesis beschäftigt. Eine Untersuchung dieser Predigten, die sowohl kirchenpolitisch als auch theologisch in brisante Zeiträume fallen, führt ins Zentrum der Entwicklung von Luthers Theologie. Die vorliegende Studie erarbeitet hermeneutisch-theologisch neue Ansätze, die für das Verständnis von Luthers Genesispredigten und auch für die Erforschung von Luthers Schriften insgesamt neue Sichten eröffnen. Sie stellt Quellentexte zentral, die bisher in der Lutherforschung kaum beachtet wurden und liefert einen Beitrag zu Luthers Studium des Alten Testaments.
Bd. 5, 2002, 272 S., 25,90 €, br., ISBN 3-8258-5548-1

Michael Roth; Kai Horstmann (Hg.)
Glauben – Lieben – Hoffen. Theologische Einsichten und Aufgaben
Festgabe für Konrad Stock zum 60. Geburtstag. Mit Beiträgen von G. Bader, H. Deuser, W. Härle, E. Herms, R. Preul, J. Schapp, W. H. Schmidt, C. Schwöbel, M. Welker u. a.
Die Daseinsgewissheit des christlichen Glaubens zu verstehen und zu entfalten, ist die Aufgabe der Theologie. Diesem phänomenologischen Verständnis ist der systematische Theologe Konrad Stock verpflichtet, den dieser Band zum 60. Geburtstag ehren soll.
In diesem Band sind Beiträge zum Gegenstand der Theologie gesammelt, die in unterschiedlicher Weise einen Beitrag zu Konrad Stocks theologischem Denken leisten wollen: Die Namen der Autorinnen und Autoren kennzeichnen das Umfeld, in dem Konrad Stock arbeitet. Ihre Beiträge formulieren theologische Einsichten und Aufgaben, die theologischer Forschung in der gesellschaftlichen Wirklichkeit gestellt sind.
Bd. 6, 2001, 272 S., 25,90 €, br., ISBN 3-8258-5549-x

LIT Verlag Münster – Hamburg – Berlin – London
Grevener Str./Fresnostr. 2 48159 Münster
Tel.: 0251 – 23 50 91 – Fax: 0251 – 23 19 72
e-Mail: vertrieb@lit-verlag.de – http://www.lit-verlag.de